轻与重
FESTINA LENTE

姜丹丹 何乏笔（Fabian Heubel） 主编

古希腊思想中的柔和

[法] 雅克利娜·德·罗米伊 著 陈元 译

Jacqueline de Romilly
La Douceur dans la pensée grecque

华东师范大学出版社

华东师范大学出版社六点分社　策划

主 编 的 话

1

时下距京师同文馆设立推动西学东渐之兴起已有一百五十载。百余年来，尤其是近三十年，西学移译林林总总，汗牛充栋，累积了一代又一代中国学人从西方寻找出路的理想，以至当下中国人提出问题、关注问题、思考问题的进路和理路深受各种各样的西学所规定，而由此引发的新问题也往往被归咎于西方的影响。处在21世纪中西文化交流的新情境里，如何在译介西学时作出新的选择，又如何以新的思想姿态回应，成为我们必须重新思考的一个严峻问题。

2

自晚清以来，中国一代又一代知识分子一直面临着现代性的冲击所带来的种种尖锐的提问：传统是否构成现代化进程的障碍？在中西古今的碰撞与磨合中，重构中华文化的身份与主体性如何得以实现？"五四"新文化运动带来的"中西、古今"的对立倾向能否彻底扭转？在历经沧桑之后，当下的中国经济崛起，如何重新激发中华文化生生不息的活力？在对现代性的批判与反思中，当代西方文明形态的理想模式一再经历祛魅，西方对中国的意义已然发生结构性的改变。但问题是：以何种态度应答这一改变？

中华文化的复兴，召唤对新时代所提出的精神挑战的深刻自觉，与此同时，也需要在更广阔、更细致的层面上展开文化的互动，在更深入、更充盈的跨文化思考中重建经典，既包括对古典的历史文化资源的梳理与考察，也包含对已成为古典的"现代经典"的体认与奠定。

面对种种历史危机与社会转型，欧洲学人选择一次又一次地重新解读欧洲的经典，既谦卑地尊重历史文化的真理内涵，又有抱负地重新连结文明的精神巨链，从当代问题出发，进行批判性重建。这种重新出发和叩问的勇气，值得借鉴。

3

一只螃蟹，一只蝴蝶，铸型了古罗马皇帝奥古斯都的一枚金币图案，象征一个明君应具备的双重品质，演绎了奥古斯都的座右铭："FESTINA LENTE"（慢慢地，快进）。我们化用为"轻与重"文丛的图标，旨在传递这种悠远的隐喻：轻与重，或曰：快与慢。

轻，则快，隐喻思想灵动自由；重，则慢，象征诗意栖息大地。蝴蝶之轻灵，宛如对思想芬芳的追逐，朝圣"空气的神灵"；螃蟹之沉稳，恰似对文化土壤的立足，依托"土地的重量"。

在文艺复兴时期的人文主义那里，这种悖论演绎出一种智慧：审慎的精神与平衡的探求。思想的表达和传播，快者，易乱；慢者，易坠。故既要审慎，又求平衡。在此，可这样领会：该快时当快，坚守一种持续不断的开拓与创造；该慢时宜慢，保有一份不可或缺的耐心沉潜与深耕。用不逃避重负的态度面向传统耕耘与劳作，期待思想的轻盈转化与超越。

4

"轻与重"文丛，特别注重选择在欧洲（德法尤甚）与主流思想形态相平行的一种称作 essai（随笔）的文本。Essai 的词源有"平衡"（exagium）的涵义，也与考量、检验（examen）的精细联结在一起，且隐含"尝试"的意味。

这种文本孕育出的思想表达形态，承袭了从蒙田、帕斯卡尔到卢梭、尼采的传统，在 20 世纪，经过从本雅明到阿多诺，从柏格森到萨特、罗兰·巴特、福柯等诸位思想大师的传承，发展为一种富有活力的知性实践，形成一种求索和传达真理的风格。Essai，远不只是一种书写的风格，也成为一种思考与存在的方式。既体现思索个体的主体性与节奏，又承载历史文化的积淀与转化，融思辨与感触、考证与诠释为一炉。

选择这样的文本，意在不渲染一种思潮、不言说一套学说或理论，而是传达西方学人如何在错综复杂的问题场域提问和解析，进而透彻理解西方学人对自身历史文化的自觉，对自身文明既自信又质疑、既肯定又批判的根本所在，而这恰恰是汉语学界还需要深思的。

提供这样的思想文化资源，旨在分享西方学者深入认知与解读欧洲经典的各种方式与问题意识，引领中国读者进一步思索传统与现代、古典文化与当代处境的复杂关系，进而为汉语学界重返中国经典研究、回应西方的经典重建做好更坚实的准备，为文化之间的平等对话创造可能性的条件。

是为序。

姜丹丹（Dandan Jiang）

何乏笔（Fabian Heubel）

2012 年 7 月

目 录

导　言

乍看起来,研究古希腊思想中有关柔和(douceur)概念的计划或许有欠考虑,因此我们无论如何需要对该计划做一些说明。

首先,人们有充分理由认为这一概念是模糊不清的,但他们立刻会看到其词义之一是可以适用于希腊的:这就是柔和一词的内涵意义,它能把苦(amer)转化成甜(doux),即愉快(agréable)。但确切说,这一词义并不在我们的研究范围之内,因为我们要在这里讲的既非自然的柔和,也非古希腊人宣称的一切柔和与缓慢的现象:从看到的温暖的阳光到暗地里慢慢地报仇雪恨。柔和在本书中被视为人类的一种态度并属于伦理的范畴。

虽然这一概念最初期的模糊性被澄清了,但这种所谓的态度却不太好界定。

我们清楚地看到它与暴力、生硬与残酷相对立。但它的外延却依然不明晰——而且因为我们在这里要定性一种现实中的行为,但这一行为的本质却会随着情况的变化而有所改变。一般而言,柔和指的是和蔼可亲的行为方式和对他人表现出的友善。它在不幸的人面前表现为近似于慷慨或仁义一样的品质;在有罪者面前则变为宽容和理解;在陌生人和一般人面前则变成有人性(humanité)并近似于爱德(charité)。同样,在政治生活中,根据与公民或臣民或被征服者的不同关系,它可能是容忍(tolérance)或宽厚(clémence)。

在这些不同词义的源头有一种共同倾向,这就是友好地对待每个人——至少在人们不忘记履行其他的义务的情况下尽力而为之。事实是,古希腊人有过这种统一的观念,因为所有这些如此不同的词义都可以用 praos 这个词来指代。它不仅可以涵盖它们的全部意义,而且还涉及其他。

只是这些丰富的词义使它与其他的词语很相似,这些词语可以更精准地表达人的柔和的这样或那么样的态度。如果想表达节制(modération)的话,那么我们可以在 épieikès 这个词上找到;如果讲宽容的话,我们可以在那些表达原谅(suggnômè)的词语中看到;如果讲慷慨的话,那么有 philanthrôpia 这个词,该词确切说不是指仁慈(philanthropie),而是指,根据让·弗斯迪耶尔(J. Festugière)①的定义,"关于人的善心与善行的一般品格"。这些不同的词在使用时基本上属近义词。

这一概念的范围似乎逐步在扩大。事实上,我们可以说这

① *La Révélation d'Hermès Trismégiste*,II,第 301 页。

一研究是在法兰西学院所做的"关于亚里士多德之前的希腊文献中的柔和与宽容"的第一次专题研讨会的一部分;我们很快意识到研讨会主题超越了要研究的术语,并且后来的研讨会的主题被定为原谅(pardon);两年之后一门讲授"什么是宽厚"的课程开设了。

另外,柔和所涉及的这些不同方面都非自发性的。一种柔和的行为一般由感情和道德所激发。这些感情和道德与柔和有着千丝万缕的联系。柔和可以来自于我们对那些受苦受难的人们的悲怜,或来自于我们对他人的尊重,即 aidôs。它也可能来自于一种普遍的保留或谦虚的态度,即 sôphrosynè。它还可能来自于简单的正义感或对一切滥用的拒绝,即德尔斐神庙的名句"不要过分"所象征的意义。并且它与对运用说服、追求宁静和遵守良好秩序以及对法律与和平的关注相一致。

走上这条危机四伏之路似乎不是什么好的选择,因为论述过这一词义的著作不总是能逃脱厄运。一起研究这些词或这些思想有可能为创建一门关于柔和的哲学做出贡献,但也有可能误入歧途而徒劳无功。

因此我们只限于探究本文开头所提到的那几个与柔和有关的词语,而且还要尽量排除与柔和的语义没有关系的部分。这样,当 philanthrôpia 这个词指善意(bienveillance)和宽厚时,它就与柔和产生了交集,但当它指慷慨或大度(libéralité)时就与柔和没有交集;尽管这两个方面经常交织在一起,但我们打算只记住或只强调第一方面。

这一切难免会包含一些疏忽或偏颇、一些交叉与重叠，因为这一概念的灵活性和它本身语义的丰富性，也就是说它所涉及范围非常广。

因此我们将根据不同的研究领域把柔和的不同方面在本书的章节中一一讲述出来。然后，古希腊人所感受到的一致性在思想的持续性和这些近义词的反复使用中不应该被弱化——这种一致性亘古未变。

* * *

但是，如果这一概念曾经清楚明白地存在于古希腊思想中，那么我们还要思忖一下它是否值得我们进行如此艰难的研究并是否对了解古希腊真的那么不可或缺。

表面上看这并不重要。古希腊人讲正义或讲英雄主义：他们的价值观如此崇高，如此重视集体生活，以至于他们对情感方面的美德不太敏感，而这些美德正与他们的柔和相对应。哲人们很少论及古希腊人的柔和。至于他们对人类生活的看法，我们通过和他们有关的文献了解到，这种看法是历史上最粗犷和最暴力的观念之一。他们的神话都是残暴的。《伊利亚特》是描写战争与死亡的史诗；悲剧可能是最残酷的文学体裁；以无与伦比的现实主义笔触写成的修昔底德(Thucydide)的历史讲述的是一场无情战争在肉体上和道德上的暴力——古希腊的生活并非是柔和的。

对于这一点我们首先可以这样回答：这正是本研究的兴趣点之一。因为关于柔和的标准的开放代表着一种非常引人注目的现象，尽管我们对柔和的诠释与别的价值有所差异并与通常的习惯相左。于是值得我们深思的是，这种开放是如何在一种表面上看起来并不利的背景下发生的。

但同时，这种开放甚至暗示刚刚所描绘的情况只代表现实的一个方面。这一方面也是古希腊人经常强调的，是博学之士最喜爱的，喜爱到有时候一叶障目不见森林的地步。例如，他们认为荷马的世界完全受战争、功勋和竞争这样一些价值观的支配。事实上，这些看法都过于简单化。即使在荷马时代，古希腊人都曾经相信柔和。对这一概念的研究表明，在实际生活中他们从来没有停止过热爱这一价值，而且愈来愈爱。

在两个世纪中发展壮大的雅典文明成为了这一思想在各个领域崛起的有力证明。在其不同形式下，即风俗中的柔和、政治上的温和、耐心、容忍、忠心，柔和突然在五世纪末变得至关重要。

但这并非一帆风顺。在城邦里，柔和会使人们过于宽容和放任。在道德方面，柔和很容易变得让人怀疑：如果它与正义相对立的话，那它是不是就应该被否定？如果它与政治上的算计相符合的话，那么它是不是就与野心和奸诈无异呢？因为总而言之，人们可以为了诱惑或者征服而装得温文尔雅。因此政治家和道德学家的观点可能迥然相异，同样对于民主与专制的看法也不尽相同。四世纪曾尝试走过所有这些道路、估量过风险、细分过区别并大概形成了一些学说。

然而，通过这些辩论，柔和从未停止过迈向胜利的脚步。它被排除出一个领域，但却又在另一个方面开花结果。很快，受它启发而形成的美德变成了与野蛮相对的文明的象征和代表古希腊特点的符号。我们最终在普鲁塔克的著作中重新发现了这些无处不在并受到赞颂的美德。在这一方面我们甚至可以说，柔和不仅在古希腊人的意识与最基本的价值当中独树一帜，而且它就是古希腊理想的最大特点。

总之，随着我们研究工作的深入，柔和这一概念在古希腊的重要性越来越清晰：它是从各种各样证据的堆叠中脱颖而出的。这样以来，我们坚决拒绝接受现成的理论似乎是合情合理的，这些理论要么认为古希腊人所崇尚的柔和的各种形式受到过外来思想的影响，要么把这些古希腊形式与其他那些更丰富、更受推崇的形式对立起来。

因此人们通常认为，与君主的柔和相关的主题都受到过东方的影响：君主对于他的臣民们来说就如同父亲、牧师，其使命就是来拯救弱者。当这些思想在托勒密王朝的君主身上被发现时，人们认为是受到了法老的影响。当这些想法被应用到《居鲁士的教育》中时，人们认为受到了亚洲的影响。事实上，东方的、犹太人的和埃及人的慷慨似乎具有与古希腊人的慷慨不同的特点，并且如同在那些社会地位极其不平等的国家里一样，慷慨似乎针对的是卑微的人们。

但是，如果这种对照真能给既非仁慈又非善行的古希腊柔和带来一丝曙光的话,那么这种区别恰好就是其特性的保证。而且对于注意仔细倾听古希腊见证后续部分的人来说,这些唯一属于柔和的见证的连续性为柔的存在提供了有力的证据。因此严格说,色诺芬的情况可能留下了一些不确定性,但我们可以怀疑在《居鲁士的教育》中东方真正的影响有多大,而且当我们看到在色诺芬不带任何东方色彩的其他作品中也能找到相同的思想观念时,这些怀疑就进一步被加深了;当我们把这些作品与伊索克拉底的作品进行比较时,这些怀疑又变成得确信无疑。难道有比伊索克拉底精神更纯的古希腊精神吗?然而,他比色诺芬在关于理想的君主及其柔和的描绘方面走得更远。他关于柔和的思想似乎是在对五世纪的经验的直接反对中诞生的,正如修昔底德曾经描述的那样。因此我们必须接受这样的事实,即关于君主们的柔和的主题原则上还是古希腊式的,尽管它有可能在与其他民族的接触过程中被丰富和被细化。总之,它在从荷马到普鲁塔克的希腊时代是自主发展的。从四世纪开始,它很清楚地被写成学说和论据,这一清晰性也似乎是希腊所特有的。

从东方的善行到拉丁的"人文"或 humanitas,我们发现它们如出一辙。这一概念所提到的一切整体性和真正文明的东西都被西塞罗精辟地阐述过。并且事实是,希腊语中没有一个完全对应的词。因此我们在这里又发现了一个有趣的区别。可是,如同在前面的情况中一样,见证的连续性本身大大地加强了这些词中的每个词的影响,并且我们看到,在希腊语中连续出现的词语,如 philanthrôpos 和后来出现的意义更广的副词"以人文的方式"或"以不太人文的方式",导致了它的意思接近拉丁文。最近所发现的米南德的戏剧就有力地证明了有一些人所写的关于这方面的东西。对这些文本的研究最终恢复了古希腊作为这些被后来其他人所诠释的观念之始祖的地位。如果说西塞罗的拉丁语中的 barbarus 指的是缺乏人性的话,那么古罗马人把这种人性与他们的风俗习惯相对立,这已经是古希腊语中赋予"barbare"的词义,它那时与古希腊语的"人性"相对立。对于古罗马的"宽厚[clémence]"也是一样,这个词语不是古希腊语的,但它首先指的是被古希腊人承认的古罗马人的一种美德并至少与他们的"柔和"的一个方面相符合。古罗马人能够给这种"人性"或者"宽厚"赋予一种个性色彩:无论如何,他们得到了它们,而且是直接从古希腊遗产中得到的。

相反,这种柔和的观念与基督徒的差异非常大。在古希腊人所依仗的简单的柔和与纯粹的爱德或纯粹的爱之间横亘着一条鸿沟。如其他的区别并胜似其他区别,这种区别让我们能更好地抓住希腊的柔和所特有的内涵。它同时也让人们能看清一种道德的局限性,这种道德一直或多或少把城邦作为自己的传播范围,即使当城邦所扮演的角色越来越微不足道的时候依然如故。可是,还是在这里,如果古希腊的柔和与基督教之爱相比显得很渺小的话,我们会惊讶地看到基督教的作者们实际上借鉴了古希腊的传统。教会的神父们、红衣主教们和帝王们采用了希腊的传统术语并复制了它的论辩术。尽管古希腊的柔和远不同于基督教的理想，但它最后却渗透到了基督教实践与道德的方方面面。

柔和一开始有点像一名擅入者闯进了古希腊思想之中，但最终却成了这种思想的一个重要主题。要研究它，我们首先应该确定所有那些被普遍接受的观念，这些观念既是关于希腊的道德的，也是关于这一道德与其他相关文化的关系的。

或许，柔和的这种影响在我们这样一个无情而冷漠的时代还是一个非常值得深入探讨的题材：毋庸置疑，这一附加关注点，如果有的话，也只是一种巧合。我们看到，科学层面上的论证本身足以说明进行这样一次研究的必要性。

* * *

因此这一任务是很有诱惑力的，但却是很艰巨的。

首先，重要的是要意识到这样的事实，即在本书中所勾画的希腊的柔和形象肯定是不完整和残缺的，因为我们所拥有的资料是不完整的。

事实上，当讲到人际关系的词义时，最重要的是要确定柔和在日常生活中的地位和在对个人行为的批判中的作用。然而这几乎不是我们所研究的文本所具有的。有一些文本讲述的是神话里的英雄，对于这英雄而言柔和肯定不那么重要。其他的一些文本涉及的是时代较近的一些功勋，这些功勋原则上更多的是以英雄主义而不是以柔和为先决条件的。最后，同样关注道德的作者们经常倾向于先谈论最崇高、最毋庸置疑的美德；然而柔和非可以量化之物。

更有趣的是，我们大多数文本都带有政治倾向：它们出自于历史学家或演说家、政治理论家或哲学家之手。他们最经常探讨的就是柔和，或是关于公民或城邦之间的关系或是关于君主的义务与责任方面的柔和。在这一方面的证据是很多的。我们只需要追随它们就行。但显而易见的是，人们通常更重视某些形式的柔和，按理说这些形式并不是最有魅力和最有深度的。无论如何，它们不涉及日常生活和私人关系。

当然，铭文的证据的境遇也一样。官方的文件没有太多的理由提到柔和，除非是一位君主或一位权贵的柔和。因此柔和又一次只是一种政治层面上的摆设。只有墓志铭可以被列入家庭生活的范畴。然而古时候的墓志铭不但简短，而且过于程式化，所以它们的见证作用确实让人失望。谁敢根据公众的颂词来评论我们的生活与习俗呢？我们还要补充的是，一些更丰富的证据很难被使用，因为批判另外一种只在某些方面与我们的社会有相似之处的社会的道德观并非易事。我们将谈论一个对自己孩子百依百顺但却拥有奴隶且对他们漠不关心的人的温柔吗？我们将谈论一个既友爱又热情好客但也许对自己的妻子或父母却很粗暴或嗤之以鼻的人的柔和吗？每一种文明、每一个社会阶层、每一个时代都有自己的风俗习惯，这些习俗在错综复杂的社会环境中发挥着自己的作用，并且人们对它们的赞赏应该是相对的。

因此我们在道德领域不能为了某种利益才来研究某一时代的人之所言和所想:清晰的评价比实际的习惯更容易理解和比较。这再一次把我们引向了古希腊的文本所研究的领域,也就是说是政治领域。

因此这种歪曲和缺陷是不可避免的。它们在我们的第三部分显得特别重要,因为在其中我们用了两章来论述私人生活,而且这两章的内容截然相反,它们分别是米南德和普鲁塔克的观点,但让他们产生分歧的所有东西都是政治层面上的,正如我们的原始资料一样。

*　　*　　*

另外,这种对原文的忠实导致了第二个困难的出现和第二次可能的歪曲。

由于我们尊重古希腊人所写的关于柔和的文本——并且由于政治上的柔和的结果——这些文本有可能会让我们误入歧途。因为它们常常是一些应景之作。它们要么有一些无趣要么有一些虚伪,要么二者兼而有之。教训一位君主、颂扬温和的美德、赞扬自己城邦的慷慨都是一些老生常谈。或许作者也对他自己颂扬的理由半信半疑,或许他觉得老调重弹也没有什么不合适,因为长久以来都是重复同样的主题。这有点像我们把提供给选民的选举纲领当成一种学说。

但从思想史的角度看,这重要吗?重要的是舆论预见到了这些主题而非其他的一些主题;重要的是人们得到了这些论据而非其他的一些论据的教育、熏陶和影响。过去所说的话理所当然属于思想和道德标准史。官方的谎言也一样。

此外,人们需要表现得很谨慎。人们对古希腊人的所说过的话太熟悉了,以至于很容易产生厌倦。但有他们的一些老话曾经有过自己的辉煌。它们最初也是一些独树一帜的新思想之源,但后来却盛极而衰。伊索克拉底的思想经常也如此,因为它虽然是个人的,但更是理性的,并且因为它被西塞罗和很多其他的学者改写、模仿和引用,所以它在他的那个时代并非陈词滥调。

换言之,我们之所以对旧话题感兴趣,是因为它们曾经是一些流行观念的见证,但我们同时也对它们的出现、发展过程和后来的情况感兴趣。

我们将在该书中看到太多有关政治的柔和:这一错误是希腊作者们造成的。我们也会在其中遇到一些表面上看似很乏味的思想:这一错误是它们的成功所造成的,并且这种外表的乏味反而肯定了这一事实,即它们曾经非常重要。

* * *

做这样的研究所采用的方法显而易见是按时间顺序来操作的:我们按年代把历史学家和哲学家、诗人和演说家们串连在一起,这样做才能呈现出所需要的连续性。况且,按年代顺序编写的系列作品似乎常常被当作一种知识的奇遇一样来阅读,在此处比别处尤为突出。之所以这样是因为各个时期的东西有云泥之别。

直到四世纪初,人们才目睹了一次诞生过程:人们首先看到零星的几个词缓慢出现,然后看到不同的指柔和与相邻概念的词语喷涌而出。它们在传统的正义的封闭世界里为自己争得了一席之地。它们在弱肉强食的法则失去的地盘上安顿了下来。渐渐地,它们取得了辉煌的成就。雅典就是喜欢用这种辉煌来装点自己。

紧接着这一大发现时期(它在词汇中留下明显的痕迹)而来的是各种学说百花齐放的时代。人们试图给这种新加入的美德——柔和寻找位置。人们在城邦内和城邦之间的关系中衡量它的美与风险。人们看到对于那些拥有力量的人,即征服者或者君主而言,它是有利可图的。最后人们在理论分析中试着给它一个定位,这并不比在实践领域中推介它更轻松。人们在亚里士多德之前无法做到这一点。

在亚里士多德的时代以及城邦生活的最后,社会环境发生了变化。私人关系取代了正规的公民关系;并且米南德的剧场是一种柔和的剧场。但同时,在政治领域,古希腊君主制度和罗马帝国的先后存在成了强者选择实施怀柔政策的场所。

从米南德到普鲁塔克是柔和取得成功的主要时期,普鲁塔克的作品标志着这一时期达到了顶峰。我们用两章来分别描述这一漫长时期之前和之后的情况,这两章将以入题话和结束语的形式出现。

入题话与荷马有关。我们本应该浓墨重彩讲述荷马,因为柔和在史诗中的出现是它的一个很大特色,但很少被注意到。我们有两个理由来说明为什么要把荷马一笔带过。第一个是有一篇正在写的博士论文,确切说正是关于这一方面的内容使得这篇论文显得非常重要①。第二个理由是,在荷马之后,在这一方面如同在其他很多方面一样存在着一个断层。无论社会环境、道德和词汇都与以前不同。并且被困在严酷、战乱和神话时代的古希腊人将要重新发现柔和,即荷马从前第一个赞美过的柔和。

结束语和基督徒有关。比荷马更甚的是,基督教本应该更值得大书特书,因为从那以后的一个时期,无论异教徒还是基督徒,人人都在坚持不懈地讲柔和。确切说,正因为这样,一些重要的研究这一时期的柔和这一概念或类似这一概念的成果才得以问世②。况且,像对荷马一样,我们也看到了某种不连续的东西。基督教开始于普鲁塔克之前,并且希腊或拉丁作者们对此并不知情。当基督教以文学的形式出现时,它为我们提供了一种希腊传统或犹太传统与基督教学说的混合物。一个新的精神

---

① 该论文目前由文学教师巴多(F. Bardot)小姐继续写作。

② 这些研究特别针对 philantrôpia 的概念并且大部分是针对普鲁塔克、朱利安皇帝的左右和拜占庭的君主政体。我们将在后面的文本中看到这些研究。

世界开始了,而此时普鲁塔克正在旗帜鲜明地宣扬从希腊传统价值继承来的东西所代表的意义。

况且,必须承认我们所采用的方法和在调查研究的不同部分所遇到的困难是各不相同的,并且随着柔和影响的不断扩大,情况也会有变化。

除了一些一般性的关于某些词语的使用的研究[①],要探索的领域对最初三分之二的研究来说几乎是一块处女地。相同的证据在其中是相当少的,我们把它们全部找了出来并仔细地估量了每一次所扩大的影响的多寡。因此这一部分相当细致并代表这一次几乎从头到尾都是全新的调查研究。相反,从这一概念为自己赢得声誉开始,我们看到了一些文本和书里的章节都在论述它在每个有名的作者那里或在铭文文献和古埃及纸莎草纸文献中的地位。第一个部分根据一些非常稀有的痕迹追寻着一个线索;第二个部分试图在多而混乱的观点中梳理出一些主流看法。问题是要善于选择。同时也要看,对一个很长的编年系列的观察有时是否会对某些正在诠释的问题提供一种新的视角,这些问题直到此只是分别在每个作者身上被思考过。

在我们所选和所淘汰的东西当中,有两个特别具有争议性,

---

① 关于 philanthrôpia:罗伦兹, *De Progressu Notionis "philanthrôpia"*, 莱比锡,1914 年(60 页)。瑞特尔(S. Tromp de Ruiter),"De vocis quae est φλανθρωπία significatione atque usu",见 *Mnemosyne*,59(1932 年),第 271—306 页;勒戴昂(R. Le Déant),《从希腊文学到〈新约〉中的"Philanthrôpia"》(蒂托,III,4),见 *Mélanges E. Tisserant*,1964 年,I,第 255—294 页。

必须要加以说明。首先,我们在这里排除了拉丁文的证据,或者说我们只是顺便提及了一下它们并且是作为比较的参照点。不过,有一个时期拉丁语和希腊语之间的交流非常频繁。希腊或罗马历史学家讲述着相同的事实。希腊或罗马的著作颂扬相同的美德。可是我们认为"希腊思想"这一概念本身排除了跨越语言界限的可能,若非如此,我们究竟能走多远?

另一方面,甚至在希腊范围之内,人们并不重视普鲁塔克之后的异教作者们;如果他们在这里也被提到的话,那也是顺便为之并作为一个比较的参照点。诚然,研究是要做的。但我们的目的是要在此描述一种进步;当这种进步达到一种再也无法被超越的水平时,停止回顾它似乎是合情合理的;这就是有了普鲁塔克之后在政治和道德双重领域所发生的事情。我们走得越远,就越难把一种希腊思想单独区分开来,因为它不断受到各种其他潮流的影响,并不可避免地充斥着模仿、重复和假的东西。

总而言之,这些不同的、有根据或没有根据的选择曾经主导着本书的创作。

我们试图让不是研究古希腊的读者们能读懂本书。也许本书中有些关于词义的讨论和翻译对他们来说味同嚼蜡,但我们不能忽视它们;对概念的研究所带来的好处之一难道不是通过比较从而能确定或纠正文本意义本身吗?刚说过的关于政治与道德思想中柔和的角色使得这样的希望成为可能,即专家学者们不是唯一能从该书的阅读中受益的人群。

这一双重考虑同样存在于文本的编排中,并且在此所使用的方法需要得到加倍的谅解。

正常情况下,相当于基础词汇的希腊词语被转换成了法语字母。因为这些词经常出现并给引语赋予了一种确切得多的意义[①],所以每次都用希腊语来书写他们既费力又繁琐。我们甚至认为一名不懂希腊语的读者最终会顺利判别出像"praotès"、"philanthrôpia"等等词所表达的意义。相反,引语本身或者不经常使用的词语依然保留了希腊字母,为了避免被转写出来的东西显得既难看又费解。

况且,在主要用来指柔和的词的拼写法上出了一个问题:应该写成 πρᾶος 还是应该写成 πρᾷος,即在 ᾱ 的下面还要加一点呢? 第二个拼写显然是最普遍的,至少在手稿中是最常见的[②]。根据皮埃尔·尚特兰的观点,它很可能不是最好的或最古老的。无论如何,在此尊重每个作者或出版者的用法似乎显得有点奇怪。简言之,我们需要统一标准。似乎统一成不加那一个点的πρᾶος,特别是转写成 praos 更容易而且更符合历史的真实性。这并不意味着我们在其他的一些情况中沿用这种拼写,也不等于我们一直认定它是真实的。依据相同的原则,我们并没有指明在何种情况中使用 πραΰς 和 πρηΰς 这两种形式,或者使用πραΰτης 这一形式;我们也没有说明所使用的动词的相应形式

---

① 我们一般而言把在引文中所使用的希腊词放在括弧里。有时,这个被改成法语字母的希腊语原词也许在语法上有所改动,因为考虑到形式上的清晰和雅致,所以唯一重要的是词的选择。

② 铭文通常写成 πραος。

和复合词的形式。

至于翻译，为了看起来不像是在粗制滥造，我们系统地借用了法国大学里收藏的译文，如果有译文存在的话。如果尚未翻译，那么我们就自己动手①。当我们以不同方式操作时，我们会在注解中标明译文的出处。

---

① 波利比乌斯作品由鲁塞尔(D. Roussel)(七星出版社)翻译。

入题话
荷马著作中的柔和

在给研究古典希腊柔和的文本写前言时,一次调整是很有必要的。事实上,最新关于荷马的道德研究在强调英雄之理想与战士之道德的同时似乎对柔和在史诗世界中所占的重要位置知之甚少。因此阿德金斯(A. W. H. Adkins)的经典作品《功劳与责任——希腊价值观研究》(牛津,1960年)对此并无论及。我们在该书的索引里找不到任何与柔和或宽容有关的字眼。可是这些词在史诗中确实是存在的;尤其是 ἤπιος 一词在其中出现过25次——这还不算 ἀγανός 一词(16次)以及它的复合词,如 ἀγανόφρων 和 ἀγανοφροσύνη①,也不算 μείλιχος(4次)或 μειλίχιος(27次),和其他的一些词,如 μαλακός、γλυκύς、ἐνηής,或它们的反义词 ἀπηνής、χαλεπός、νηλεής。对词汇的简单观察

————————

① 第一个词请参考《伊利亚特》,XX,467,第二个词请参考《伊利亚特》,XXIV,772和《奥德赛》XI,203。

就这样清楚地指出这些词义在荷马时代的社会里绝不是不存在的①。

我们之所以经常忽略它们的存在，也许是因为《伊利亚特》是——根据西蒙娜·韦伊(Simone Weil)的一项研究——"力量之诗"②。我们在其中看到的是暴力、苦难和死亡。可是总体印象却一点都不残酷，而且有关这些暴力行为的所有描写时常打着怜悯的印迹。此外，这也是刚才引用的那个研究在最后所承认的："在《伊利亚特》中一切没有战争的东西、一切战争毁灭着或威胁着的东西都被包裹于诗意之中"并且整首诗传递着一种"神奇的公道"③。

实际上，人类的同情充满着两部荷马史诗是毋庸置疑的，而且它并非一直不为人所知：相反，它是各种专门研究的对象④。

---

① 关于这一点另外请参考培生(L. Pearson)在他的著作中对阿德金斯的评论，《古希腊的民间伦理》，斯坦福大学出版社，1962 年，第 60—61 页。

② 1941 和 1947 出版在《南方杂志》，后来在 1953 年被伽利玛出版社的《希腊源泉》置于书首。

③ 见前揭书，第 37—38 页。

④ 我们首先可以提到马丘迪(G. H. Macurdy)的《慈悲的品质——希腊文学中的温和的美德》，耶鲁大学出版社，1940 年。与荷马有关的部分是最精彩的；请看第 3 页，这一段说的是荷马是如何把古老传说的内容人文化的：他给其中加入了一些更温和元素，"朋友对朋友的爱、丈夫对妻子和孩子的爱和对敌人所展现的慈悲"。沃尔特·巴克(Walter Burkert)的研究(《关于古希腊的同情概念》(*Zum altgriechischen Milteidsbegriff*)，埃尔兰根市出版，1955 年，156 页)只局限于荷马和同情心。这是一本严谨的学术研究的力作；它清楚地指明柔和这一因素一直与亚里士多德关于勇气和斗争的概念共存；同情心正好可以对它们起校正作用。况且，作者找出了这样的一些情况，在这些情况中对荷马最有研究的学者们承认人类的同情怜悯已经渗透到了荷马的诗歌之中(请特别阅读第 68 页和注解 4)。

另外,这种人类的同情经常把有关柔和的种种态度描述成优点。即使最粗浅的阅读也能证明这一点。

英雄们不停地互相讲着"柔和的话语"。诚然,这有时是为了安抚对方[①],或者为了得到他们的支持[②],但不管怎样这样的表述是很能说明问题的。它马上就揭示了荷马时代的文明的两个特征,这种文明已经包含某种形式的柔和。第一个特征是谦恭。也许,在战场上辱骂是很符合常理的;并且我们知道荷马式的英雄们在战场上总是口若悬河,但对熟悉或陌生的来访者的迎接、家庭生活礼仪、与别人交谈的方式,所有这一切都需要小心谨慎地来处理并且要懂得敬重他人。再说,这些敬重在特洛伊或在古希腊人那里、在人类或众神中都是一样的。其次,"温柔的话语"一直是古希腊人为了说服别人而具有的一种特长,与暴力相反。说服可能演变成诡辩,但它原则上一直是以柔和为武器。

再说,这种柔和在史诗中并非仅表现在话语中。如果战争本身是暴力的话,那么相反,荷马总是让人们在英雄的周围能隐约看到一张由人类关系和家庭关系编织的网,这张网把这些人物和一个温和得多的世界联结在了一起。两个世界互相渗透。

在这一方面,热情好客的角色本身是很有特点的:它是时常出现的、这种社会可以拥有的最好的东西的标志。因此在《奥德

[①] 《伊利亚特》,IX,113;X,288;XI,139。

[②] 同上 IV,256;XII,267。

赛》中,热情地接待异邦人的事实和对众神的尊敬是文明人的标志,与野蛮人、没有正义的强盗(VI, 121; VIII, 576; IX, 176; XII, 202)相对立。这一点在很大程度上被故事的叙述给予了肯定。迎接客人的礼仪、对客人的尊重是人们回避不了的义务的一部分,否则就可能会缺少同情心并因此而落下不好的名声。每个人在履行这些义务时细致周到并尽可能做到慷慨大方。也许这里涉及的是一些基本的宗教义务,因为"所有的异邦人和乞丐来自于宙斯"(《奥德赛》, VI, 207),但承认这样的一些义务能以独特的方式让人与人之间的关系变得融洽。因此君主阿尔克努斯打断了让他的客人伤心的歌:"只要我们稍有良知的话,客人和乞援者难道不是兄弟吗?"①况且,如果热情好客真的属于文明生活的话,那么它的效果对一切人类关系都会产生影响。热情好客的关系是有遗传性的并包括相互敬重。在浴血奋战的战场,这些关系使人不得不尊重对方的人——正如狄奥墨得斯(Diomède)对格劳克斯(Glaucos)宣布说:"因此在阿尔戈利斯(Argolide)的中心,我是你的客人,而你在吕西亚(Lycie)是我的客人,如果我有一天去到贵地的话。从此,即使在密集的人群中,我们两人也要避开对方的长矛。我在特洛伊人或他们的重要盟友中有很多其他人要杀……而你呢,如果有这个能力的话,你也有其他的一些阿凯亚人要宰。让我们互换兵器吧,以便让

---

① 《奥德赛》, VIII, 546:这句诗也许是后人添加上去的,但它只是评论一种存在于整个背景中的观念。

众人都知道我们在此相互认作世交"(《伊利亚特》, VI, 224—231)。

这样的关系时常在史诗中被提起,它们清楚地说明英雄们并不都是无限制地或无分辨地使用暴力。

同样的道理,我们也不能不被史诗赋予女性人物、温情和家庭的重要性所震惊。在这一方面,安德洛玛克、海伦、赫卡柏(Hécube)出现的场合非常能说明问题[①]。即使当这些友爱不直接为叙述的对象,它们至少也作为装点门面的事物被提及,顺便揭示了诗人的怜悯并引起他的读者的怜悯。当一名英雄去世时,常常会有一段简短的对友爱的回顾。从某种程度上说,荷马式的英雄有两副面孔。赫克托不仅是特洛伊城的保卫者,他同时也是安德洛玛克的丈夫,他年幼的儿子的慈父,充满着焦虑和希望整个家庭目睹上战场的战士。

《伊利亚特》里为真的东西,很自然在《奥德赛》里就更真实。在那里,全家人一齐参与,家庭生活得到全面的展示,从忠诚的仆从到家里养的狗应有尽有。因此阴谋与惩罚在柔和占主导的背景上就显得一目了然。

况且,这也许是荷马艺术伟大的秘诀之一,即能在任何情形下用一个表达怜悯的词来打断一段对战斗场面的叙述,在暴力肆虐的时刻引入一种比较温情而平和的对照物。简言之,尽全

[①] 直到她们被俘虏前,她们都得到温和和礼貌的对待:参看下文,第14—15页。

力重新在似乎并不适合柔和存在的地方加入柔和。

柔和的这种对位法已经很高明了。但是有时会出现这样的情况,即宽容和宽厚在同样的行动当起着决定性的作用——在《伊利亚特》中就是如此。此处仅举两个著名的例子加以说明,这两个例子是荷马的读者无论如何也忘记不了的。

第一个是普里阿摩斯(Priam)与海伦在激战中的对话,见《伊利亚特》第三卷。普里阿摩斯把一名年轻女子(即海伦)叫到自己的身边,她被视为万恶之源——埃斯库罗斯后来应该是对她特别苛刻。他要求海伦:"到这里来,我的女儿,坐在我的面前"(162);他安抚她说:"你对我来说是无辜的:一切事端都是众神所挑起。"海伦表现出的内疚和尊重与这种如此善解人意和有耐心的宽宏大量旗鼓相当。

因此,同一个普里阿摩斯在诗歌的最后做出了很有人性的举动,这怎么能不让人感到惊喜呢? 一般而言,一部史诗以对胜利的颂扬而结束:这不是《伊利亚特》的做法;并且我们不是没有注意到阿喀琉斯杀死赫克托的那一卷的题目是"赫克托之死",而不是"阿喀琉斯之凯旋"①。然而,整个史诗都是一样的,因为《伊利亚特》是以双重的悲伤而收尾的:为了对帕特洛克罗斯表示敬意而举办的竞技赛、特洛伊的劫掠。而且它尤其是以一种

① G.H.马丘迪,见前揭书,第27页。我们在同一部著作中看到《伊利亚特》已经开始谴责对神甫的狂妄自大的行为。这是确实存在的,但人们并没有把这一点与柔和联系起来。

平息而收尾,当老普里阿摩斯一个人来到阿喀琉斯身边向他要自己儿子的尸体,火爆性子的阿喀琉斯对这一乞求做了让步。整首诗自始至终贯穿着他的愤怒,正是这种愤怒给了诗歌一种冲击力。这个怒不可遏之人在他最悲痛的时候意外地软化了态度并接受了老普里阿摩斯的哀求。他感觉到这位哀求者有着众神相助。他让人清洗了赫克托(Hector)的尸体,他邀请普里阿摩斯入席,晚上以待客之礼接待了他;他休战了很久,以便让老君主把他儿子送回特洛伊。因此荷马笔下最暴虐的英雄们实际上一直都有同情心:这种人性和这种同情心在此甚至是最恰当的形容他们的字眼。

这些简短的回顾足够清晰地指明,柔和在荷马史诗中的地位是不可否定的:需要通过整个的研究才能最终界定它的范畴并确定它的含义①。我们在此只限于很快过一遍诗人本人所使用的词语、惯用语以及著名的柔和,以便标识出后面我们要进行思考的出发点。

在这些词语中,èpios 的地位很特殊,值得认真研究。

被应用于人类关系②的 èpios 有——这一点很容易观察到——一个特别确切的内容。它所表达的柔和是指父亲对于自

---

① 这一研究正在进行:它是 F. 巴尔多小姐的博士论文所研究的对象。

② 它也被用来形容药物的作用:在《伊利亚特》IV, 218 和 XI, 515 和 830 中是 ἤπια φάμακα,(请参看 XXIII, 281):这种使用在梭伦作品 I, 60 中也有类似用法,并且还将在埃斯库罗斯(Eschyle)(《普罗米修斯》, 482, ἀκέσματα),在索福克勒斯(《菲罗克忒忒斯》, 698, φύλλοις)以及希罗多德(III, 130, 3)的作品中找到它的对等词。

己小孩那样的行为,推而广之,也就是君主对自己臣民那样的行为。宙斯对他女儿雅典娜来说是 èpios(《伊利亚特》,VIII,40;XXII,184)。同样,雅典娜对奥德修斯来说是 èpiè(《奥德赛》,XIII,314)。老涅斯托耳(Nestor)对墨涅拉俄斯(Ménélas)"温和如父",πατὴρ ὣς ἤπιος(《奥德赛》,XV,152)。并且在他之后,很多君主都把这种完全是父亲般的柔和视为一种优点而乐于提起并把它用到了所有的臣民的身上。奥德修斯就是如此,但或许是因为在《奥德赛》中诗人有闲暇时间来回忆处在以前和平时期的他的统治状况? 我们不相信是这样的:在《伊利亚特》中奥德修斯的这种品质已经早为人所知了。阿伽门农难道没有宣称他将一直与他相处吗? 他很确定这一点,由于奥德修斯的心"只感受到温厚的思想"(IV,361:ἤπια δήνεα οἶδε)。就这样,一个将经常在《奥德赛》中被重拾的主题清楚地被提了出来。在其中有多少人物对奥德修斯从前充满关怀的统治表示惋惜!"我不仅失去了我高贵的父亲",忒勒玛科斯在第二卷第 47 行说,"而且失去了你们昔日的贤德的君主"。并且门托耳(Mentor)感到愤慨:人们记得奥德修斯,"在那些他统治过的人们的心里和在那些觉得他很贤能的人们心中吗?"(II,234)。雅典娜在第五卷第 12 行中重复了同样的用语。而且娥玫(Eumée)抱怨说他将再也找不到如此 èpios 的主人了(XIV,139)。他对这位主人的描述是热情、充满爱心:"因为奥德修斯不在了,我非常思念他"……"在所有人当中他曾经最爱我;我在他的心中有一席之地;他虽然离我很远,但他对我而言一直有一个响当当的名字:

他是我的兄长"。因此奥德修斯(他还一点都没有被认出来)祝贺娥玫偶然来到了这名"如此温和的"(ⅩⅤ,490:èpiou)男人的家中:èpiou这个字在诗句的开头甚至是被一个标点符号分开的,这说明了一切都在这个词当中了。

另外,这种柔和,君主制度的典型特征,延伸到了其他的一些人类关系中。真正的英雄使它在自己身上大放光彩,因为普里阿摩斯对海伦很温和,并且因为,如果赫克托的妻子家的兄弟或姊妹们不是那样的话,那么他知道用柔和与令人宽慰的话语(《伊利亚特》,ⅩⅩⅣ,772)留住他们。

作为回报,那些被柔和对待的人对他们则忠心耿耿。老娥玫对他的主人忠心不二,而且荷马说他有柔和的思想(《奥德赛》,ⅩⅢ,405;ⅩⅤ,39;557)。柔和所带来的相互性就这样开始了,它将成为我们在古典时代推崇它的论据之一。

因此这些用法揭示了很多东西。它们表达了某种政治的和人类的理想。并且该词将继续在后来的直到五世纪末的作家笔下表达着同一个理想。希腊诗人赫西俄德(Hésiode)在谈论人时没有提起过它:他仅仅说奈雷乌斯(Nérée,海神)是"光明正大和温和的"并且他只知道"公正和温和的"[1]思想,但从希罗多德开始人们重新看到了很有人性的君主:他指出冈比西斯是位独裁者,但居鲁士对他的臣民而言却是一位父亲。他说前者对自

---

① 《神谱》,235—236。赫西俄德的其他两个用法不是很有趣;不过,有关勒托再看第27页注解②。

己的臣民非常残暴,后者则很 èpios(III,89,3)。同样,在埃及米凯里诺斯对他的人民是 èpios 的,他甚至会把自己的财产给那些因受到他的惩罚而生气的人以慰藉之;因此埃及人更喜欢赞颂他,而不是另外一个人(II,129)。佩里安德(Périandre)一开始甚至比他的父亲"更温和"(V,92,ζ,1)。

希罗多德很乐意地指出,君主或首领都很"温和地"回答,而不是很生气的样子①。

如果悲剧只满足于表达家庭关系②的话,那么我们在同一时期的文学中又找到了有关这种柔和的证据,正是这种柔和使得大家和谐地生活在集体当中。这个证据指的是 èpios 一词在修昔底德的作品中的使用。事实上,如果一个用法被应用于比尼西亚斯从神那里期待的更温和的对待的话③,那么其他两个用法则被应用于城邦生活。但它们通过一个典型的特征一直与在群体内部或家族内部占优势或应该占优势的关系相连,雅典就是由群体或家族构成的。伯里克利(Périclès)想让愤怒的雅典人重新变得更柔和(II,59,3);并且在 411 年,由于不断的努

---

① 同样薛西斯,在 VII,105,1,或者提米斯托克利(Thémistocle)在 VIII,60,1。

② 请参考欧里庇得斯,《阿尔刻提斯》(Alceste),310,和残篇 950;同样《特洛伊妇女》,53(在神之间 συγγενεῖς)。除了上述的用法之外,还有应用于与人相比较的神(《菲罗克忒忒斯》,737;《酒神的伴侣》,861)。但是该词可能有一个更广泛的词义:欧里庇得斯的《埃瑞克修斯君主》一个残篇中(362N2),形容词在所有状况中都适合,因为它描绘的是一位父亲嘱托自己儿子的感情的特点(再说,这是父亲给儿子的第一条建议,值得记住)。

③ VII,77,4。

力和许诺,他得到的结果是,首先与四百人(Quatre Cents)作斗争被搞得恼怒的人们变得"更温和"并有点想着拯救整个城邦(VIII,93,3)。阿里斯托芬也使用相同的词来定性一般雅典人的态度,但和修昔底德一样,他好像也把该词用在了公民之间的关系方面,因为他补充道:"因此我们将彼此互为羔羊,并且会有非常好说话的盟友"(《和平》,934—936:πραότεροι)①。

在这之后,该词几乎在古典语言中消失了。我们在德摩斯梯尼(Démosthène)那里找到了三个使用该词的例子(确切说其中一个是来定性雅典人之间互相表现出来的柔和的,见《反驳提摩克拉底》,193),在柏拉图那里有三个例证,亚里士多德那里则有两处,经常在医学和动物学领域使用②。但该词在吕西亚斯、色诺芬、伊索克拉底、埃斯基涅那里都没有出现。它甚至后来也没有出现在波利比乌斯的著作中,而他是极力为柔和辩护之人。我们可以认为这种消失部分地归因于这样的事实,即这种关于柔和的完全家长制的观念在新型城邦中不再有自己的位置,因为那时的城邦已经建立了。这个词应该与具有互助友爱性质的整体性有一定的联系,因为这种抱团现象在过去的部落之间是

---

① ἤπιος 的意思在阿里斯托芬使用中似乎更宽泛,比如布得吕克里昂(Bdélycléon)要他的父亲对人要"仁慈"时(《马蜂》,879:ἤπιον τοῖς ἀνθρώποις);但是很清楚,根据上下文看这涉及到他担任法官的角色,这一角色使他与君主们类似。

② 还可以参看亚里士多德的《动物史》中(619b24),在其中说白尾海雕是ἤπιος καὶ τὰ τέκνα ἐκ τρέφει καὶ τὰ τοῦ ἀετοῦ:我们可以认为,两种看法被紧密联系在一起,并且动物在此按照荷马的说法是 πατὴρ ὣς ἤπιος 的方式行动的。

很常见的。可是应该会再次出现——但会出现在一个不再由公民关系管理的希腊和一个个体与个体关系占首要位置的希腊：事实上，我们在此被描写的历史的最后找到了它：它出现在了罗马时期的铭文当中，出现在了圣保罗和普鲁塔克的笔下[①]。

该词的确切意思就是荷马所用的意思。如果说该意思想说的是关于柔和或亲切的一种一般态度的话，那么它可能表明该词曾经借助过其他一些词——例如 ἀγανός(16 例子，还不包括复合词)和 μείλιος 或 μειλίχιος(分别有 4 和 27 个例子)。

这些词经常在说话或在赎罪奉献的仪式上的讲话中显示柔和的特点——这似乎与原初的意思有着紧密的联系。就 ἀγανός 来看，我们在说话[②]中看到四次并在奉献仪式中看到三次。关于 μειλίχιος 的 27 个例子都是和说话相关(相反，在《伊利亚特》中 μειλίχιος 只用于人)。

但是这种举止的柔和显然是一种随和而和蔼的性情的反

①　请看下文第 430—431 和第 501—502 页。在其中有一些特殊的用法——这还没有算那些又称颂奥德修斯君主制传统的文本——如斐洛德谟对荷马程式 πατὴρ ὣς ἤπιος ἦεν 的引用：请参考下文第 405—406 页。关于奥德修斯，我们将看到，柔和在古典文学中很自然地归于了他：他的人性在索福克勒斯的笔下出现在了与埃阿斯的反差中：请参考下文第 36—37 页；《埃涅阿斯纪》中坚忍的奥德修斯与整个希腊传统格格不入。

②　引人注意的情况是，阿波罗和阿耳忒弥斯的特点是用同一形容词来形容的(《伊利亚特》，XXIV，759；《奥德赛》，III，280；V，124；XV，411)，甚至当他们杀人的时候。我们可以认为这是因为这些特点会让人速死而没有任何痛苦，因为《伊利亚特》中有一段关于赫克托的尸体时讲述了这样的一种死亡："脸色鲜嫩，好像生命刚刚离去"。珀涅罗珀同样讲过阿耳忒弥斯也许能让她温和地死去，死亡来的时候就像是瞌睡了一样。

12

映。事实上,在《伊利亚特》中有一位英雄,他既不是君主也不是首领,但人们一直记得他的柔和:他就是帕特洛克罗斯①。他与暴躁的阿喀琉斯恰好相反,他谦恭而和气。况且,阿喀琉斯不是没有冲撞过他,因为他在第十六卷里指责前者怀有一种极端残忍的暴戾并对阿凯亚人的痛苦熟视无睹:"冷酷的心($\nu\eta\lambda\varepsilon\dot{\varepsilon}\varsigma$),不,我看到了它,你不曾有过像珀琉斯那样的战车好手的父亲,也不曾有忒提斯那样的母亲;是深蓝色的大海给了你生命,而你却如同悬崖峭壁,因为你的灵魂是如此残忍"(35:$\dot{\alpha}\pi\eta\nu\dot{\eta}\varsigma$)②。因此,当帕特洛克罗斯死的时候,这将是一个追思他伟大的柔和的聚会。墨涅拉俄斯如此说道:"在这种时刻,请记住可怜的帕特洛克罗斯的善良:他活着的时候,知道对每个人都要温和"(671)。这个形容帕特洛克罗斯"善良"的词是 $\dot{\varepsilon}\nu\varepsilon\dot{\iota}\eta$,它和形容词 $\dot{\varepsilon}\nu\eta\dot{\eta}\varsigma$ 相通,并且这个形容词在 XVII 卷,204、XXIII 卷,252 和 648 被用了同一个帕特洛克罗斯身上。至于意思为"仁慈"的词则是 $\mu\varepsilon\dot{\iota}\lambda\iota\chi\sigma\varsigma$:它在第 XIX 卷第 300 行中还用到了帕特洛克罗斯身上。这里不再是墨涅拉俄斯为阿喀琉斯的朋友而哭泣,而是布里塞伊丝(Briséis)在自己最不幸的时候提到她在他身上找到了善良:"你没有让我哭泣;你安慰我说你要我成为神

---

① 这并不意味着首领就不会在私生活中表现得 $\dot{\alpha}\gamma\alpha\nuo\dot{\iota}$(《伊利亚特》XX-IV,772:赫克托对海伦;《奥德赛》,XI,203:奥德修斯对他的母亲;XV,53:每位老爷对他的客人们),或者在对待人上表现得 $\dot{\alpha}\gamma\alpha\nuo\dot{\iota}$(《伊利亚特》,II,164;180;189;IX,113)。

② 诗人肯定了这个性格特征,他说:"这里说的不是一个温和并好说话的人"(《伊利亚特》,XX,467:$\gamma\lambda\upsilon\kappa\dot{\upsilon}\theta\upsilon\mu\sigma\varsigma...o\dot{\upsilon}\delta'\dot{\alpha}\gamma\alpha\nu\dot{\sigma}\phi\omega\nu$)。

样的阿喀琉斯的合法妻子,要让他带我上他的船并在密耳弥多涅斯人(Myrmidons)之中庆祝我的婚礼。这就是为何我在你的尸体上哭得涕泪涟涟——你呀,你曾经是那么温和!"①

这种优雅的谦恭或许也属于那个时候正欣欣向荣的文明的一部分。总而言之,用来表达谦恭的词汇不应该比 èpios 族类的词更长久:在抒情诗之后,词语 meilichos 和 meilichios(蛇)就只在宗教词汇中或在后来的诗文中使用:罗得岛的阿波罗尼乌斯(Apollonios de Rhodes)使用它,以及后来的铭文也使用过它(同样,形容词的反义词 apènès 在后来的希腊语中重新出现,但却是阿提卡方言中最稀少的词之一)。这种衰退使人确信帕特洛克罗斯的柔和似乎长久以来就和荷马时代的文明,例如奥德修斯的文明,息息相关:公民的生活不再为这种类型的柔和提供场所。

这两个系列的例子和这两位每次被作为原型的英雄足以证明即使在荷马时代的战争中,柔和依然是存在的。但是我们可以走得更远:事实上,我们观察到这种柔和不仅在说到某某人物时被提到,而且它自己本身也被宣扬和保卫,过度的好战性则受到坚决地打击。

如果说帕特洛克罗斯指责阿喀琉斯的严厉的话,那么我们不要忘了阿喀琉斯本人也曾以相似的措辞抱怨过"难对付的"君主阿伽门农的严厉(《伊利亚特》,I, 340:ἀπηνέος),后者的愤怒让阿凯亚人付出了沉重的代价。还是在《奥德赛》中,忒勒玛科

---

① 相反,μειλιχίη 有可能是战斗中的一个缺点(《伊利亚特》,XV, 741)。

斯温和的耐心与求婚者的暴力形成鲜明对比。关于安提诺斯（Antinoos），忒勒玛科斯说："你知道安提诺斯一直是喜欢吵架的人，且他那些尖酸刻薄的言辞激怒了其他人"（XVII，394—395）。奥德修斯对欧吕马科斯（Eurymaque）同样说："你就是个铁石心肠和蛮横无理的人。"（XVIII，381）

但是特别是——这正是最重要的特点——我们看到一种有利于柔和的潜在的立论已经显露了出来。就像我们前面偶尔看到的关于这一立论的见证一样，这种立论想要说的是，柔和会吸引那些受到善待的人们的同情、忠诚和忠心。

我们看到这种自然的相互性存在于奥德修斯和娥玫之间、帕特洛克罗斯和布里塞伊丝之间。门托耳-雅典娜（Mentor-Athéna）那些有利于奥德修斯的异议只是先对着人生气，然后对着神发怒，结果使得这种罕见的效果并没有扩大；这些异议几乎把这一效果变成了一件正义的事情。因为我们两次看到："当人手握大权时，他有必要温文尔雅吗？他心中从来就不可以有非正义的想法吗？坏君主和他们的无耻的行为万岁①！那些被温和如父的奥德修斯统治过的人们记得这位神吗？……"（《奥德赛》，II，230—234 = V，8—12）

当诗人荷马在讲述阿克西勒（Axyle）之死时，他似乎感到了同样的酸楚："人们爱他，因为他的住所就在路边，他会欢迎来访的每个人。可是没有人来冒险把他从死神那里拉回来。"（《伊利

---

① 希腊语原词是 χαλεπός。

15

亚特》，VI，14—16)

在这样的一些情况下，忘恩负义的丑事暗示人们感激曾经是很正常的现象。

事实上，珀涅罗珀(Pénélope)是在有时被认为是后来加上去的一个段落里明确这样说的——这就是当她宣称善待乞丐之时，而这名乞丐后来被揭出不是别人正是奥德修斯本人。贝拉尔(V. Bérard)是这样翻译该段文本的："对自己和其他人无同情心之人一生中收获的只有厄运和死亡，并且大家都会鄙视他。对自己和别人很宽宏大量者则会赢得美名，异邦人会把这种名声传遍整个世界，这样许多人就会赞扬你的高贵。"(XIX，329—334)显然，该译文在此事非常随意。"没有同情心"地活着的人实际上是 ἀπηνής；并且"对他和对别人"这几个字只是对希腊语所使用的重言表达的一种评论：ὅς μὲν ἀπηνὴς αὐτὸς。但这种"对自己的同情"是不确切的，并且重言通过给人的个人秉性附加上一些感情只是为了强调温和的观念，而这些感情是这一观念和表达的结果。因此应该说"本人就冷酷并怀有冷酷感情的人"。另一方面，根据译文"不宽容"(sans rigueur)的希腊语原文是 ἀμύμων，也就是"无可指摘"①的意思，并且句子的第二部分也是一样的，也应该改成："本身是无可指摘的人和怀有无可

①　这一译法是值得商榷的：请参照帕利(A. A. Parry)的《无可挑剔的埃癸斯托斯——ἀμύμων 与其他荷马称呼用词研究》(*Blameless Aegisthus*, *A study of ἀμύμων and other Homeric epithets*)，布里尔出版社，1973 年，292 页。但这一翻译质量还是得到普遍认可的。

指摘的感情的人。"

这种区别很重要,因为它可以让我们看到,柔和或者对他人的宽厚属于美德的一部分,并且是我们从英雄、从勇敢者①那里所期待的东西的一部分;无可指摘的人与冷酷的人相对立。并且该文本提供一种有利于柔和的论述,后来的几个世纪重拾并充实了这一论述。因为冷酷之人在其生命中和死亡后都会受到自己恶名的拖累,而宽厚热情之人则会收获美德所带来的果实。柔和、亲切与人性在此产生的效果和回报均为他人的即时与永远的好评和好名声。珀涅罗珀不至于会说这样的名声可能是有用的或有利的话,但在赞同一种美德的同时,她为这样的一些学说开辟了道路。

无论如何,全部证据清楚地指明,柔和是一种美德,荷马绝不会不知道它的价值——不管涉及到《伊利亚特》还是《奥德赛》,不管涉及到里面的英雄人物还是围绕在他们身边的人。

在荷马时代的社会崩溃之前,这样的价值绝不会因此而不为人所知。也许这正是荷马史诗有别于其他的一些描写战争的史诗的关键因素。

只是这种社会正巧崩溃了。荷马用来描述这些美德词语很快就从语言中消失了。甚至同样的史诗片段,经由后来的作者的修饰后,尤其是悲剧作家的修饰,充斥着残忍的字句。良善的

---

① 请参考特奥格尼斯(Théognis),365,他建议居尔诺斯(Cyrnos)一直把 μείλιχον 挂在嘴上:"懦弱者的心才会很刻薄。"

奥德修斯经常变成奸诈或卑劣者。本来应该拖着赫克托的尸体围着城墙走，但索福克勒斯毫不犹豫地描写拖着赫克托活人走（《埃阿斯》，1031）。自杀、谋杀、仇杀战胜了其他的一切。并且伴随着特洛伊的陷落，精神上的痛苦变得越来越大，以至于超越了英雄所取得的战功，而陷落碰巧是这些战功所造成的后果。

可是这些灾难本身在悲剧中是用来激起愤怒和怜悯的。因此，人们渐渐地重新学着了解柔和的价值。这种柔和的重新创造将是下面几章的内容。我们试图在这几章中确定适应了另外一种新生活、并在一个已经变化了的世界上的新柔和能以何种形式出现。

第一部分
发现柔和：公元前五世纪词语的兴起

第一章
宗教与法律中的人性原则

我们所称为的希腊"中世纪"的生活是非常艰苦和暴力的。因为不久后出现的经济困难和社会动乱，希腊古风时代的社会也许没有多少柔和可言。荷马时代之精致细腻的柔和已不复存在，而未来的有意识的柔和尚未形成自己的价值观。在内战纷扰与互相猜忌的时代，自由人因债台高筑沦为奴隶①，然后财富渐渐地不再只是贵族才能拥有，赫西俄德的控诉（plaintes）和抓住夜莺的鹰的寓言给我们开启了古风时期："可怜的东西，你为什么叫？你听命于比你更强大的人。我带你去哪里你就去哪里，因为你是个美丽的歌手，并且我可以把你变成我的盘中餐或者还你自由。抗拒比自身强大的力量是疯狂之举……"（《工作与时日》，207）

古希腊人为了对抗这一残酷的世界而树立了一种理想：这

---

① 梭伦结束了七世纪初的人身限制。

就是追求正义的理想。这一理想是抗拒暴力和外力的第一道墙。另外,我们看到,古希腊人从这种有关正义的观念中总结出了正义在他们历史的各个时期变成宽容和节制的全部可能性。这是两个正义,即神的正义和人的正义。

* * *

神的正义在荷马史诗中并不缺少:琼斯(M. Lloyd-Jones)很精辟地指出这样的臆断很可能是不确切的①。

但是这需要稍微回顾一下荷马之前的情况,并且一般而言,这与希腊神话有关,如同我们在荷马、赫西俄德或悲剧作家那里所找到的对这些神话的模仿一样。

这些神话没有丝毫柔和的内容。它们让我们面对的是怪异、满目疮痍、喜欢谋杀和复仇的神灵。但是关于这些神话有两点应该引起我们的注意。

第一点是,它们再怎么说也没有我们所看到更古老的神话那么可怕,例如,在苏美尔巴比伦人的文献中。这些文本明确记载了人间女神的至高无上的权力,或者她对神和对人所造成的恐惧②。相比较而言,希腊神话没有那么阴森可怖。

---

① 《宙斯的正义》,萨瑟古典文学讲座,41,加利福尼亚大学出版社,1971年,第230页。

② 例如,请看由拉巴(R. Labat)收集的文本和《近东的宗教》中的其他一些文章,巴黎,1970年。

但是第二点是这些神话越来越不可怕了。我们必须经常追溯到文学文本、神话编写者所写的东西那里，以便发现它们之中最可怕的神话。同样，希腊宗教很快就排除了人类的牺牲，这些牺牲仅仅是一种传奇语言现象。在文学文本中，希腊神话也渐渐地减少了最刺激人的内容。悲剧特别留下了那些能给人以意义和希望的东西。

然而这种意义与希望是真正建立在有一种神的正义的存在之上的。假如这一正义已经以潜在的方式存在于荷马笔下的话，那毫无疑问在古风时期之初，它突然占据了更大的地盘。人们谈论它，赞扬它并试图围绕着它来组织神的行为。确切说是它保护着像赫西俄德的夜莺一样受到威胁的弱者。"当正义来临之时，它战胜了邪恶"，赫西俄德朝着鹰肯定说（217—218）；或者冲着强者说："君主们，你们也想想这种正义吧！诸神就在你们身旁，就在人们中间，他们正看着那些以一些奇怪律例让人压迫人并不惧怕神的人"……"你们也要想到有一个叫'正义'的处女，她是奥林匹亚山上的居民，也就是众神敬仰的宙斯之女。"（249—257）

这样的一种正义所产生的效果就是制止罪行、不正当的战争、屠杀和各种各样的违规行为。埃斯库罗斯在自己所有戏剧中都承认正义在人类历史中的存在这一不争的事实。在他的作品里，最残暴的女神，厄里倪厄斯（Érinnyes），最终接受融入一个受正义之神统治的世界，因为该神能带来安宁。她们取了一个最温和的名字叫"Bienveillantes"（和善女神）。从赫西俄德到品达,再到埃斯库罗斯,我们可以说对神话表现的演化阐明了一个支持正义反对恐惧、支持节制反对过度或复仇、支持说服反对暴力的漫长的再征服过程。如果众神所引起的恐惧确实存在的话,那它的意义与作用也许是为了约束住那些可能受自私的暴力诱惑的人:神话里的奖惩就是在他们走这种道路时制止他们的。

况且这种正义中还带着善良、保护甚至宽容。除了乞援者的宙斯施保护予受苦难的人,还有一位柔和的宙斯、一位 Zeus Meilichios,他不算很出名,但毫无疑问地出现在了铭文和文学文本(见修昔底德 I, 126, 6 及以下)中。

这样赋予神的性格在人类行为的层次上表现为不同的规则,这些规则虽然还远远算不上是柔和,但其意义至少是对残忍的禁止。

作为例子,我们将只在此采用这些规则中的一部分,因为它们显然是想唤起对人性的关怀,并且这些规则也曾经是古希腊人自己愿意拥有的特权。根据情况,这些禁令被称为"神的律法"或"古希腊人的律法"或"所有人共有的律法",它们因而在古希腊构成了一种人权的开端,其起源的宗教性是不可辩驳的。

在这一方面,我们要提醒的是,古希腊众神非常适合扮演仲裁者的角色。首先,从一个城邦到另一个城邦,他们是一样的神。其次,他们与类似的宗教崇拜的自然融合是不可避免的。荷马笔下的诸神与特洛伊人和阿凯亚人(Achéens)维持着相同的关系。吕底亚人克罗伊索斯求问德尔斐神谕。并且埃斯库罗斯认为他的那些带东方色彩的波斯人只是被宙斯和波赛索（Poséidon）所支配，这很正常。再说，当古希腊人学着了解自己信仰以外的其他宗教崇拜时，他们在这一方面宣扬一种绝对的宽容：希罗多德的作品就是一个有力的证据。冒犯他人的神、崇拜或信仰是一种亵渎行为。

这意味着城邦或古希腊人与野蛮人之间的斗争从来没有被染上任何狂热的宗教色彩，并且同样的事实也解释了对神的尊重是如何能自然地包含着某种对人的尊重。

因此，"神的律法"或者"所有人共有的律法"禁止各种被视为亵渎的过度行为。然而，假如这些律法一直不被应用的话，那它们就永远不会被否定：它们在荷马那里初具雏形，被希罗多德和整个五世纪的雅典所引用，又被后来的伊索克拉底、柏拉图、波利比乌斯、普鲁塔克再次使用。诚然，人们越来越倾向于把它们叫做"人的共通律法"而非"神的律法"，但他们心中有着相同的想法，即无论如何不可以犯任何一种过度的行为，即使是处在战争当中。

既然我们惧怕众神，我们就应该惧怕伤害他们所庇护的东西：他们的庙宇以及在其中避难的人们、他们的仪式（包括葬礼和对死者的尊重）以及以他们的名义发的誓言。古希腊人对这一系列的罪行的反应一直是非常激烈的。

焚烧圣所或把它当作一个世俗的地方来使用是对它的亵渎，而这种亵渎就是一种罪，会激起神的愤怒。

在埃斯库罗斯的作品中,特洛伊战争这一方面在现存的作品中第一次变成了一个重要的方面。阿伽门农承认自己犯有这一罪行,而且这一罪行解释了他作为受害者的那次灾难。克吕泰墨涅斯特拉(Clytemnestre)已经通过她佯作的祷告宣布灾难:"但愿一种应受谴责的欲望不要首先削弱我们战士的意志,但愿在好胜心控制下的他们不要恣意妄为而做出渎圣的洗劫。他们仍然可以毫发无损地回到自己的家里……"(《阿伽门农》,341—343)。之后,使者骄傲地宣布,阿伽门农毁灭了特洛伊,而且宙斯曾帮助他"毁坏神坛和神庙,灭绝了这个国家的整个种族"(527—528)。因此阿伽门农君主有一个和可怕的绰号,叫"城邦毁灭者"(783,请参考475)。

这种错误是可怕的,它被归罪于阿伽门农。这种可怕的事情似乎对于埃斯库罗斯来说是对米底亚人(médique)的战争的一种回忆。在当时人们的眼里,这些圣所的火灾在战争中扮演着重要的角色。根据希罗多德所说,萨迪斯(Sardes)的大火并不是故意被点燃的,但却造成当地的一位伟大的女神圣所被烧毁。然而,历史学家希罗多德说:"波斯人后来就是用这种大火来焚烧希腊各城邦国的圣所的"(V,102)。事实是,火灾的发生次数不断在增加(VI,19,3;VI,96,1;VI,101,3;VIII,33),但雅典的那一次应当算最臭名昭著的丑闻,而且埃斯库罗斯不失时机地把这一火灾视为不可原谅的渎圣行为,这一行为造成的灾难在薛西斯一世身上得到了报应,这也算是一种抵罪:"那些踏上希腊土地的人们毫不犹豫地破坏神像、火烧庙宇、推倒祭坛。

因此,作为罪犯,他们所承受的痛苦和他们所犯的罪行一样罄竹
难书……"(《波斯人》,809—814)①

还有,在伯罗奔尼撒战争期间,雅典人占领的得利翁的圣所
(他们没有毁坏它),因为一个严重的错误而被保留了下来,他们
应该为此错误请求过原谅;而且修昔底德相信必须重开这种讨
论(IV,90,1;97,2—4)②。

也许这一特点和人际关系的柔和没有多大瓜葛。但是正巧
这种神的保护惠及到了所有那些到这些圣所避难的人们。罪犯
或者无辜者、敌人或者亲人,任何变成神的乞援者的人就这样变
成神圣的。

我们特别听说过这种关于可能发生的违法的规则。但是为
了绕过这一规则所做的努力,或者这些违法行为所引起的骚动
足以说明被禁止之事的分量。那些通过虚假的承诺让乞援者走
出圣所的人以及他们的家人在历史上变成了著名的渎圣之人
[这就是阿尔迈奥翁家族(Alcméonides)最大的污点③]。其他的
一些从圣所的屋顶上眼睁睁看着斯巴达君主死去的人变成了被
诅咒之人,他们必须被赶出城邦④。并且很多悲剧是以君主不

---

① 在希罗多德那里这是信任希腊人的一个理由;他在 VIII,143 中这样
说:"虽然他毫不留情地烧毁神殿、推到神像,但我们相信神和英雄们会助我们一
臂之力,于是我们将朝着他前行并将击退他"。

② 这是伯罗奔尼撒战争中唯一没有严重渎圣的地方。

③ 请参考修昔底德,I,126,11。一个同样的渎圣行为是由克里奥梅尼
(Cléomène)所为,请参看希罗多德 VI,78;克里奥梅尼最终受到了诅咒而发疯。

④ 请参考修昔底德,I,134,2。

9

得不救助聚居在圣坛附近的乞援者开始的。如果他不这样做，这就成了他的污点，并且拒绝神的帮助（如同埃斯库罗斯的乞援者在第362句诗中所说："尊重乞援者之人会大福大贵"）。更何况，用假话把这位乞援者从圣坛处骗走是不是一种犯罪呢，正如墨涅拉俄斯在《安德洛玛克》中所做的那样？悲剧大量佐证了历史学家的资料。

这种做法扩展到了所有的乞援者，不管会发生任何危险；而且在这一方面没有出现过任何问题。希罗多德于是引证了库迈（Kymè）人的犹豫不决：当波斯人向库迈人索要作为乞援者来到他们中间的吕底亚人帕克杜耶斯（Pactyès）时，库迈人不知道怎么做。于是他们请示了神谕，神说让他们把他交出去吧。其中的一个使者不相信这是真的，于是就开始掏所有在寺庙周围栖身的小鸟的窝。神谕的声音反对说："你从我的寺庙中抢走我的乞援者！"使者回答说，这正是关于他请示时神谕建议他所采取的行动。"是的，是我命令那么做的"，神谕反驳道，"目的是为了让你们这些忤逆者灭亡得更快，这样你们将来就不会再来问神谕是否应该交出乞援者！"（希罗多德，I，159）[1]

在伯罗奔尼撒战争中，当苦难让城邦中的公民们相互对立的时候，我们看到这一规则被公然践踏。朴实的修昔底德指出

---

[1] 希俄斯岛（Chios）的居民终于交出了帕克杜耶斯（Pactyès），但是渎圣的记忆却挥之不去（I，160）。

了这种可憎的行为："父亲杀死儿子,乞援者被从圣所赶出或被当场屠杀,一些乞援者甚至被封入狄俄尼索斯圣所的墙中"(III,81,5):他正是在提及这一大罪的背景下开始了他有关残忍的内战的大讨论。他的文本实际上是这样开头的:"事实上,这就是内战所达到的残忍程度……"所引起的丑闻是考量保留在每个人意识中的这种神圣禁忌的力量之尺度。

其他的一些人享受着同样的保护和免责。首先,这是神祇的使者的情况,他们是一些神圣的人物,具有仪式的表征。据《伊利亚特》所言,他们是"宙斯的亲信"(VIII,517)[1]。因此对使者的伤害便也是一种渎圣行为。希罗多德讲述了这样的一种罪行的后果,这一罪行是斯巴达针对薛西斯一世的两个使者所犯的:斯巴达的两个使者被送到君主那里受死,但薛西斯一世赦免了他们:"在处死两名使者的同时,他们斯巴达人违反了大家公认的法律:责备他们人不会做同样的事。"(VII,136)这未能阻止众神自己惩罚这些人的儿子们。因此,这种复仇的做法等于是又一次犯法,因为有一些使节就这样被屠杀[2]。但是,虽然这些违法继续引发丑闻,但它们的存在说明这是一种不得已而为之的事情。

如若说使者们是一些特殊的人物的话,那么神的庇佑也扩大到了所有那些可能被视为与乞援者同等的人——如投诚的囚

---

① 请参考 I,334。

② 这里由希罗多德提到的犯法(infraction)由修昔底德 II,67,2—4 所引证。况且,使节们(ambassadeurs)并没有使者们(hérauts)神圣(关于区分,参看德摩斯梯尼的《使节》,163)。

徒①。如叙拉古人尼古劳斯(见狄奥多罗斯(Diodore)XIII,21)在谈论西西里岛囚徒的处理问题时说:"那些随意投降的人变成了你们的乞援者"。这似乎曾经是最常听到的话:例如,我们在欧里庇得斯的《赫拉克勒斯的儿女们》的第966和1009—1011行诗句就见过类似的例子。从一个人被囚禁开始,人们不能把他杀死而不违反"古希腊人的律法"(第1010行)。也正是修昔底德笔下的底比斯人所提出的这一想法解释了他们的人被普拉提亚人所屠戮(III,66,2)的原因,并且请求拉凯戴孟人:"拉凯戴孟人,保卫被他们践踏的希腊人的法律吧。"(67,6)②如若投降还附带有协议并对众神提出质疑的话,那么丑闻很自然就更大。诚然,在伯罗奔尼撒战争期间,囚徒甚至整个族群经常被屠杀,但记忆正好会保留很多年,也就是好几个世纪。规则可以被违反,不过它表达的是一种感情,而这种感情不但不会减弱,反而在某些时期会变成一种惩罚。狄奥多罗斯笔下的尼古劳斯所说:"如若公众知道我们不顾人权而牺牲了我们的囚徒,那么他

① 在帕特洛克罗斯葬礼上对十二名特洛伊人的屠杀(《埃涅阿斯纪》(Énéide),XI,81中被重提)将一直被视为一个特例,并且诗人还有一句评论的话。出现了对阿喀琉斯这残忍的性格的说法(XXIII,176)。这种宗教仪式很类似于把人类作为祭品的活动,这些活动在神话和后来的悲剧中有着重要的位置,但在英雄主义时代已经很罕有了,后来就彻底消失了。相反,把人变成奴隶在战争中是被接受的,即使在五世纪。只有这样的做法扩展到全体民众中的话才会成为丑事,否则,这是一种战争权利之一。

② 问题是知道是否有一个明确的誓言明显地只针对一种不断变严重的情势。关于这些问题,参看杜克雷(Ducrey),《古希腊如何对待战俘(从起源到罗马的征服)》,巴黎,1968页。

们就会反过来责备我们"(XIII, 26)。舆论接过了神的正义的接力棒,以维护人们的权利,后者虽然经常被侵犯,但却一直活跃在人们的思想中。

我们也许能就这些规则展开更多的讨论:它们要求人们遵守神圣的休战、大型赛事和停战。修昔底德的拉凯戴孟人对知道因违反休战协定而开打的战争中的一些伎俩并不感到惊讶。(VII, 18, 2)。这些规则也不允许让死者暴尸荒野:这里甚至就是安提戈涅所称为"神的不能动摇的无字律法"(《安提戈涅》,454)的精髓所在。这种义务以每场战役之后有一个休战期为前提。得利翁(Délion)和阿吉努塞(Arginuses)的事变有力证明,这样的一种义务即使在伯罗奔尼撒战争过程中也是非常迫切的。更何况侮辱死者的尸体是被禁止的。并且一个非常美的轶事说明了希罗多德(IX, 78—79)的所持观点。轶事说,在普拉提亚(Platée)取得胜利后,一名埃吉那人(Éginète)提议帕萨尼亚斯对待马尔多尼阿斯的尸体要像后者曾经对待列奥尼达(Léonidas)的尸体一样,即他把死者的头颅钉在了木桩上示众。根据帕萨尼亚斯的性格,这应该是一个绝佳的报复机会。但是他愤怒地拒绝了这一提议。希罗多德本人也认为这种提议是"亵渎宗教的"。他解释说,胜利为列奥尼达一世报了一箭之仇,而且任何形式的复仇都不能够通过亵渎宗教的方式来进行:"这样的一种行为更适合野蛮人而非希腊人。"①

---

① 可是薛西斯本人懂得表现出同样的品质,因为他拒绝通过渎神来实施报复(参看上文第 29 页)。

因此,我们不应该被人们所看到的在某些时期集中出现的各种残忍手段和渎圣行为所蒙蔽。确切说,因为这些行为代表的只是例外和丑闻,所以它们只在这方面和我们相关。面对这些事情,我们必须把原则、高贵的姿态、宽容或人性的标志放在一边,并且必须记住,希腊从来没有停止过反对过度和对这些禁止的冒犯。柏拉图、波利比乌斯、狄奥多罗斯的文本重复说明了在战争期间不应该做的事情,而且确定了一种真正在战争中的尊重权,以便使战争不那么暴力和具有毁灭性,在这一方面发出了一种特别有意义的声音,并且表达了在战争方面希腊良知中最独特的东西①。

因此,必须要补充的是,同样的禁令也在个体间的关系和罪犯的宿命当中引入了某种宽容。事实上,这些罪犯们可以享有由庇护权和净化构成的双重权利。

一个被自己同胞因正义所围捕的人可以一直在外面受到接待。像其他人一样,他是个乞援者。

最美的例子之一是一个很古老的故事,故事中的每个主角碰巧都不是古希腊人。这是希罗多德讲的故事,说的是克罗伊索斯失去儿子的事。事实上,克罗伊索斯曾经在他家里收留了阿得拉斯托斯,他当时来的时候是"一个受不幸折磨的人和一个

---

① 请看柏拉图,《理想国》,469b;波利比乌斯,II,58 和 V,11;狄奥多罗斯,XXX,18,2。其他一些作品可能会被引述,不算那些失传的作品;法勒隆的德米特利乌斯的作品在这些思想的发展过程中起了重要作用。

不清白之人"。然而"他出现在克罗伊索斯的宫殿里并要求用当地的礼仪净化他"。克罗伊索斯同意并留他在自己家(I,35)。他不知道自己这样留下来的人会是将来杀死自己儿子的凶手。

同样,在悲剧中,忒修斯在一次发狂时请赫拉克勒斯杀死自己的小孩之后跟着他:"我就这样洗掉你手上的污秽,并且我要给你一块我的领地和一部分财产"(《赫拉克勒斯的儿女们》,1324—1325)。俄瑞斯忒斯同样也逃到了阿波罗的身边,后者也为他举行了净礼(《欧墨尼得斯》(Euménides),280节)。随着时间的推移观念在变化,一次过失杀人甚至都不会留下污点;我们在索福克勒斯关于俄狄浦斯的思想中看到这一观念的端倪,即污点不再算什么了(《俄狄浦斯王》,1414—1415;《俄狄浦斯王在科罗诺斯》,1130—1136)。忒修斯把俄狄浦斯当一个神圣的乞援者那样来接待,没有说要为他举行净礼。

况且,这种保护不是只留给罪犯的:提米斯托克利就是一个著名的例子,修昔底德讲述他是如何作为乞援者来到他昔日的敌人那里的。

因此,净化仪式疗救污点,而乞援者的庇护权则校正正义的严厉和流放的严酷。在可能的情况下,希腊诸神就会鼓励人以宽容为怀。

可是,这些例外的情况,如果它们能证明古希腊文化中存在着某种潜在的宽容的话,那么这种宽容也只是在非常罕见的情况下才会发生在个体身上。正常情况下,在城邦内部个体与个体之间的关系是由正义和律法支配的。

＊　＊　＊

法律在城邦中的统治本身是为了避免暴力或者滥权并让公民们过上文明的生活。能建立一种这样的秩序甚至是古希腊人最大的骄傲之一。在公元前四和五世纪的大量文本中,摆脱了野蛮人生活的事实被描述为人性的伟大胜利[①];文字法律的存在是每个人权利的保证[②]。

实际上,这种受法律保护的生活不只接受柔和:它之所以能运转,是因为每个人相信城邦能保证良好的秩序并能严厉地对待罪犯:这似乎排除了宽容,而且我们可以认为法律在保证反对暴力的同时并不能因此而产生柔和。

可是在每个时期,古希腊的正义——或至少是我们所了解的雅典的正义——给罪犯留有一定的自由空间,并且当罪犯们被判刑时,正义从来就不是不讲情面的。建立在保卫城邦基础上的正义更多考虑的是保留城邦的完整性而不是不惜一切代价去追究罪行。

首先,在这点上尊重古代家法的存在,城邦的正义只负责控

---

① 请参考伊索克拉底《致尼古克莱斯》,5—9 =《论交换》,253—257,被下文所引用的,第 138 页,和其他在我们的《修昔底德和进步思想》中被引用的文本,《比萨高等学院年鉴》,1966 年,第 143—191 页。

② 关于这一点请参考我们的研究《希腊思想中的法律——从起源到亚里士多德》,巴黎,美文出版社,1971 年,主要在第 9—25 页和第 139—155 页。

告跟它有关的罪行:假如受害人在死前原谅了杀害他的人或者其父母拒绝寻求法律帮助的话,那么没有人会试图控告杀人者①。罪犯因此就可以被释放,其罪行也会被一笔勾销。并且这种私了的做法被正式接受。事实上,这样给予的宽恕是 αἴδεσις,其名词指的是对他人的尊重;并且,假如为一桩谋杀指控而来雅典刑事法庭的人们坚决反对"受凌辱"的话,那么原告呢,他就会坚决反对"宽恕",λίθος ἀναιδείας②。正义的臂膀不会那么轻易就会开始运转。

在诉讼本身方面,有很多事先制定的措施以保证法官不会受贿或者保证有足够的信息。每个被告都被聆听,甚至是两次。最后,出于一种慷慨的传统,埃斯库罗斯的《欧墨尼得斯》给我们提供了这一传统的原型,票数的相同意味着宣告无罪。

况且,在第一回合辩护之后,被告可以预测他的判刑,并决定是否选择被流放和放弃他的财产。诉讼之前的预防性监禁几乎是没有的,即使有也是符合同样的原则:嫌疑人可以毫不费力地在判刑前逃之夭夭;如果嫌犯不想付一笔很重的罚款的话,他也可以离开他所在的城市。隶属于城邦甚至是过一种集体和受到保护的生活的必要条件,但城邦严格的制度中却带有一种宽容,这种宽容是对这一严格的制度的补偿:如

---

① 德摩斯梯尼,《反对庞特内托斯》,59。

② 该词在这里的意思绝对不同于其他地方,并且是对他人的不尊重或者是不谨慎。

果罪犯放弃城邦,那他和城邦不再有瓜葛并且可以摆脱自己身上所背的官司①。正义只在墙内起作用。

最后刑罚反映的是相同的精神:流放是最可怕的刑罚之一,被流放就意味着公民和政治权利的丧失。相反,监禁只有在很少情况下才会用在公民们身上②。这可以理解,因为不是真为了严厉惩罚他们,而是为了抛弃不想要的那些公民。

因此,在希腊的风俗和法律中有一些习惯让正义的过程变得不那么无情,并表现出对人民的一种自然的宽容,即使人民没有要求获得宽大处理。

在这一方面,辩护过程本身就是一种很能说明问题的证据。因为,除了有关正义的论据之外,一直公开存在着一些求情的方式,想从两个方面打动法官:一个方面是希望法官承认被告对城邦所做过的贡献;另一方面是想获得法官的怜悯之情。为了获得怜悯,被告会让他泪流满面的家人和朋友到庭;而且原告必须防备因此而产生的后果。有一些对象也会引起怜悯,它们有时是一种教学所传授的对象:色拉叙马霍斯在这一方面曾被亚里士多德(《修辞学》,III,1404a13)引用过。所以这一切充分证明怜悯所扮演的角色是很重要的,而且被视为合情合理。

上面特点基本上都是一成不变的,但我们要补充的事实是,

---

① 引渡有时会被提出,但绝对是一个非常例外的做法。

② 特别是对债务人。死刑已经存在,但酷刑(特别是那些可以与钉十字架不相上下的酷刑)只对奴隶和敌人使用;并且它们似乎是从周围的文明那里借用来的,因为它们毕竟是非常罕见的。

随着时间的推移,怜悯的重要性越来越大了。如果人们在战争实践中只看到了五世纪荷马时代的一种进步的话,那么反映思想演变的法律演变却清晰地朝着一种更广泛的理解方向发展。

事实上,正义的第一个意思是复仇,而同一个希腊语词的意思是说"惩罚"和"复仇"。因此正义的出发点是报复,或者"以牙还牙"。

这样看来,在城邦中创立一种正义就构成了第一次进步:传统的家法主要是复仇,而由第三方做出的判决结果才算是正义。在家法和复仇实践的基础上,第一条有文字的法律实际上已经是作为一种安抚因素出现的。七世纪雅典的德拉古(Dracon)的做法就是这样。"他的主要观点是与泛滥的族间仇杀作斗争并用社会压制来代替私下火拼"。德拉古制定的律法是严酷的:必须这么做以结束公民自己报仇的陋习。并且这些律法依据后来的演变似乎变得更为严厉。不管怎样,德拉古已经知道在雅典法律中把无意的错误和有意的错误区分开来。人们承认过失杀人值得原谅;并且不久雅典正义的一切宽容将通过这个开口传了出去。

在梭伦(Solon)统治下,雅典社会变得更民主;家长的权利受到限制,而弱者的权利则得到了加强。正义也跟随这一运动取消了拘禁、赋予每个人提起公共诉讼的权利,增加了人民法庭的权力。但尤其更关键的是形成并发展了对责任、情节、辩词的充分考虑和分析的习惯。人们不仅仅考虑行为,而且还考虑意愿、性格。

埃斯库罗斯的《俄瑞斯忒亚》(Orestie)见证了这些不同的倾向和当时流传很广的这种新精神。

首先,雅典娜在其中两次让正义的秩序取得了辉煌的胜利并就暴力与复仇的秩序说服他人。是她第一次创建了雅典刑事法庭,该法庭必须最终裁决并宣布厄里倪厄斯三女神(Erinnyes)的追捕是否必须要继续针对俄瑞斯忒斯。第二次是判决宣布之后,她通过说服得到这样的结果,即厄里倪厄斯三女神放弃她们针对雅典的愤怒,并不再为个人之间的恩怨而实施报复:"神圣的说服把神奇的柔和赋予了我的话语,如果你懂得尊重它的话,好吧,那你就待在此"(《欧墨尼得斯》,885—887)。新秩序的美就这样被强调,这一秩序与正义相匹配,而且是非暴力的秩序。况且,埃斯库罗斯在把演变(人类的正义曾是这种演变的舞台)搬进神的世界的同时,也在自己的三部曲里指出人是如何从一种机械镇压式的正义过度到另外一种正义的。前一种正义就像厄里倪厄斯三女神的正义,它主要体现在前两部悲剧中;第二种正义是要考虑具体情况并能遏止一系列犯罪的正义①。

我们知道,五世纪的人们对正义进行了更加深入的思考。出自于这一思考的关于责任的讨论变成了每个人最常有的锻炼自己辩才的机会;普罗塔哥拉与伯里克利关于一名运动员在体育场被误杀的情况所展开的讨论就是一个例子(普鲁塔克,《伯

---

① 在欧里庇得斯那里,这种对系列犯罪的拒绝不太像是建立在与正义相关的思考基础之上的,而更多是建立在简单的厌烦基础上的(《俄瑞斯忒斯》,507—511)。

里克利传》，36）；安提丰（Antiphon）的自相矛盾是另外一个例子。但是特别在悲剧中或修昔底德的作品中的 agôn（辩论）无不反应了同样的问题和在区别艺术上同样的微妙。因此《欧墨尼得斯》三女神的例子很好地阐明了正义正越来越向更细致、更深刻的方向演变[①]。

最后《欧墨尼得斯》的悲剧也把注意力放在了演变上，这一演变从那时开始就有改变惩罚作用本身的倾向。

在《阿伽门农》中，我们已经发现惩罚有一种意义，它不仅只是让坏人付出代价，而是让他变好：不管怎样，神的正义传授给了人们智慧：这是苦难的教训，宙斯把这一教训变成了有人性的法律（175 节）。况且，我们发现在《欧墨尼得斯》中也存在着惩罚，惩罚的存在也是为了让事情变得更好，因为它会让人们感到害怕，从而达到预防性效果，即可以震慑罪犯。雅典娜说得很清楚："我要在此山上说，从此以后尊重和害怕将让公民们日夜远离罪行。"（690—692）

这就是在五世纪末开始全面发展的一种思想。柏拉图甚至认为该学说全部出自苏格拉底和普罗塔哥拉[②]。事实上，他让

---

① 　正义在某些情况下能够从情节的考察中得出一个严厉的理由；因此安提丰声称（IV，（3，2）"侵犯者不应该受到同样的而是应该受到更加严厉的惩罚（参看多佛（Dover）的《希腊流行道德》第 184 页）。但是也有例外和极端的情况。

② 　对普罗塔哥拉所占部分的重要性被讨论过了，但很难相信这一部分全部虚构的。再说，它非常符合普罗塔哥拉所关心的那类问题（并且我们在前面看过一个这种例子），并且很符合有关一种利益算计的概念在他思想中所扮演的角色（《泰阿泰德》，167b—c）。

人告诉普罗塔哥拉:"苏格拉底,如果你想认真思考对罪犯的惩罚所产生的效果,那么现实本身将会告诉你人们把美德视为一种可以自然获得的东西。实际上,没有人在惩罚一名罪犯时能看到或者意识到他所犯错误的动机,除非如一头猛兽那样放弃一次丧失理智的复仇:想用聪明的办法惩罚人的人是不会因为过去而动手的——因为木已成舟——而是为了防患于未然,目的是为了既不让罪犯也不让见证惩罚他的人有再开始的念头"(《普罗塔哥拉》,324a-b)。并且他让人告诉苏格拉底本人有关另外一个世界的惩罚:"然而,假如惩罚被正确使用,那受惩罚之人的命运会变得更好并能从处罚中受益,或者能为其他的人充当范例,以便让这些人出于忌惮他所受的处罚而改善他们自己的行为。"(《高尔吉亚》,525a-b)①

这种思考肯定不同于我们所了解的同样的法律实践,可是它出色地指明了这一法律的演变方向和希腊关于正义的思想的导向。在复仇之暴力愈来愈有可能在每个人所得到的好处与所受的教育面前消失的情况下,这样的一种正义就为某种柔和打开了窗口,而且至少反映了它的趣味。

可是,这里出现了一个悖论:古希腊人天生就非常憎恶暴

---

① 同时也请参考478a:"当人们有理由惩罚时,他们难道不是为了某一种正义而惩罚吗?",和478d:"这样获得的正义事实上不得不变得更智慧和更正确,并且它就像医治恶毒的良药"。还请参考《理想国》,380b,和《法律篇》,862e。

力。虽然这种憎恶如此广泛地体现在他们的信仰和法律之中，但它却是拖慢柔和与宽容的观念在他们当中产生的罪魁祸首，并且是在古希腊世界赋予这些概念以独特形式的东西。事实上，古希腊人是如此仇视这种暴力，以至于他们从古时候开始就满腔热情地通过四处建立城邦秩序和正义的统治来试图制止暴力。但是他们从此成了这种反应所采用形式的囚徒。

城邦秩序对于他们如此珍贵，以至于他们无论在正义的实施还是在个体的关系方面均没有能力再发展可以依靠的感情。并且事实是，人们将看到在公民关系和城邦的意义变得很脆弱的时刻，柔和、原谅、宽容和理解便成为大家都认可的美德。

同样，正义的支配在他们的思想中占有如此重要的位置，以至于他们觉得在这种正义之外寻求一种能处理人类关系的不同制度是不正常的。因此这些美德为了能显现出自己，它们就必须顺着正义的边缘或者它所留下的痕迹慢慢地往里渗透。

因此我们可以观察到——正如下面的章节将会努力展现的那样——有关这些美德的各种措辞较晚并逐渐地出现在了语汇之中；在被用于人与人之间的关系之前，它们甚至经常被用来特指神对人的感情。神的威力本身让人们对自己的柔和产生了希望。

第二章

有关柔和的新词:PRAOS[温和] 与 PHILANTHROPOS[爱人的,人性的]

在古典时代,除了指宽容和原谅的词语以外,最常用来指柔和或近似意思的三个形容词是 praos、philanthrôpos 和 épieikès。

当然,还有其他的一些词,而且把它们都列举出来也是很有必要的,因为丰富的词汇正好证明古希腊人对这些概念或价值是非常重视的。不说一个人 praos,我们可以说她首先"随和"(εὐπροσήγορος)、"有礼貌、顺从"(ἥμερος)、"善良"(εὔνους)、"友善"(φιλόφρων),等等。不说他 philanthrôpos,我们可以说他的"大度"(ἐλευθεριότης)、他的"做善事"的能力(εὐεργετεῖν)或者"取悦人"的能力(χαρίζεσθαι),或者"与他人的分享"能力(κοινωνεῖν)。我们也可以说他不暴躁的,或者不生硬,或者不自私。

但是就三个主要词而言,我们会很轻易地观察到,它们进入使用的过程是非常漫长的。荷马的作品中既没有使用 praos 也没有使用 philanthrôpos；而且 épieikès 在虽然其中被使用的，但意思却与我们主要讨论的不同。这些词中的每个词将慢慢走自己的路，以便从公元前四世纪开始突然闯入了希腊语当中。

下面这一图表清楚显示了这种突如其来的繁荣昌盛：

	praos	philanthrôpos	épieikès
荷马	0	0	(21)
希罗多德	3	0	4
三位悲剧诗人	6	2	4
修昔底德	1	0	9
色诺芬	15	18	6
伊索克拉底	31	12	42
德摩斯梯尼	25	72	33
柏拉图	59	5	72
亚里士多德	28	11	92

因此，这种诞生和突现是无可辩驳的，值得我们去追寻它们的足迹①。

Ⅰ. 温　和

就 praos 来看，最初出现在文献中的例子是一些同源动

---

① 我们在这个表中把形容词和动词、名词、副词的使用混合在了一起。另外，épieikès 的诸用法被提到但没有区分意义，"仁慈"的意思在后来作者们的作品中几乎是专门被接受的。

词,其意思为"使平静、使平息、安抚、抚慰"(使海浪平息、安抚动物、平定暴乱)。我们在赫西俄德的著作中(《神谱》,254;《工作与时日》,797)看到过两次并在梭伦(3D,37)那里看到过一次使用这种意思。我们也在复合词中遇到过;而且品达用在厄勒梯亚女神(Eileithuia)身上的是形容词是 πραΰμητιν [拥有柔和思想的]:她实际上懂得进行柔性催生,而不是粗暴处置。

这些最初的被证实的用法为 praotès 将一直保留下来的一般特性提供了一种说明:这是一种举止的柔和,与一切暴力的表现相反。并且该动词的出现频率符合这种意义:每当过度的暴力有可能露头的时候,praotès 必须被重新确立。在《荷马颂诗·致赫尔墨斯》I 中,愤怒的阿波罗听到赫尔墨斯送给他的竖琴声之后心情平复了下来(417)。在埃斯库罗斯《波斯人》中,薛西斯一世试图让他的躁动不安的套车安静下来(190),而且大流士(Darius)建议阿托撒(Atossa)用充满深情的话语来安抚自己绝望的儿子们(837)。在希罗多德的作品中,我们看到一个人先假装生气,口中骂骂咧咧,但接下来又假装"平静下来并把愤怒抛在了脑后"(II,121,8),同时口中好话连篇。相反,阿玛西斯(Amasis)却怒不可遏,劳迪刻(Laodice)为他的无辜辩解但却没有让他平静下来(II,181)。

因此,praotès 是愤怒的反义词,并且它一直会如此。皮埃尔·尚特兰在《迈亚杂志》(1959 年,第 17—22 页)的一篇文章中评论过它的意思并列举出了各种不同的经典例子。从这些例子看,这个词要么与野蛮相反,要么与狂怒相对①。形容词与名词的出现使这一特点得到了认可,该特点后来变成了一种美德。

较难确定我们所掌握的这个形容词是什么时候第一次被使用的。

首先,不要为《荷马颂诗·致阿瑞斯》所欺骗。因为它里面确实有形容词 πρηΰς,但它是被误放入《颂诗》中的。那是一首崇拜俄尔甫斯神秘教理仪式的颂辞,或许诞生于公元四世纪或五世纪。再说,该词在其中的使用是十分矛盾的,作为颂辞本身,它把阿瑞斯塑造成一位贤德与正义之神②! 因此我们在看到作者这样祈求神的时候不应该感到吃惊:"从天上把你和煦的光洒在我们的生命上吧,并赐予我们你那钢铁般的力量以便让我能从头脑中赶走可耻的懦弱吧。"这个后来的阿瑞斯可以看到自己被无矛盾地授予了一道"和煦的光",但是这样的阿瑞斯不属于古典时期的希腊。严格说,他可能认可柔和的最终胜利,但

---

① 请看,例如,柏拉图,《会饮篇》,197d,亚里士多德,《尼各马可伦理学》,1125b。一个与我们刚看过的那些例子非常相似的例子是欧里庇得斯的残篇822:ὀργὴν πραΰνουσα,词源出处不详。至于该词的意思,它与梵文、斯拉夫语和日耳曼语中讲述对于某人(比如:friend, freund)有利的一种位置的用语意思相近;但是这一谱系有很多困难的地方。另外一种假设想把该词与梵文 úprayu-("细心的")拉近比较:如果 a-是表示否定的话,prayu-则意味着更多(于是有人把这个意思为"粗心大意的、心不在焉的"的词与 praos 一词所包含的缺少激烈反应这一部分含义相提并论)。

② 有人似乎在公元后三世纪的勒巴狄亚(Lébadée)的一条讲述一次祭祀仪式的铭文中找到了这个词,它是被用在阿尔忒弥斯神身上的。请看《古希腊铭文集》VII,3101。关于神的柔和,我们也有赫西俄德论勒托的文本(《神谱》,406)。有关它们的 philanthrôpia,请参考下文第37—38页。

他不可能提供任何有关柔和是如何开始的信息,更不用说能提供关于这个形容词的第一个证据了。

在涉及到忠告时,事情有点不清楚,这些忠告是作为哲学家们或七贤最初的教海,甚至是德尔斐神谕传达给我们的。这些不同的忠告都要求控制自己的愤怒并遵守节制,这不足为奇。然而 praos 一词非常有可能被当作这样的意义来使用。但是也有可能这样被使用并被引入到这些较后出现的忠告之中,引入时间或许是该词因为流行而获得了更多扩展意义的时期,因为后来的见证者相当经常地使用他们那个时代的词汇。

毕达哥拉斯的情况可能就是这样,他提出过这一类的忠告①。契罗(Chilon)的情况也是如此,根据斯多拜乌(Stobée)所言,他可能劝过君主们要刚柔并济,目的不是为了让人害怕,而是要赢得别人的尊重②。这种思想并不让人感到意外,因为它符合其他的信息,这些信息是关于给予人物的忠告;斯多拜乌本人在其他地方建议他要冷静、控制愤怒并随时准备和解。但是这些信息的真伪值得怀疑,更不用说它们所使用的词汇了。

我们可以说梭伦也是这样的。忠告很合适他;而且他能够使用这个词——假如我们相信第 19 个箴言的话,这条箴言由斯

---

① 请参看让比克(Jamblique),《毕达哥拉斯的生平》,196 段落(DK,第 471 页,3);再请看先科(Schenkl)1886 年出版的《维也纳研究》第 84 页,在其中一个明显是后来才出现的表达方式中使用了实词 πραότητα。或许我们也应该提到给德尔斐神谕的建议:ὁμίλειπράως。

② 斯多拜乌 IV,7,24(W.H.第 255 页,2)。

多拜乌(III,1,172)引用自德米特里乌斯(Démétrios)收录的梭伦名言集。它曰:"对你的家人要温和。"不过我们可以怀疑这是不是一条真正的引言。

实际上,这些传统确认了柔和这一观念是如何与希腊思想中最主流的倾向之一自然地结合在一起的。这一观念后来所取得的进步使得这些传统从形式上变得更精细。

从词汇的角度看,我们最后来到了品达这块坚实的土地上,因为他有三个不容置疑的词例用法与该形容词相关,其中两个指的是人类的一种美德①。

首先是在品达大约完成于 475 年的第三首《皮西亚颂诗》中所提到的关于希耶罗的美德:品达在恭维希耶罗,在其谄媚的话语中或许包藏着一种忠告,他庆幸自己在他身上看到的是一位仁君而非僭主:"对公民充满了柔和(πρηΰς)、不嫉贤妒能、如父般受到异邦人的赞赏。"②(71)在此柔和不仅是一种美德,而且是一种政治美德,可以被应用于君主对他的臣民的行为中。

另外一个例子,即在第四首《皮西亚颂诗》(136)里的伊阿宋的例子。这个例子虽然有点晚,但其观念在诗中占有很重要的位置,因为涉及到珀利阿斯和伊阿宋两兄弟的和解,伊阿宋因为

---

① 另外一个与柏勒罗丰神(Bellérophon)有关,他驯服了诗神的飞马(Pégase)(《奥林匹亚颂歌》XIII,85)。或许应该给这些例子再追加一个新例证,即残篇215b4,在这段中我们看到:ὁδ'ἐπρΰνε;但没有上下文。

② 根据我们的看法,他对异邦人来说更像"可敬的父亲"。请参考下文第175—176 页。

其身上散发出的柔和而为这一和解开绿灯:"说话柔声细气的伊阿宋为一场旨在和解的辩论定下了基调。"(事实上,伊阿宋宣称:"你和我,我们必须通过妥协结束我们彼此的积怨……"①)这些"亲切的话语"让我们发现了和解之精神与君主之宅心仁厚。Praotès 的这两个方面在未来的政治考量中将发挥自己的作用。

我们可以补充的是,对愤怒或者与 praos 的人之品行相反的暴力的记忆也许一直就没有消失过:它表现在这一事实中,即这个从五世纪开始就被频繁使用的形容词经常出现在比较级中。动词和形容词是"变温和"、变得"更温和"。这样,埃斯库罗斯和索福克勒斯只使用动词(前者有两个例证,后者有一个例证)。希罗多德、阿里斯托芬和欧里庇得斯也使用形容词:希罗多德有一个比较级的例子,阿里斯托芬两个比较级的例子和一个原级的例子,欧里庇得斯有一个原级的例子。从此以后,这个词有点无处不在。它在德谟克利特的作品中、在希波克拉底的医学论文中被使用②。

最后我们看到了在同一时期出现的第一个被确定为名词的例子。尽管修昔底德根本不擅长表达柔和,但正是在这个风格最凝练的人那里我们第一次遇到该词语:事实上,修昔底德在 IV,108,3 中谈到布拉西达斯对脱离了雅典的那些人民的 praotès;而且他强调了拉凯戴孟的将军对这种态度的好感③。

━━━━━━━━━━━━

① 从前,伊阿宋已经表现得很和善,并且这种亲切产生了效果:根据荷马的用语,他使用了 μελιχίοισι λόγοις [柔和的言辞]。

② 我们在安提丰和安多基德斯那里都没有看到它。

③ 请参考下面与城邦政治相关的那一章的第 218—219 页。

从此,整个词族将在希腊词汇中开枝散叶。我们只要回顾一下,与这一两系列的例证相比,上文的图表关于五世纪给出的数字是:色诺芬 15 例、伊索克拉底 31 例、德摩斯梯尼 25 例、柏拉图 59 例、亚里士多德 28 例。Praos 家族从此被古希腊人所接受。

铭文中的词汇似乎没有反应出这种飞跃。这种沉默的原因也许部分与该词的意义本身有关。它只能通过官方颂词这一渠道进入铭文。然而,在一种民主制度,甚至在一种寡头政治中,它可能暗示着一种被移位的上下级的关系。因此,在这种情况下可能只与私人关系相干;并且这并不是古典时代铭文所感兴趣的领域。事实上,这个词确实只是很晚的时候才进入铭文词汇中的:正如路易・罗伯特所写的那样,"它最兴盛的时期是后罗马帝国,它在其中发展壮大。"[1]可是铭文向我们揭示了一种间接证据,表明这个概念的流行状况,因为我们发现 Praos 这个词在四世纪的雅典被用作人的名字,并且不同的人名是根据这一词干构成的:贝克特尔(Bechtel)的集录抄录了六个人名,其中一个是 Πραῦχα,从五世纪起在塔纳格拉(Tanagra)[2]就被证明。

---

① 《希腊史》XIII,第 224 页。关于这种飞速发展,请参看下文,第 269 页随后。

② 在这里所讲的两个例子是《古希腊铭文集》II 第二版,1928 年,1,20(礼拜仪式的名词表)和《古希腊铭文集》VII,600。请参考贝克特尔,《希腊历史人名——直到罗马帝国时期》(*Die historischen Personennamen des Griechischen bis zur Kaiserzeit*),1917 年,1964 年再版,第 501 页。

不管怎样,在文学文本中,新的"柔和"在这一时期蓬勃发展并以最不同的形式扩散。而且它占据了相当重要的位置,以替代史诗就有的 èpios。

这种新的"柔和"自然就失去了它的家长式的温情:此后以后,人类最重要的关系不再在家族内部而是在城邦中得以体现。

何况,一个简短的比较就足以指明五世纪的古希腊人保留着对这种区别的感情。事实上,欧里庇得斯、阿里斯托芬和修昔底德碰巧使用过这两个系列的词;然而,意义的细微区别是显而易见的。

欧里庇得斯在同一悲剧《酒神的伴侣》中使用了两个形容词来修饰同一个狄俄尼索斯。但是,第 861 句诗谈到的是以神的外貌出现的狄俄尼索斯,而且也讲到了他对人的善意保护:他是 θεός;并且是 ἀνθρώποισι δ'ἠπιώτατος [对人类最为柔和]。相反,在第 436 诗句中,狄俄尼索斯不但没有被认出来是神,而且还被人当成一头干坏事的畜生:他被称为 ὁ θήρ。另外,他表现得 praos,因为他没有任何人们所期待的那种暴力倾向。

同样,阿里斯托芬在《和平》中祝愿雅典人之间互为"小羊羔",并且对盟友"更温和":这种柔和与他们的严酷形成了强烈的反差。他在同一出戏的第 998 句中也请求古希腊人之间要进一步相互理解,并为此祈求和平:"用友爱的汁液把我们希腊人重新并绝对地粘合在一起吧,并在我们的思想中加一点的更柔和的宽容吧"。还是在这里,praos 表示与一种暴力关系相反,而这一关系却一直被实施,且被认为是一种正常关系。

最后,修昔底德使用 èpios 一词指神对人的柔和(VII,77,4)或者雅典人之间的柔和(II,59,3 和 VIII,93,3),但当涉及到直到那时还是敌人的异邦人民时,他在 IV,108,3 中论及布拉西达斯谈到 praotès。因为对于这些人民使用暴力可能是正常的并似乎被允许使用的。

因此,新的柔和出现在这样一些关系中,即没有任何形式的强迫人接受它或者为它创造条件的关系中:praotès 是一个世界的创造,在这个世界中柔和要被再创造。

随后,它往往成了那些可能会被引诱使用武力或暴力的人们的美德,也就是拥有某种权力的人们的美德。这就部分地解释了它在政治思想中的地位。

我们将在下文继续看在该领域的发现。它将涉及三个不同的观念:雅典内政中的 praotès、占支配地位的城邦对其盟友的 praotès 和君主对于自己臣民的 praotès。我们看到最初的一些词义形成于修昔底德和阿里斯托芬有关城邦的文本中;至于第三种词义,它是在品达(Pindare)论述希耶罗的文本中形成的。这三种词义在四世纪的文本中得到了极大的发展,而且将给伊索克拉底和色诺芬提供重要的主题。

但是,我们已经可以指出,这些纯粹政治性领域纳入了另外一个更人性化的广阔领域,即与个体间的关系和智者的美德相关的领域。梭伦应该是推崇这种美德的。这不是唯一的有利于柔和的辩护词:阿里斯托芬在《蛙》856 中通过他的狄俄尼索斯告诉埃斯库罗斯,他应该容忍一种和平的、没有愤怒的讯问①。并且这不是唯一的有利于自我控制的辩护词:德谟克利特宣称说,灵魂的伟大之处在于泰然地忍受错误的行为。柏拉图和亚里士多德的很多文本将会把这些最初的含混的提议继承下来并在后来的道德学家们那里找到回应。

因此,从五世纪开始,praos 和 praotès 这两个词的简单使用却揭示出了人们对一种更人性和更安逸的生活方式的向往。它已经为柔和的思想将来的全面征服胜奠定了基础。

再说,这个词会继续与这些征服结合在一起。除省去了一些不合适的例子之外,这个词频繁出现于各个时期的各类文本中。正如我们所看到的那样,它在相对较晚的一个时期才最终进入到了铭文的词汇之列。我们同样还看到它以越来越多的复合词的形式在文学词汇中开枝散叶②。Praotès 不但赢得了自身的发展而且也赢得了人心。

Ⅱ. Philanthrôpos［爱人的,人性的］

可是这些词例证是非常稀少的,以至于光凭它们很难说清这些新趋势的上升状况。因此其他的一些词的诞生或者其他的一些语词的演变也可以用来说明这种上升趋势并可以加强和肯

---

① 皮埃尔·尚特兰在这个词的来龙去脉方面的态度很谨慎(《迈亚杂志》,1959,第19页,第1期);但是有一种亲缘关系还是能被感觉得到的。

② 尚特兰在上面引用过的文本中找到了不少复合词,这些词很稀有而且出现得也很晚。

定这一新词语族类的扩展。

在这一方面，philanthrôpos 和 philanthrôpia 的创造是最具特色和最能说明问题的创造之一。

Philanthrôpos 的意义比 praos 的更丰富，并会使我们在探寻柔和之路上走得更远。首先这个词以及它的族类的其他词，不再仅仅指一种外在的方法和行动方式，而是一种感情和一种普遍倾向。其次这些词不再作为那些暗示着人们或多或少能控制得住的一种暴力的反义词；它们没有任何负面的东西：它们包含着一种慷慨和真挚的友爱。

如同我们可以预见的那样，一个对群体——指的是家族的、友好的或民族群体——的整体性如此陌生的词只是在相对较晚的时候出现在了古希腊人的伦理之中。事实上，我们不能忽略的事实是，义务首先只在这样的一个群体中才有力量，甚至对我们来说不受情感干扰的正义有时在古希腊被定义为"为朋友们做好事，为敌人做坏事"；这是柏拉图《理想国》(332d，请参考335d)的开头所提供的定义，并且我们在《美诺篇》中(71e)也看到了它：我们可以确定的是，此定义代表了柏拉图之前出现的一中相当普遍的思想。更何况被柔和观念浸润过的古希腊人的作品并不少，这些作品属于那个已分化的世界并只是留给一个很封闭的群体看的。

色诺芬还将赞扬阿格西劳斯(Agésilas)曾经"对自己的朋友们非常温和，对自己的敌人则非常凶狠"(《阿格西劳斯传》，XI，10)；并且这样的定义经常会出现在古希腊人的文本里。一般而言①,甚至柏拉图有时在这一方面都让我们感到意外,特别是当我们在《理想国》的第五卷中看到他要求古希腊人之间作战时要带更多的人性,而针对野蛮人的战争就另当别论。古希腊人的伦理首先是在一个群体中孕育,以这样或那样的方式一致服从于共同的标准。

可是一种真正的人性原则要求一个能让人在其中感觉到整体性的群体——这个群体确切说由每一个人组成。

这种[群体的]扩大是对他人产生怜悯的基础之一。况且,荷马在提及"人"的命运时不会不知道这种扩大。尤其是索福克勒斯,他也不失时机地暗示,对人类命运特有的脆弱性的感知可以产生一种整体性的力量,即宽容源泉。这种态度的主要代言人是《埃阿斯》的奥德修斯——当雅典娜想在疯狂的埃阿斯面前挑起他心中的那股残忍的快感时,他在这一景象面前退却了:"不幸之人枉为我敌,当我看到他就这样在一场灾难面前低头之时,我对他产生了同情。并且实际上,我为他考虑要多于为我自己考虑。我非常清楚,生活在这里的我们只不过是一些幻象或是一些淡淡的影子罢了。"(121—126)同样的情感促使奥德修斯后来要求埋葬死后的埃阿斯并重新肯定他的优点:"无论如何我从来不",他说,"赞赏不屈的心。"(1361)并且阿伽门农很惊讶地

---

① 请参看《理想国》,II,375c 和《蒂迈欧篇》,18a。我们将比较德摩斯梯尼,《论经济结构》,17 和《论凯索尼斯》(*Chersonèse*),33,在其中"对立"是在"在武器下"和"在法庭中",或者"在议会里"和"在战争的准备中"。

问:"最终你劝我让人把这个死人埋掉?"奥德修斯回答道:"这是不是也是我自己将来的归宿呢?"(1365)

这样的文本清楚表明人类整体性的感觉是如何形成和这种感觉是如何变成宽容之源的。

可是,它们所表达的怜悯——且怜悯是一切悲剧的原动力——与不幸的存在有关,而且更多的是由一种拒绝获胜而引起:因此它与包含着一种积极向上的整体性和慷慨的philanthrôpia 的概念相比是负面的,况且整体性与慷慨的表现是不依赖于任何具体环境的。说真的,这样一个词的诞生代表着最优秀的人们的一种创造。

然而在这种具体情况下,这些文本似乎也是慷慨的。事实上,如果我们只看这些被保存下来的古雅典人的文本的下文的话,我们就会越来越近地看到这种初生的样态的形成和定型。

一开始,"爱人类"似乎只对一个非人类的、可以从外部帮助人类的存在而言才有意义——也就是说一位神或一位类似神的存在。

准确说,这正是我们在五世纪雅典人唯一的两个使用过这个词的文本中找到的东西。第一个很典型:它是埃斯库罗斯的一个文本,并且和赠与有关,这一赠与是[普罗米修斯]给予人类最慷慨的赠与,而[普罗米修斯]并不是一个人。事实上普罗米修斯受苦的原因就是他给予人类的这一馈赠,并且赫淮斯托斯在第 28 句诗中用词语"扮演人类的施恩者①"(Mazon 翻译)来

---

① 这一术语将一直与普罗米修斯相关:朱利安还把他的灾难归于他的 philanthrôpia(《论义务》,6)。

定性普罗米修斯的态度。第二个是阿里斯托芬的文本,它由一篇颂辞构成:合唱团向给赫尔墨斯说话,想用各种奉承话更深地打动他:"温柔点吧,啊,众神中最有人性、最大度的神!"(《和平》,392—394)

因此,这两个文本讲的都是一种来自外部以帮助人类的慷慨的行为;并且这将成为该词语的原始意义。色诺芬在《回忆苏格拉底》中认为一种有关人的慷慨的教诲是苏格拉底说的,众神表现得都很慷慨。这一主题并不孤立,因为我们已经在欧里庇得斯《乞援者》中找到了它;忒修斯在其中描绘了人类所拥有的一切,以便把人类从野蛮人的生活中解救出来,并且让他很恼怒的是,人竟然还抱怨,而神却在最初给了人那么多好处(198—217)。这正是色诺芬笔下的苏格拉底所展开的主题(在 IV,3);唯一的区别是,他在描述神的这种善良时确切使用了philanthrôpia 一词。他说诸神出于关怀而为人类提供了满足他们需求的东西;他们给了人类光明并给了他们夜晚,好让他们得到休息;他们给了人类布满夜空的星宿和为他们制定出年月日的月亮。他们让土地按季节的不同生长出粮食以供人类食用,这还是对人类的爱(6)。水和火也是一样的:然而何种馈赠才能更好地表示他们对人类之爱呢(7)?热与冷的巧妙组合也似乎是"为人类"而设的。况且,人类虽与其他的动物分享这些不同的好处,但其中有一些是人类特有的,这些特有的好处把人类凌驾于其他动物种类之上。因此人们永远也不可能过分感激神的善意(15)。

这种神的 philanthrôpia 可以被视为任何神所有。例如,这是阿斯克勒庇俄斯优秀品质之一①,而且直到基督教时期这都是神祇必备的品行。但是它的这种超验性特行无论如何将一直是存在下去。我们记得柏拉图只使用了两次形容词 philanthrôpos②。然而,这两次都涉及到神。该词第一次是在《会饮篇》中论及爱人们所期待的爱时被使用的,阿里斯托芬关于这种爱说到:"任何神都是人类的朋友。"(189d)同样在《法律篇》(713d)中,当柏拉图描写克洛诺斯时代时,在那个时代里统治城邦的"不是人类,而是一个更优越和更神圣的生物,即半神";与牧羊人照顾羊群的方式比较之后,他写到:"出于对人类的爱,神以相同的方式把半神族放在了我们前面。"这个文本后来应该成了异教徒证明神的善良的有力证据;连朱利安皇帝都没有错过引用它③。

因此形容词 philanthrôpos 首先指的是神祇④。通过扩展,一种有助于人类的艺术将变成"人类的朋友",如《经济论》中的农业:它如同来自上苍的一位行善者⑤。

该词在人类身上的使用几乎都自觉不自觉地参照了神的这

---

① 请参考下文,第 425 页和注解 2 以及第 516—518 页。

② 关于名词,参看下文,第 46—48 页。

③ VI,5。

④ 同样的意思也被赋予了形容词 φιλάνωρ,它指的是阿波罗神所掌管的热情好客(巴库利德斯,I,150,Snell),或者指的是曾经也是人类的海豚所过的生活(品达,残篇 236,Snell)。但该词后来就专门指爱。

⑤ 在 15,4。以及更后面的在 19,17 中。

种良善:菲利普之所以必须对古希腊人好,是因为,根据伊索克拉底所言,他必须要模仿赫拉克勒斯,模仿"他对人的爱和对古希腊人的忠心"(《菲利普颂辞》,114)①。

因此根源似乎已相当清楚②。更有趣的是,该文本表面上看留了一些多余的痕迹;并且由罗伦兹(M. S. Lorenz)对这一点进行的分析是很有说服力的③。他把论述苏格拉底慷慨的两个文本放在一起进行了比较。在《回忆苏格拉底》的,I,2,60 中,色诺芬喜欢指明这种慷慨;通过一种颇有趣的使用,他在其中看到了"忠于人民"的一个特征:苏格拉底向所有人打开了智慧百宝囊,甚至向那些后来有可能把这些财产再卖掉的人打开:这些人并不像他一样是属于人民的(δημοτικοί)。愉快的调子在此是十分明显的。但在这个短暂的展开中,色诺芬不满足于这个被如此矛盾地用在苏格拉底身上的形容词:他加了另外一个词,该词的使用应该是非常大胆的;他宣称苏格拉底通过这种行为方式事实上是想显示自己是"人民和人类的朋友"。

然而,这个以此意被用在苏格拉底身上的词应该反映了一种在他的学生中流传的论据,而且有一种幽默的色彩:显然在一篇(时间上)近于《申辩篇》的对话中,也就是《游叙弗伦》的对话

---

① 该词在 § 116 中被重新使用,加入了 εὐεργεσίας 和 πραότητα。

② 或许应该补充道,这种态度"人类的朋友"也可以在非人类的圣物身上一如在前面的注解中所提到的海豚或被驯服的动物身上,色诺芬关于这些动物时说它们是人类的"朋友":《马术》2,3 中的马和《打猎的艺术》中的狗,6,25。

③ 请参考波伦兹,"恐惧与同情?",《赫尔墨斯》,1956 年,第 57 页。

中,柏拉图同样让人告诉苏格拉底说:"我们可以控告他不分青红皂白地向先来的人一下子就说完他要说的话,不仅不收钱,而且准备付钱给愿意听他讲演的任何人(3d)。然而,促使他表现出这种大度的感情在这里仍然被叫做对人类之爱"。

我们通过这种比较看到我们如何才可以使用嬉笑的和极度的夸张把一种慷慨行为比作神的善良。苏格拉底的philanthrôpia听起来有点像评估,这一评估让他通过与法庭执事(Prytanée)的谈话来确定自己的行为应该被判的刑期。同时,必须承认雅典人选择苏格拉底作为 philanthrôpia 的第一个人类的代表是非常英明的,因为正是他为人类带来了智慧。

当然,这可能是一次偶然机会带来的效果。我们没有全部的文本,远远没有!并且很可能其他的一些机会通过引申、相似的表达或逐渐的转义而导致该词的词义多样化。可是,与苏格拉底相关的文本暗示说这一词的使用在五世纪末和六世纪初既不平常也不常用。

在接受这种结论之前,我们有必要暂停一下,因为有三个例证似乎把我们带回到了一个更久远的年代,因此它们值得我们认真审视。

其中一个例证来自雅典,是欧里庇得斯的残篇第 953 段,因迪多纸莎草纸(Didot)而出名。其主题类似一出布尔乔亚式的戏剧:一位年轻姑娘不想嫁给富有的追求者,但她很早就被许给了他。她哀求自己的父亲,并请求给一次"公正而慷慨"的厚爱。

这个词也许可能属于一种转移,如同我们在苏格拉底的情况中所看到的那样的转移。可是,这一用语的软弱无力一点也没有暗示有这一可能性。因此,或许应该把在此所描述的演变再往后推——假如这一残篇确实出自欧里庇得斯。但是情况并非如此,而且在此疑虑似乎被排除。这一大段文字的主题以及它的风格相当地散乱,不可能属于欧里庇得斯。这一残篇可靠性在不同的暗示之后被维拉莫维茨(Wilamowitz)[①]坚决抛弃了,后来又被罗伦兹和波伦兹(Pohlenz)抛弃;该词的使用没有收录在艾伦和以特利编著的《欧里庇得斯词汇索引》(A Concordance to Euripides)里。Philanthrôpos 一词对我们来说似乎是一种异议,因此它的存在反而确认了这一残篇的不可靠性:这一词在其中的使用之所以不平常,是因为这一文本本身是后来才有的。

其他两个例证更令人不安:它们带我们走出雅典并进入大希腊。

首先斯多拜乌[②]引用过一句箴言,塔兰图的阿里斯托克塞努斯(Aristoxènede Tarente)认为是毕达哥拉斯所说;箴言指出领导者不仅要睿智而且也要慷慨[③]。因此这一词的使用可能是平常的——和非常久远的。这种事情不是不可能。毕达哥拉斯对和

---

① "欧里庇得斯美狄亚附记"(Excurse zu Euripides Medea),《赫尔墨斯》,XV(1880),第 491 页。

② DK58(45)D4(I,469,28)。当然,毕达哥拉斯来自于 Samos,但他的活动范围为意大利南部。

③ 作为回报,被领导者应该 οὐ μόνον πεθηνίους ἀλλα και φιλάρχοντας;第一个词后来才有的,第二个是一个只见于一例的词。

睦相处的思考使得他在自己的学说中重申了人类整体性的义务，这些义务应该拉近君主与臣民们之间的距离。但是如同在上文中所讨论的有关梭伦的残篇一样[①]：没有任何理由猜想亚里士多德的弟子阿里斯托克塞努斯用可能是借老师的措辞来表达被认为是毕达哥拉斯的思想；他是用自己的词汇来表达的这一思想的，并且在他的词汇中 philanthrôpos 变成了普通用法[②]。

当我们看到另外一个文本，即西西里人埃庇卡穆斯（Épicharme）的文本时，我们发现问题变得更微妙了。这个文本曾经被普鲁塔克引用过[③]（DKB31）："你没有人类之爱，你有的只是一种病：你喜欢给予。"[④]还是在这个文本里，该词用法显得很平常，并且埃庇卡穆斯应该生活在四世纪末或者五世纪初。因此用法是较古老的。

显然，这一文本中相互矛盾但充满智慧和非常出色的特性也许能引起思考；并且波伦兹认为[⑤]它不太可能完成于四世纪之前。因此存在着一些疑虑——且这是因为人们似乎把很多东西都归于埃庇卡穆斯。阿忒纳乌斯（Athénée）已经谈到"伪埃庇

---

① 请参考前面，第28—30页。

② 一般而言，关于这种传统，请看莫瓦尔德（Mewaldt），《论阿里斯托克塞努斯的毕达哥拉斯箴言》（*De Ariatox. Pythag. Sententiis*），柏林，1904年。关于怀疑的理由，也参看前面注解2。

③ 《普布利科拉》（*Publicola*），15，在其中埃庇卡穆斯被提到，以及《论絮叨》（*De Garrulitate*），510，无名作者。

④ 我们可以与意义 B29 进行比较。

⑤ 《赫尔墨斯》1956，第57页，第2期。

卡穆斯"(XIV 648d);而这里所研究的思想非常有可能来自一个叫阿克西奥皮托斯(Axiopistos)的人的辑录,斐洛科斯(Philochore)和阿波罗多鲁斯(Apollodore)都认为该辑录出自于他之手。这一切让人半信半疑。

不过,可以肯定的是,埃庇卡穆斯经常给我们带来惊喜,而且那时西西里岛上的语言和观念应该有很大而独特的发展。或许 philanthrôpos 这个词在进入雅典之前就已进入了这一区域。因此西部希腊可能不是为我们指明道路的唯一情况。

无论如何,从四世纪开始,我们非常清楚在雅典人身上找到了 philanthrôpia,这已经是司空见惯的事,并且成了他们的一种美德。

这一族类的词语似乎仍在使用,带有一种重要的和强调的意义。这也许是我们看到它们经常与其他的一些词组合在一起的理由之一,这些其他的词对它们的使用起到了推波助澜的作用。

这种组合可以是同义词组合。因此,德摩斯梯尼在《金冠辩》中谈论过"要从你们那里得到善意和仁爱(τῆς παρ' ὑμῶ νεὐνοίας καὶ φιλανθρωπίας)"(5)或者"要保持尊严和人性(τῆς παρὰ του τωνὶ τιμῆς καὶ φιλανθρωπίας)"(209,相同的措辞,316)或者要他自己做到"热情、有人性、乐于帮助需要的人"(出处同上,268;κοινὸς καὶ,等等);在这最后一个例子中涉及的——如同下文要明确的那样——是经济上的帮助和大度①。有时这一词的使用似乎也因为词源上的拉近而变得容易。因此,在伊索克拉底的思想中,雅典表现得不仅亲神,而且爱民(οὐ μόνον θεοφιλῶς ἀλλὰ καὶ φιλανθρώπως)(《泛希腊集会辞》,29),而且一位明君,同样,管理国家也是亲神爱民的(《埃瓦戈拉斯》,43);一位首领应该会是爱人且爱城邦(φιλάνθρωπον...καὶ φιλόπολινν)(《给尼古克莱斯》,15),而最后,人们四处说亚历山大是"爱人……爱雅典和爱智慧的"(第五封信,2)。总之,在该词的 12 个用法中,伊索克拉底只有一个例外;并且在它 72 个用法中,德摩斯梯尼有 22 个例外。

这一特点有助于把握这个词所保留的依然是全新的词义。但是在众多的用法之中所选的这几个例子也证明了美德从此以后得到了承认和广泛地宣扬②。

再说,这一次,这个族类的词很快就进入到了铭文③之中:

---

① Κοινὸς 似乎比用于翻译它的词所指的要更宽泛一些。但雅典吹嘘说它很 κοινην(Thuc.,II,39,1),这确实就是说它是很"热情的",但该词的意思暗示着一种分享的思想。该词经常与柔和的词汇联系在一起并且它的应用可以从礼貌的接待到慷慨的善德(很自然包括不偏不倚)。人们看到它与 Philanthrôpia 有关,比如说在普鲁塔克那里(《福基翁》,10,7)

② 同样歌颂 Philanthrôpia 的一些文本有时同时指责 misanthrôpia,这一术语很罕见:德摩斯梯尼,《金冠辩》,112,把该词与 άδικας [不正义]联系在一起;请参看《反驳斯提法诺斯》,68。柏拉图在《法律篇》,791d 把它与 άνελενθέρους 的意思联系在一起。

③ 请参看罗伦兹所收集的例子,见《关于 φιλανθρωπία 这一概念的演变》(De Preogressu Notionis),莱比锡,1914 年,60 页。还有一些如 φιλανθρωπέω、φιλανθρωπεύομαι、φιλανθρώπευμα 这样的派生词也出现在这一时期:φιλανθρωπεύομαι 已经存在于德摩斯梯尼著作中了。

我们从四世纪开始就看到了它们的身影。

如同 praotès，但比它更容易，这种美德可以被应用于政治领域。philanthrôpia 能并且必须表明公民们对于集体的态度和君主对于那些他要审问的人们的态度①。律法也必须由一种 philanthrôpia 的精神来推动②。更何况，君主们对于自己的臣民必须表现出这种美德③。国家对于其他人民，特别是古希腊人民有同样的义务④。这种政治上的柔和可能采用的不同形式将在它们的领域被考察。

但是，如同 praos 一样，这个词变成了人们日常生活中表现出的一种品质，这一品质成功地维系着人们之间的关系，而且出现在一切良好的或有意而为的措施之中⑤。伊索克拉底所要求的演讲主题都是"高雅而美丽"的并为人类服务和涉及到广泛的利益(《论交换》，276)。德摩斯梯尼提醒说，他本人"热情、有人性并乐意助人"(《金冠辩》，268)。雅典人把一位新政治家当作"诚实而善良之人"来欢迎(《使节》，99)。一个"有自制力且很谦

---

① 第一种情况请参考：德摩斯梯尼，*Midienne*，75；《金冠辩》，112。第二个情况：《金冠辩》，5，209，316。

② 请参看德摩斯梯尼，*Midienne*，57。

③ 请参考伊索克拉底，《论交换》，132，《致尼古克莱斯》，15，《埃瓦戈拉斯》，43；色诺芬，《阿格希劳斯》。

④ 请参考伊索克拉底的著作，赞颂雅典，《泛雅典集会辞》，29；赞颂菲利普，《菲利普赞辞》，114 和 116。

⑤ 第欧根尼·拉尔修(关于柏拉图)区分了三种不同形式的 philanthrôpia：见面和人打招呼、救助不幸者的行为、热情好客；并且他说 philanthrôpia 最终表现在合群(III，98)这一方面。

逊的"人物在表现出"如此多的节制和温和"之后赢得了法官的支持(《莱普廷》(*Leptine*),128)①。这个词与所有那些描述如此好地与人相处之美德的词语相结合,并从此以后成了诚实者的理想的一部分。

它进入到这一领域并迅速传播,这种传播造成的影响使得它注定要被更快使用。在德摩斯梯尼的文本中,philanthrôpos 的性格特征只能是"可爱的"或者"讨人喜欢的"。在《使节》,95 和 220 或者在《反驳阿里斯托克拉图斯》165 中就有这样讨人喜欢的演说或者言语。一些段落在这一方面甚至出现了异议,如菲利普说给他的心腹们听的那些话的内容,在这些话中出现的只有最良好的意愿:这些话是一些慷慨之词呢还是无聊的恭维话呢?② 《使节》的 315 在谈到这一问题时明确使用了一个万能的表达法: τὰ φιλάνθρωπα λέγοντας。事实上,没有什么比让这些虚情假意的话所蒙骗更危险,如果它们的目的就是为了欺骗的话。这在国际上尤其如此;并且德摩斯梯尼不失时机地揭露菲利普的伪善(《金冠辩》,231)或指明没有什么能让他[指德

---

① 请参考多佛的《希腊流行道德》,第 202 页,我们可以在其中找到德摩斯梯尼、埃斯基涅和米南德的不同例子。在这些例子中 philanthrôpos 与 sôphrôn 很相似并且经常与它一起组合使用。

② G.马修翻译成:"充满人性的讲演";奥格(Auger)的旧翻译是:"奉承人的话"。该词的滥用显然是从这两种极端的翻译的对照中引出的结果。在埃斯基涅那里,《使节》,39,该词指的是动听的话语,但是由一个很严肃对待自己所说的话的人说出的。在由斯多拜鸟(VIII,20)引用的一个犬儒主义的残篇中,怯懦带着一种 philanthrôpos 的宽容对赫拉克勒斯说:"你的盔甲妨碍你吗?扔了它吧!……所以,这样的一种 philanthrôpia 获得了一种更令人怀疑的意义。

47

摩斯梯尼]走上邪路,机会、华丽的语言、承诺都没有能做到:华丽的语言在此是"话语的 philanthrôpia"(《金冠辩》,298)。

因此 philanthrôpia 既可能被包含在一些空话当中,也可能被简化成为一些单纯形式的姿态。这就是发生在这些 philanthrôpa 或良好的待人态度身上的事,它们是从四世纪下半叶开始就指一整套或多或少由外交传统体系化的标准。铭文反应了这种演变。公元前四世纪中叶稍前,厄留西斯的一个铭文赞颂一个人物的虔诚、有规律的生活和与镇上的和睦相处(philanthrôpos)的行为方式[①]。但是从 340 年开始,我们遇到了不久将被固定下来的表达 τὰ φιλάνθρωπα[②]。它指的是,从那以后在这些铭文中并且不久后在波利比乌斯著作中,然后在罗马时期,于外交界使用的"特权"。在这一领域中特权更是得到了条约和法令的承认——所以特权就等于权利[③]。

---

① 《希腊铭文集》第三版,1094。关于更晚的一个时期,《希腊铭文集》第三版,438 和 368。

② 《希腊铭文集》第三版,457 和 537,以及在前面的研究中引用过的由 S. 罗伦兹收集的铭文的全部剩余部分。同样,波利比乌斯 II,60,6;IV,26,8;V,66,2;X,38,3;XII,5,3;XII,11,5,等等。

③ 有关 philanthrôpa 的这个角色,请参看 M. Th. 伦格,"托勒密的君主法令中的王权善行的概念",*Arangio Buiz*,1953 年,第 483—499 页,和下文引用的文本,在注解 2,第 223 页。一我们也注意到了动词的滥用,动词从三世纪起意思是"表现得和善"、"乐于助人":例如 A. 培勒梯耶引用了芝诺(Zenon)纸莎草纸 59,428,1,14 和泰博特纸莎草纸,31,21("希腊化的犹太作家们的日常 philanthrôpia",《马塞尔-西蒙合集》,1978,在 45 和 46 页)。

这个词的滥用是很可观的。事实上,用现代希腊语来说,这个词最终指的是一笔简单的小费。我们需要"仁慈",如同我们施予"恩惠"一样,恩惠这个词是从以前怜悯(ἐλεημοσύνη)①一词演变而来。我们施恩的同时也施予了另外一种普通的礼物。这一礼物让人想起了很久之前的"人类之爱"。这种滥用本身与这个词并且在这个词之前的概念所经历的突然和无法约束的扩展相符。

不过从现在开始,人们必须对这种令人赞叹的腾飞稍稍进行一点纠正:它在萌芽状态中就带着很多问题,这些问题因后来这种柔和而很快暴露了出来。事实上,人们必须记住这种柔和只能在正义的边缘上发展自己。一篇很有《居鲁士的教育》风格的文本明确指出,被征服者的全部财产在权利上是属于征服者的:philanthrôpia 就是留给他们的一部分,这构成一个很有限的行动领域。更清晰的是,在城邦内部并且存在真正权利的地方,只有当法律允许并在权利留下的自由度之中,philanthrôpia 才能起作用。Philanthrôpia 不能凌驾于正义之上。根据正义之精神,它最好以相互性为前提。德摩斯梯尼在《反驳米底亚斯》(Midienne)185 中大胆肯定了这种相互性:假如一位公民本身是个谦逊、有人性和仁慈的人(或更准确地:philanthrôpos 并对很多人抱有同情心),如果他遇到与正义相关的困难,那么"他从

---

① ἐλεημοσύνη 的意思是"怜悯",第一次出现在卡里马库斯那里(而 ἐλεήμων 则是荷马的)。它在圣经经文里已经指一种施舍。

大家那里得到同样的帮助就是公平的",但,假如一位公民是"无耻之徒",他冒犯所有人;他把一些人当作叫花子,而把其他一些人当作替罪羊,并把剩下的人当作一文不值的笨蛋,那么,这个人也应该受到其他人同样的对待"[①]。因此柔和与善良永远不在于"伸出另外一边脸";它们虽然在希腊获得了很重要的地位,但它们的领域还是很窄的,并且它们的做法还是服从于平衡原则。柔和在正义之侧茁壮成长并与之形成了一种联盟:在基督教诞生之前,它将永远不会与之决裂。

当涉及到与正义的领域紧密相关的措辞时,例如 épieikeia 和 suggnômè,这种关系的保持将依然显得更重要。这些美德是在正义的地盘上被收获的,这已经很有特色——它们将在其上坚实地建造自己的帝国,但永远不会获得独立。

[①] 请参考《反驳阿里斯托克拉图斯》,131,《反驳阿利斯托盖通》I,86:这些文本在下文被研究,第118段。

第三章

向柔和敞开的词：ÉPIEIKÈS［恰当的、正义的］

起初没有任何迹象表明这个词 ἐπιεικὴς 有一天会进入到有关柔和的词汇中——可是演变发生了。这个词，和 ἔοικα 的词根相关，起初意思是"相似的"。在这个意义上，它有一个同义词 ἐπιείκελος（与 ἴκελος 和 εἴκελος 近似，其意思一直是"相像的"[①]）。我们会轻易从"相像的"意思过渡到"合适的"、"适当的"这一意思，该意思在荷马作品中得到了充分证明，尤其在 ὡς ἐπιεικές "多么相称"这一表达方式中[②]。所以这个词指的是对传统或习惯的遵守。它认可在人与人的关系中对社会制度的尊重[③]。

[①] 在荷马作品中有 11 种用法，意思一直是"与神祇很相像"。

[②] 在该词总共 21 个用法当中，荷马作品中有 7 次。

[③] 这个不仅包括对每个人都有用的规则的尊重（比如那些如何做到热情好客的规则），但还包括对某些特权的尊重；所以宙斯决定着胜利：ὡς ἐπιεικές（《伊利亚特》，VIII，431）。

但是我们以此也可以猜测这个词的演变是如何进行的。如若这个词代表的是一种良好的行为方式,但它又不参照任何绝对规则和任何伦理原则的话,那么一切迹象表明它指的是某种也许能在正义和同情以及一些基本的美德之外存在的美德。古希腊人身上有着一种喜好柔和的天然倾向:他们用这个词来表达这种天性是很正常的,而且它使得他们能够表达这种正义不苛求但对他们而言却是非常珍贵之物。由 ἔοικε 表达的是荷马的"正派",与一切暴力相对立。并且阿喀琉斯在《伊利亚特》的第二十三卷中对埃阿斯和伊多梅纽斯(Idoménée)说:"不要这样互相说一些狠毒的话:因为是很不妥当的。"(493)正义考虑不到的一切节制、一切对他人的尊重也许能这样过渡到这种"正派"中。

最后,必须对此要补充的是,这个获得了新意思的词填补了有关柔和的词汇方面的一个空白:假如 praos 指的是一种方法和一种存在方式,philanthrôpos 指的则是一种感情,而 épieikès 首先以一种被社会承认的行为为依托。

我们在荷马那里只看到一次,但却非常清晰地看到了这个词是如何获得这种新词义以及它是如何潜入了正义的轨迹之中。确切说,我们要讲的是刚刚提过的《伊利亚特》的第二十三卷,而且是关于二轮马车赛,这一比赛碰巧遇到了到底该如何奖励才算公平的问题。事实上,在这一比赛中,狄奥墨得斯显然是第一个先到的,并且他将会得奖。紧跟其后的是安提洛克(Antiloque)、墨涅拉俄斯(ménélas)、梅里翁(Mérion)和最后一名欧米洛斯(Eumélos)。但是我们知道为什么欧米洛斯会是最后一个——他在本来在领头的位置，但雅典娜来弄坏了他的套车：他掉了下来！围观者怎么也不相信他已经不再是第一了。面对这种情节，阿喀琉斯"很同情"（534）。他决定给他颁发二等奖——尽管他是最后到的："最好的最后一个到了，带着他的粗蹄大马。来吧！我们给他一个奖吧，ὡς ἐπιεικές——二等奖！"

阿喀琉斯认为颁发这个二等奖是"恰当的"①，因为它以理解和人道的名义纠正严格的正义。正如我们所能预料的那样，它立刻招致了基于严格意义上的正义者的反对。第二个到达的安提洛克抗议说：在他看来，欧米洛斯的霉运来自于他自身，因为他没有祈求众神的保佑（这等于暗示说他的失败是正确的）。并且，虽然阿喀琉斯产生了怜悯，但这是个人的事，不应该干扰奖项的颁发。事实上，阿喀琉斯是接受这一原则的，因为他给了欧米洛斯另外的补偿，把他自己的财产的一部分给了后者。Épieikeia 回到了私人领域，这是唯一合适它的地方。但是，除了这种保留之地以外，人们还因此观察到它变成了行为并成功纠正了严格的正义所具有的不太令人满意的东西。

这还不是唯一在此提出的有关正义与正确意见之间的潜在冲突问题。并且安提洛克刚刚捡来的奖项没有停止易手。他所做的温和的抗议事实上还引起了墨涅拉俄斯的一番抗议，因为安提洛克是通过耍诡计才超过了墨涅拉俄斯，即事先找人安排好故意阻碍后者前进。受到质疑的安提洛克为了避免混乱而放

---

① 我们觉得佛拉斯里耶尔（R. Flacelière）翻译成"公正的"有点欠妥。

弃了奖品。正确意见得到了胜利：他把刚赢得的良种马送给了墨涅拉俄斯。墨涅拉俄斯面对这一举动"觉得自己的心一下子被融化了，如同麦穗上的露水"；他"减少了他的愤怒"。并且，在没有放弃自己权利的情况下，他把良马当作礼物奉还给了安提洛克："所有在这里的人将会知道"，他说，"我的心既不狂妄也不冷酷。"在这种很绅士的你来我往之后，奖品的颁发在大家的欢乐中和在相互的恭维中继续进行。

荷马作品中英雄之间的这些友好协商的做事方式显然源于那个时期谦恭礼让的风俗习惯。但与为人绝对的公正无私相比，慷慨的做事方式似乎更有诱惑力，而且这种诱惑力不会随着这些英雄而灰飞烟灭，它将慢慢被承认。并且 épieikès 这个词的意思将很快不只是"合适的"、"适宜的"，它还将获得一个反映这种趋势的新意义。或者我们可以说它将获得两个新意义：其一，它将指真正的正义或公道(équité)，与规则的断然实施相对立；其二，它将指节制或宽容。在古希腊人看来，节制或宽容正是这种公道所特有的。

该词的所涉足的新范围似乎出现在 praos 和 philanthrôpos 诞生之时。我们从五世纪开始的文本中就发现了这些新意义，并且它们很快就四处传播。它们在希罗多德著作中占使用的四分之一；在阿里斯托芬那里则占三分之二；在索福克勒斯、欧里庇得斯和修昔底德那里分别有两例用法、两例用法和八例用法[①]。

---

① 这也是我们在安提丰那里找到的唯一的例子的意义。

然而，所有这些最初的用法令人信服地表明了公道（épieikes）在正义的边缘地带发展壮大的方式，以纠正和补充正义。这在荷马的思想中还是模糊而带暗示性的东西于是就变成了一种明确的要求，而且清楚地被确定了下来。

我们实际上举了大量的例子，在这些例子中 épieikes 和 dikaion 很相近并且比后者更受青睐。

这是希罗多德的《历史》，III，53，4 中的情况。它里面说的是佩里安德的儿子不愿意回家很快继承其父之位，因为他知道父亲对母亲的死亡负有不可推卸的责任。这位年轻人的姐妹来找他并要求他不计前嫌："回宫去吧，停止惩罚你自己。自尊是愚蠢的东西；不要试图以暴治暴。很多人更喜欢理智的公道而不是严格的正义。"从严格的正义的角度看，年轻人不应该原谅他的父亲，但实际情况则要求他应该更加宽容。况且，下面的句子准确道出了这种严格的正义的内涵；这是一个小型的系列复仇，是阿特琉斯家族（Atrides）的王宫所经历的："很多子嗣想从他们的母亲那里得到权利时就已经失去了他们本应该从他们的父亲那里得到的东西。"换言之，一种 épieikès 态度就是为避免对个体之间的恶意报复所导致的一系列灾难视而不见。

我们在世纪末的各类文本中又找到了同样的对立和相同的呼吁，即呼吁某种比正义更容易通融的东西。

有一个文本也许能让我们产生一点疑虑。因为，假如这个词确实是在正义的周边突然出现的，那么它似乎与正义的区别就相当模糊。这是阿里斯托芬的喜剧《云》中的情况。斯泰普斯亚德(Strepsiade)在1437—1438诗句中像很多现代父母所做的那样:在遭受儿子的鞭打之后,他同意说,年轻人的理由是正当的(juste)。这应该就足够了,但他补充说:"我的观点是必须给这些小孩子们一些理智的东西。"Épieikes似乎因此与正义难分伯仲。但这只是一种表象。正常情况下,父亲是有权管自己儿子的。宽容的态度就是在权威的原则本来必须行使权利的地方听取后者的论据①。况且宽容包括一种更普遍的观点,如同复数 τούτοισι("给这些孩子们")所证明的那样。虽然两个概念没有对立,但其中的新概念比另外一个更宽泛并更宽厚。

再说,同时期的其他的一些文本中我们看到区分更清晰。

因此欧里庇得斯的一个残篇(645N)推崇相同的宽容并把它归于诸神:"他们认为公道先于正义 (τἀπιεικῆ πρόσθεν ἡγοῦνται δίκης)。"

相反,神祇中最残暴的地狱之神哈德斯(Hadès)根本不懂得公道,而只知道纯粹的正义和简单②:他既不知适度,也不只恩惠,而只向着彻底的正义 (ὡς οὔτε τοὐπιεικὲς οὔτε τὴν χάριν/οἶδεν, μόνην δ'ἔστερξε τὴν ἁπλῶς δίκην)。

这种宽容态度可以是人的态度,也可以是在权利方面的,甚至是在法庭的眼里的。安提丰就是这样,在《四演说》的第一篇

---

① 请参考下文,第58页和59页注解③。

② 索福克勒斯,残篇703(Nauck)。在前面的文本中,"严格的正义"这一表达旨在表达唯一的词 δίκη;在此,强调确实存在于希腊文本中,该文本说 πὴν ἁπλῶς δίκιν(强调被 μόνην 增强了)。

β13 中告诉他的被告说，假如受害人还活着，他也许会有很多对他不利的话要说。但是不想落井下石：他将把这放在一边以显得更合适。换言之，他本来有权利跟他将这些话，但将表现得更宽容，以合乎行为准则①。还是在这里，Epieikès 的行为禁止不顾一切地追求权利。

最后高尔吉亚在《葬礼演说》(残篇 6,1.10)中通过一系列有点矫饰的对立词语来谈论死亡者以歌颂他们的美德。然而，他通过其中一组对立的词说，这些人喜欢"温和的公道胜过野蛮的(或粗鲁的)正义"。在此，praos 和 épieikès 这两个词相互关联，这无可辩驳地确认了 épieikès 进入柔和的领域这一事实。况且，正义不再仅仅是 τὸ δίκαιον, 甚至也不是完全的正义 (τὴν ἁπλῶς δίκην)：正义在此清晰地与一个贬义形容词搭配使用，因为它包含一种过分的自信和一种拒绝与他人妥协的态度。

然而，这种在道德层面上对严格的正义的谴责似乎在高尔吉亚接下来的几个句子里就没有停止，但带有一点模棱两可。首先，高尔吉亚把法律的严厉和词语的准确相对立。我们在这里承认法律有可能过于严厉这种看法，但词语的准确来做什么呢？这和修辞学有关吗？这正是福尔格拉夫(Vollgraff)想说的，他认为这里所涉及的言语是为了逃避法律②而提供的方法。

---

① 热尔奈在《法国大学丛书》中的翻译："以合乎行为准则而不是符合正义"之翻译了该词一个方面的意思：确实是行为准则之意，但 πρεπον 一词有宽容的思想在里面。

② 福尔格拉夫，《高尔吉亚的葬礼演说》，莱顿(Leiden)，1952年，第 12 页。

可是前面的句子成分却指出所涉及的是某一种审判的方式,而非一种说话的艺术。再说,我们想象一下,有一首悼亡死者的哀歌,是因为他们曾经知道借助言语来逃脱法律?因此,如果有修辞学的介入的话,这也是从那些听解释的人们的角度,而不是从那些带来这些解释的人们的角度介入的,这是确定无疑的。在懂得听这些解释的同时,他们表现出了理解。因此,在这里涉及的依然是一种正义,这一正义既不是盲目的也不是自然而然地产生的,而是建立在说服基础之上的。因此高尔吉亚补充道,这些人的美德完全在于见机行事:"在必要时说该说的话,做并让人做该做的事。"这种美德因而与是一种灵活的态度的反映,是审时度势的艺术,宽容和理解是这种艺术的一个方面。

重要的是将要在其他地方确定高尔吉亚所歌颂的死者在什么方面来为这样一首颂辞辩护[①],但至少可以确定的是,高尔吉亚所推崇的价值是非常清楚的,而且这些价值在他的思想中,如同在我们直到此所看过的其他文本中一样,是作为一种对显得粗暴并有缺陷的正义[②]的校正形式出现的。

我们在后面将会重新找到这种相近性和这种互相补充的正义与 épieikès 之间的区分。一两个从五世纪借用的例子有力地证明了这一点。

---

① 请参考下文第133—134页。

② 尽管该词没有被使用,但我们明白它符合的倾向,当我们在伊瑟那里(II,30)看到仲裁者们为了不与两个阵营搞僵拒绝根据法律裁决一个分歧:他们更愿意鼓励他们通过友好协商解决。

人民正是用伊索克拉底所赞扬的慷慨在 404 年和解时决定为偿还寡头政治家们所欠的斯巴达人的债做出自己的贡献。伊索克拉底在赞扬这一慷慨时提醒说，某些演说家们非常重视使用有关正义的论据：这些演说家们说"不是通过围困而是通过借款人解决了同拉凯戴孟人之间的纠纷是正确的 (δίκαιον)"（《在战神山议事会的演讲》，68）。然而，人民对此事的评价却不同：他不考虑过去的分歧而拿出一份钱财，严格的正义并没有逼迫他这么做。伊索克拉底说这就是他的 épieikeia[①] 的一个见证。

这个词的反义词 anépieikeia 也一样，德摩斯梯尼在《反驳阿弗波斯》III，2—3 中解释说，如果他那时很快执行判决的话，这本来也没有什么不对，但人们可能会说他行事过于不讲情面，因为实际上被执行判决的是一名他的亲戚。他的忍耐和等待说明他不是一个没有 épieikeia 的人。

大家都知道用这些不同例子来说明的一意义将会在很大程度上影响亚里士多德对自己提出的概念的定义，并且亚里士多德正是在这一观点基础上在自己的伦理学体系中给了这一意义一个非常重要的地位[②]。

---

① 在《致德莫尼克斯》(À Démonicos)，38 中，比较方法和在《云》中是相同的：君主应该完全注意到他的优势，但同意与其他人分享平等；我们将这样看到，假如他希望有正义的存在，这不是出于软弱而是出于 épieikeia。换言之，和斯泰普斯亚德一样，他接受在权威受到完全尊重的地方让正义来统治。

② 请参考下文，第 280—282 页。

事实上,把这两个概念这样放在一起进行比较的这些文本清楚地说明了该词的意义;而且这些文本可以协助我们理解épieikès 这个词于五世纪在没参照正义一词的情况下的不同用法。

当雅典在俄狄浦斯落难之后收留并庇护他时,它的做事方式显然恭顺的,因为俄狄浦斯是个乞援者。雅典并没有对他食言,它做事光明磊落,但俄狄浦斯在答谢时赞扬的不是两种而是三种品质:"我只有在你们这里的每个人身上才遇到了同情以及 τούπιεκὲς 和光明磊落。"(《俄狄浦斯王在科罗诺斯》,1125—1127) τούπιεκὲς 有时被翻译成"正义"(在法国大学丛书中就是这样);英文的"fairness"(哲布的译法)似乎更贴切。实际上,正义不强迫雅典在保护一名如此令人不安的乞援者时走得那么远,但忒修斯表现得既善解人意又慷慨大度。并且他本人开始给出的理由说,在他看来——如同对《埃阿斯》的奥德修斯而言,这是人类整体性的一种感情:"我没有忘记我自己曾经历过被流放,像你一样是个异邦人……因此我今天不可能拒绝救助像你这样的异邦人。我非常清楚我是一个人并且我并不比你拥有更好的明天。"(562—568)这种态度超越了正义——它很高贵(569);而且雅典人也接受了这种态度,一来他们喜欢服从,二来他们的合唱曲中表达的是同情。

同样的意思重新出现在另外一个粗糙得多的法则之边缘,这种法则在战时就是力量的法则,其原则几乎是众所周知的。但是这一法则足够吗? 这一词在修昔底德的作品中的使用表明,épieikeia 在丛林法则之外也可以发挥自己的作用①。

因此我们清楚观察到,如同在 praotès 的情况中一样,修昔底德对我们来说是第一个使用其名词②的作者。因此对他作品的阅读在确认了这一概念的进步和不断扩大的传播同时也说明了这一概念的意义。

然而,这个词在他那里 9 次中有 7 次被应用于雅典政治。

第一次,雅典人声称这是他们的品质之一。确实,这涉及到战前时期和一个仍然未完全摆脱理想主义的辩护词。事实上,他们在第一卷 76,4 中抱怨说,他们 épieikès 的性格使得他们遭到仇视:他们说他是"以更合理的方式行事,而不是靠自己的力量";并且他们的让步使得人民强烈感觉到一种不平等。

相反,在修昔底德著作的其他任何地方,雅典人不屑于 épieikeia 这一价值。这出现在第三卷。首先,当米提林人(Mytiléniens)似乎从雅典那里得到一个"体面的③"协议的时候(III,4,2),谈判不久就因为一次很快就被平息的叛乱而中断了。克里昂(Cléon)和狄奥多图斯讨论米提林人的情况。克里昂指出 épieikeia 对于一个帝国来说是危险的(40,2),并

---

① 请参考我们的文章"修昔底德的公正与善行",《菲尼克斯》,28(1974年),第 95—100 页。

② 这并不等于说他曾经是第一个使用它的。该词多见于医学作品中。

③ 这个词的意思在这里不是很有特点;它在 III,9,2 中更平淡无奇,在其中说的是一个对他们的反抗很"体面的"一个理由。

且它并不合适用来对待一些不可能和解的敌人,就像帝国的臣民那样(40,3):因此必须严格地执行正义。至于狄奥多图斯,他不要屠杀,但他肯定地说他也不倾向于 épieikeia(48,1):他认为必须只听从利益的安排。两个雅典人没有一个再保卫 épieikeia 了。

在第四卷中,拉凯戴孟人提议雅典说,假如他们想要持久的和平并达成和解,那就必须按照 épieikeia 的意义(IV,19,2)来缔结和平条约。但雅典并没有这么做,因而和解的机会事实上被错过了。

在第五卷,雅典人在攻击米洛斯岛人之前想邀请他们参加一场辩论。这场辩论的原则似乎是受到过 épieikeia(V,86)的启发,但它开始所需要的条件却与这种表象背道而驰。并且修昔底德的米洛斯岛人不失时机地指明了这一点。

最后我们可以补充的是,米洛斯岛人在这场辩论中的不同论据都被驳回,但他们认为对雅典如同对大家一样有利的是,"每次,如果一个处于危险中的人能得到对其基本权利尊重,并且,即使他的论据无论从哪一方面看来都不是严格意义上的决定性的,那他也算是获得了一种支持"。他们在此讲的是权利而不是 épieikeia,但这些权利是 εἰκότα,这是一个有着相同词根的词;而且他们明确指出,这样的一些权利甚至在不需要进行严格论证就知道应该是有价值的。所有一切让我们因此回到了一种以尊重他人为目的的 épieikeia 的思想上——并且雅典再一次拒绝审度这种思想。

从整体上看①,修昔底德的文本让我们在外部领域抓住了与在城邦内部个体之间的关系领域一样的演变。我们看到这两种情况的出发点是相同的,这一出发点是由通常被接受的习惯所创设的,而且它们都有需要填满一个沟壑并同时接受这样的想法,即正义有时需要被软化与修正。在这两个情况下,épieikeia获得了一种柔和的价值以便能填满这种沟壑。

不管怎样,这个词的正反两面都相当模棱两可,并且它所参照的标准也不清楚:这是一种传统,这种传统是被一个社会、一种审慎和端正的态度所支持的一些倾向。这样的一个出发点影响了词的演变,会赋予它更模糊的轮廓和一个更谦卑的道德身份。épieikeia一直包含着某种因循守旧的因素。

事实上,假如我们看看该词在亚里士多德之前的使用,我们首先发觉这个词在使用中的意义差别非常大:它可以很灵活地指人或被人赞赏的行为,并且它所指的人的共同点就是在争吵、复仇、指责,简言之在一切混乱中针锋相对。至少我们可以提醒的是副词 ἐπιεικέως 不再只有"过得去地"的意思。

可是,从柔和的观点看,我们不能忽略的是,无论词的意义是什么,而且甚至当它被翻译成"正确的"或者"诚实的"之时,它也一直保留着一种特色,这一特色把它与一种宽容的理想绑定

---

① 这一分析对比阐明了底比斯人的有羞耻心的伪善,底比斯人在和平时期进入普拉提亚,他们承认这也许看起来"有点大不敬"(III,66,2)。这个术语中的否定词 ἀνεπιεικής 已经被证明在阿里斯托芬著作中出现过(残篇50 Demiańczuk)。

在了一起。首先，有时 épieikeia 只是指一个热爱正义的人的倾向：这是斯泰普斯亚德或伊索克拉底笔下的德莫尼科斯(le Démonicos)的情况，人们告诉我们说后者服从法律且从不食言①。但事实上，这是主要的性格特点，它存在于一个人的所有行为中。这个词非常清楚地拥有一个大语义范畴：它包括一种对和平关系的向往和一种不损害他人的愿望。它想表达的就是"正义的"，但只在与"暴力的"相对立的范围内表达着一意义。

它的意义实际上在一些段落中是相同的，在这些段落中我们可以把它翻译成"诚实的"、"节制的"、"理智的"。这正是我们在德谟克利特的著作残篇 B252 和 291 中所找到的。第一个残篇要求压制野心，假如任其膨胀的话，它会毁了国家的善——不能太野心勃勃。于是该残篇斥责不顾他人感受的人。至于残篇291，它想说的是，一个理智的人合适地(ἐπιεικέως)忍受贫穷，也就是说，从表面上看他没有过度的酸楚或者没有想反抗。根据马修·阿诺德(Matthew Arnold)所言，épieikeis 的人表现的是一种彬彬有礼的理智态度："一种温和的理智"(a sweet rea-sonableness)②。

从四世纪初的雅典开始，这样一些理性并关心他人的人是非常受赞赏的。他们有时只是一些没有伤害过任何人的人，并

① 关于该文，请看 59 页注解①，第 58 页。
② 由 G.H. 马丘迪引用的话(请参看入题话第 2 页，注解④)，第 156 页。关于这个意义，请参考上文，第 26 页，关于 praos，请参看下文，第 272—273 页。

因此与"坏人"无缘①。他们尤其是一些不针对邻居搞阴谋诡计的人。把公民们看成是财产的债务人的人是自私自利之人,他违背 épieikeia(吕西亚斯,《为战士辩护词》,7)②。与赌徒、酒鬼和制造混乱者为敌的人肯定是一个 épieikeia 的人(吕西亚斯,《支持芒提太托斯》,11③)。一个有 épieikeia 倾向的人与粗鲁和盲目攻击的人截然不同(伊索克拉底,《和平》,61)。一个从来没有被别人抱怨过的人理所当然具有 épieikeia 的品质(伊索克拉底,《论交换》,35④)。同样,连他的敌人都找不到办法使之受到谴责的人可以使用这一事实作为他的 épieikeia 的证据(德摩斯梯尼,《反驳米迪亚斯》,207⑤)。温和有度(Épieikeis)的人们有时还被当成无赖和诽谤者;伊索克拉底就抱怨说还要为这些人的悲苦的命运劳神,而他本人"自认为从未有过任何过错"并且他"只赚异邦人的钱"(《论交换》,164)。

这种平静的德性后来将会在智慧方面大放异彩(épieikès 和 σώφρων 经常被放在一起)。并且 épieikeia 的最高境界自然将会是——我们已经看到过很多例子——放弃复仇、忘记被辱骂。普鲁塔克将把阿里斯提德作为 épieikeia 的榜样,因为后者虽然曾经受过提米斯托克利(Thémistocle)很多责难,但"他既没有表

① 以及在德摩斯梯尼的《使节》,32,223,《反驳阿里斯托盖通》I,18 和 86。
② 希腊语的模糊性充分表现在这一事实中,即人们也可以翻译成"过分的"(《法国大学丛书》)。
③ 《法国大学丛书》很漂亮地翻译为"我所保持的尊严"。
④ 再次用"诚实的"来翻译(《法国大学丛书》)近乎是错的。
⑤ 翻译为"我的无辜的证据"(《法国大学丛书》)似乎非常不准确。

现出对他恨之入骨",也"没有做任何伤害他的事和说任何有关他的坏话"(《阿里斯提德传》,25,10)。

在同一时期,因 épieikeia 表达的是宽厚之意,所以备受青睐(普鲁塔克,《凯撒传》,57)。这种宽厚与青睐一样都有助于阐明这种美德所特有的丰富历程。

五世纪的城邦尚未出现关于 épieikeia 的这种定义,但它正在形成当中。并且一种温和的自我控制已经出现在了它所赞赏的优点之中了。

甚至当这个词被从它的社会价值方面去理解时,这种特色同样存在。事实上,道德用语经常具有一种社会意义:"善人"(καλοὶκἀγαθοὶ)与"坏人"(πονηροὶ)相对立,这就是一个再具体不过的例子了。但是,如同贵族们是"善人"一样,富裕而有身份的公民也是 épieikeis,或者是如同我们今天所说的"体面的人"。

由于 épieikès 这个词的模糊性以及它在习惯用法中的天然地位,因此它比其他词更合适用来指被传承下来的一些价值,这些价值本身不是在学校里学来的,也不受任何伦理规范的支配,只是人们依据自己价值观本能地感觉到了它们的重要性。因此,有几个文本都在谈论 épieikès 的本质[1]和 épieikeis 的人——这些人被视为一个社会阶层。

但是非常清楚的是,这一词义假设人们在承认冷静与节制

---

① 伊索克拉底,《在刑事法庭的演讲》,47;柏拉图,《理想国》538c。

为一个阶层的优点之前把已经包含其中的冷静与节制视为价值。道德与社会这两个方面的配量的多寡经常是最难掌握的。当修昔底德回忆 411 年由 épieikeis(VIII,93,2)的人们所扮演的和解的角色时,他指的是一个社会群体(一个"中产阶级")吗?或者指的是一个政党(温和派)吗?或者仅仅是理智的人们,即暴力的反对者吗?最初的两个意思可能会有,但第三个意思毫无疑问最重要。同样,德摩斯梯尼在《反驳阿利斯托盖通》I 中谈论的 épieikeis 的人们经常提供保证或帮助:他们是 philanthrôpiai(86)的。并且当亚里士多德写道,人民在伯里克利之后所选出的首领们在 épieikeis 方面的声誉并不好(《雅典政制》,28,1)时,他指的是贵族和有良好教养的人们没有别的引人注目的地方。在最不得已的情况下,当人们告诉我们说一件婚事可能被许可因为当事人是一些"出生高贵的人"时(吕西亚斯,《关于阿里斯托芬的财产》,13),这首先涉及的是社会阶层,但也涉及到人们可能从这一阶层那里所期待的审慎和遵守秩序的品质①。因此我们可以说 épieikeia 想尽可能地获得更多的社会意义的努力是多余的,因为它并没有停止过与各种各样的暴力、滥用和不诚实相对立,也没有停止过在风俗习惯中加入柔和的成分。

---

① 亚里士多德在《政治学》,V,1308b 中为了指城邦里相互对立的人群,区分 épieikeis 和大众、穷人和富人;这个词在此纯粹是社会性的。可是,即使在这里,它在精英身上所指的美德是大众所不具有的。

我们在该词的不同用法中找到的这种道德色彩,这无论如何对雅典社会价值的演变都是有益处的;可是我们也许会犹豫以此为藉口把 épieikes 这个词公开列入柔和的词汇中。有一个事实会消除这种疑虑:它有一个更确切的意思并且与其他一些表达良好感情的词——尤其与我们在此跟踪过其出现与传播的那些词有紧密联系。

我们看到,高尔吉亚在谈论 πρᾶον 时已经把 praos 和 épieikès 两个概念归为一组。这些组合在他之后增加了不少[①]。épieikès 这个词带着一种负面的价值加入到了 χάρις 的行列,用来指一种"出于好意"而完成的行动,或者带着一种正面的价值,用来指一种"出于承认"[②]而完成的行动。它也与 εὔνοια 有关系,用来指忠心[③]。它也和柔和本身联姻;而且普鲁塔克也会这样谈论伯里克利的 épieikeia 和 praotès(《伯里克利传》,39)。此外,它还和 philanthrôpia 组合。德摩斯梯尼在谈论一个乐于助人的人时[《支持弗尔米奥》(Φορμίων)]59,中明确说,这个男人之所如此表现,是因为他"天生的慷慨和善良"使然。并且普鲁塔克在写到弗拉米尼努斯(《弗拉米尼努斯传》,24)时同样说,他

---

① H.波尔克斯坦(《慈善……》,第109页,注解4)指出了这个组合,但好像错误地将它归功于希罗多德。

② 第一个情况出现在伊索克拉底的著作《反驳卡里马库斯》(Callimachos)34中(在其中 épieikeia 甚至在《法国大学丛书》中被翻译成"亲切")。第二种情况出现在《泛雅典集会辞》63中,在其中 épieikeia 应该是再一次阻止了一种暴力行为。

③ 在伊索克拉底的第四封信中第1段。

对于古希腊人的行为是"宽容和人道的",这显示了他的高贵。

最后,还有一个词,它虽然在此还没有被提到,但非常肯定的是它确实属于有关柔和的词汇:这个词就是指宽容和原谅,然而,德摩斯梯尼在《反驳米迪亚斯》90 中把 épieikeia 和 suggnômé 放在一起,他抱怨说,看到一个人被判刑但却没有得到"宽容、敬重",也没有得到"公道"。柏拉图走得更远,他在《法律篇》757d 中论述"公道和宽容"时,他将两个概念放在单独的条文之中。他把这种态度与严格的正义相对立:"公道和宽容一直是对正义的完美的精确性的偏离"。他就这样重新找到了高尔吉亚的用语,这一用语论及的精确的是法律(νόμον ἀκριβείας)①。

虽然 épieikeia 是正义的近义词并被它所影响,但彼此经常几乎是分不清楚的。于是这个词就这样成功进入了柔和的词汇之中。从四世纪开始,它有了自己的位置——一个完整的位置——确切说作为专属于柔和的词汇的词语,从未有过任何其他的意义。因此,这种转变是对新意义的开放的表现,正如类似 praos 和 philanthrôpos 这样的词的出现一样有意义。词汇在不断丰富自己并朝着一个非常明确的意思演进——为了柔和的征服。并且 épieikès 一词的历史进一步证实,这种柔和之所以能这样争得一席之地,是因为它在很大程度上是在纯粹而简单的正义的地盘上赢得的。

---

① 高尔吉亚把这种法律的严峻性与话语的 ὀρθότης 相对立:在柏拉图那里,只有正义是 ὀρθή。更正是那么的精确,以至于这一更正几乎是有意的。

第四章

SUGGNÔMÈ［谅解、原谅］与可原谅的错误

我们在上一章的最后碰到了与 épieikeia 的观念相联系的谅解的观念：那是柔和的观念扩展迹象的另外一个方面。谅解所取得的进步或 suggnômè 反映了这种征服之新成果。

这个词本身相对较新。荷马甚至不知道 γνώμη［理解］，尽管他使用 γιγνώσκω［认识］：他也不知道 συγγιγνώσκω［谅解］和 συγγνώμη［理解］。

要说清它们的起源是很棘手的事情。按照西西里的狄奥多罗斯的说法，有人在古代智者那里遇到过它们。但我们知道，这样的证据是很难让人信服的，特别是词汇方面的证据①。

相反，我们在人们保存下来的文本中看到了首先出现的动词——一如既往。它第一次在西蒙尼德斯的作品中得到了证实②，而名词的出现则始于五世纪。但最初动词最常用：埃斯库

---

① 请参考下一章，第 96—97 页及以下。

② 请参考下文，第 92—93 页及以下。

罗斯有一个动词的例子,但没有任何名词的例子;希罗多德有二十个动词的例子和七个名词的例子;到了修昔底德,抽象的观念开始形成,名词已经以八比三远超动词;并且在索福克勒斯的作品中的比例是六比二。从那儿以后,它就没有停止过攻城略地的步伐。

但是,假如这个词相对较新的话,那么把它与柔和的观念联系在一起的纽带还不存在:这个词在自我发展——如同 praotès 或 philanthrôpia 一样,但同时它也演变——如同 épieikeia 一般。事实上,其原义——其词源已经说得相当清楚——是与人的理智有关,指的是参与一种认知或一项经过深思熟虑的决定。这种意义甚至在古典时代都被保留了下来。例如,在修昔底德那里,第二种意义被清楚地得到了证明。伯里克利因此提议雅典人与他一起决定发动战争(II,60,4);或者修昔底德说,叙拉古人对赫莫克拉提斯(Hermocrate)所表达的批判没有异议(VII,73,2)①。然而,通过一场美丽的演变,这是希腊语的明显特征,宽容从谅解中诞生,原谅从智慧中脱颖而出。相反,对罗马人来说,宽容来自于"拒绝看到",通过这种拒绝人们"原谅"(ignosco)错误。古希腊人的态度完全是知性的,而罗马人的态度是感性的。

---

① 请再参考 VIII,24,5。这也可能是:把事情比较一下就会谅解(还有阿里斯托芬,《骑士》,427)。该词智力的意义同样解释了"意识到"这一短语所表达的意思。

况且,该词从理智意义向道德意义的演变是很自然的事情;并且我们要提醒大家的是,该词被保留到今日的第一个用法——西蒙尼德斯的用法——已经清晰地具有了"原谅"的意思。可是我们在不想歪曲事实的情况下可以说智力的意义似乎一开始比最后流传得更广泛。这两种意义常常是如此相近,以至于我们对它们各自所占份额的多寡很难理清。不管怎样,希罗多德有二十个有关智力意义的例子,但只有七个道德意义的例子;相反,这一比例在修昔底德和索福克勒斯那里刚好颠倒了过来,而只有这个词义[即宽恕]被欧里庇得斯延续下来。因此这种简单的数字统计揭示宽容与宽恕越来越成了该词的主要词义,而且在这一领域如同在其他领域一样赢得了地盘。

可是,该词的智力意义依然是重要的:它从来没有停止过对古希腊人关于原谅的意思的影响[1]。

它首先包括一种外延方面的区别。作为"理解"的suggnômè 有一个比"宽恕"更大的应用范围。它不一定以一个错误为条件。在埃斯库罗斯(215—216)的《乞援者》中,当合唱队领队(le coryphée)说阿波罗"他应该同情一种他承受过的命运"时指的痛苦而非错误。我们甚至可能通过把一种错误的观念引入到这类情况中而弄错意思。当合唱团在《阿尔刻提斯》(139)中说,当主人遇到不幸时,为他们戴孝是 $\sigma\nu\gamma\gamma\nu\omega\sigma\tau\acute{o}\nu$。

---

①   亚里士多德在《尼各马可伦理学》211,1143a23 中把 suggnômè 定义为一种批判的形式。

我们不应该在这里把它翻译成"可原谅的",而且更不应该评论可原谅这个词①:其意思仅仅是"可理解的"。同样,当埃勾斯(Égée)对美狄亚(Médée)说她的悲伤是 συγγνωστά(《美狄亚》,703)时,翻译成"可原谅的"②就错了:美狄亚的悲伤不可能是一个错误,而仅仅是"可理解的"③。

但当有一个错误并涉及到原谅这一错误时,这一智力意义依然对古希腊人观念产生着重大的影响并且改变着它的价值;它给自己赋予了一种更理性却更狭隘的意义,这将阻碍它发展壮大成为能与基督教的宽恕相媲美的美德。

问题主要存在于可以被称作 suggnômè 的词的客观方面,也就是说存在于把原谅与对错误的分析联系在一起的东西之中。实际上,suggnômè 在成为一种道德倾向和一种美德之前,它在希腊文本里是以一种近似于法律的形式出现的,在这些文本中,正义对古希腊人的重要性以及它超越其他一切的趋势再一次被承认。作为准法律形式,suggnômè 是建立在对错误和其缘由的

_____

① 见《法国大学丛书》的版本,还有达勒(A. M. Dale)。玛丽-黛尔古尔(Marie Delcourt)翻译得非常好:"我理解他。"

② 请参考同一版本;同样还有埃拉斯姆(Érasme)的版本(法国大学出版社)。玛丽-黛尔古尔也在这里说:"我现在明白……"

③ 也许这种概念可以让我们更好地诠释许罗斯在《特拉喀斯妇女》的最后所说的话,当他为自己要求 συγγνωμοσύνη 并痛斥神的 ἀγνωμοσύνην 时;对立是如此的清楚,所以两个词有一种更广的意思,如"好感"和"生硬"。况且,Ἀγνωμοσύνη 也经常有智力的意义。关于"生硬"这个意思,参看希罗多德,V,83,特别是德摩斯梯尼,《金冠辩》,207(在其中人们错误的谈论命运的"盲目")和252(在其中该词与 βασκανία 相关)。

73

分析基础上的。这是一种人们拿来讨论的 suggnômè,人们会或者不会受益于这种 suggnômè,而它是一些逐渐被制定的规则的出发点。

从希罗多德到亚里士多德,这些规则从头到尾一直是朝着同一个观念汇聚的:只有那些在法律和道德思想上被定性为过失的行为才可以受益于 suggnômè;而且这些行为分两类:一类是那些在无知情况下所采取的行为,另外一类是在被迫的情况下所采取的行为。

热尔奈(L. Gernet)曾在他的博士论文《希腊道德与法律思想发展研究》(巴黎,1917)对这种区分做过深入细致的分析。他指出,语言是这种区别最好的见证,因为人们在希腊一般说"故意犯罪",而"无意出错"[①]。大家知道,法律也与这一区别相一致——有两个不同的法庭,一个负责审理故意杀人,另外一个负责过失杀人[②]。并且有一些不能再详细的文本提到一些情况,在这些情况中——甚至在德拉古的律法中,表面上看——一起过失杀人被原谅;"其次法律说",德摩斯梯尼在《反驳阿里斯托克拉图斯》,55 中写道,"在战争中出于误解而杀人的人是无罪的,是有理由的。如果我把一个人当作敌人而导致了他的死亡,那么让我受刑是不公平的,让我得到 suggnômè[谅解]吧。"

---

① 根据热尔奈所说,只有哲学家们才讲无意的犯罪感:这里收集的例子不可能是绝对的。

② 关于埃及,请参看希罗多德 II,65。

事实上,从五世纪中叶开始,演说家们便参照有意和无意之间的这种对立——以至于阿里斯托芬在《马蜂》用日出后在外开庭的老审判官为例嘲笑之,因为这位审判官无意中投票赞成释放罪犯,但当他发现这是个错误的决定之后,他为了原谅自己的过错而说自己那样做"不是出于自愿"!(《马蜂》,999)。

实际上,罪犯们乞求得到原谅的理由无外乎就是我们刚提到过的两种可能之一:换言之,他们要么声称是因为无知,要么是因为不得已。

以无知为理由,就等于说人们所说的那个嫌疑人被人骗了,或者嫌疑人自己犯了一个错误。在希罗多德的著作中,当克罗伊索斯之子告诉他父亲说,他"理解"在自己的事上他错误采取了谨慎措施,因为有些事情克罗伊索斯并没有注意到(I,39,1:λέληθέ);同样,当薛西斯一世要求人们"理解"他的意见变化时,他用这样的理由为自己辩解,即他自己都还没有完全搞清楚状况(VII,13,2,请参考12,2)。人人都可能这样搞错,特别是在没有准确信息的情况下。"对你们这些不了解波斯人有多重要的人,我是很宽容的"(συγγνώμη),马尔多尼阿斯(Mardonios)在希罗多德 IX,58 中说,"但从阿塔巴斯(Artabaze)的角度看……",这种原谅不起作用。同样在欧里庇得斯《希波吕托斯》中,忒修斯也被欺骗,因为没有言语证明(1336)。还有,阿里斯托芬的斯泰普斯亚德问:"啊,亲爱的赫尔墨斯,绝不要生我的气,也不要压死我:原谅我吧,假如我是受人蛊惑而迷失"(《云》,1478);或者还有,阿里斯托芬笔下的特里盖厄斯(Trygée)向同一个赫尔墨斯承认:"我们曾经错了。但请原谅:我们的脑子那时候出来点毛病"(《和平》,668—669)。修昔底德的科西拉人(Corcyréens)一点都没有说别的事情,他们支持说他们的政治态度和这一态度的变化是可原谅的,因为他们之所以这样做"并不是因为想恶意的中伤而是因为相信了一次错误的算计"(I,32,5)①。

可是,对不得以所犯的错误的原谅在修昔底德著作中非常常见。在这个充斥着暴力和压力的世界里,谁能完全自由地行事呢? 因此每个人都会说他不可能用别的方式来做。他害怕,或者他必须服从,或者有人威胁他。在这种情况下,他很自然就期望被原谅。克里昂肯定说,如果说老百姓会变节,那是"因为再也忍受不了你的帝国或受到了敌人的压迫",他准备好做出宽容的姿态(III, 39, 2:ξυγγνώμην)。布拉西达斯同样宣称托若奈城(Toronè)在雅典的桎梏之下所犯的错误值得宽恕(IV, 114, 5:ξυγγνώμην)。雅典人因为曾把得利翁圣所(Délion)用来做军事用途而请求原谅,他们解释说他们这样做是出于实际需要:他们是迫不得已(IV, 98, 5:βιαζεσθαι);"然而任何通过战争或威胁强加给别人的行为正常情况下都应该得到宽容(ξύγγνωμόν τι),甚至在神的眼里也应如此。"②显而易见,这是一种普遍存在的

---

① 请参考更晚的文本《反驳内阿拉》(Néère),83。

② 有个很有趣的文本问题;这句话或者说神的祭坛"为无心之过提供了很好的庇佑",或者说"甚至为故意所犯的错误提供了庇佑"。事实使得人们选择了第二个读法。但是该句子属于完全是建立在有意和无意之间的区别的一种立论,文本继续说:"人们谈论因没有必要而犯的罪行违反了规则,但不是当形势把你逼得没有办法才采取某种大胆行动的时候"。

看问题的方式。索福克勒斯的伊斯墨涅同样肯定说(《安提戈涅》,65 节)她应该得到死者的宽恕,因为她是在被胁迫下那样做的[①];相反,菲罗克忒忒斯自愿惹上的祸端既不值得原谅也不值得同情怜悯(《菲罗克忒忒斯》,1320)。至于欧里庇得斯的海伦,因为她确信自己被武力劫持,然后在违背她意愿的情况下被关押在特洛伊城,所以她认为可以得到全部的原谅(《特洛伊妇女》,950,请参考 1043)。

因此这两类论据已经被清楚地固定了下来,并广泛地流传于五世纪。它们从前也被四世纪的演说家们使用过,并且它们依然作为亚里士多德在《尼各马可伦理学》中对无意识的行为进行分析的范畴(III,1,1109b 节)[②]:他事实上把在强迫下完成的行为或在不知道的情况下完成的行为归到了这一范畴中。通过这种努力澄清,五世纪末叶的雅典人因此为一种宽容的正义打下了坚实的基础;并且他们在最清楚不过的批判之中为柔和提供了一些被理解的较大的可能性。

*　　*　　*

古希腊人甚至走得更远,他们试图在实践中使这种已经有大量资源的、通过强迫的辩解更有效果。没有任何东西能像企

---

① 请参看《厄勒克特拉》中的克丽索特米斯(Chrysothemis),400。

② 然而非故意大体上值得原谅:看 V,10,1136a5。

图分清责任那样让他们如此痴迷过,并且所有文本——从与伯里克利相关的证据到安提丰的虚拟演讲——都能证明这一点。然而,毫无疑问,这些思考的主要目的是还某人以清白,因为乍看起来这个人来似乎是一种行为的施动者,但经仔细推敲之后,他其实并不对此行为负责。责任被推给了另外一个人。

这类论据在最后引用的例子中似乎确定无疑地出现过,在这些例子中有欧里庇得斯笔下的海伦(《特洛伊妇女》),她自称是无辜和无过错的。事实上,她控告每个人,除了她自己:赫卡柏,即年轻的帕里斯(Pâris)的保护者、墨涅拉俄斯、特别是万恶之源的女神。事实上,人们为了更清楚地表明自己什么也没有做过,他们完全有必要指定另外一个嫌疑人。人们一直是这样做的。荷马对海伦的宽容就是树立的第一个典范。但在这里似乎是一种艺术,在这一艺术中智术师们成为了掌控者并大量招收弟子。

这种推卸责任最简单的形式就是借口说是上级下达的命令:执行者不是他所收到的命令的责任人。历史学家们的论据都具有这方面的特点;并且这种论据可以最单纯和最合理的方式,也如同最狡黠的诡计那样出现在他们笔下。克罗伊索斯在希罗多德笔下害怕萨迪斯(Sardes)会受到迫害并试图避让其免除之:他说,这个城邦"对前面发生的和今天发生的事不承担任何责任。前面发生的事情是我所为,而且我为此负责。目前,帕克杜耶斯(Pactyès)是罪犯,是你本人把萨迪斯交给他的,被你惩罚的是他。但是原谅吕底亚人吧……"(I, 155, 4)布拉西达斯以同样的理由在修昔底德笔下原谅了托若奈的人们在雅典统治时期所犯的全部错误:无辜在这种情况下是如此清楚,以至于我们都不好说有错误要原谅,并且至少没有 adikia［不正义］①。于是,我们在该作品中看到了很多这类说法:"他们才是真正的责任人"或者"你们才是真正的责任人"。被拉凯戴孟人推上审判席的普拉提亚人宣称拉凯戴孟人是他们和雅典联盟的真正的责任人(III,55,1);他们还肯定说,雅典是唯一应该为他们在它的领导之下所做的一切事情负责:"那些跟随者并非责任者,真正的责任者是那些误导他们的人。"(55,4)至于跟普拉提亚人打官司的底比斯人,他们回答说,在进入普拉提亚时,他们没有违规,因为他们响应的是一些普拉提亚人的召唤,并且他们所做的只是跟随而已(65,2)。

还有另外一种与修辞和政治上的推卸责任截然不同的情况。事实上,当任何人类的威力都不可以用来作为不在场的证明时,至少还有神的意志:这就是我们在《特洛伊妇女》中看到的有关海伦的例子。但她代表的远非一种特殊情况。这里可能还有一种虔诚的宗教感情或一种有点轻易的原谅;而且人们甚至不知不觉地从一种情况转到另外一种情况。索福克勒斯悲剧中

---

① 请参考 IV,114,5:他们相反是受害者;这句话在前面已被引用过,第68页。这里是另外一个方面,有关"可原谅的"错误的概念通过这一方面与"无意的错误"相区别。如我们看到的那样,人们可以对不是错误的某事有 suggnômè;反之,完全是无意的东西就不再给这种 suggnômè 留位置。这就解释了,虽然在普拉提亚人与底比斯人之间的矛盾中有那么多的辩解和推卸责任,但该词却一次也没有出现过。

的得伊阿尼拉在海伦之前就已经承认抗拒爱是没有意义的："爱任意地支配着神，也支配着我们"（《特拉喀斯妇女》443—444）[1]。《希波吕托斯》中的阿耳忒弥斯以更明确方式告诉忒修斯："你以前虽罪孽深重，但亦可得到宽恕（1326）[2]。这是库普里斯（Cypris）的意愿要这样"[3]。《特洛伊妇女》中的海伦仅仅是更老练和大胆，当她带讥讽的神情对她的丈夫说她有权利被原谅："惩罚女神吧，让人们看看你比宙斯更强大吧，他把别的神踩在脚下，但却是这位女神的奴隶"（948—950）；或者还有："如果你想压倒众神，你的自负是毫无意义的"（964—965）；或者还有："停止把来自于众神一种恶行归咎于我。不要杀死我，原谅我吧。"（1042—1043）说真的，她在这里使用了一个那个时代几乎被用滥的论据，因为阿里斯托芬在《云》嘲笑这一论据；事实上，不准确的推理建议年轻人什么也不用担心："如果你在通奸时被抓，你就告诉妻子说，你实际上没有做任何坏事。然后你再把错误推到宙斯身上：你就说，那个人不是也被爱征服了嘛。你呀，你一个可怜的人，怎么可能比一位神强大呢？"（1078—1082）[4]

这一论据要被罪犯巧妙地利用，或只是被受控告者利用，其

---

① 然而，利卡斯之前说伊俄勒斯（这里所说的）应该得到宽容（328）。关于把这文与下面的文本分开的细微的演变，请看我们的文章"不可战胜的爱之原谅"，（《悲剧集》(Miscellanea Tragica)，1976 年，第 309—321 页。）

② 这个是由奶娘在 443 节中以虚伪而浮夸的方式被说出来的。

③ 关于与这个相联系的无知的原谅，请看前面，第 68 页。

④ 请参考《赫拉克勒斯》中相似的推理，1314 段落和《迪克底斯》(Dictys)，残篇 339N，3—4。

他人则慷慨地接受,这经历了漫长历程。在《居鲁士的教育》中,色诺芬在知道人们是否能预防爱的问题上(Ⅴ,1,9—17)一直顾左右而言他,好像说是可以,但当人们对爱的风险和交易掂量之后最终都是爱取得了胜利。居鲁士原谅了那个被炽热的感情所迷惑而盲目行动之人;并且他在为这种宽恕辩解时,众神都被认为以爱为先,而且很多被认为非常明智之人有时也会为爱折腰(Ⅵ,Ⅰ,36)①。原谅"感情罪"就这样在后来的几个世纪中开始被接受。

可是我们必须提醒的是,对五世纪的古希腊人来说,这种原谅绝对没有什么特殊意义;而且借助爱的威力也只是推卸责任的方式之一,也就是说,作为最终不得已而为之的理由。事实上,各种类似的原谅清楚地表现在智者高尔吉亚为海伦辩护的方式中。他是由因及果地行事的。他在对海伦行为的各种可能的解释进行研究之后指出,她在每种情况下都是可以原谅的。他列出了四种可能性,其中第三种可以被归为由于无知而能被原谅的类别;在这种情况下,海伦是在本来就打算欺骗她的话的唆使下才采取了不当的行动。其他的一切假设是借不得已而为之的理由达到了被原谅的目的:神的或者必要的行动、暴力行动和爱的行动代表的是一些她无法抗拒的力量;这就是今天我们依然还在说的一些"不可抗力"的情况。对此还要补充的是,这里跟神有关,高尔吉亚宣称必须"把责任推到神的身上"(B11,

---

① 请参考《回忆苏格拉底》,Ⅰ,3,8。

6);而且如果人们把爱视为神(出处同上,19)[①]的话,那么责任推给他就是很自然的事情。智者们的时代曾经是"原谅"一切的时代,并且那时的作者们以非凡的才能在智者们的影响下学会了把责任推诿给他人,这种才能仅仅反映的是一种倾向的一个方面,这一倾向的各个方面在适宜于使它们变得可原谅的情形的所有行动中全面发展。

*　　*　　*

我们在此收集这么多例子,有的援引无知,更经常援引迫不得已为理由。这些例子清楚地揭示了这一倾向的存在。但似乎这些理由的应用范围慢慢停止了扩展。

除迫不得已的概念的正常形式和几乎合乎法律的形式之外,我们在修昔底德的作品中辨识出了两种派生的并可以随意被诠释的形式:因为我们在这里指的是一部没有给同情和宽容留出一点位置的作品,所以出现派生词这一事实本身就更加具有典型性了。

首先,迫不得已似乎只是一种关于危险的概念:当互相敌对的野心之间存在着异常激烈的争斗时,哪个个体或者哪个国家不是处在危险中或者不相信自己处于危险之中呢?[②] 于是人们

---

①　如在普拉提亚人和底比斯人的自相矛盾中一样,suggnômè 一词没有介入。

②　战争的迫不得已为诸多事情提供了可原谅的借口;这就是为什么这些迫不得已会造成一种道德危机;我们将会看到修昔底德为了描写战争的胁迫(同时也是被原谅的借口)而使用一个很能说明问题的表述:ἀκυσίους ἀνάγκας(III,82,2)。

82

就由此就得出这样的看法,即一些似乎应受指责的行为在这些情况下却成了"正常的"行为;并且这一概念自己又可以被拿来用在很多做事的动机上,于是这些动机甚至就不再包含危险了。当涉及到个人的敌人时,弗里尼库不至于会做出批判每种可以原谅的行为的地步吧?(Ⅷ,50)?雅典人难道不会以不得已而必须保卫自己的安全为由来为他们的帝国主义行径辩护吗(Ⅰ,75,5)?① 确切说,难道他们不会补充说,他们的行为是正常的并且每个人或者每个城邦假如处在他们的位置上肯定也会这样做吗?叙拉古人赫莫克拉提斯(Hermocrate in Syracusa)对此表示赞同;而且雅典人的帝国主义行径对他来说似乎值得体谅(πολλὴ ξυγγώμη)。事实上,他们是根据人类的自然习惯行事的(Ⅳ,61,5:"因为人的天性一直是这样的,即你退我就进,反之亦然")。这一论据中可能原谅诸多事情和很多错误,因为在其中迫不得已变成了人的天性的一部分,有着自己的愿望与热情。事实上,如同狄奥多图斯所说:"天性使得大家,即个体和国家,都犯错误。"(Ⅲ,45,3)

我们有点觉得,诸多的原谅和这种用人类的天性来解释一切的倾向来自于修昔底德的无幻想的现实主义。但是这种印象部分来自于那些经过深思熟虑的文本的态度,因为这些原谅出现在它们之中。另外,这种印象还来自于那些文本重政治而轻

---

① 对迫不得已的概念之强调在这里是帝国主义企图把自己的行为与通常的原谅联系在一起的典型方式。

83

道德的做法。实际上，并不具有这样的特点的悲剧几乎在同一时期提供了一些相同看法的例证。

一切在危险威胁之下所完成的行为都值得原谅这一观念在索福克勒斯的著作中被再次找到，在残篇326中有一个人物肯定说，假如遭到死亡的威胁，那么说出不应该说的话是可以原谅的。这一观念也出现在欧里庇得斯的著作中：《赫卡柏》(1107—1108)说到原谅自杀；残篇645在不同例子中找到一种普遍的形式，其中第一种情况是人们为了保证自己被拯救而发的假誓言；这一观念以假设的方式介入到了伊菲格涅亚(Iphigénie)的献祭之中，假如情况有所不同的话，这场献祭本来是可原谅的(《厄勒克特拉》(Électre)，1024—1026)。我们还在演说家们那里看到了这一观念：吕西亚斯认为自卫行为可以得到宽容以及也要以同样的宽容来对待所有那些以这样或那样的方式拿自己生命冒险的人们(《反驳埃拉托色尼》，31)。

至于"正常"行为的观念，它在欧里庇得斯著作和修昔底德的著作里也很常见。所以，在《希波吕托斯》中，奶妈有一句很像历史学家的话语，当她对年轻人说："原谅吧！犯错是合乎人情的，我的孩子。"(615)①

但我们尤其在欧里庇得斯的戏剧中看到了每个特殊情况是如何能变成一种原谅的借口的。年轻也是一种可以得到原谅的

_____

① 关于犯错是不可避免的但原谅是非常困难的这一事实，请参考德谟克利特B253。

理由,因为年轻人容易冲动,这很正常:"必须原谅在狂怒之中对你说了一些不敬话语的青年人",《希波吕托斯》中的仆人说(117—118)①。因此也必须原谅被年轻人引诱而犯错的人们(再说,这是否属于出于无知而犯错之后可以被原谅的情况呢?):"他走错了路,是年轻人让他误入歧途的,所以应该被原谅",合唱队领队在《乞援者》(250—251)②中说。反之,年老也是一种可以得到原谅的理由,因为正常情况下老人们一般都很胆小;克里翁(Créon)不想就这样牺牲自己的儿子,而且这个儿子注意到:"我们可以原谅一位老人家的这种做法。"(《腓尼基妇女》,995)③作为女人也是一种可以得到原谅的理由,因为一般而言女人都是弱者;麦加拉请求原谅:"女人比男人更不懂得忍受住自己的痛苦。"(《赫拉克勒斯的儿女们》,536)愤怒可能是一种寻求原谅的理由;因此提乌克卢斯(Teucros)在《海伦》中说:"是的,我错了。我的狂怒使我不能自制。这也是因为整个希腊都讨厌海伦。原谅我这么说并这么做了。"(80—82)④对于一个寻找另外一段姻缘的丈夫来说,没有小孩可以是一种原谅的理由(《美狄亚》,490—491)。后来,醉酒也同样是一种理由(德摩

---

① 同样请参考吕西亚斯的《关于残疾人》,17:"我们认为年轻人应该得到老年人的宽容……"。

② 玛丽-黛尔古尔的翻译。《法国大学丛书》的翻译引入了一种相反的细微的差别,这一差别搞错了论据的意思。

③ 同一部翻译。

④ 同一部翻译。这种旨在以愤怒为理由的原谅受到了吕西亚斯的强烈质疑,《反驳提奥斯托斯》,30,他提醒说"立法者不会给愤怒任何被原谅的理由"。

85

斯梯尼,《反驳米迪亚斯》,38;吕西亚斯,《反驳西蒙》,43)①。贫穷也可能是一种理由,条件是它起着一种迫不得已的作用,阻碍人们采用他们本应该以不同方式采用的慷慨行为;因此吕西亚斯在《反驳斐罗》中宣布:"我们原谅穷人和残疾人,因为我们认为他们的错误是无意的。"贫穷也将是一种原谅,假如——另外一种迫不得已——它促使人们采取了错误的行动;因此德摩斯梯尼在《反驳斯提法诺斯》I,67中说:"对带着人性来批判的人来说,迫不得已的需要就是一种原谅。"最后,贫穷也将是一种原谅,在它说明对贫穷的被告的帮助和保护的缺失的范围内和在这种思考应当依据富人们的影响补偿为他们提供的帮助的范围内;这就是《反驳米迪亚斯》183和209②所高调肯定的东西。我们越追溯以往越会看到更多在不同情况下所产生的各种各样的原谅的理由。一般而言,人类的弱点在修昔底德的思想中似乎是一种有点牵强的托辞。这种弱点就这样在每个特殊情况下被当作一种真实感情的反映,这一反映试图用每个被分别对待的族群的人特殊弱点来解释错误。因此在一种依然很初级的心理学层面上分布着一种用解释来代替控告的倾向——这一倾向将被现代精神分析学推向极致。

这些专门从被控告人的行为和支配这些行为的情形中总结

---

① 这种原谅似乎在同一演讲中很少是决定性的,19。

② 请参考《金冠辩》11。我们可以把这些思想与这一思想拉近,根据这一思想,虽然某人变坏了,但他却享受着巨大的好处,那么他就是不可原谅的(欧里庇得斯,残篇297)。

出来的获得原谅的理由已经很多了,但对这些理由还要补充其他的一些思考,这些思考也是对 suggnômè 产生过有利的影响。

我们知道这种论据在雅典人的辩护词中是多么的重要。还有与罪犯过去的行为或者与他所做的报答相关的一些论据,这些论据对修昔底德来说已经是很熟悉的,而且已经在欧里庇得斯最初的一些剧作中得到了很好的体现。美狄亚要求伊阿宋看在他们以前彼此需要的分上对她的愤怒不要介怀(《美狄亚》,870)①;修昔底德的普拉提亚人在伯罗奔尼撒人身上使用相同的论据,而且尼西亚斯在他给雅典人的信中因他从前所提供的服务的名义而相信他们的 ξυγγώμη(VII,15,2)。相反,我们可以观察到,在修昔底德的作品中,当有人依仗自己过去的功劳而胡作非为之时,这种论据有时就已经受到怀疑:在监察官斯特涅莱达斯讲演的 I,86,1 中,或者在底比斯人人的讲演的 III,67,2中:这两个文本都肯定道,对这样的态度变化应该给予加倍惩罚。这种华丽的转变也许是对这类原谅的风靡本身的回击,但应该没有结束它的生涯,远远没有。没有一篇演讲词不把过去的服务、礼拜仪式、甚至祖宗的功绩详尽地列举一遍,作为宽容的附加条件。

最后,除了这些在司法中被巧妙运用的要求得到原谅之外,我们还要补充的是那些人与人之间相互乞求得到的原谅。例

---

① 在《俄狄浦斯王在科罗诺斯》中,安提戈涅要她的父亲出于对忒修斯的尊敬而接受波利尼斯,俄狄浦斯王欠忒修斯很多:帮忙是通过中间人来进行的。

87

如,一个女人期待其他女人的宽容。这已是索福克勒斯著作中的情况,正如他的《淮德拉》残篇 618 中所证明的那样:他以女性整体的名义①要求宽容和一种默契。同样,一种为兄弟之爱所犯的罪行将仰仗这样的东西,即被哀求之人自己也有兄弟之爱;这正是伊菲格涅亚在《伊菲格涅亚在陶里斯》中求阿耳忒弥斯的情况:"原谅我(1400)的这种偷窃和逃跑行为。女神,你有一个你爱的兄弟:因此接受我也爱我的兄弟吧。"②在这样的一些原谅中不再有那么多可减轻罪行的情节,而是已经有一种人与人之间的关系,这一关系几乎把我们带回了人类真正的宽恕的根源,这就是在下一章中将要讨论的。

事实上,suggnômè 的丰富不仅限于这种原谅的总和。如若我们直到目前为止只把 suggnômè 当作一种罪犯所主张的权利看待的话,那我们也会将它当作一种内在的让心灵为宽容而打开而不考虑情势或者正义的倾向来看。这一概念的新拓展将会被发现,因为我们将看到在同一时期另外一个更主观并更具有个人特色的方面——自由给予的 suggnômè——的发展。

* * *

可是,如果我们把一直在这里反复考虑的原谅看成一种简

---

① 请参考欧里庇得斯,《安德洛玛克》,955—956:"女人们应该真实地表现出女性的弱点"。

② 玛丽-黛尔古尔译。

单的并为了获得法官同情的修辞学游戏的话,那么我们就犯了一个相当严重的错误。

从某种意义上说,这确实是一种游戏。并且我们在文本中所看到的各种形式的原谅可以说是被智术师们所推崇的辩证的灵巧善辩的反映。但是同样也很清楚的是,假如我们不知道法官对这些原谅很敏感,或者不知道我们希望能宽容的那个人承认它们是有道理的话,那么这些原谅就既不会被创造出来也不会被提出。一种修辞学游戏的目的之所以能赢得法官的同情,是因为法官们有同情人的倾向。因此每个论据都是一种心理的反映,每篇辩护词都是被普遍承认的意义的表达。况且,很多引用例子表达的不是被告的辩解,而确切说是那些接受这些原谅、认为它们有根据并且觉得它们所表现的宽容是合理的人的看法。除了修辞的巧妙之外,原谅的不断增加标志着一种宽容在雅典不断发展壮大并变得更清晰明了。原谅的智慧诞生于柔和的进步①。

柔和也可能过度。它之所以可能这样,是因为修辞的灵巧加入了其中。并且雅典民主在此走上了一条危险的坡道;在宽容之后,柔和在狡黠论据的相助下可能是——如我们所说——

_____

① 宽容和原谅的法律词汇在拉丁语中是存在的(参看瓦尔德斯坦(W. Waldstein),《罗马豁免权研究:废除、宽容、原谅》(*Untersuchungen zum rômischen Begnadigungsrecht*:*Abolitio*,*Indulgentia*,*Venia*),茵斯布鲁克,1964 年,240 页);但是很多说法似乎都是套用希腊语:五世纪和六世纪的人的确为宽容奠定了理论基础。

放任的。阿里斯托芬的讽刺文字,尤其在他的《云》中已经暗示了这种危险的存在。战争的考验应该使这一危险更加巨大,因为它破坏了古老的道德基础并为玩弄"迫不得已"的论据提供了上千次的机会:当弗里尼库认为危害自己的祖国也是可以原谅之时,如果说的是伤害一个人的敌人,事情显然开始走得有点远。因此我们是不是可以理解有一种双重的反应,即政治的和道德的:这两种反应将被分开来予以研究。我们在此只告诉大家,它们在柏拉图那里是相互关联的,并且 suggnômè 的概念是他在《理想国》中极力批判的概念之一,同时还有所有的强迫与 praotès 的缺失:被轻率使用的 suggnômè 于是变成了对恶的宽容、对一丝不苟和向好的方向的努力的蔑视。

但是,假如 suggnômè 的过度可以在这点上被揭露出是危险的话,那么它的进步从根本上说也是一种慷慨与宽容的柔和的到来。演说家们可以玩弄它、歪曲它,使它背离自己真正的精神,因为它毕竟是一种美德,是雅典人众多的优点之一。能确认这一点的东西是,它不仅仅发展成了辩护词中的这些论据:所有这些不同论据经常成功求助的柔和也是一种总体的趋势,这一趋势不再依赖于被控告人的行为,而是依赖于滋养着每个人本身的道德价值。

第五章
原谅的能力

我们刚刚审视了这一原谅的多样性。诚然,宽容的倾向并没有等到法律上和经过深思熟虑的原谅出现之后才在希腊表现出来。恰恰相反,我们可以认为这种倾向在推理和诉讼的时代促使雅典人这样来使用他们的创造力。无论从逻辑上还是从年代上看,宽容的意义是第一个出现的。

但是在弄清另外这个 suggnômè 诞生过程之前,重要的是从一开始就要保持一种非常审慎的态度:这是因为 suggnômè 无论如何也只体现了这种内在倾向的一个方面。

我们在这里说过,荷马没有使用过 suggnômè 这个词,但我们从第一章开始也提醒过,他非常了解温和、同情、和解、甚至对于那些伤害过我们的人的宽容:普里阿摩斯对海伦的态度就是最好的证明。

另一方面,假如他不知道 suggnômè 这个词,他肯定知道其他的一些词语,这些词作为希腊语在诗人、历史学家和演说家那里永久流传了下来。我们可以用希腊语谈论怜悯,也就是说谈论 ἔλεος 或 οἶκτος,即用属于这两个语族的丰富的词语来谈论①——第一个语族在基督教的"主啊,怜悯我们吧"中流传了下来。我们也可以谈论对他人的尊重,这种尊重让我们不再伤害他人:这就是 αἰδώς 这个漂亮的字眼②;而且它已经让我们从一时的情感过渡到了被纳入司法生活的宽容,因为正巧,在这个词所具有的全部意义中包括对过失杀人给予原谅的技术意义③。也有很多描述人们的宽容行为的方式。我们可以说,他们抹去对所承受的伤害的记忆,他们因另外一个人提出的理由而让步,他们宣告一名被告无罪并承认他的无辜——这还不算后来出现的并特别通过 συμπάθεια 把人们相互联系起来的词。

我们之所选择在此追寻唯一的 suggnômè 的命运,这仅仅是因为这样被描述的演变比另外一种更清晰,而且这一演变让一种情况成为可能,即把这种更大范围的宽容与法律上的宽容联系在一起的统一性成为可能,这一统一性在文本中非常明显。

此外,广义的宽容在正义的领域也可以被反映出来。因为,

---

① 两个词的意义与抱怨相关。我们看到欧里庇得斯就有 37 种名词的用法和 39 种相应的动词的用法,由此可见第一个词的重要性。

② 请参考冯·艾尔发(C. E. Von Erffa),《从荷马到德谟克利特的尊重(Aidôs)和相关观念的发展》(*Aidôs und verwandte Begriffe in ihrer Entwicklung von Homer bis Demokrit*),*Philologus Supp. Bd XXX*,2,莱比锡,1937 年。

③ 原谅的思想也包含一种半法律意义的词义(对于那些没有被追究的冒犯);参看德摩斯梯尼,《私人辩护词》(*Plaidoyers privés*),XXXVII,59 = XXXVIII,22;XXIII,72。

假如对过去所做的公共服务与捐赠的提及可以创造一种为被告所利用的权利的话，那么呼吁法官的怜悯在辩护词中至少也是一个很常见的主题。并且这不仅仅是修辞学上的一种论据——在这种形式下，我们依然了解它——因为必须记得诉讼人可能让流泪满面的小孩和哀怨的家庭出现在法官面前。确实，这里有一种对感情的呼唤。阿里斯托芬的《马蜂》清楚证明这种招数从五世纪[①]开始就已经司空见惯了。并且人们知道，拒绝接受一种他认为与正义不相称的常规曾经是苏格拉底的一个闪光点[②]。

因此 suggnômè 仅仅是柔和、怜悯和同情的形式之一。它在古希腊文本中的进步只能根据一个特殊的例子阐明一种总体倾向的进步，这种倾向一直存活于古希腊人的心中。

* * *

Suggnômè 和 philanthrôpia 一样都是从神祇那里开始的：首先 Suggnômè 是在神身上被找到的或说人们想找到它。

事实上，第一个使用 Suggnômè 一词且至今被保留下来的作品是一篇诗作并位于一段祷文中：这篇美丽的诗文是西蒙尼

---

① 《马蜂》，568—574；975—984。

② 柏拉图，《申辩》，34d—35c。在四世纪，习惯一点也没有失去它的规律性：另外请参考吕西亚斯，《为波吕特拉图斯辩护》，34；并请看多佛，《希腊流行道德》，第 195 页。

德斯写的关于达那厄的诗,通过哈利卡那苏的狄奥尼修斯传给了后人(37B＝13D)。

达那厄和她刚诞生的孩子在海上随波逐流;她用对儿子的温情表达自己的焦虑;她祈求宙斯停止对他们的折磨。最后,她对他说(25—27):"如若我的祈求中有什么狂妄或无理之处,那原谅我。"

实际上,没有什么能比她的祈求更不傲慢或不无理了:达那厄没有任何这类要自责的错误。但是,面对君主般的众神,人再谨小慎微也不可能永远不出错;所以,达那厄甚至在没有感到有罪的情况下就请求宽恕也许可能是对神的冒犯。因此,她祈求宽恕这一行为并非发自内心,而是出于对神的温和所寄予的希望,她的祈求既谦卑又感人;而且这种谦卑获得了一个更丰富的意义,因为事实上她和儿子就这样被拯救了。

因此人们在这里期待宙斯原谅一切冒犯行为。

该文本之所以出色,是因为希腊众神在正常情况下很少原谅别人。他们经常会采取恐怖而疯狂复仇方式。他们在荷马笔下和埃斯库罗斯笔下都是睚眦必报者——两者之间的唯一区别是这种复仇在后者那里变得不太具有个性,而更接近于一种严格的正义。虽然众神都变成了正义的化身,但他们并没有因此而变好。在实际中,我们几乎在任何希腊的文本中再也找不到西蒙尼德斯文本的那种语气了。

可是,在希腊文明的每一个时期,众神都具有怜悯与同情心。这就是为什么人们要向他们祈求。在荷马或者埃斯库罗斯的笔下,这些祈求更是对求助的呼唤。埃斯库罗斯的乞援者要求神的保佑(140)和善意(144),要求他们充当拯救者(150)并照管他们的命运(359)。事实上,希腊诸神能对人类的灾难产生同情。稍后,即使在一个众神远离行动并无动于衷地与不幸保持距离的世界上①,他们依然保留着这种能力。卡斯托(Castor)在欧里庇得斯的《厄勒克特拉》中宣称:"哎呀!哎呀!即使对众神来说,你的话听起来都很残忍。因为我本人与和天上的众居住者,我们知道同情人类的悲惨。"(1327—1330)②

希腊诸神为什么不可能有同情心呢?怜悯对古希腊人来说是一种智慧形式,有点像一条法国谚语中所说:"总是最聪慧者先让步。"古希腊人思想的敏锐促使了柔和的诞生。因此欧里庇得斯在《厄勒克特拉》中让俄瑞斯忒斯说:"怜悯不是诞生于一种迟钝的而是敏锐的思想中。"(295)③并且伊俄拉俄斯(Iolaos)在《赫拉克勒斯的儿女们》中希望有一个有智慧的敌人,而不是一个不解人意的敌人。因为假如这个敌人是有智慧的,那么人们甚至可能在不幸中得到他的敬重(458—460)。

---

① 请参考《希波吕托斯》,1396,1441;《特洛伊妇女》,837。

② 请参考《赫拉克勒斯》,1115,在其中他说"如果这发生在一位神祇的身上,他也会呻吟的"(译文不是《法国大学丛书》的翻译)。吕西亚斯的丧礼演说词(épitaphios)也说过同样的话:"哪位神没有被他们的莫大苦难所感动?哪个人没有为他们流泪?(40)。

③ 玛丽-黛尔古尔翻译。《法国大学丛书》的译文说到了"没有文化"的精神,这是相当不合适的:在这说的是不理解。在《赫拉克勒斯的儿女们》的后来所提到的那一段中作为对照而使用的两个词是一样的。

因此神的智慧应该能让他们分清错误：宙斯的正义绝不是盲目的。并且，正如利卡斯(Lichas)在《特拉喀斯妇女》中所说的那样，假如赫拉克勒斯以光明磊落的方式报仇，宙斯可能就会根据法律原谅他曾经对自己的攻击(279)。

但是神的智慧在缺乏善意的情况下尤其应该保证他们对人类的错误要有一定的耐心；这至少是五世纪末的人们对众神的期待。当希波吕托斯的仆人看到自己年轻的主子对于阿弗洛狄忒的粗暴时，他转向她并要求对她要宽容；为此，他肯定请求原谅①，特别是救助于众神都应该拥有的温和："必须原谅在狂怒中对你说话轻率的年轻人。不要装出以温情抚慰他的样子：众神应该比人类更有智慧。"(《希波吕托斯》，118—120)科瑞乌萨(Créuse)在《伊翁》中非常重视这样的宽容，当她大声说道："孩子，在我看来微光比太阳更温馨，这位神会原谅我这么说的。"(1440)人们甚至希望众神能够原谅那些不可原谅之人；并且忒瑞西阿斯毫不犹豫地为亵渎宗教的潘提乌斯(Penthée)去求"凶神恶煞的"(《酒神的伴侣》，361)狄俄尼索斯。我们同样看到，阿里斯托芬喜剧中的人物自愿地请求神的原谅②。况且，人们对众神所寄予的这种希望的理由被非常清楚地写在了欧里庇得斯的残篇645N之中：他宣称，在所有的不可抗暴力情况中，众神

---

① 请参考前面，第84—85页。

② 请参考前面引用过的两个例子，第75—76页。我们可以把《和平》中的请求原谅(《和平》，668)联系在一起。可是我们不至于会和多佛的(《希腊流行道德》第261页)一样说在这一方面喜剧比悲剧更丰富。

应该被视为倾向于宽恕:要么他们没有人类善解人意,要么他们认为公道先于正义[1]。

但是这种把人类作为参照的做法是具有启发性的。它确认希腊众神在正常情况下一点都不宽容:只有在这种宽容普遍存在于五世纪雅典人的社会之时,他们才期待从众神那里获得它。直到那时,人们可以把众神当作朋友或敌人,在他们面前或多或少感觉到自己有过错,在他们威力面前发抖,乞求他们不要肆意蹂躏:他们的温和只是在人类中间传播的新理想的反应而已。

因此,我们应该透过人类之间的关系来研究这种理想发扬光大的情况——即使有时——我们将会看到——一些神的形象对这些价值的传播起到了推波助澜的作用。

*　　*　　*

我们从对一些重要文本简短研读中看出,suggnômè 实际上于五世纪逐渐开始获得很大的扩展。

因此考虑五世纪之前的证据似乎就不太恰当了。因为在正常情况下,理想一旦被接受,人们倾向于用最荣耀的祖先来作为它的担保。于是人们认为关于 praotès[2] 的言论是梭伦所说;而很多人都认为 suggnômè 的观念是七贤之一所传。根据西西里岛的狄奥

---

[1]　请参考第二章 I,第 56 页。

[2]　请参考前面,第 29—30 页。

多罗斯的言论(IX,11,1),皮塔库斯是 $\kappa o \iota \nu \grave{o} \varsigma \ \kappa \alpha \grave{\iota} \ \varphi \iota \lambda \acute{\alpha} \nu \theta \rho \omega \pi o \varsigma$
[公正和爱人的];而且第欧根尼·拉尔修给他献过一篇友爱与
关爱的颂辞。然而狄奥多罗斯明确说他在释放自己的敌人阿尔
凯奥斯(Alcée)时大概说过:"suggnômè 比复仇好"(或者"惩罚")
(IX,12,3)。第欧根尼·拉尔修(I,4,3)和皇帝朱利安(III,1)先
后继承了这种传统。但这种传统到底怎么样呢?质疑至少是允
许的。当我们看到狄奥多罗斯把同样的表达几乎一字不差地有
时用于"昔日的某些智者",有时用于德米特里乌斯,有时用于凯
撒,不去考虑其他变体,[1]我们至少可以怀疑这种传统的价值。
同样,对七贤来说,拜尔斯可能在没有要赎金的情况下把梅赛那
(Messéne)年轻的女儿们释放并投身于对被压迫者的保卫之中
(狄奥多罗斯,IX,13,1)。根据第欧根尼·拉尔修(I,97),佩里
安德本人——第一个拥有武装保镖的僭主——可能说过,僭主
最可靠的保镖是对主人忠心耿耿之人,而这种忠心不是通过武
力做到的! 显然这些教化人的格言多亏了那些接受了它们的人
们——而且是在全部词汇之前。它们尤其为后来这些概念的流
行提供了证据。无论如何,即使某种表达法有确实有真正的历
史基础,但传承的不确定性和一切背景的缺失禁止把类似的一
些见证视为可能的标志。

---

① 有关相同的情况请看:XXXI,3;XXI,9;和 XXXII,27,3;有关几乎一
样的况且:XXI,21,6 和 8;XXIV,10,2(汉农);XXVII,15,1。关于狄奥多罗斯
的这个见证,参看下文,第393—394页。

相反,从五世纪开始这种演变就可以被精确地跟踪。

尽管希罗多德在自己的作品中所表现出来的那种愉快的宽容,但复仇依然是普遍的规则。并且这种复仇经常是残忍的。最经常的做法是,当原谅被祈求时,人们所做的也只是把错误推到真正的罪犯身上,而对于真正的罪犯,人们是会无情地予以惩罚的。在第一卷(116,5)中,牧羊人承认曾经撒谎,目的是为了拯救哈尔帕高斯(Hárpagos)曾命令他弃置于野兽群中的孩子;他请求被原谅。于是,阿斯提阿格斯(Astyage)不再管他……但他让哈尔帕高斯吃自己儿子的肉,以惩罚他没有亲自动手杀人!即使一次过失杀人也只是非常有限地被原谅:克罗伊索斯承认阿得拉斯托斯(Adraste)无意中杀死了他的儿子们;他承认应该对孩子们死亡负责的是一位神,但他还是让阿得拉斯托斯自杀,以减轻压在他心头的罪恶感。诸神不是那么宽容的,他们甚至可以惩罚一种并未导致任何错误的态度,但往往是一种本身就是对宗教的褒渎态度:正如格劳克斯的例子一样,其种族注定是要灭亡的,因为它迟迟不归还曾经托付给它的东西,而且还胆敢就这一问题(VI,86γ)①向神求教。

诚然,在希罗多德的世界里有时这种严厉的惩罚会松一些。首先,很清楚,在古希腊人思想中,复仇不会逾越某些界限:在普拉提亚的帕萨尼亚斯拒绝以褒渎宗教的方式进行报复(IX,

---

① 如勒格朗所说的那样,这不太像一种意图的罪过——与安多基德斯的《神秘》,96 相比较——而更像是一种可以与 I,159 相比较的没有怜悯之心。

99

79)。另外,在野蛮人当中甚至都有一些充满人性的温馨时刻,但温和(况且是相对而言的)最经常是情感层面的东西:它产生于一次怜悯或同情的冲动。在第三卷(119)中,大流士可怜尹塔佛奈斯(Intaphernès)的妻子并给她留下了她兄弟和大儿子的命(但把其他人全部处死)。在第五卷(92,γ)中,负责杀害小库普赛鲁斯的人放弃了行动,因为孩子对他笑了(但他的行动小组因为内疚又折了回来,而且孩子之所以逃脱了他们的杀戮,是因为他们找不到他了)。同样,薛西斯一世让戴马拉托斯(Dêmáratos)说,只是因为他信任他(VII,105 和 237),但他不会原谅背信弃义之人。

温和的唯一一个案源于一次真正的思考;并且这种思考所采用的形式已经给未来一般意义上的希腊的宽容和它的深层意义定了基调。这一个案就是居鲁士的温和,他在听了梭伦关于人类生命之脆弱性的论述后决定给克罗伊索斯留条命:他事实上经过思考之后认为他自己也是人,而且"凡人类之事皆无永恒之物"(I,86,6)。

这种存在于人与人之间的整体性的感情会根据情况成为怜悯、救助或原谅的理由。这种感情将在希腊的其他的一些文本里被找到,但它在希罗多德《历史》第一卷的叙述中有一个突出的特色。它同时让人理解为什么与一种共同的脆弱性的感情相关的这种宽容在正常情况下不是众神的行为:它是一种真正的和完全意义上的"人性"。

悲剧之见证进一步肯定,这种人性一开始并不常有;它还肯定说,当人性扩散之时,它保留了自身在希罗多德作品第一卷中所具有的基本形式;这种形式越来越变得明确而固定。

在埃斯库罗斯的作品中,宽容和宽恕都不受青睐。诸神无情地毁灭整个家族,而且人类也像众神那样报复。在《欧墨尼得斯》中的俄瑞斯忒斯的诉讼是唯一给人带来一丝宽慰的东西,因为它是以无罪释放而结束的①。但是我们知道要获得无罪释放是非常困难的,并且它给法律和宗教带来了革命性的变化。这需要人与神的共同参与。并且无罪释放只是在票数相等的情况下获得的。尤其是,所提供的论据既不是建立在罪行情节②基础上,也不是建立在宽恕之美上:在我们看来,由阿波罗和雅典娜做出的解释的令人惊讶,它清楚地让人们看到原谅的艺术尚未真正得到发展,并且宽恕尚未成为一种美德;雅典娜为了说服厄里倪厄斯所使用的论据颂扬了协调或说服之美,但非宽容之美:相反,雅典娜与厄里倪厄斯同心协力以便让建立在恐惧基础上的一种严格的秩序行使自己的统治。虽然宽恕在索福克勒斯的戏剧中占有很重要位置,但一个颇具争议的位置:毫不讳言,它造成的问题经常不断。

显而易见,该剧中的英雄们的特点就是拒绝原谅。对他们

---

① 神针对伊翁或普罗米修斯的愤怒的平息显然与一种原谅没有任何关系。

② 可是阿波罗解释了俄瑞斯忒斯的罪行与克吕泰墨涅斯特拉的罪行之间的区别(625段落),但后者尤其是引发了对父亲和母亲在生育中所担当的角色的差异的分析,这一分析完全和对责任的思考没有丝毫关系。

而言,原谅无异于放弃自己正义的愤怒,因而就意味着让步,就是对自己理想的背叛。正如诺克斯(B. M. W. Knox)所清楚指明的那样,英雄经常与他周围的人发生冲突的原因就是他的这种坚定信念与其他人的压力之间的冲突所造成[1]。

赫拉克勒斯在《特拉喀斯妇女》中根本就不原谅得伊阿尼拉,以至于当他听到她的死讯后,他只是后悔没有能亲手杀死她(1133);许罗斯费了半天劲跟赫拉克勒斯解释说,得伊阿尼拉认为自己做的没有错并且她被骗了(1139):他对这种说法一直不屑一顾且充耳不闻。

埃阿斯在索福克勒斯的同名戏剧中把积恨推向了高潮,以至于想谋害希腊军队的首领们。他对奥德修斯使用了很多与仇恨有关的词。并且,尽管他声称曾经"心软"(651)并学会了"带着以后会喜欢敌人这种想法"(680)来恨敌人,但他死的时候还是诅咒那些曾经冒犯过他的人死去(839)。

安提戈涅和厄勒克特拉两个人从她们的不妥协中获得了力量。

菲罗克忒忒斯想不惜一切代价去帮助曾经那么恶劣待他的古希腊人。涅俄普托勒摩斯试图穷尽所有的论据、许尽全部的诺言来说服他,但枉然:为了使他屈服,需要突然出现的赫拉克勒斯的介入。菲罗克忒忒斯更不原谅:他只接受神的指示和神

---

[1]　请参看《英雄的秉性——索福克勒斯悲剧研究》,萨瑟(Sather)古典文献阅读 XXV,1964 年。

提供给他饱享天福的犒赏。

最后,《俄狄浦斯王在科罗诺斯》中的俄狄浦斯甚至拒绝见不孝之子。为了让他能容忍一会儿儿子的存在,忒修斯和安提戈涅两个人不得不介入。于是,他听了儿子的诉说,但却恶毒地诅咒他,祈求坦塔罗斯(Tartare)和阿瑞斯来对付他。

这些英雄有错吗?可是《埃阿斯》中的雅典娜和被她惩罚的英雄一样冷酷无情。她嘲笑埃阿斯,把他献给了他的敌人;并且她尖酸刻薄地强调:"何物更温和?敌人的笑声……"(79)①

然而,很清楚的是,并非索福克勒斯作品中的所有的人物如此。我们几乎可以说英雄们几乎仍停留于的辉煌而残酷的传说时代,然而,围绕在他们身边的人都符合新伦理的规范。无论如何,大家有机会的时候都会为宽恕和宽容辩护。

有时只是路过时脱口而出的一字半句——伊斯墨涅,安提戈涅之姊妹,算定死者会原谅她,如果在她所处的状况中不冒犯君主(《安提戈涅》,65—67)的话;克律索忒弥斯,厄勒克特拉的姊妹同样也声称自己觉得很欣慰,因为他父亲原谅她,如果她屈服于那些权贵的话(《厄勒克特拉》400—401)。

但我们观察到,宽容和宽恕在其他地方的概念似乎与人类的脆弱性和整体性这一意义相关。我们在希罗多德的第一卷中第一次看到了这样的一个形象。这种双重的感情或多或少从力

---

① 与埃斯库罗斯相反,索福克勒斯既不寻求理解也不寻求批判众神;他的戏剧表现的仅仅是众神无缘无故地打倒一个人又无缘无故地扶持他(《俄狄浦斯王》—《俄狄浦斯王在科罗诺斯》。关于神的残酷,请参考上文,第94—95页。

度、精度和广度方面被提到过，但它们几乎从来没有真正消失过。

《俄狄浦斯王在科罗诺斯》中的安提戈涅唯一使用了较为有限的论据。她也呼吁一种整体性，但这里涉及的是父母与小孩之间要和睦相处。这种整体性在她眼里应该激发宽容，而并不会因此而减轻错误。"是你"，她说，"给了他生命：从此让你受尽欺辱，父亲，你没有权利以恶还恶。其他一些父母已经有犯了罪的孩子；他们为此而恼羞成怒，但他们孩子的看法似乎带有一种魔力一样抑制了他们的冲动。"(1189—1194) 这一论据还有一种家族意义；而且安提戈涅要求她的父亲只听波利尼斯的。但是有关一种取决于人与人之间的纽带(lien)的宽容义务的概念已经清晰可见了。

它在得伊阿尼拉(Déjanire)的情况中变得更清晰：《特拉喀斯妇女》中，得伊阿尼拉把她对伊娥勒(Iole)的宽容建立在这样的观念上，即人类是弱者；而且她把自己的理解变成一种美德："在跟我讲话时"，她对利卡斯(Lichas)说，"你不要跟一个坏女人说话，或者谁不知道①人类的秉性是永远不会满足于相同的东西。"然后她就展现出爱的巨大威力："爱随意地支配着诸神，也支配着我：因此它怎么可能不对其他一些跟我一样人做同样的事情呢？于是，如果哪天我觉得我的丈夫也患了这种爱情病，那么我责怪他或者跟他在一起的那个姑娘也许是荒诞的……"

---

① 我们在这里修改了《法国大学丛书》的翻译，这一翻译在不是很贴近我们所使用的文本。

(438—447)对造成人犯错的秉性的参考和对没有人可以抗拒的爱的巨大威力的提及让人很自然想到了在上一章节中——论述过的那些原谅。可是反响却完全不同;并且得伊阿尼拉把自己的情况与赫拉克勒斯和伊娥勒的情况相提并论这一事实(444)①暗指一种共同的排除过度残忍的条件:整体性已经混入到可减轻罪行的情节中。利卡斯就是这样理解的,因为他在自己的回答开始时注意到:"于是,亲爱的女主人,既然我意识到你是人类,那么你就有一颗人的心,而不是一颗麻木不仁的法官的心。"(472—473)"麻木不仁"在此是 ἀγνώμονα 这个词:得伊阿尼拉不是"不理解":在该剧的最后用的是相同的词②,其意思是既目光短浅又残忍:这并不能让我们感到惊诧。但是重要的是这个词,或者它的反义词,指的是一种性格特点、一种属于一个人之稳定的素质:宽恕不再与被批判的行为而是与批判人的特质相关。事实上,我们在欧里庇得斯作品里找到了形容词 συγγνώμων [宽容的]③,而且我们在《特拉喀斯妇女》的最后找到了名词 συγγνωμοσύνη [宽容]④。

因此得伊阿尼拉的态度已经给建立在人类理解和整体性基础上的新的 suggnômè 定了调。

---

① 我们注意到 κἀμοῦ γε 被抛弃:词的位置、虚词、句子在 γε 处的停顿,所有这一切都是用来强调这些表面上很不起眼的词。

② 请参看前面一章,第 73 页注释③。

③ 我们在上文引用过的残篇 645 中找到了它,第 80 页,还在《美狄亚》870 中。

④ 第 1265 行。

我们在其他的一些剧作中还找到了有关这种共同的脆弱性之感受的一些共鸣，虽然这些共鸣所使用的措辞更笼统、更接近希罗多德的措辞。因此在《菲罗克忒忒斯》中，英雄绝望而固执地恳求涅俄普托勒摩斯（Néoptolème）可怜可怜他；并且为了更好地说服对方，他补充道："你看，对所有人而言，一切都是危难，而且他们在幸福与不幸中都要冒同样的险"（502—503）：人类命运的脆弱性是把人与人整体性起来真正的基础。

但这种整体性尤其是在《埃阿斯》中被给予了充分肯定，并且它在这一剧作中占有特殊的位置。事实上，假如埃阿斯拒绝一切妥协和原谅的话，那么该悲剧却把他的对手奥德修斯塑造成了另外的一种形象。并且这个奥德修斯在此是理解、节制且忘记辱骂的人的化身。

这从一开始就可以看得出，因为奥德修斯总是不想看埃阿斯疯狂的景象。他说他很害怕这种景象。但当雅典娜强行让他看时，他最明显的反应便是怜悯。更有趣的是，这种怜悯显然由每一个人都有的脆弱感情所引起的："那个不幸的人枉为我敌，当我看到他被灾难击倒时，我对他起了怜悯之心。并且我实际上更多地考虑的是我自己而不是他。我很清楚我们生活在这里的所有人什么都不是，而仅仅是一些幽灵或者淡淡的影子而已"（121—126）。

无论如何，这种如此深刻的思考或许有吸引人注意力的地方：埃阿斯想责怪奥德修斯这一事实、雅典娜女神在任何方面都不支持这种感情这一事实,这一切都给他增加了分量。这一分量还在不断增加,当我们在剧末看到索福克勒斯第二次把类似的一种慷慨的观念归于奥德修斯时。

当墨涅拉俄斯和阿伽门农继续敌视埃阿斯,甚至拒绝让人掩埋掉已死了的英雄之时,埃阿斯的死对头奥德修斯却做出了对他有利的干预。他一开始就称埃阿斯为"勇敢的人"(1319);他认为提乌克卢斯之所以没有尊重他应该尊重的首领们,也是因为他是有理由的;并且,他一知道争端,就要求阿伽门农不要无情地拒绝埋葬埃阿斯。"对我也是",他解释说,"他是我在全军中的劲敌";"尽管如此,我不能用凌辱来回击他的仇恨。"(1336)并且在之后还说:"他也许曾是我的敌人,但他也曾是位英雄。"(1355)

这种态度可能归因于一种简单的正义感,但一种让积恨缄默的正义已经是一种形式的对冒犯的遗忘。并且尤其是,这种态度是从远处而来。实际上,奥德修斯再一次通过回归自身和他的人的身份而具有了这种慷慨:"总之,你请我来埋葬这个死者吗? ——这难道不是将来有一天要到来的我的大限吗? ——因此到处都是同样的事情;每个人将为自己干活。——并且假如我首先不是为我自己干,那我为谁干活呢?"(1365—1369)

我们不能再好地表达他们的共同身份在人与人之间所创造的纽带了:在把注意力引向奥德修斯的话语的同时,阿伽门农的讽刺只能让这种整体性的感情更加清晰。

这一观念显然不同于我们在上一章所看到的观念。人类秉性的不完美在其中被当作一个获得原谅的理由：在此，人类命运的脆弱性变成怜悯和友爱的一种源泉[①]。

不过必须承认，这两个概念有时可能会交织在一起或者会互补。因此安多西德两次要求法官人道地（ἀνθρωπίνως）考虑他的情况（I,57;II,6）。在第一种情况中，他明确说，他们应该站在他的立场上"好像不幸击中你们自己"，而且应该思忖："你们当中的每个人那时会如何做呢？"他这样引证的是危险所造成的压力，这种压力可能构成一种被原谅的理由，但他也求助于一种整体性和怜悯的感情。在第二种情况中，他观察到："如果是这样，雅典人，你们带着人性审判我，你们将会表现出更多的宽容精神，因为我的生命让我更值得同情而不是被仇恨"。这一思想清楚地是人类迷失的思想，并且这一事实佐证了法兰西大学丛书的翻译："鉴于人类的秉性"。况且安多西德刚说："这一点不是一些人而非其他人的遭遇：犯错与为恶是所有人的共同命运。"但这种对人与人之间的共同体的强调以及犯错与为恶之间的视为同一已经是整体性观念的初级阶段：人类道德的脆弱性恰似人类命运的脆弱性。

我们在此探讨的这种最新观念对以前的古希腊人来说是非

[①] 这最后一个方面是 H. 波尔克斯坦记住的唯一的方面,《古代的善行与贫困救济》(Wohltätigkeit und Armenpflege im Vorchristlichen Altertum),乌得勒支,1939 年;特别参看第 127 页。

常自然的事,并且是他们非常典型的生活态度。因此人们看到它经常大量出现于为宽容辩护的文本中。

在欧里庇得斯的《乞援者》中,合唱队领队请求忒修斯原谅阿得拉斯托斯并帮助他;为了让他下决心,他对他说:"事实上,在人类的命运中一切皆不稳定。"(269)欧里庇得斯还在残篇130中要求人们不要蔑视不幸,因为大家有可能迟早有一天都会遇到不幸。德谟克利特几乎以同样的方式说,不要"当人之为人"嘲笑他人的灾难,而是要同情他们(107A);况且,人类的或者至少公民的整体性在德谟克利特的道德思想中似乎占有相当重要的地位:残篇255就这样劝告富人要帮助穷人,这种帮助产生同情心、使人摆脱孤独并建立友爱、互助和和谐关系。人类脆弱性的论据和作为这种脆弱性的结果的整体性的论据在德摩斯梯尼的作品中更加详细。在《关于罗德岛人的自由》(21)的讲演中,他说:"既然对每一个人而言前途都是不确定的",那就必须帮助他人。他在《反驳阿里斯托克拉图斯》(42)中使用了相同的论据。在其中他论证说,宽容是那些处于困难中的人可以利用的一种宝贵财富,因为每个人的命运都有不确定性[①]。另外,他在同一演讲中宣称古雅典的立法者们并不责怪厄运,并且在可为而不可乱为的情况下,他们一般以"人道的"[②](ἀνθρωπίνως)方式来减轻灾难:"人性"已经意味着理解和宽容。

---

① 关于其他的一些例子,原谅在这些例子中不是很清晰,请参看多佛,见前揭书,第270—271页。

② 第70章;请参看第83章中相同的、被用于一条法律的内容的副词。

况且,这种人类整体性的观念加上最后一个方面就变得完整了,因为我们遇到这样的断言,即必须"像对待人一样"对待囚徒:这是色诺芬在《阿格西劳斯》(I,21)里借阿格西劳斯之口所说的话。在此,对人类本身的尊重以对柔和的呼唤的形式出现。

因此依然模糊不清和定义不明确的关于人性的概念清晰地出现在了这些文本中。这一概念后来在米南德的作品中得到了发扬光大[①]。但显然,即使此概念和拉丁文中的概念不具有同样的价值,但它已经存在并已经加入了柔和的理想之中。

希腊的慷慨与宽容的特点之一就是人类的这种整体性,这种整体性构成慷慨与宽容的基石。于是,在某些文明中,人们谈论如何对穷人做好事或对卑微者要宽宏大量[②],慷慨与希腊的宽容不仅表现在公民们之间,而且也表现在社会地位相同的人与人之间,这种相同的地位是友爱之源。这一特点在最初的一些文本就有表述,这种概念正是在这些文本中开始形成的。

因此在《埃阿斯》初现端倪的道德标志着希腊的柔和历史中一个重要的时刻:后来的文本进一步肯定了这一点。

或许索福克勒斯的个人态度与奥德修斯的态度不可同日而语:试图回答这个问题是徒劳的——索福克勒斯想把这种赞赏

---

① 请参考下文,第302—303页。
② 请参考前面引用过的 H.波尔克斯坦的书,注解1,第4页。

给予埃阿斯之不妥协或者给予奥德修斯的人情味。但是有一件事是确定的:我们在这个剧中清晰地看到一种宽容与理解的道德的出现。这种道德尚不是作者极力想阐明的道德,但它至少在深层次上被定义为一种效果和人类整体性的结果①。

* * *

在欧里庇得斯的戏剧中,suggnômè 所占的位置没有这样的稳固,并且它的本质不再与人类命运的悲剧意义相联系。但是,虽然它在作品显得相当罕见,但这次它在其中显然是以被理想化的面孔出现的——这是新的形象。

诚然,被欲望(passions)撕裂的欧里庇得斯的世界从整体上看一点也不会以原谅收场。《美狄亚》在剧末留给观众的是两中无法和解的仇恨。《赫拉克勒斯的儿女们》也是以固执地拒绝赦免欧里斯修斯(Eurysthée)而结束。《赫卡柏》的以最后的残忍复仇而落幕。实际上,为了让人类放弃相互仇视,一般而言需要——如同在索福克勒斯的《菲罗克忒忒斯》中一样——一位神的介入。在《海伦》中宙斯的双生子卡斯托和波吕刻斯(Dioscures)要求:"熄灭让你失去理智的怒火吧。"(1642)在《俄瑞斯忒斯》中,阿波罗命令道:"墨涅拉俄斯,不要再强词夺理"(1625)或

---

① 我们似乎倾向于认为,这种同情(compassion)确切说只能在人类身上得到发展:这就解释了与雅典娜的差异。

111

"结束你们的争吵吧"（1679）。即使这些介入能让悲剧终止并暂时把暴力的链条扯断，但终究没有人谈到原谅。

可是氛围一点也不会达到赞同这些无情的暴力程度。欧里庇得斯所使用的悲怆手法在这一方面作为一种抗争并经常作为一种谴责。

另外，我们在这里或那里看到了一些对怜悯的呼唤和为和解的辩护（《腓尼基妇女》整个剧作就是一篇特殊的辩护词）。我们也在这里或那里看见一些文本，这些文本暗示，积恨和复仇是智者所不为的。在《安德洛玛克》中，涅俄普托勒摩斯（Néoptolème）之死被指是阿波罗所致。涅俄普托勒摩斯没有向他妥协吗？然而"像一个恶人，他念念不忘过去的争吵"（1164—1165）。在《厄勒克特拉》中也有这样的说法，即怜悯是智者的行为，并与无知或不理解格格不入（294）。也许，这就是为什么麦加拉（Mégara）在《赫拉克勒斯》和伊俄拉俄斯在《赫拉克勒斯的儿女们》中夸耀他们以智者而不以愚人为敌的好处：智者会敬重别人、有正义感、有和解的能力（《赫拉克勒斯》，299及以下；《赫拉克勒斯的儿女们》，458及以下）

这些现象也只是一些孤立的个案而非普遍的东西。相反，在欧里庇得斯的作品中存在着一个比一大串例子更能揭示问题的见证：这指的是在《希波吕托斯》的结尾：它事实上完全沐浴在一种宽容的光芒之中，这种光芒足以补赎剩下的一切。

阿耳忒弥斯开始无情地向忒修斯揭露真相。这样做着，她原谅了淮德拉，她说她虽被欲望冲昏了头脑，但却坚决开战：阿弗洛狄忒让她迷失了;而且她为了抵抗而战斗,"当她无意中死于自己的奶妈的阴谋时"(1300 节)。淮德拉符合在上一章中所界定的思想范畴,因此她有双重被原谅的理由,即不得已和无知。依照推卸责任的做法,整个错误都归忒修斯,因为他做事太匆忙。

可是,忒修斯本人也可以被原谅:"你的罪行虽然很大,但你也可以得到宽恕。"(1325—1326)为何如此?因为他也做了阿弗洛狄忒想做的事情,并且因为他也是被蒙骗的。因此两种相同的原谅都适合他的情况,假如至少人们能带着更多的理解来批判的话。她在更后一些的地方说,忒修斯无意间杀死了他的儿子(1433)。

直到此,这种慷慨更符合法庭的习惯而不是索福克勒斯笔下奥德修斯的习惯。但是重要的是她并没到此为止,并且阿耳忒弥斯并不满意这种宣判无罪。她还想要这种宽恕扩展到把人与人联系起来的感情方面。她想要那个儿子也原谅那个导致他死亡的人。她想要他们彼此紧紧拥抱在一起。她鼓励他们两个,并对希波吕托斯说:"你要听我的建议,你不要仇视你的父亲,希波吕托斯;你现在知道让你堕落的命运了吧。"(1435—1436)因此,阿耳忒弥斯一离开,父亲就求他的儿子按照她吩咐的那样宽恕他;而儿子则毫无保留地原谅了他。宣判无罪这种建立在法律上的表面的原谅从此变成了一种真正发自内心的宽恕:"我的孩子,你会让我的灵魂带着一个污点吗? ——不会的,既然我原谅了你害死我的罪行。——啊!那太好了!你不再讨

还血债了？——我请猎神阿耳忒弥斯作证。——我的爱，你对父亲真的很慷慨啊！"(1448—1452)

这样的一种结局也许有一种法律的基础：唯有受害人可以给予一种完全的宽恕。但是围绕着最后的和解的温情和柔和赋予宽恕一种爱的本质，以及直到这里从来没有遇到过的、即使在索福克勒斯那里也没有的一种光辉：这种热情清楚的说明宽容和理解已经在思想中和时间的感悟中赢得了地盘①。

况且，这一幕的美本身也可以给新的价值增添更多的光彩。并且事实是我们稍后在希腊文学中找到了一种回声，这一回声就是这种神的理解的放大版：当这种理解被放在一位被理想化的君主身上时——色诺芬的居鲁士，我们就找到了它。

在《居鲁士的教育》第三卷的开始，居鲁士准备审判亚美尼亚的国王。后者承认自己的过错及其严重性：他本人也会把任何像他那样行事的人处死。但亚美尼亚君主的儿子提格拉涅斯(Tigrane)那时介入了；他为宽容的理由辩护并讲出了一套关于惩罚之作用的理论，他指出其父亲最近所遭受的失败将作为自己今后的教训并会让他变得理智；他要让父亲知道居鲁士比他聪明，而且他所感到的害怕对他将是一种真正的惩罚：于是他可

---

① 况且人们看到了既没有评论又没有解释的对宽恕提及，好像被作为一种人的正常态度一样来看待。在《安德洛玛克》中，奶妈这样对惶恐的赫尔迈厄尼(Hermione)说："你的夫君会原谅你的错"(840)；并且奥瑞斯忒斯(Oreste)讲述说："当阿喀琉斯的儿子回到这里之时，我原谅你的父亲，但我请求另外一个人放弃你的赞颂"(971—973)

能会因为感激而变成一位忠诚的朋友(28—30)。事实上,被这些理由陶醉的居鲁士最后决定与亚美尼亚君主结盟,并即刻邀请后者一起用膳。

宽容的这一初步胜利在该文中占有很大的分量,描写它的篇幅有十多页;并且这些以对话形式展开的描写非常生动有趣:这一胜利毫无疑问具有一种非凡的政治意义,我们将在后文中再谈该意义①。但是这一胜利实际上只构成第一个阶段,而且宽恕的意义很快在接下来的段落中就被给予了肯定。

事实上,用完膳之后,居鲁士问提格拉涅斯曾经出现在其身边的智者的情况。这位智者从前给居鲁士印象深刻;显然,他对前者的欣赏是他问提格拉涅斯的主要原因(14)。这位人物因此有他的重要性;再说,有人一直说他从各方面都让人想到苏格拉底。然而居鲁士在得到他的回答时得知那位智者死了,是被亚美尼亚君主杀死的:君主控告智者——正如雅典人对待苏格拉底那样——"教坏了他的儿子"(38)。可是,提格拉涅斯明确说该人物如此贤德,他在死的时候告诉他不要因这一谋杀而责怪自己的父亲。

因此这一位已死去的智者,尽管他是无辜的,但却被判死刑,而且他的最后一番话是教人原谅别人。他重拾了原谅过失行为的传统形式。他解释说君主让他死不是出于"恶意",而是由于"过错"(38):"然而,人因为出错而犯的所有错误,我都认为

---

① 请参看下文,第198—199页。

是过失。"

不管我们翻译成"过失"或"无知",观念是完全是一样的,并且我们在这里认识到的是一种典型的原谅。但是在此处的应用却很难说超越普通原谅很多。因为亚美尼亚君主的错误或无知既不在于搞混了人也不在于不了解事实,而是在于搞错了这个人所扮演的角色、他的一般美德和他的影响力。这种错误暴露的是缺乏远见卓识。并且色诺芬的智者也可能会推而广之:"请您原谅他们,由于他们不知道自己所为"。此文远非是一条干巴巴的法律定义[1],它代表的是一种道德的征服:由于正常情况下世界上没有人会把亚美尼亚君主的蓄意谋杀称为一次"过失"行为。

况且,亚美尼亚君主感觉到他必须要解释,或者必须要为自己的行为辩解;他讲述说他自己如何苦涩地感到智者夺走了儿子对自己的欣赏(众所周知,雅典人的父母也是这样抱怨苏格拉底的[2])。这种解释不想成为一种被原谅的借口,而是想通过它人性的一面来打动人。不管怎样,当居鲁士听到这些话后,他突然接受了智者那样的角色,使自己成为了原谅的代理人。

在这里不像在这场戏开头那样,这一原谅不再是政治层面上的征服者给予被征服的反叛者的原谅,而是亲人之间的一种宽恕,更准确地说是一个被父亲残忍伤害的儿子对父亲的饶恕。

---

① 这是韦尔南(J. P. Vernant)所接受的东西,《古希腊神话与悲剧》,巴黎,1972年,第57页。

② 请参考色诺芬,《申辩篇》(Apologie),20:"我知道你说服了那些人,更多地服从你而不是听命于他们的父母"。

我们看到了与《希波吕托斯》的结尾类似的情节。

居鲁士开始——如同阿耳忒弥斯对忒修斯所做的那样——就以传统原谅的名义宣称罪犯本人值得宽恕："通过众神，"他说，"啊，亚美尼亚人，你在我看来犯了人类常犯的错误(40)。"原谅是对人类弱点的原谅(犯错误是人性使然)，这种原谅得到了如下观念的加强，即让君主变得盲目的感情是人类最正常和最圣洁的感情之一——父爱。同样，淮德拉代表着不得已而为之的极端情况，亚美尼亚君主因此代表着由于无知而出错的极端情况：在这两个情况中，感情的节制或它对审判的影响可能让罪行变得可以原谅。

但是居鲁士——如同阿耳忒弥斯一样——不满意这种几乎依然是法律层面的宣判，尽管他受到了深刻理解的启发。居鲁士转向提格拉涅斯并补充道："提格拉涅斯，你也要原谅你的父亲"。人们想起了阿耳忒弥斯给希波吕托斯的温情的建议："还有你，听从我的建议，不要恨你的父亲"。

简单说，正如为了更好地把这种温和融入 suggnômè 的进步之中，色诺芬这一次使用了这个词：συγγίγνωκετῶ πατρί[①]。我们没有必要再继续描述 suggnômè 的这种再清楚不过的演变了[②]；

---

① 关于居鲁士的温和，参看下文，第八章，第 137 段落。这里，色诺芬很可能不想暗示说这一原谅的样板可能适于用苏格拉底和害死他的那些人的情况。他们的理由是不同的。苏格拉底，他不是为他充当象征并且他一点也不是个关键人物。

② 我们可以在色诺芬本人和其他一些作者们那里找到其他例子，正如下面的几章将要证明的那样。

我们唯一在此要做的就是考察它在五世纪的发展过程;并且《居鲁士的教育》的例子使这一发展过程变得更长了。无论如何,不管 suggnômè 属于阿耳忒弥斯、智者或者君主,总而言之它从此之后就成了一种美德。

它可以用来形容一个人的性格。并且亚里士多德确定它与他的 praotès 相关;后者让人变得不再有那么强的报复心,反而很"宽容"(《尼各马可伦理学》IV,11,1126a2)。并且它与 praotès 本身一样,从那以后就成为了某一道德水准的标志。

*   *   *

因此与柔和相关的一切概念都是如此:温和、慷慨、忍耐、宽容、客观、耐心,所有这些美德似乎在公元五世纪中得到了飞速发展并以不可抗拒之势让大家所接受。

这种腾飞很容易被观察到;以假设的方式比以别的方式阐明这一腾飞更困难。

正如上面的分析所指明的那样,从某种意义上说这是一种不间断的发展,其开端始于五世纪的雅典之前并在五世纪之后也未停止。我们可能同意把荷马排除在这一发展外,因为他所使用的词汇迥异,但其作品证明古希腊人的内心深处从一开始就充满着柔和的情感,即使在非荷马时代也是如此,法律和希腊宗教都证了这一潜在倾向的存在。并且我们在此所观察过的那些得到丰富的词语最经常出现在抒情诗人的笔下。况且,法律演变与政治制度的演变在雅典是相辅相成的;正义变得更宽容,制度变得更民主、更开放,并且经过长期的斗争之后,它更关心大家之间的和谐相处。因此我们可以说语言就这样反映了这些并非是全新的倾向的逐步增大,并且这些被思考过的概念在最终达到被公认的程度之前只是经受了一种缓慢的成长过程,于是,在一个分析本身也在自我完善的时期诞生了一些被保存至今的作品。

可是,于五世纪和六世纪之间出现在这些作品中的断裂以及把它们分开的类似于门槛之类的东西,正如第二章开始的表格所指明的那样,暗示说另外一个理由可能在这种突然的繁荣过程中起了推动作用。

事实上,雅典五世纪的文学几乎全部是描写战争的文学。修昔底德是研究这场战争的历史学家;悲剧作家们则见证了战争;并且他们所创作的题材与自己所生活的严酷时代息息相关,所以在他们的作品中鲜有柔和的影子。投入一场长达 27 年的战争的雅典人经历了被围困、瘟疫、帝国内部各民族之间的紧张关系、破坏了远征西西里岛的丑闻和疑虑、将士战死沙场以及内战的威胁,他们通过别人的经验知道内战的威胁是多么的可怕:他们一点也不应该有机会放任自己对柔和的偏好;他们很有可能在这种放任中失去它。相反,在四世纪,在一个很大程度上已经恢复了和平的世界里和在一个重新和解的城邦里,柔和的价值好像突然推倒了所有的障碍并最终在风俗习惯中、在人们的心中以及在作品中开始迅速传播。

这些柔和的价值之所以能这样传播是因为残酷的战争不但没削弱柔和,反而非常有可能通过两者间的反差协助发现了柔和的价值。这是因为生活非常艰苦,人们向往更多的柔和。这是因为无处不在的暴力和复仇引发了人们对彼此的好感、慷慨和对不计前嫌的怀念。这就是为什么这个越来越清晰的呼吁在五世纪末雅典人(从希罗多德到修昔底德,或者从索福克勒斯到欧里庇得斯)的作品所反映的进步中明确地显现了出来。因此对现实呼吁的反应毫无疑问地激发了思想的繁荣昌盛。这些思想在以前虽然也有发展和进步,但应该是更有规律却更缓慢的进步。

这也说明了雅典四世纪面临着一些新问题。因为这种柔和的推广显然不可一帆风顺。尤其在城邦中,如果说柔和有一种魅力的话,那么它的弊端也是不可小觑的。在城邦与城邦的关系中是不是也如此呢?并且哲学家们认为如何呢?他们能使这些美德的权利与正义的权利协调一致吗?五世纪曾试图弄清楚这些不同的问题。但它们还是被留给了下一个世纪。四世纪作者们思考过它们,也对比了一些论据并创建了一些学说。这种思考就这样划定下了范围,柔和不可能在不打碎希腊生活和思想框架的情况下超越这一范围。这一思考也确定了在这些框架内它未来几个世纪将要采用的具体形式。

第二部分
从五世纪末到亚里士多德
以来的学说与问题

第六章
雅典的柔和

柔和的不同方面之所以在四世纪雅典人的文本里占如此重要的位置，部分是因为雅典人声称代表这些价值并乐意承认它们对民主的影响。他们经常谈论柔和以便将之归于自己。因此在上一章末我们说，他们制度的演变与这些思想观念的进步本身是有直接关系的。

那么古代雅典的民主着实如此宽容和自由吗？这值得怀疑。很多习惯于现代宽容的学者们甚至认为在雅典既没有宽容也没有个人自由；并且很容易找到支持这一观点的事实依据：每个人可以提起、并且不能放弃提起的诉讼、常用于奴隶身上的酷刑、逼得异邦人匆忙逃离的突然判刑、对亵渎宗教者的诉讼、对苏格拉底的判刑等等。至于政治斗争嘛，它们的激烈程度经常离背叛仅一步之遥。

可是雅典人觉得他们的制度是最温和与最宽容的。并且相对来说，这种感觉是能被证实的。他们的制度着实比同一时期的斯巴达的制度,也比之前的雅典制度开放和宽容得多。前文说过的关于正义的演变足以证明之①。因此,被重置于它那个时代的雅典民主完全可以被视为一种柔和的制度的典范。

因此,雅典人对民主的意识值得我们在此仔细考察他们对柔和的一系列思考。

这种意识出现得非常早,而且不停地得到肯定并变得越来越自豪。

我们所拥有的第一个对雅典民主或者至少对它的基本原则极尽赞美的文字是伯里克利在修昔底德作品中所致的葬礼演说。然而,伯里克利在确定了法律面前人人平等的民主精神而不是随着功绩而变化的政治特权之后,他紧接着就谈到了存在于每日生活中的相互宽容:"我们不仅在政治行为中而且在日常生活中一切能引起相互猜疑方面实践自由:我们对于邻居没有愤怒,如果他按照自己的想象行事的话;而且我们不会说一些让他气恼的话,即使这些话没有造成任何后果,但从表面上看也是很伤人的。"(II,37,2)这样的一种行为在下面的句子中将被称为"没有火气地"②;而且这与我们的宽容观念相符合。

这一概念本身在修昔底德作品中并不是孤立的:克里昂和尼西亚斯两个人都用否定复合词说过日常生活中很少有害怕或敌意这样的事情,或者在生活方式中也很少有陈规戒律③。但

---

① 请参考前面,第 19 页。

② 这个词在后来的文本中也出现过。

③ 关于克里昂,请参看 III,37,2:τὸ καθ' ἡμέραν ἀδεὲς καὶ ἀνεπιβούλεντον;关于尼西亚斯请参看 VII,69,2:τῆς ἐν αὐτῇ ἀνεπιτάκτον πᾶσιν ἐς τὴ δίαιταν ἐξουσίας。

是对葬礼演说的分析走得更远。

用来表达宽容的术语本身就清楚说明了这种宽容是由什么组成的。它的意义相当宽泛，因为按照"自己的喜好"($\varkappa\alpha\theta$' $\acute{\eta}\delta o\nu\acute{\eta}\nu$)行事的概念显然可以被看成是外在的自由，例如衣着方面的自由，但它也包括全部的行为，这些行为即使不受法律的约束但也可能是令人不快的或冒犯他人的。相反，我们必须看到这种宽容的范围被清晰地界定：它既不包括违反法律的错误也不包括惩罚的实施。下面的句子通过讲尊重与宽容之间的相互纠正关系来阐明事理，因为人们一直带着这种尊重而服从法律："虽然这种宽容支配着我们的私人关系，但在公共领域，害怕首先让我们不敢做违法的事情，因为有法官、法律等约束我们行为。"①

因此存在于日常生活中的这样被确定、限定和纠正的宽容很早就出现在了对政治制度的描述中。但是必须补充的是，在剩下的论述当中，这种宽容确实是雅典人生活中的主要观念。人与人之间的亲切和按照自己的意愿自由生活是这一生活的第一个特点。但是同样的宽容与和谐无处不在。多亏了宽容，大家才有了越来越多的生活乐趣和多姿多彩的生活。每个人都可以按照自己的喜好去生活，但大家也可以享受节日和奢侈(38)。

---

① 用一种指标来纠正另外一个指标的原则是为了阐明一种平衡，它是整个简述所要求的原则：在该段的开始就是这样的，目的是为了说明平等和人并不分高低贵贱。

城邦让每个人自由行事，但也让大家，甚至异邦人自由地观看任何东西；城市向每大家敞开大门(39,1)；同样，城邦也让公民们为战争做准备，但不是通过艰苦的训练，而是通过一种无拘无束的生活(39,1)。城邦接受大家可以一起管理自身的事务和国家的事物(40,2)。总之，我们可以说，每个人在雅典不仅随时准备担当任何角色，而且他也在其中感到轻松愉快并乐得其所(41,1)。

在表达乐趣与美的词语当中，颂词实际上对雅典人生活和斯巴达人生活的不同之处进行了非常深刻的思考。这一思考一边颂扬古希腊人的日常的所作所为——如雅典对异邦人的欢迎态度，因为雅典不像斯巴达那样驱逐他们——一边又为别人对雅典人的指责辩解——因为他们这种"无拘无束的"生活很容易被认为是一种懈怠。这些因素之所以能这样会聚成一个整体，是因为修昔底德确实打算弄清楚雅典的文明和这种制度广义上的精神；然而，这种文明与制度似乎在每个领域里都有一个唯一的共同特点——这就是对多样性的尊重，或者说是一种宽容的多元化。

因此，在雅典人的全部生活基础中存在着——在法律允许的范围内——柔和与宽容。修昔底德为表明这一事实没有使用我们在这里所看到的那个突然流行起来的词语。事实上，这是其他作者们将给他的分析增加的唯一的小细节。所有人在他之后将会谈论雅典的宽容，但所有人从此以后将称之为"雅典的柔和"，一个巧妙地变成流行词语的词。

* * *

这一方面的引语多得不计其数,如此众多的引语并非无关紧要。事实上,我们可以说这种柔和变成了雅典人的内在品质。不管是赞扬它也好或者抱怨它的过度也好,每个人都义无反顾地以它为参照。从某种程度上说,它变成了一种民族的美德。

柔和是由什么组成的是非常微妙的,因为根据情况其意义的变化是相当大的。

它有时指的雅典对于异邦人的柔和,也就是说它的热情好客。诚然,这种好客而开明的态度确实引起过民众的焦虑并因此导致了突然的停滞和一些诉讼案的发生。但从整体上看它作为雅典人的骄傲之一是很有道理的,因为在雅典有那么多异邦人的存在有力地证明了这一点。也正是在这一点上雅典与斯巴达截然相反。修昔底德的伯里克利已经告诉人们说:"事实上,我们的城市是向所有人开放的,并且我们从来不会驱逐异邦人,也从来不禁止任何人来学习或者看表演,因为在公众场合演出的节目敌人也可以看并且对它也有用处……"(II,39,1)同样慷慨的雅典一直准备帮助和同情弱者,这种慷慨是城邦中所有颂词中的一个经典的主题①。但是一个城邦只是对那些服从于自己的城市很温和,并且事实是所有文本中所讲的柔就是这种

---

① 请参考吕西亚斯,《墓志铭》,15。

柔和。

城邦内部占主导地位的柔和则完全不同的,因为那里没有主子与臣民之分。当法律规定很轻的刑罚时,人们称赞这些法律的柔和;如果行使法官职能的公民们能以宽容执法的话,人们又对他们的柔和赞不绝口①。如果公民们能互相容忍可能会引起对方愤怒或厌恶的东西的话,那么他们之间也可能存在着一种柔和。不管怎样,每个作者都根据情况或者按照自己看法来赞颂这种柔和的某一种形式。

有时在一篇辩护词中会偶尔出现一个与柔和相关的词:我们在以吕西亚斯的名字流传下来的《反驳安多西德》中看到,对人物的不处罚归因于雅典人柔和(praotèta)和忙碌(34);或者我们在《论残疾人》中看到,雅典人在所有人当中最有同情心这样的名声(7)②。

相反,伊索克拉底和德摩斯梯尼的文本更强调柔和。伊索克拉底从他的《海伦颂》一开始就提到雅典的柔和。事实上,他发现雅典人的态度是对忒修斯柔和的继承:"他依法并以礼治国③,

---

① 因此 L.罗伯特很好地简述了 praos 一词在颂辞当中的正常使用:"这种颂扬也许在一种'公民'社会中不会有自己的位置,除非——很有意义的事实——对于法官或对于异邦人而言"。(《希腊史》,卷十三,第 223—224),参看下文,第 175—176 页。

② 莱库古斯还将谈到(为了抱怨)法官对眼泪和怜悯的癖好(《反驳莱奥卡特》,33)。柏拉图《美涅克塞努篇》赞颂人互相原谅对方错误的倾向(244a),同时指出人们责怪他们过于偏向怜悯(244e)。

③ 《法国大学丛书》的翻译在关于 καλῶς 一词时被修改了;在这里谈论公道会让人相信会有像 ἐπιείκεια 这样一个词存在于这样的研究之中。

128

以至于今天他的柔和的痕迹在我们的风俗当中依然可见。"(37：praotètos)

　　因为伊索克拉底特别关注雅典在希腊的政治和它的盟主权，他正是在这一领域发现这种"柔和"的，而且不停加以颂扬。他在《海伦颂》几年之后的《泛希腊集会辞》中这样说道，雅典以philanthrôpia 行事，因为它没有把自己可以支配的好处留给自己，而是"给了每个人一份他所得到的好处"(29)。《在战神山议事会的演讲》(Aréopagitique)有着同样的观点，但通过和斯巴达的比较而被完善。斯巴达在没有审判的情况下处死了大量的希腊人；因此它绝不可能有比雅典更高尚的"柔和"(67：praotèta)。这种高尚属于雅典人。演讲《论交换》在涉及到雅典人时描述道：他们"一般而言是古希腊人中公认的最富有同情心和最温和之人"(20)。或许这甚至是雅典最高尚之处；伊索克拉底在同一论著(300)的最后说，那些喜欢雅典的人们不但喜欢它的威名与资源，主要的是更喜欢其居民的性情："因为其他任何地方的人都没有这里的人更温和、更易于交往并更适合相处"。事实上，伊索克拉底在晚年还会再次重复之。他在《泛雅典娜女神节献词》中写道："这些事实非常清楚地表明了，我们在实际的政治事务中表现得更谦逊和更温和。"(56)

　　可是，这种柔和不是希腊人唯一的特点，伊索克拉底还注意到了其他的特点：虽然说《在战神山议事会的演讲》是他难得的一次论及城邦内部政治生活的演说，但他在这一演说中也提及了 403 年的和解与公正，凭借这种公正，雅典人平息了自己内部的争吵。他们做事不但光明磊落而且遵纪守法,完全像忒修斯一样,但他们,特别是希腊人民表现最为突出的是节制和épieikeia。这样做的结果是希腊社会融洽而祥和(68—69)。

古希腊社会没有内外之分,因此全部有关柔和的词汇都可以用在它身上,这些丰富的语汇为雅典的荣耀编织了一个璀璨夺目的王冠。

至于德摩斯梯尼,他不停地提到这种观念,要么颂扬雅典这种的柔和,要么抱怨它。他在《反驳米迪亚斯》中跟雅典人讲他们特有的宽厚(184:praotès);而且他在《使节》104的演说中使用了相同的字眼。在《反驳阿里斯托克拉图斯》中,这个词是 philanthrôpia;并且在该演说中,我们已经找到了副词 ἀνθρωπίνως 更出色的用法;"人道地"一词指雅典的律法被创立的方式①。philanthrôpia 和 praotès 在《反驳提摩克拉底》51中被放在了一起,并且同一篇演讲还提到了雅典对弱者的同情(171)。Philanthrôpia 在第二篇《反驳伯埃托斯》(*Boeotos*)32的演讲中也被与词语 koinos② 组合在了一起。

这些迹象一般而言与雅典陪审团的态度和法律或者法庭的

---

① 第70小节;参看前面第109—110页。这个意思也将出现在米南德的著作中。

② 似乎翻译成"充满着和谐"(本身是可能的)不是很确切:该词让人更想到的是这一事实,即对大家都是一视同仁;它经常被用来指偏心的意思(参看吕西亚斯,XV,1),但也指大家都可以拥有这一事实(伊索克拉底,《菲利普赞辞》,80)。我们可以注意到该词在德摩卡里斯(Démocharès)中(*F. H. G.* 75,残篇2)与 philanthrôpia 组合在了一起:参看下面的例子。

宽容相关,但它们也涉及到发生在每件诉讼之前的事情,也就是说关系到雅典人的精神面貌,因为他们拒绝在没有迫切理由的情况先起诉他人。在这点上他们的倾向被视为与告发者的倾向截然相反,因为告发者会经常在所有的辩护词中遭到指责。这就是为什么我们在第一篇《反驳阿里斯托盖通》①中——也就是一篇针对一个醉心于诉讼和诽谤的人所发表的演说——看到一段很长的对雅典的柔和的回顾文字。

德摩斯梯尼这一次并不满足于用只言片语来回顾雅典的柔和,而是分析了它构成;并且他的文本和他喜欢引用的修昔底德的观念出奇一致。"其次",他说,"这种你们彼此都自然拥有的关于人性的普通感情,这个人却禁止它并毁了它。你们将看到缘由。你们雅典人,这同一种关于人性的自然感情,正如我说过的那样,你们彼此都对对方怀有这种感情,并且家庭生活中也充满着它,你们还把它用在城邦内部的集体生活中。家庭是做什么的呢?家庭是由一位父亲和他的儿子们或许还有他的孙子们组成,在家庭中每个成员肯定都有自己的意愿而且肯定不尽相同,因为年轻一代和老一代人既没有共同语言也没有共同爱好。可是,如果年轻人很有教养的话,那么他们就应该首先不让人知道他们所做的一切,否则就干脆让人看到他们想那样做。如果老人们看到他们一次过度花费、一次纵酒作乐的聚会、一次游手

---

① 我们接受它的可靠性,但这并不重要:我们在这里试图追溯的是全体雅典人的思想,而非其中某个人的思想。

好闲的话,那么他们就装成若无其事的样子。这样,事情就会按照每个人所希望的那么样发生,万事皆如意。雅典人,你们以相同的方式生活在你们的城邦里,你们都是好父母和充满仁爱的人。一些人看着他人遭受厄运的打击,以至于如谚语所言,视而不见、听而不闻,而其他人做自己的事情,以至于人们清楚看到他们小心谨慎并有羞耻之心。这就是让城邦的整个幸福持续和顽强生存下来的主要原因,即协和。"(87—89)

我们在这个文本中再次找到了修昔底德清楚界定和表达过的观念。他所说的不是政治生活和法律中的尊重,而是存在于人与人之间的日常生活中的敬重①。我们有两个理由把这一观念作为重点提出来。首先,从我们所掌握的原始资料的性质来看,这些资料一直以来都偏重于柔和政治或司法方面;然而这种柔和在日常关系中虽然不是经常被提起,但这正好为它更自由地发展提供了先决条件,在其发展过程中从来没有遇到过法律的羁绊;并且它就这样打开了一扇窗户,但窗户很快又将关上:它没有让人们看到雅典在柔和方面做得最好的方面之一。

我们重新提出这一观念的第二个理由与第一个有关。事实上,柔和在政治生活中常常意味着一种绝对权力的存在;当涉及到公众行为时,这正是有一天将阻碍赞扬一个公民对于

① 德摩斯梯尼确实谈论过城邦里的集体生活,但他不谈政治,甚至也不谈"公共与国家"生活。他只比较一个有限的群组和一个较大的群组之间的关系。

其他人的"柔和"的东西。然而,我们在此看到,柔和在日常的关系中能很好地与平等和民主相容。德摩斯梯尼在此没有使用 praos 这个词来指与另外一群相对而言的一群公民,唯一的保留是德摩斯梯尼将会把这种概念留给整个城邦或者给它的制度①。要不然,这肯定是和法庭上的柔和是一样的。柔和被置于一切诉讼之前;它的目的是为了避免这些诉讼、为了"闭上眼睛"。

毋庸置疑,这里所讲就是宽容的形式之一。当狄奥·卡西乌斯界定奥古斯都身上的温和之时,他通过一次具有启发意义的相会在李维(LVIII,2)那里找到了一个对应的表达方式。或许甚至由德摩斯梯尼提供的比较可以帮助理解修昔底德的这句有点暗示性的句子,这句话讲的是"即使不会造成损失,但那些得罪人的话从表面上看也是对人的冒犯"。德摩斯梯尼笔下的雅典人如同修昔底德笔下的雅典人一样谨小慎微;他们装着没有看见,他们也不生气。至于在谈到"按照自己的想象"(而不是"以伤害人的"方式或者以让人懊恼的方式)行事的人时,修昔底德的文本所证明的那种宽容,我们在德摩斯梯尼的文本又找到了这种得到增强的宽容,该文讲"被厄运打击的人"所做的事情。当然,这涉及的是肯定一些错误——一些可宽恕的错误,因为它们虽然没有引起诉讼,但有可能招致谴责或者抗议:德摩斯梯尼在把它们描述成无意的、可原谅的和"不幸的",德摩斯梯尼把他

---

① 请参考前面,注解①,第 128 页;并请看下文的例子,第 140—141 页。

正在赞扬的宽容编入了自己的词汇。

这一初步的证据可能依然很苍白。我们在此将再补充一个证据，这一证据出自演说家们的文本之前的时代，并且其意义在以前的一章中已经被讨论过了①：这就是高尔吉亚的葬礼演说。众所周知，这篇演讲赞颂的是与"野蛮的正义"相对的"温和的公道"对于死者的意义。但是死者指的是谁呢？这一次又指的是雅典人？该演讲的日期不但有待商榷，而且人们甚至怀疑它是否真的发生过。但有一件事是肯定的，这就是该演讲是为雅典而写的，而且是针对雅典的死者的(DK,A1,33)。因此雅典的特殊品质在该演讲中占有一席之地就很正常了；并且这种特殊品质——正如我们在包括高尔吉亚的文本在内的一些作品中所看到的那样——确切说就是柔和。我们通过比较从而弄清了它的一个非常确切的含义。

另一方面，雅典的这种柔和传统经过后来不同时代的传承而得以永存：从卡里马库斯(Callimaque)直到普鲁塔克②或者西西里岛的狄奥多罗斯；前者把唯一怜悯的特权给了雅典(残篇21Schneider版 = 51Pfeiffer版)，后者提到雅典在 philanthrôpia 方面想技压群芳的抱负(XIII,30,7)。

再说，有一个非常有名的证据充分表面了雅典对这种柔和的重视程度：这就是位于集会广场上的怜悯祭坛，这种祭坛是一

---

① 请参考前面，第56—59页。
② 请参考下面，第484—488页。

个例外和独创。斯塔提乌斯(Stace)在《忒拜纪》(Thébaïde)中赞颂了它(XII, 481—509);狄奥多罗斯在西西里岛远征的最后被尼古劳斯提醒说,雅典人是最早赞颂这一崇拜的人(XIII, 22);帕萨尼亚斯甚至宣布,他们是唯一这样做的人(I, 17, 1)①。如若我们相信斯多拜乌的话,福基昂(Phocion)可能也暗指过这事,因为他说不要把怜悯从人的心里夺走,正如不要把祭坛从圣所移走一样(III, 1, 52)。不管怎样,朱利安把类似的一个论据给予了他的德莫纳科斯,后者请雅典人先要推翻怜悯祭坛(《德莫纳科斯》,57),如果他们真的热衷于斗士之间的决斗的话。后来也有几个类似的证据出现。但是这个祭坛被认为要追溯到上古时代:赫拉克勒斯的孩子们以及阿得拉斯托斯似乎在其中避过难②。换言之,葬礼演说所赞颂的雅典慷慨的伟大时刻都想与这一遗迹联系在一起,因为这一遗迹是对它们所秉持的原则的纪念。同时,一种对人人都有效的庇护权继续与之相联。根据斯塔提乌斯的说法,它象征的是雅典的"温和的宽厚"、它的轻柔的仁慈(mitis clementia)。然而,这一随着时间推移应该变得越来越重要的遗迹(在公元后四世纪,利巴尼乌斯(Libanios)提醒朱利安说,他在雅典居留期间看到过它)却被认为是十二尊神祭坛,并被渐渐地取代。汤普森(H. A. Thompson)的一项重要研

---

① 埃皮达鲁斯镇(Épidaure)的一条铭文(《总集》第三版),1149)提到了类似的建筑,但要稍微晚一些。

② 请参考特别是阿波罗多鲁斯 II, 8, 1 和 III, 7, 1;我们将在下一条注解中被引用的文本中找到其他的一些参考。

究提供的有关这座建筑的建设日期确切说是五世纪的最后几年①，它的底座就是这样被找到的。直到有关雅典的柔和的观念在文学文本中被肯定之时，该祭坛便开始显示出它最初的重要性。

* * *

如何解释这种柔和呢？这是一个很合理的问题，应该问这些不同的作者们。

我们在《反驳阿里斯托盖通》中瞥见了第一种解释。在这篇演说中，演说家着重强调了这一事实，即这种柔和对雅典人而言是很自然的。他在谈论一种雅典人"天生"拥有的倾向时说，他们的人性是"天生的"并且一切都像每个人的天性所主使的那样发生着。再者，与家庭的比较本身包含有一种天然亲缘关系的意思，这种关系同样存在于城邦的层面上，以至于雅典人都是"好像亲戚一样"行事。最后，紧随那段被引用的文字后面的那句话再一次提醒雅典人，这些举止是被"植入(他们的)性格和(他们的)风俗之中的"。

---

① "雅典集会的怜悯祭坛"(The Altar of Pity in the Athenian Agora，见 *Hesperiia*，1952 年，第 47—82 页。作者甚至把该建筑的建设与西西里岛远征末期联系在一起，并寻找某些装饰素材与这一时期的经验之间的关系。最后这些意见比剩下的说法更不确定。

这种强调可能只是暗示说命运赋予了雅典人这样一种性格；并且其他一些文本在没有更加坚决主张的情况下讲谈论雅典人的"秉性"。《反驳阿里斯托盖通》文本在更上面的地方把"由你们的性格本身给予所有诉讼人的东西、没有任何被告拿来用但却是每个人自身带来的东西：怜悯、原谅、人性"(81)作为唯一的希望给了阿里斯托盖通。从某种程度上说，雅典人的柔和是天生的。

另外，这种柔和可能以一种观念为前提，如柏拉图在《美涅克塞努篇》中阐述的观念，即有别于斯巴达，雅典一直居住的是单一的民族：雅典人因此"都是同胞兄弟"(238e—239a)；并且根据柏拉图所说，这种亲缘关系其实解释了他们为何在 403 年的和解中表现出得那么节制(244a)。

我们对此还要补充的观念是，这种柔和与统治雅典的文明的品质相符。事实上赞扬它的人们似乎一直或多或少的认为这可能又是一些偶然的情况之一，在这一情况中雅典碰巧是"希腊的希腊"。总之，我们知道，人之所以有别于动物，是因为人有能力和平融洽相处；我们还知道，古希腊人在这一领域优于野蛮人，野蛮人残忍是众所周知的[①]。伊索克拉底或许是那个对文明这种观念表述最清楚的人。他提醒说，语言使人摆脱了野蛮生活(《尼古克莱斯》，6；《论交换》，254)；而且他把人的教育比作

---

① 请参考例如修昔底德 VII,29,4。米南德描写过一个人物，这个人物责备自己太严厉并把自己看成是冷酷的野蛮人(《仲裁》，878 节)。

驯化动物的方法,这些方法就是给动物"更多的温和";他甚至感到非常惊讶,因为竟然有人在这一方面有所怀疑:"并且,尽管他们看到,关于马、狗和大部分动物,人们拥有一些方法,这些方法给一些人更多的勇气,给其他一些人更多的柔和[1],给另一些人更多的智慧,但他们认为,有关人类的秉性,人们没有创建过任何教育制度能引导人到人让野兽所达到的那种高度。于是每年他们在一些表演节目中看到,狮子对照顾它们的人表现出的柔情比某些人对于他们的施恩者表现出来的柔情更多……这些人甚至在这种事面前都还不能理解教育的价值究竟是什么。"(《论交换》,211—214)[2]雅典把教育赐予了希腊、推动了这些语言与文化艺术的发展,另一方面把希腊从野蛮的控制中解放了出来。这样的一个雅典必然会最大程度地拥有希腊文化与文明的这个特征,即柔和。

可是雅典以前的主流倾向曾一直更青睐另外一个精确的解释,而不是已谈到的这些不同解释:所有作者都把雅典的柔和紧紧地与其民主制度联系在一起。柔和与民主于是成了唯一一种决定城邦内部生活理想之表达形式。

我们不应该感到惊讶,因为作为我们在此出发点的文本——修昔底德的文本——是把统治城邦的宽容当作雅典的共

---

① 我们修改《法国大学丛书》对这个词的翻译:希腊语说 πραότερα,就像更后的地方 πραότερον διαχειμένος。

② 请参考《致尼古克莱斯》,12,关于能驯化动物性格的方法。

和政体的特征之一来回顾的。伯里克利则对雅典政治的本质进行了界定，而且他从政治领域的自由直接过渡到了日常生活的自由主义："我们不仅实施政治自由，而且我们在日常生活中也可以自由而正当地质疑各种各样的事情……"之后他直接从自由主义回到了公民们对法律的态度上："尽管宽容支配着我们的私人关系，但在公共领域，害怕……"所以，这种宽容是雅典政治制度的特点之一：它服从相同的一些原则并与这一制度所表现出来的其他的优点结合在一起。

这种联结在四世纪变得更为紧密：事实上，柔和与民主的紧密结合使得柔和要么被颂扬要么被抨击。

伊索克拉底在很多场合非常谨慎地指出，柔和是真正的民主，即昔日的民主、祖先的民主所特有的，以至于他想看到这种民主的再生。这种民主，他写道，不是"徒有虚名"的（《在战神山议事会的演讲》，20)，而是在他看来那时存在着一种健全的和名副其实的民主。他在已经《泛希腊集会辞》中赞颂过雅典人自己建立的制度，他说这一制度总体上都是"热情好客的"并且会让人们觉得"像在自己家里一样温暖"(41)①。他也赞扬雅典人对于自己盟友的柔和；并且他通过与斯巴达的严酷情形的对比之后便称之为"民主的柔和"（《在战神山议事会的演讲》，67)。同

---

① 相反，伊索克拉底通过透彻而非常有远见的分析指出从这些异邦人身上获得了更多的好处，因为这些人可以为扩大各种影响作出贡献(同上书，45)。因此欢迎异邦人，因为他们是宽容的，而他们的存在使一切变得更宽容。

样出现在 404 年的和解中的节制被合理地而有意地称为人民或人民党的节制(68)。这一完整的思想清楚地指明了柔和是构成一种制度的特点,这一制度确实让城邦里的不同成员合作共存,也就是说一种广义上的民主①。

以同样的意思,亚里士多德在《雅典政制》(22,4)"给人们"谈论"常见的 praotès";在他看来这种 praotès 从克里斯提尼(Clisthène)时期就出现了,而且表现于人民的行为中,人民容留自己的敌人(在这种具体情况下指僭主的朋友)而不流放他们。

假如民主与柔和之间的这种关系清楚地出现在这些文本中的话,那么它在德摩斯梯尼那里就更加精确了,德摩斯梯尼的民主思想是毫无疑问的,并且这一思想义无反顾地把雅典的柔和与民主的原则本身联系在了一起。在他眼里,这种联系是这种制度的标记和美德。

在一个被重复了两次的段落中(《反驳安德罗提翁》,51 =《反驳提摩克拉底》,163),他陈述了这种观念:"我恳请你们找出为什么人们更喜欢生活在一种民主中而不是一种寡头政治中的原因。第一个出现在你们脑海的是,无论从哪一方面看,民主中都有更多的柔和"。并且在这两个演讲中,这种关系被清晰地表述了出来。

可是《反驳提摩克拉底》却不是一篇柔和的辩护词,正好相

① 关于民主的这个意义,请参看我们的书《希腊的民主问题》,第 148 段落。

反：德摩斯梯尼所做只是顺便攻击安德罗提翁(Androtion)那一点点温柔；他就这样抓住赞扬雅典传统的机会，因为安德罗提翁是反对这一传统的。况且他还抓住了其他机会：当他为提摩克拉底欲特意取缔的法律辩护时，他变得甚至更条理清晰。他称赞这些杰出法律的效用："在这些法律的规定中没有任何生硬、粗暴和寡头政治的东西；正好相反，这些法律所建立的程序是非常人道和民主的。"(24)事实上，这种程序为人民赋予了一定的权利，排除了任何形式的随意性；他们因此保护了大家的权利，这就是民主的真正价值①。面对僭主或者寡头政治家，法律秩序本身就已经是柔和了。

　　但是，在《反驳提摩克拉底》中，德摩斯梯尼也重行运用了一年半前在《反驳安德罗提翁》里提出的论据，为了抨击对人物的不敬重②；这些论据带来了更深入的分析，这些分析不仅涉及民主的秩序，而且也涉及到自由的秩序，这是民主的基础。他就这样明确说，在雅典的律法和民族传统中，我们找到了"同情、宽容以及所有适合于自由人的感情③"(57)：与自由的联系因而更进一步被肯定。再者，它与修昔底德在自己作品中所讲述的运动

---

　　① 请参考阿里斯托芬，《蛙》，952，在其中"民主的"的一词适合于欧里庇得斯的做法，这一做法甚至让最卑微的人有说话权。另外请看看《妇女议会》，411，在其中实施了一个互相帮助的庞大的计划。请看看多佛，见前揭书，第289页(该页也引用了阿里斯托芬的残篇192,9和欧伯罗斯，残篇72)。

　　② 《反驳安德罗提翁》53—56节，在《反驳提摩克拉底》165—168中被重新使用，但经过了少许的改动。我们在这里指的是《反驳安德罗提翁》的文本。

　　③ 依据后来的讨论，这几个词的翻译被修改过。

本身一脉相承:"我们不仅实践自由……,而且……"反过来,修昔底德的句子也许能帮助确定德摩斯梯尼想在此说的意思。因为好像涉及到合适自由人的行为和要求自由人要"豁达"①的行为:这就是这一翻译的意思——它把这些情感看成是"自由人的特性";并且修昔底德确认了这种诠释。可是,也可能涉及的是对自由人的尊重;而且不排除这两个意思在此混在一起的可能性;如果真是这样的话,那么自由碰巧要求一种相互性②;并且柔和变成自由人之间的一种义务和权利。

　　不管怎样,第二种意思确实是从上下文中得出来的,因为德摩斯梯尼刚描述了安德罗提翁冒犯公民们的方式:他不但通过闯入民宅来强迫他们交税,而且即使在"三十人僭主政府"时期也粗暴无理地对待他们。德摩斯梯尼说:"只要每个公民把呆在家里,那么他的生命就有保障";相反,安德罗提翁在民主的鼎盛时期却把"民宅变成了监狱。在'十一人'的陪同下就可以闯入"③。然而与自由个体的身份相反的是什么呢?"可是,你们想寻找奴隶与自由人之间的区别吗?你们看到,主要的区别是这样的:奴隶是因自己的错误而失去了人身自由的人,而自由人

----

　　① 在这种意义上,这一观念与我们在伯里克利(Périclès)(修昔底德,II,40,5)所讲的葬礼演说中的观点很近似:"我们只有光明正大地帮助他人,少计较利益,多相信自由。还请参考关于希腊语 ἐλευθεριότης 的注解。

　　② 好的感情都是这样的。德谟克利特在残篇 103DK 中宣布:"不爱别人的人也不会被别人所爱"。

　　③ 在《金冠辩》,132 中,德摩斯梯尼让抓住的那个叛徒妄图利用这种观念并抗辩说没有法令而进入私人家里是对公民权利的践踏。

则一直保持着自己的人身自由。"(55)因此,正是对个体自由的尊重决定着雅典的 ἦθος[伦理习惯],这也是德摩斯梯尼与安德罗提翁相反的东西;而且同样是这种尊重,它要求重视别人的权利、尊严以及那些在民主制度中生活的人们的喜好。自由导致自由主义,自由已经是宽容,也就是说是柔和①。

在这自由之外还增加了另外一个原则,这一原则不是不民主的。因为一种自由人制度应该尊重每个人的人身自由;并由此从第一种民主的价值,即自由,过渡到第二种,即平等。当德摩斯梯尼——在这点上与吕西亚斯一致——要求对普通人和穷人特别宽容时②,平等便出现了:平等应该是对其他人所享有的信誉和影响的补偿。说到底,这甚至是罕有的领域之一,在这些领域中对他人的尊重在雅典扩展到了公民与自由人的圈子之外,因为德摩斯梯尼在《反驳米迪亚斯》(48—49)中提到一条法律,他赞扬这一法律的 philanthrôpia[人道],因为它甚至保护奴隶免遭暴力的伤害。他想象出一些词语,人们通过它们也许能向野蛮人揭示一种法律的存在,这一法律对他们来说是不可思议的事情:"有一些人,一些希腊人,他们的风俗习惯如此有人性、如此文明,以至于"尽管他们与野蛮人不断争斗,但他们还是禁止侮辱奴隶! 或许如同埃斯基涅所肯定的那样,《反驳提马尔

---

① 自由一词与"自由主义"同源,但也与"libéralité"同源,意思为大度:这一意思正是亚里士多德给希腊的 ἐλευθεριότης 赋予的意思。

② 请参考前面,第86—87页。

143

库斯》(17)中所涉及的不是奴隶的利益,而是一种尊重自由人的训练:总而言之,我们在这种情况下看到的是法律允许下的权利的一种普及。

更何况自由又要求权利的平等和针对公民们的手段要柔和:事实上,友爱诞生于自由与平等的相遇。

况且,通过一种相反的关系,我们可能认为建立在相互性之上的雅典的柔和就这样有别于与善良或亲切,因为亲善是那些贫富悬殊的国度所持有的态度。它吸收了亲善的特色,或许吸收了它的有限性。这至少是从波尔克斯坦(H. Bolkestein)的巨著《前基督教古代的善行与贫困救济》(1939)中的比较中得出的。雅典的柔和或者甚至希腊的柔和是民主的;它不是一个富人对穷人的救助:他是合伙人之间的互助。

柔和与民主之间的这种关系无论如何都是不可辩驳的。更胜于雄辩的是,我们甚至在那些反对或控诉这一制度的人们那里遇到了它。托色诺芬之名的作者已经不满于给奴隶自由,但不处罚他们或指责他们的懒散——不处罚和懒散这两个概念混合在 ἀκολασία 这个词中。与德摩斯梯尼相反,他很遗憾奴隶什么都可以做,但我们不能打骂他们。他所抨击的这种宽容对他而言是民主所造成的后果之一①。

当然,柏拉图走得更远。我们知道他在《理想国》第八卷中

---

① 这一后果也与经济制度有关:在外干活的奴隶可以把赚来的钱交给他们的主子们。

批评了民主的缺陷，即给了大家太多的自由。他在562b段落中嘲笑了无政府状态，因为这种状态要求父亲怕儿子，要求居住在雅典的外国侨民和外国人和雅典居民平起平坐，还要求老人奉承年轻人。如同伪色诺芬一样，他甚至把奴隶也算在其中，那些奴隶"并不比买他们的那些人不自由"(563b)。但是我们不能忘记，第八卷中的这一著名论断不是第一个提及民主：它仅仅分析了让民主失败的理由。相反，当民主被创立之时，柏拉图开始持嘲讽态度，他"赞扬"了它的三个假设的优点——实际上是三个很大的缺陷。然而这三个优点或缺陷中的两个来自柔和的领域。

说真的，第一个优点也非常接近这一领域，因为涉及到一切约束的缺位(557e)：在民主中，人们不被任何事情所约束，既不被迫发号施令也不被迫服从，既不被迫发动战争也不被迫追求和平！再说，假如法律禁止你们做某事，你们完全可以无视！因此我们从自由直接过渡到了这样的一种放任所包含的过度的柔和。

柔和带着第二个特点公开出现，叫作 Τί δέ, ή πραότη……它仍然讲的那些虽然是罪犯但却可以若无其事地到处溜达的人，似乎并没有人注意他们是不服从法律、被判了死刑或被流放者。

最后，继柔和之后出现了宽容：Ή δὲ συγγνώμη[1]。但这一

---

[1]　请参看上文。第90页。

次讲的不考虑那些掌握国家事务的政治人物的功劳和道义。

显然这两个漂亮的字眼在此被赋予了一种讽刺意义[①]：我们有必要回到柏拉图的否定和他否定的理由上[②]。无论如何，他也把 praotès 和 suggnômè 与民主的自由联系在一起，这是个事实，但这种自由本身对他而言似乎包含无政府状态之意，这两种新意思在他眼里仅仅意味着软弱和非道德主义。柔和一直与民主同甘苦共患难。

此外，我们也许能将这种把民主与柔和联系在一起的观念归并为存在于这一制度与其他制度之间、特别是存在于它和僭政之间的对立。事实上，四世纪和五世纪有大量描写僭政的文本，这些文本认为僭政被它自己激起的仇恨判为暴力体制；修昔底德以及后来的伊索克拉底在分析变成帝国一僭主政治的雅典的演变时使用了相同的图式。亚里士多德后来说，僭政经常被那些因受辱或害怕受到侮辱而想报复的人们搞得声名狼藉；因此僭主应该小心，不要一直被仇视和让人惧怕[③]。僭政被确立

---

① 句子的结构以及文本本身在这里造成了一定的困难。我们愿意接受，通过一个精彩的反转，宽厚在此并不是给予法官或公民的，而是给予被判刑者自己的，他们被判刑既没有打乱他们的生活也不妨碍他们自由走动。那么意思就是："嗨，那个什么，对某些被判刑者的宽厚难道不好吗？难道你在这类制度中从来没有看见过，当一些人被判死刑或被判流放时他们在人群来去自如？似乎没有人注意或者看到他们，似乎他们所到之处都受到有一位大英雄的保护！"

② 请参考下文，第260—261页。

③ 亚里士多德的文本是《政治篇》V, 1311a，请参看 1315b。色诺芬的《希耶罗》是个给僭主们意见的好例子。

为制度不仅靠的是随意性,而且靠的是暴力,但作为对照的民主体制不可以只有柔和。

同样,正如雅典在伯罗奔尼撒战争的最后短暂经历的那样,寡头政治的主要表现就是随意给人判刑。这些判刑如同僭主的判刑一样,他们甚至都不屑于说这是司法决定的结果。因此有很多人财产被充公和流放证明了曾经有过"三十僭主"这一事实的存在。

这就是为什么雅典的这种民主能被所有人公认为是温和的制度,虽然这种民主对我们来说是如此冷酷无情,经常发生一些针对亵渎宗教或不平等的诉讼。民主制度从本质上讲是温和的。

况且,这一结论并不强迫排除首先提出的那两种解释,因为这样的柔和是文明生活的一种形式,确切说,雅典的民主被视为这种文明的缔造者。并且假如雅典人的性格使得他们自然地趋向于柔和的话,那么这种性格与当时的社会制度有着一种相互关系:他们的"本性"促使雅典人为自己创立了这种制度,其本质就是柔和;相反,民主的实践带着对自由的向往在他们的身上先前已经培养出了对柔和的爱好。这就是城市的 ἦθος,即是说它的伦理;并且这一词语中包含本性和教育两种意思。伊索克拉底说得好,制度是城邦之灵魂。并且在他之前,修昔底德也曾经说过,一切制度通过给公民灌输它赖以生存的价值观而培养他们。雅典的柔和与其民主相连,而民主则是其生命之本。

$*$　　$*$　　$*$

与民主的联系对各种形式的柔和都有益处，况且这些柔和之间是有亲缘关系的。可是民主起作用的领域——我们将会看到这一点——是很不同的，而且它所发表的批判在很大程度上取决于这些不同。

第一个颂扬是针对的人与人之间的关系的；这些关系带有民主生活方式的特色，它们是属于私人范畴的东西：修昔底德在 II，37，3 中用 τὰ ἴδια 简述了这些关系。在这一领域中除了对这一制度强烈不满的对手几乎没有人会批评雅典的柔和或者抱怨它。

当民主在政治生活中表现为忘记彼此错误的能力，而这些错误是由城邦内部的反对党派所造成的之时，人们可能更加不会抱怨它：403 年的和解于是就这样以对错误的遗忘和以共同利益的名义达成了。人们发誓再不回到过去。并且我们看到了这个誓言。这个城邦和解与节制的伟大时刻受到了伊索克拉底、德摩斯梯尼、亚里士多德的热情赞扬，甚至受到柏拉图在《美涅克塞努篇》(Ménéxène) 中的赞颂①。早于这次和解的最初一些和解尝试在 411 年同样受到了修昔底德并间接地受到欧里庇

――――――――――

① 请参考德摩斯梯尼，《反驳莱普廷》，11；亚里士多德的，《雅典政制》40，2；柏拉图，《美涅克塞努篇》，243e。

得斯和阿里斯托芬的赞扬①。在歌颂这样一种态度的人当中，德摩斯梯尼宣称说，它代表的是城邦真正的 ἦθος，即道德性格。然而好像这个例子成了后来做出的所有宽恕努力所效仿的典范，尤其是在罗马。②

在私人关系和党派和解的交合期间，我们看到公民过着井然有序的正常生活。事实上，吕西亚斯和德摩斯梯尼的例子说明了柔和既存在于诉讼当中也存在于律法之中，这些法律尽可能地保护每个人的独立并不受有钱人和有权之人的随意践踏。这种柔和尤其体现在主管司法活动的权力当中。它被法官们的宽容所补充，因为他们被怜悯打动并有时甚至会对许多不合法的行为视而不见。

最后，这种柔和在伊索克拉底思想中也被应用于外部领域，因为，根据他所说，柔和是雅典对受其控制的盟友的态度的最突出特点。

与两个最初的应用范围相反的是，两个最后的范围有可能导致一些问题的出现：在城邦领域内，雅典的柔和很可能转变成无政府状态；相反，在外部领域，雅典帝国以及斯巴达的盟主权

---

① 请参考修昔底德 VIII,97:阿里斯托芬为和解辩护,甚至在和解发生之前(在《吕西斯特拉塔》(Lysistrata)中);并且欧里庇得斯将其作为《腓尼基妇女》的重要主题之一:参看我们的著作《希腊民主的问题》,第 156—158 页。

② 事实是由蒙森(Mommsen)提到的。它由 W.瓦尔德斯坦在上面引用的著作中进行了讨论,在注解①,第 89 页;不管怎样,所有罗马的见证经常不停地引用 404 的前例。参看品森特(J. Pinsent)在 *Erasmus*,18(1966 年),第 275—276 栏的文章。

表明一直表现出适度的温和是不易做到的。

因此，从今此后，追踪这种柔和分别产生于何种领域是至关重要的，目的是为了确定作者们的思想在每个领域中所能给予它的地位是什么。既然雅典的这种柔和与其社会制度本身紧密相连，那么一开始最合适的做法就是寻找它在雅典生活中所遇到的障碍是什么以及四世纪思考给它所规定的范围是什么。

第七章

宽容的界线

　　人们也许自以为一旦重归和平,雅典的这种柔和就能和谐地茁壮成长,雅典人也就能够安宁地生活在彼此的亲切关怀之中。事实上,这是这样的一个时期——即吕西亚斯坚持说他的当事人是一些谦逊和平静的、不扰乱秩序和制造麻烦的人的时期①,以及人人皆痛斥告密者、控告者和残暴者的时期②。

　　可是,柔和与宽容的扩张最终有可能会在城邦内造成混乱。

---

　　①　关于这些词 ἡσυχίης [平静]或 ἡσυχιότης [宁静]请参看演讲 III(《反驳西蒙》),30;VII(《关于橄榄》);IX(《为战士辩护词》),4;XXVI(《关于艾瓦多罗斯的审查》(Au sujet de l'examen d'Evandros),5;还请看 III,4 和 6;VII,41;XII(《反驳厄拉多塞》),20;XIV(《反驳阿尔喀比亚德》),41;XVI(《支持芒提泰奥斯》),18和 19;XIX(《关于阿里斯托芬的财产》),16;XXI(《一个无名者的辩护》),19;XXVI,3;XXVII(《反驳艾皮卡泰斯》)(Épicratès),7。请参考多佛,见前揭书,第89 页。

　　②　ὠμός 是一个可恨的缺陷:参看德摩斯梯尼,《金冠辩》,275,《反驳阿里斯托盖通》I,63,《反驳阿弗波斯》I,26 和 68 页。有关其他的一些参考,参看多佛,见前揭书,第202 页。

这样的过度从四世纪一开始就被充分证明。

在这一方面,柏拉图提出的批评既被证实也被演说家们的见证所确认。

似乎法官们对各种危害视而不见。也许他们参照了一些原则,这些原则类似于斯多拜乌(IV,7,25)归于伊塞俄斯(Isée)的原则:事实上,后者可能说过必须"严格制定律法,但在惩罚时要表现得比这些要求的要温和(这个词是 praos)"。与法律相抵触的审判从来就不谨慎吗?再者,这些做出的审判经常等于一纸空文,因为公民们过于好说话,他们听之任之①。因此辩护词指出街上的混乱被视为轻罪。"他的性格如此糟糕",吕西亚斯的一个当事人抗议说,"以至于他无耻地称脸上轻微的青肿为伤口。"特别是富人们那时骂人并不受罚:德摩斯梯尼对米迪亚斯的种种抱怨提供了很多这样的例子。甚至在军队里,这样的例子可以随手拈来:吕西亚斯的演讲 III 指责的那个西蒙,或者还有那个若无其事地决定换武器的年轻的阿尔喀比亚德(Alcibia-de),而且他不是唯一换武器的人②。人们一旦被判刑就不用服刑:这正是安多基德(Andocide)的情况,他参加了一些他应该被排除在外的仪式;这也是提奥斯托斯的情况,他跟人民讲话却不

---

① 把少量的财产给那些因为判刑而财产被没收的人就是怜悯的表现(《反驳阿弗波斯》I.65)。这种怜悯是柔和的主要特点;可是似乎它完全是合法的。因此这是唯一一种柔和可以起作用但又不会引起混乱的情况。

② 有关阿尔喀比亚德,参看演讲《反驳阿尔喀比亚德》(吕西亚斯,XIV 和 XV);关于其他人,参看《致芒提泰奥斯》,13。

管有什么禁止不禁止①。这还是驳米迪亚斯的情况,他被判罚款,他不但不交,反而成功地控告判罚的人排斥和不尊重自己(《反驳米迪亚斯》,87)。这还是安德罗提翁的情况,他从来没有还清欠父亲的债。这也是阿里斯托盖通的情况,他被判两项罚款,但其中任何一项都没有交。并且德摩斯梯尼暗示说这是那个时候司空见惯的事情:"唉,这样的人难道不是负债者吗"? 被告的朋友们都无法回答(《反驳阿里斯托盖通》I,91)。有时人们甚至听说一些被判刑的人请求一旦获得审判之后赦免他们;并且德摩斯梯尼在《反驳提摩克拉底》中说有一条法律应该已经被颁布,目的是为了终止这样的一些做法(51—52)。无政府状态于是在宽容的边缘形成了。柏拉图有个文本说,被判死刑和流放的雅典人却在城邦里呆得好好的,正是这个文本把早已普遍存在的现象抖落了出来,即虽然不是对较重的判刑但至少也是对一些常见的不法行为视而不见的现象。

人们也许认为事情以前一直就是这样的,并且认为唯有一条更丰富的信息能为我们揭示四世纪的放任自流,但这种放任自流并非是该世纪所亲创。但是正巧有一些文本清楚地揭露了这种宽容的危险性,这些文本是新时代开始的标志。我们有这方面的证据支持我们的观点,尤其是《第三篇反菲利普辞》,在这个文本里德摩斯梯尼痛斥了人性的沉沦和一种盲目的宽容之令

---

① 请参考演讲《反驳安多西德》(VI)和吕西亚斯文集中的《提奥斯托斯》(X和XI)。

人警惕的蔓延。他说到了昔日存在于每个人灵魂之中而现在已不复存在的东西:这种东西就是严格(rigueur):"简单说就是希腊野心勃勃和道德败坏的受薪者们很害怕大家,并且贪污受贿是要冒很大的风险的,因为不但有严酷的刑律惩治这种罪行,而且不讲人情和宽恕"。目前,一切面目全非:"人们引进了一切让希腊迷失和堕落的东西。那么究竟引进了什么呢? 羡慕赚钱者,但如果他承认喜欢钱,那么会习惯性地遭到嘲笑;如果他失败了,他却会被原谅。"(37—39)该文本清晰地揭示了一种演变和一个被称为"放任自流的"社会的建立。它甚至有可能反映并衡量着这一社会的发展;事实上,论述宽恕问题的两个句子仅是这一长篇大论的一部分:假如我们接受特别获得斯宾格勒(Spengel)和韦伊支持的假设的话,并且如果涉及的确实是由德摩斯梯尼所做的增补的话,那么我们或许在这两次增添中看到了这样的一个证据,即演说家越来越强烈地意识到雅典的日常宽容包含着某些危险。

这种演变让大家忧心忡忡。柏拉图自然将其否定。伊索克拉底描述富人们的焦虑,这些富人们对他们看到"合同上的裁定不诉诸于宽容①而服从于法律"(《在战神山议事会的演讲》,33)的时代感到惋惜;而米南德给我们指出一个上了年纪的人带着所有的美好感情抱怨说任何错误都不再受到惩罚(残篇

---

① 我们对《法国大学丛书》的译文做了修改,其文本说 τας ἐπιειϰείαις,这比"和善"的意思更进一步。

548Koerte 版）。这些怨言可能在我们这个时代有点新闻的味道；并且它们也许说明不了什么。但是人们敏锐地观察到，同样的焦虑也出现在了狂热支持民主的人们心里。人们就这样看到，从四世纪开始出现了一场与滥用宽容作斗争的伟大运动。

因为混乱伤及了深埋在古希腊人心中两种感情，所以它引起反应似乎更加激烈：对城邦重要性的感受以及对于正义的热情。

事实上，个体与集体之间的紧密联系意味着独立的程度是很有限的。从来没有一位古希腊人想过要获得没有城邦的自由：他们是因为有了城邦才获得了自由。况且，古希腊人的一个重要观念是，民主本身是建立在对法律的服从之上的：一切违法对他们来说代表着对人的独立性的随意伤害。当宽容与正义和法律相抵触时，那么它也就理所当然地与城邦和民主相抵触。

事实上，这就是四世纪的演说家们所诉求的两个主要的主题，当他们觉得雅典过于温和或宽容之时。并且有不少文本都证明了这一点。

确实如此，我们也许能思考一下它们意义：显而易见，演说家们站在控告方说话时，他们觉得雅典过分宽容，而当他们为被告辩解时，他们则要求更多的柔和。站在谁的立场上说话在很大程度上决定他们的价值判断。可是，宽容的发展本身让一种反应的存在变得像真的一样；并且一些观念反复被提到，目的是为了使某次判刑变得不那么认真，因为判刑越来越坚决了。

　　　　*　　*　　*

　　对正义的热情与对法律的尊重不能混为一谈。这种热情首先表现在严格与宽容在法庭上被衡量的方式中。诚然，公道与怜悯的目标是让正义变得柔和而有人性。但在审判中，正义是唯一的标准。人们如何能让正义变得柔和而不使之扭曲，又如何能让它有人性而不歪曲之？这样的一种想法足以让古希腊人的良心不安。

　　雅典人为此使用了在泪流满面的家人的陪同下由被告来苦苦哀求的方法。这种对怜悯的祈求是对法律论据的补充。但这是不是会把一些不相干的理由混入正义之中呢？很多人感觉是这样的，很多人也是这么说的。人们记得苏格拉底曾拒绝过这种做法："我也有亲人"，他在由柏拉图写的《申辩篇》（34d 随后）中解释说，"我也有小孩，尽管如此，雅典人，我不会让他们当中的任何人到这里来，我也不会哀求你们释放我。"他提出的第一个理由是人的尊严：这样的一些祈求也许与他的声誉和城邦的信誉背道而驰；事实上，他不愿意雅典人被视为"女人都不如的懦夫"；他更愿意请求希腊人严厉谴责那些在他们面前表演"这些闹剧"并让城市变得很荒诞的人们。但是，如同尊严问题一样，这是个简单的正义之举："我似乎觉得祈求法官并获得本应该通过对事实的陈述和说服而获得的无罪释放是不正确的做法。不，法官坐在审判席上不是为了把正义变成一种恩泽，而是为了判断是非曲直。"

这种开了四世纪先河并让人感到骄傲的拒绝不可能是随便一个被告所为,而是大名鼎鼎的苏格拉底的壮举。但在演说家们身上,没有耐心的表现是很多的。我们仅举几例。

首先是一篇旧时演讲,流传于吕西亚斯作品中,约写于伯罗奔尼撒战争时期(XX:《支持波利斯特拉托斯》):该演说家仅限于暗示说,因顾及被告人的孩子而打算轻判他的做法丝毫不能令人信服:"你们尚不知这些小孩子成年之后是良民还是刁民"(34);因此最好的做法是只考虑他曾经所做出的贡献的大小。

我们可以把德摩斯梯尼的抗议置于这种依然谨慎而稚嫩的小盘算面前。他不愿意人们听从来自米迪亚斯的对怜悯的祈求,当他与"身边的家人一起"唉声叹气并说出"充满谦恭的言词"之时:他将会哭天喊地并会使出浑身解数让人可怜他"(《反驳米迪亚斯》,186);他只需要早点表现得谦逊就行:"如果这个男人和他的孩子们一起设想你将会投有利于他们的一票,那么你自己就要想一想,你有法律傍身并且也曾经也起过誓:以法律的名义我要求你们,我请求你们每个人要支持法律。从很多观点看,你可能更有理由拥护法律的利益而非这个男人的利益⋯⋯"(188)对于那些替被告求情的人呢?德摩斯梯尼的反应是一样的:他不想让人们听埃斯基涅兄弟所说:如果他们对埃斯基涅兄弟感兴趣是恰当的话,那么你们呢,你们应该感兴趣的是法律、是整个国家并且首先是你们在坐上审判席之前所发的誓言"(《使节》239)①。

最后,雅典倾覆之后,吕库古义愤填膺,他固执地想实施城邦昔日的道德规范。这些祈求对他来说似乎是丑恶的东西:"相反,谁是那些可能被演说打动的人? 谁是那些天生面对武力就动摇并面对怜悯就屈服的人呢? 是法官。这正是叛变了自己国家的利奥克拉底的救命稻草……那些托词、辩护词、原谅有什么用? 法律很简单,真相很容易,证据确凿。"(《反驳利奥克拉底》,33)

这些不同干涉的原理基本是很类似的,而且驱动它们的热情是相当高,以表明有一种反应超越了一般的老生常谈和万能论据的范畴。

再说,在一切事情上对正义观念的偏好非常典型地表现在四世纪演说家们对待宽容和原谅概念的方式中。除了纯粹的怜悯的理由之外,他们事实上也接受原谅。但他们把自己习惯的标准应用在了这些原谅上:不是仁慈的标准,而是正义的标准本身。宽恕不仅要值得,而且它应该被准确地"论功行赏"。换言之,宽恕应该公正地被给予。

因此人们不断看到这些演说家们在比较、在权衡。因此出现了大量的相反的对比体系,纳入了所有可比较的状况:没有什么比一直给古希腊人以活力的对一致性的追求更典型的了。因为需要逻辑:人们不应该因为父亲阿尔喀比亚德的错误而一起

---

① 关于欧布罗(Eubule)的介入,参看下文,第159—160页。

责备他的儿子,并且不应该因为他的错误而不谴责他的原告(伊索克拉底,《骑士论》,44)。人们也不应该一起谴责一个放弃了他在军中的地位的人并原谅一个放弃了他的军队的人(吕西亚斯,《反驳阿尔喀比亚德》,11)。

因此谈到原谅,人们会一直仔细衡量情节的轻重。在《反驳艾高克莱斯》中,吕西亚斯觉得容忍偷窃和困难时期的腐败是不可接受的,而在繁荣时期简单企图都会被惩罚(XXVIII,3)①。他在《反驳斐罗克拉底》中拒绝人们惩罚收受他人钱财的人,但原谅拥有雅典钱财的人(XXIX,5)。他的《论充公》的演讲中说,我们不能原谅对过去发生的事提出控告的,因为这不是发生在当下的事,而愤怒可能是决定性的因素(XVIII,19)。他在《反驳提奥斯托斯》要求人们不原谅那些侮辱有成就者的人,却同情受到罪有应得的侮辱的人(XI,9)。同样,德摩斯梯尼不想让人们现在放过他们昔日没有容忍的东西(《反驳提摩克拉底》,175);或者他拒绝人们在行为上原谅人们在话语上不容忍的东西(《反驳米迪亚斯》,183)②。他也宣称人们不应该朝着有利于被告的方向进行干预,而却拒绝为其他的一些人这样做(《使节》,290)。原谅已经深入到了正义之中,但反过来,宽恕只能用正义的措辞来衡量自己。

诚然,这些就是雄辩家的论据,而非真心实意的承认。悲剧

---

① 还有一种情况,在其中宽容似乎取得了进步!

② 请参考讲演 LI,12。

则不完全这样讲。可是这种执意的衡量、分配、比较说明法官在此方面特别敏感。雅典的宽容想既平衡又理性①。

这种刻板的理性还表现在另外一个方面,该方面从属于同样的原则:宽容也要求相互性。

因此让吕西亚斯感到气愤的是,人们竟然会怜悯一个像阿高拉托斯(Agoratos)那样的人:"你没有任何理由得到我们的同情,因为你的受害人没有从你那里得到任何怜悯并且是你让他们失去了生命。"(《反驳阿高拉托斯》,53)

还是在这里,这种观念在德摩斯梯尼那里获得了更进一步的发展。说的是提摩克拉底吗?德摩斯梯尼要求人们无同情心:"如果他想在你们身上找到宽容法官的样子,那么谁以城邦的名义行使公职谁就必须表现得忠诚于城邦的风俗习惯。这一风俗习惯的特性是什么呢?同情弱者、与强者的压迫作斗争,而不像你提摩克拉底,你对百姓横眉冷对,对主子阿谀逢迎。"(《反驳提摩克拉底》,170—171)况且提摩克拉底是以严厉出名的:"你不是这样的一种典范,即人性与柔和的典范,所以你不会同情他们。"(196)或者说的是阿里斯托克拉图斯?他没有在雅典采取任何给自己赢得宽恕的友好的行动(《反驳亚里士多德》,131)。阿里斯托盖通情况也不好。他只能依靠"每个人都能带

---

① 多佛(见前书,第199页)在这一方面有保留意见。除了一些悲剧的例子,他在德摩斯梯尼(XXXIII),34的《反驳阿帕图里奥斯》(Apatourios)的怜悯的个案。但是,如果这又算是一个有关柔和的证据的话,该个案不像看上去那么简单:讨论是法律层面上的,为怜悯提供了一个补充论据。

给你的东西：同情、原谅、人性。但是不管人类的法律还是神的法律都不允许让这个不洁之人利用这些。为什么呢？因为每个人依据自己对他人的态度所支配的法律是他认为值得看到被每个人所应用的法律……这名告密者给了他的受害人什么样的原谅、什么样的怜悯呢？……众所周知，这个人的性格许久以来都是非常残忍和残暴的。无论是站在某些被告身边的小孩的目光还是老母亲的目光都不会让他产生丝毫的怜悯之情。于是，对你来说，原谅吗？……是你，阿里斯托盖通，把对这些生灵的怜悯扔到了一边；更有甚者，你把怜悯全部根除了。因此不要在你自己亲手布满暗礁的港口中抛锚。这是不公平的。"①

　　但是驳斥米迪亚斯的态度显得是最强硬的，并且论述也是最清晰的。首先我们在整篇演讲里重新找到了同样的相互性的观念。其原则是在段落 100 中被提出来的："没有人有权利获得同情，如果他是无情之人的话，也没有人有权利得到宽恕，如果他是不懂得原谅别人之人的话"。然而，米迪亚斯是属于最后这类人："法官们，请不要相信，道德、神的法律或怜悯有可能让出身名门的你们认为这个无赖、这个残忍的家伙、这个暴徒、这个什么也不是的男人、这个一无是处的儿子值得得到你们的宽容、你们所具有的人类的善良（philanthrôpia）或者某种其他的恩

　　① 《反驳阿里斯托盖通》(Contre Aristogiton)I，81—84。我们把最后一个词的翻译修改了，仅仅是为了更突出现实的正义在这种对同情的拒绝中所占的位置。

惠。"(148)假如米迪亚斯和他的朋友们曾经变成城邦里的主人，那么一个被告能在他们那里得到"什么样的宽容、什么样的敬重呢"？于是，结论是显而易见的："雅典人，你们不要对这样对待你们的人采用别的方式来对待他们。"(209—210)但在《反驳米迪亚斯》中有更多特别的东西：我们看到其中有一个比喻，它不是把怜悯比成一种馈赠，而是比成一种出借或者干脆就是一种凑份子——我们可以说也许是一笔划到互助账户上的钱。人们把它给出去的目的只是靠它获得回报：如果某人为人"谦逊、有人性、有同情心"的话[1]，那么当有一天他遇到司法方面的困难之时，其他人就会出手相助，但厚颜无耻之人有一天将会为自己的恶行付出代价，并且到那个时候，不会有人敬重他的(184—185)。这种比较再清楚不过地标明了雅典宽容的力量和界限，这是任何评论都无法做到的。其力量是做个好公民并依靠对一个社会所要求的义务的敏锐的辨别力。它的界限是它不太像一种自我炫耀的美德而更像是一种交换的对象，服从于交换的全部规则并一直期待得到回报。

这并不意味着雅典人的宽容和善良不是发自内心和伟大的，远非如此。其意仅仅是说它们抑制了完全信赖他们的企图并试图让自己的倾向服从于正义的要求，正义在他们的眼里一直是至高无上的。况且，他们的态度延伸到了我们的态度之中。如果仁慈或善良随着基督教而变成了自在的美德的，那么这些

---

[1] 我们修改了希腊语 ἐλεῶν 的翻译。

美德是不指望得到任何回报的。曾经如此迫切地表现在希腊演说家们的思想中的相互性和公道的需要继续在司法生活和日常生活以及私人生活中影响着大部分人的态度。

总之，事实上在雅典不存在求回报的善的观念。不希望有任何回报的慷慨的表现都只是一种骗人的把戏①。当德摩斯梯尼抱怨雅典的过分宽容时，他把这个词 πραότης 与 εὐήθεια 组合起来使用，后者的意思是天真、老实、傻：于是他在同一篇文章中谈论雅典的老实和柔和：τὴν ὑμετέραν εὐήθειαν καὶ πραότητα [你们的老实和柔和]（《使节》,104）。在其他地方他只是谈老实（candeur），并且被翻译成了"善良"（《反驳提摩克拉底》,52），所以这两个词变成了等价词。但是或许德摩斯梯尼从未像他拒绝说出配得上这种善良的名字时那样的严厉（sévère）：在《反驳阿里斯托克拉图斯》（Contre Aristocrate）（156）中，他用了一招漂亮的急收法，提到了这个对大家来说都一样的拯救的方法：究竟是什么方法呢？"雅典人，就是你们所具有的这种倾向，应该被叫做善良（philanthrôpia）或者其他的什么名字……"②这个其他的名字毫不含糊指的是被愚弄的倾向。

然而，这样的一种倾向私下可能只会被认为是可笑或者让人失望的，但在城邦中，它立刻变成毁灭性的——这说明在这种情况下的反应有多大、多强烈。

---

① 这样的一种欺骗在国家关系的领域的严重性，请看下文，第 207—209 页。
② 我们的翻译。

＊　　＊　　＊

再明显不过的是这样的态度在对外政治领域可能是毁灭
性：下面的几个章节将会提到这种风险。但是从现在起，我们会
注意到与其他城邦的关系对城邦内部生活本身和公民之间的关
系产生的影响。正如我们所展示的那样，已经引用过的德摩斯
梯尼的两段文本均反对对叛徒实施宽容这种观念[①]；而且它们
远不是孤立的个案。但是我们可以走得更远并把很多对祖国犯
下罪行的公民们视为叛徒。

他们是统治制度的真正敌人。尽管 403 年达成了和解，但
宽容在这种情况下是很让人怀疑的；而且吕西亚斯在《反驳埃拉
托斯特尼》(Contre Ératosthène) 不失时机地指出了这种可疑性：
"在你们的心中应该既没有宽恕也没有怜悯的时刻来到了……：
当你们在与城邦的敌人的战斗中凯旋期间，请不要通过决议把
胜利送给你们的敌人"(79)；或者："给这个人判刑就等于你们发
泄对三十人僭主政府的不满，无罪释放他就等于你们是他们政
治的始作俑者……"(90)[②]

[①]　参见被引用的《第三部反菲利普辞》中的一段，第 114 页和前面引用过
的《论使节》演讲中的一段。《金冠辩》，132—133 中所提到的像安提丰那样的叛
徒，甚至不用保持对公民那样的尊重：人们抗议闯入人民宅是不妥当的(看看上文，
第 142 页，注解 3)，于是议会就释放了他；但是古希腊的刑事法庭却驳回了这些
抗议。

[②]　请参考演讲的结尾(100)，和《反驳阿高拉托斯》(97)的结尾。

同样的话可以说给那些直接伤害过城邦的人听：他们也被视为叛徒。在《反驳艾高克莱斯》(Ergoclès)(XXVIII)，2中，吕西亚斯问人们怎么可能原谅那些瞎指挥并把整个船队弄得混乱不堪而他们自己却中饱私囊的人呢[①]。

总之，对雅典人而言，对城邦和对制度的拯救经常受到怀疑。通过对损害雅典利益的行为或腐败的追究的渠道进行控告是最常见的。然而，这些控告是公众试图拯救城邦所做出的努力。无论谁都可以当原告；而且诉讼程序针对的是那些企图推翻民主政府的人或他们的同谋，也针对那些出卖城邦、船队、军队和船只的人，最后还针对那些像演说家们一样以收取贿赂为目的而不把最有利于人民的措施提出来的人。很多错误都可以归到这些类别之中：变节存在于公共生活的每个层面。自然的，对叛变而言，宽容并不适用。

可是，在这些古人们认为是不可原谅的罪行当中，最严重的无疑是削弱法律权威的罪行。人们如果表现得太宽容的人话，那么每个时刻都有可能犯此罪。然而，削弱法律的权威也是背叛。

这种感情在四世纪的雅典罕有地强烈，而且在很多文本都有表现。

首先，宽容纵容犯罪。对四世纪的雅典人而言，这不是信口雌黄：古希腊人实际上创立了一门坚实的理论，即惩罚的儆诫价值。

---

① 　再请参考 17，它重复了前面引述过的《反驳埃拉托色尼》的论据：根据吕西亚斯所言，在拯救被告时，将会让哈利卡纳苏的人们相信他是那些背叛了他们的人们的同谋。

正如柏拉图先后假托普罗塔哥拉和苏格拉底之口所做的精辟分析所指明的那样,惩罚是一种教育、警示和保护的方法①。这就是为什么对公众福祉的考虑应该让法官更坚定了抵抗宽容诱惑的决心。即使实施一种没有弱点的正义要付出很大的代价,但最后还是有利于集体的福祉。没有这一点,人们将何去何从? 每种惩罚都对未来至关重要并有可能让人们对法律产生更大的敬畏感。

　　吕西亚斯经常使用这一枯燥并有点说教性的论据。例如,我们在演说 XXII(《反驳小麦商》),19 中看到:"如果他们被判死刑的话,那么我们将会告诉彼此,这对其他人来说是一种教训,但,如果你们无罪释放了他们,你们将通过你们的决议允许大家按照自己的意愿行事"。另外,我们在《反驳埃庇克拉底》(Epicratès)6—7 中看到:"因此,今天树个典型吧,它会让其他人变得守规矩:惩罚这些人吧! ……如若你们放了他们,他们(政客们)会认为欺骗你们并损害你们的利益以肥己将不会有任何危险;相反,如果你们谴责他们并宣判他们死刑,那么你们就通过你们一致的决议使大家回到承担义务的轨道上。"我们在两篇演讲中找到了类似的大段文字都是针对阿尔喀比亚德的②,而

①　请参考前面,第 21—23 页。

②　关于第一个,第 12 段:"当你伸张正义,我估计这不仅仅是为了惩罚罪犯:其目的是为了让其他那些不守规矩的人变得更安分守己",同样在第二个当中,法官们在那里不是为了"同情罪犯,而是为了严厉处罚他",因为"你们确信仅通过惩罚一些公民过去所犯的错误,你们就会让很多其他的公民避免将来犯错"(9)。在第一篇讲演《反驳阿尔喀比亚德》中,吕西亚斯赞成盟友们的观点:同时如城邦的道德一样,他的声誉也因此受到怀疑。

且还不算在《论埃拉托色尼的谋杀》(*Eratosthène*)(34—36)演讲中对这种观念具体的和鲜明的应用。在这一演讲中,吕西亚斯警告法官:如果我们原谅一个行贿者,那我们就有可能看到所有的弄虚作假者都想要做行贿者。

但吕西亚斯并不是唯一持这种观点者:所有的演讲中都有。

德摩斯梯尼带着激情明确表明了它。《反驳提摩克拉底》的最后的几句话就是一个这样的例子:"因为对于这样一些个体,在谴责他们时运用宽容,所以仅仅给他们处以很轻的刑罚,这可能会使你们中的绝大多数人习以为常并学着犯罪。"(218)[1]并且伊索克拉底给其中加上了道德说教的一笔,这使他与柏拉图非常接近,当前者在《在战神山议事会的演讲》47中写道:"在那些对这样一些人没有任何监视和审判并不严肃[2]的人民那里,甚至连诚实本质都腐化变质了,但在不端正的人很难匿藏或者一旦被发现很难得到赦免的国度里,这些坏的倾向则完全销声匿迹了。"

因此,不管是什么,可能的原谅和被罪犯引起的同情以及宽容变成了一种伤害到了集体利益的恶。

事实上,这正是宽容在城邦中的局限所在:它不可能也永远不应当在尊重法律方面、在政治生活方面和在人民特权方面让

---

[1] 他也说过,假如人们想长治久安,那必须对犯法者毫不留情(《反驳狄奥尼索多罗斯》(Dionysodore) = LVI, 48);再参看《反驳瑟奥克里内斯》(Théocrinès),55。

[2] 希腊词 ἀκριβεῖς 指的是严格的意思。

人有所松懈和大意。在这一领域宣扬宽容就是对民主的损害。

对法律的不服从这一观念会毁掉民主,这一观念在雅典思想中如此重要,以至于我们不可能把它丰富的内容在这里全部展示,或者不可能引述它从德摩斯梯尼那里获得的那些非常有说服力的论述,确切说那些论述是关于像驳米米迪亚斯或者阿里斯托盖通那样的人的:德摩斯梯尼在一些著名文本中捍卫法律,因为法律是民主的诞生的条件和化身①。但是我们至少可以观察到这并非一种个人的和特殊的反应:相反,当人们想限定过度宽容所造成的恶性后果时,回顾这样的一些观念是很正常的。德摩斯梯尼和埃斯基涅在这点上意见一致,因为前者引用了后者的话和他关于提马尔库斯(Timarque)所可能做过的宣言:"您不记得他在控告提马尔库斯时所说的话吗?如果一个城邦不鞭答罪犯,那么任何东西对它来说都是没有用的;如果在一种制度中原谅(suggnômè)和人情大于律法的话,那么这一制度就无可救药。你们既不应该怜悯提马尔库斯的母亲,一位老妇人,也不应该可怜他的小孩和任何其他人;你们应该只看到,如果你们抛弃了律法和政制,你们就不会找到任何人来可怜你们自己。"(《使节》,283)每个违法的错误因而是一种违反制度的错误,因为这些律法是维持制度的保障,它们在制度中是独立自主的。

但是,当涉及到政治错误时,这一点变得更确定,因为政治

---

① 请参考我们的时候《古希腊思想中的法律》,巴黎,1971 年,第七章(关于对混乱秩序的反对,请看《希腊民主的问题》,巴黎,1975 年,第 101—105 页)。

错误的制造者或受害者在国家中都有职位之人。

此外,我们知道雅典法律把私人诉讼和有关城邦的诉讼区别对待,这是其大的区分之一,后者的诉讼程序不同,而且量刑也较重,宽容的可能性也更小。

德摩斯梯尼被米迪亚斯扇过耳光:他可以因被打和受伤而提起私人诉讼,但他选择提起公共诉讼以达到攻击其人的目的;他就这样对是否尊重城邦秩序重本身提出质疑。总之,难道他不是没有出钱组合合唱队者,也就是说担任正式的职务吗?他好几次提到这一点[1];由于他的事业与法律的事业混在了一起;并且米迪亚斯变成叛乱者,他仗着自己有钱并有很多朋友而不把民主秩序和人民放在眼里:"审判涉及群体,如同所有的不法行为涉及群体一样,而今天我们却因为这些轻罪而审判他"(218)。

埃斯基涅的错误也一样:这些错误的真正的严重性来自于他作为使节的身份。德摩斯梯尼高声说出了它:"如果埃斯基涅是以私人身份在聊天时犯了一些错误,那么就请你们不要太较真,饶了他吧,请原谅他。但是如果他是在行使使节职权当中为了钱财而有意为之的话,那么他就是欺骗了你们,请不要简单开除他而不起诉他,请不要相信他不会因为他所说的话而不受惩罚"(《使节》,182)。事实上,城邦直接被牵涉了进去。

伊索克拉底本人所描述的民主的特征就是由人民实施对行

---

① 请见 32—34 和 57 的例子。

政官员监督,而且要严格实施:"如果他们管理不善,他们不应该
得到任何宽恕并应该被施以重刑"(《在战神山议事会的演讲》,
27)。

在认真观察了与民主制度的原则有如此紧密联系的、几乎
或多或少地侵入了每个领域并一直传播到了政治生活之中的宽
容之后,四世纪的雅典人应该恢复了清醒并开始重新思考。他
们知道给柔和规定一个明确范围。这种思考的结果体现在了德
摩斯梯尼的《反驳提摩克拉底》的190—194段中。

他在该演讲的69段中已经做了第一次区分:他认为法官对
可能是无辜的被告的态度和对已经证明其犯罪事实、被判刑的
罪犯的态度应该是不同的。第一种人值得善待,而第二种人则
没有必要①。因此德摩斯梯尼要求判决结果至少要被执行,而
且从此以后不可以再用一种无法证明其正确性的柔和来纠正这
些判决。

但是在同一演讲更后一点的地方,他做出了更重要的区分。
他提前回应了提摩克拉底将要使用的一个论据,根据这一论据,
法律趋向于变得更柔和:"并且他补充说,在律法中最大限度地
引入温和与节制是为了对弱者的诉讼提供特别的帮助":这就是
提摩克拉底所祈求的大名鼎鼎的民主的柔和,我们在上一章已
经说到过。但是德摩斯梯尼有一种答案,它事实上包含在本章
中所描述的所有的反抗运动。他的答案是以一种区分为基础

---

① 温和地对待他就等于表现得太"轻率",该词的希腊语也是贬义的。

的,这一区分值得我们在此大部分或全部引用:"至于这种论据,即法律的温和与节制是对大多数人有利的,请你们考虑一下这种说法。雅典人,在整个城邦里有两类法律:一类管理我们的关系和我们与邻居的生意,这些规则可以在我们的私人事务,一言蔽之在社会生活中看到;其他的法律决定每个参与政治生活并声称对国家事务感兴趣的公民与国家之间的关系[1]。然而,在第一类涉及私人生活的法律中,宽容和人性确实对大多数人是有益的,这毋庸置疑。但反之,在那些与公共生活相关的法律中,坚决和严格对你们是有好处的;因为这是阻止大多数人,也就是说你们自己成为政客们的受害者的方法……"

这篇精彩的文本强有力地设置了一种限制。

这种限定一点都不是新鲜事物。同样,上一章引用的《反驳阿里斯托盖通》的文本也不是新的[2],它回应了修昔底德托伯里克利之口发表的葬礼演说。事实上,在修昔底德的作品中,大名鼎鼎的雅典的宽容已经存在于私人关系领域了;并且当我们把二者进行比较时,德摩斯梯尼的区分能让我们更好地理解某一些细节的意义。修昔底德对相互宽容进行描写,这一段落把与国家的关系和公民们之间的关系并列了一起,但它确实起的只是一种过度作用:段落开始简述了人们对由自由主导的政治

---

[1] 《法国大学丛书》将 ἀνπολιτεσθι βούληται 翻译成"谁选择了政治生涯"就有可能使人联想到一个像现代民主中那样的一位特殊人物,而希腊的文本仅仅指的是对城邦生活的正常参与。

[2] 第131—132页。

生活的议论,而段落的第二部分则表述了私生活,即宽容的领域的发展:"我们不仅在政治行为方面和日常生活中①,而且在一切可能引起相互猜疑的事情方面实行自由。"这种从一个领域到另外一个领域的过渡得到了我们在论述的最后所找到的东西的证实;由于跟在对宽容的描述之后的段落以同样的方式构成,即前半段回顾前面的东西并将其与后面发生的联系在一起:这一联系在此与其说是一种并列关系倒不如说是一种对照关系,但方式确实如出一辙:"尽管这种宽容支配着我们的私人关系,但我们在公共领域,害怕会阻止我们做任何非法的事情……"自由在政治领域与对不平等的优势的思考结合在了一起;同样私人关系中的柔和并不排除对法律的尊重,既然人们以公民身份在行事。因此这两个领域的区分从五世纪开始就被包含在对民主理想的定义中了。

可是这种区分在德摩斯梯尼的思想中表现得更为深刻。他用一系列定义并大量使用了几乎是同义词的措辞详细描述两个领域的本质;并且他这一次区分了两类不同的法律。况且,柔和不再仅仅是一种区分的对象,而且是一种强烈对比的对象。人们以前仅限于在私人领域中提到它,但现在却因为其他情况而否定了它。人们以前通过呼吁尊重法律。目的仅限于纠正它,而现在却用它的反面,即严厉代替了它;严厉应该在一切非私人生活的东西中,或者在法律本身的内容之中,或者在执行法律的

① τά τε … καὶ ἐς …

方式之中占有支配地位。在人与人之间的关系中是如此合适的宽容却在其他地方变得很危险并具有破坏性。

要理解这两个文本之间的差别，我们必须再梳理一下柔和与宽容的这种迅猛的发展，它首先扩展到一切事情中，直到有一个清醒的声音通过形式上禁止它涉猎一切与政治生活相关的东西来对它的蔓延加以阻止和疏导。

*　　*　　*

我们就这样一下子抓住了支持民主和反对民主的人之间的意见分歧。民主的反对者，如柏拉图，相信温和的制度必然是一种处于无政府状态的制度，因为一个会诱导另一个的发生。民主的支持者，则认为这种制度原则上是如此温和，它可以借助于法律使这种柔和不至于泛滥成灾，而且每次它的独立性直接或者间接受到威胁时还可以通过一种无懈可击的严厉来补偿自己。这就是为什么我们在任何地方都没有像在德摩斯梯尼这个民主人士的著作里找到如此多的关于柔和的颂词或对严格的呼唤。人们没有必要认为这种双重态度是一种困境或者是诉讼需要的反映；人们也没有必要认为其中存在着一种不可调和的矛盾。事实上，人与人之间的民主的柔和只有在维持民主秩序中坚决结合在一起才会产生效果。

很少有事情比这种在四世纪把雅典带上了宽容与坚决反对这种宽容之路的现象更壮观了，反对占据了上风。

人们也许认为这是一种坚决的拒绝,这一拒绝在国家内部的政治生活中对柔和关上了大门。事实上,在雅典和其民主方面确实如此,可是在这个城邦及其制度方面真实的东西在其他一些君主统治的国家中就不真实了。被限定和固定于民主之内的或许过于软弱的柔和将重新出现于这个四世纪,但是用来努力制衡和牵制那些有可能滥用权威的专制国家的君主们的。当我们停止考虑雅典的情况后,我们就会发现,与雅典朝着更坚定(fermeté)的方向所做的努力相反,在下文中要讲到的作者们正试图提出这样一种观念,即适用于君主们的谦逊而温和的君主制度的观念。

第八章
君主们的柔和

如果威胁民主的危险是对柔和的滥用,那么准确地说建立在一个人或者一群人的统治权之上的制度的危险刚好相反。民主在变得过于"放纵"的过程中失去了自我,个人的权力则倾向于变得太粗暴。

这就是为何人们一有机会就会颂扬君主们的柔和。在五世纪,事情走得更远,因为人们那时看到了一种被理想化的君主制度的雏形,并且这一雏形不久就变得成熟起来并被确定了下来,其特征就是柔和。

实际上,在每一个时期,人们都试图借助这种柔和来纠正绝对权力中令人焦虑的东西。君主的权力过大,以至于不需要这种制衡。并且如果公民契约在民主中可以解决一切并能这样限定宽容的合法性的话,那么个人权力就会处在一种相反的困境之中:虽然有了这一契约,但人们不能只指望那个可以什么都不尊重的人的善意。路易·罗伯特认为柔和是有权有势的人物的行为："这种颂扬也许在古典民主、在公民社会中没有自己的位置,除了——有意义的行为——为了赞扬法官或者异邦人。人们乞求柔和($πραότης$, $ήμερότης$, $μειλίχιον$)是为了劝说君主、皇帝、高官、市镇贵族政府的当权者。"

这可以解释柔和或温和的概念在专制统治时期所获得的重要性。但是这种重要性在很久之前就开始形成。关于温和的君主的说法很早就有。我们看到奥德修斯的王国在荷马笔下是一个人的王国,这个人如同一位温和的父亲:$πατὴρ ὣς ἤπιος ἦεν$。后来,品达赞颂希耶罗,他是"统治西西里岛叙拉古城的君主,对公民们非常友善,不嫉贤妒能,被异邦人视为可敬的父亲"(《皮西亚颂诗》III,70—71)。另外,他还要求昔兰尼(Cyréne)的阿格西劳斯(Arcésilas)"用温和之手"来抚慰城市的创伤并在其中重建和谐并接收被流放者①。同样希罗多德指出,冈比西斯"冷酷无情",但居鲁士却很温和(III,89,3:èpios);他就这样印证了波斯人的一种说法:他们"认为大流士是个奸商,冈比西斯却是一位主人,居鲁士是一位父亲"。在埃及,米凯里诺斯对他的人民来说是个èpios,他甚至拿出自己的财产来安慰那些被他批准的法律激怒的人们;埃及人更多的是歌颂他而不是另外一个人(II,129)。

这些说法从荷马时代到公元前五世纪这一时期变得非常生动,以至于古希腊人从这一悠久的历史中获得了这样的经验,即

---

① 《皮西亚颂诗》IV,271节;还参看《皮西亚颂诗》I,62—70(关于希耶罗和他的城市"在其中,被众神所牺牲的自由依据与许罗斯的纪律相符合的法律进行统治);《皮西亚颂诗》IV,段落293;《皮西亚颂诗》VIII,段落1。

当一种柔和不来纠正至高无上的权力的时,那么这种权力就非常危险,它会发展成为僭政。我们在希罗多德的作品中就看到了这一点。僭主暴力对待妻子们,甚至在不经过审判的情况下随意处决人(III,80)。为了说明这种现象,希罗多德在引用科林斯(Corinth)的个案时在它的故事中加进去了一篇非常长而且寓意深刻的演讲,慷慨激昂地痛斥了皇帝库普赛鲁斯(Kypsélos)的暴行。僭政在这一演讲中是"不公平和残暴的"(V,92,α)。事实上,库普赛鲁斯随意流放人、充公别人的财产和杀害无辜的生命。这意思是说他缺少柔和,并且希罗多德毫不犹豫地使用了这个词。一开始,他解释说,"库普赛鲁斯之子,佩里安德,比他的父亲更温和",但后来,"所有库普赛鲁斯让杀害或流放的人,佩里安德则一律处斩":他的柔和就这样被自己断送了。

因此,可能有一些温和的君主,但推论清楚证明僭政包含着相反的风险——这种风险不仅仅包括傲慢或严厉,而且包括谋杀和专横。

我们在悲剧中也经常看到类似于对僭政的攻击——不管是在埃斯库罗斯的《普罗米修斯》中,还是在欧里庇得斯的作品中都有不少含沙射影的东西。在伯罗奔尼撒战争期间流传着这样一种说法,即雅典帝国与僭政不无二致[1],这种观念似乎确凿无

---

① 请参考下文,第149页。另外请看我们的研究《欧里庇德斯对僭政的思考》(*Il pensiero di Euripide sulla Tirannia*),见《第三次古代喜剧研究国际会议论文集》(*Atti del III Congresso Internazionale di Studi sul Dramma antico*),罗马-叙拉古城,1969年,175—187。

疑。《乞援者》中的整个分析忠实地重新用了被希罗多德概述过的主题；这一分析给其中增加了一个重要观点，即僭主害怕阴谋 (446)。欧里庇得斯稍后在《伊翁》中确定说[①]，这些害怕让僭主的寝食难安[②]；并且他在《腓尼基妇女》中把僭政本身定性为一种"走运的非正义"(549)。我们在害怕与非正义这两种观点中辨识出了柏拉图将在《理想国》中进行分析的主要内容。但无论是在此提及的欧里庇得斯的文本，还是《理想国》中的文本都没有提出一种有效的解决办法。伊翁的解决办法是拒绝权力，厄特俄克勒斯的解决办法是接受非正义，柏拉图《理想国》中的解决办法是收回哲学家们或者那个可能掌握王权艺术的人的王权并永远只想着城邦的利益。欧里庇得斯和柏拉图都没有考虑一种温和王权的可能性。

相反，伊索克拉底和色诺芬两个人都相信有明君；而且他们两个都思考过在什么方面柔和可以显得既对他们的臣民有益的也对他们自己有益这一问题。

实际上，在仔细审视伊索克拉底关于柔和在其他城邦里的情况的建议之前，我们就在这里想这些观念似乎是自相矛盾的：一切都暗示说有关君主的柔和的观念是在雅典帝国主义时期形成并明确起来的，并且还说欧里庇得斯已经受过它的影响。不管怎样，伊索克拉底认为对雅典盟主权的思考是首当其冲的并

---

① 这种观念已经出现过，尽管是以不为人注意的方式出现在了《希波吕托斯》(Hippolyte)，1013 中。

② 《伊翁》，621 及以下，请参考索福克勒斯，《俄狄浦斯王》，行 584。

在他的眼里是最重要的。可是,非常有启示性的是要看看清楚地表现在雅典民主中对柔和的拒绝是如何在君主专制中翻转过来的。在这些君主专制的情况中,伊索克拉底学说非常可能只是他个人对雅典帝国主义的简单思考的反映;并且它在他的作品中被充分地肯定,这一肯定使它具有了一定的价值。

和柏拉图一样,伊索克拉底与僭主们有联系。他曾和柏拉图一样谴责僭主政体。可是,他比后者有过之而无不及,对僭主们寄予希望。他的作品因此既包括对导致僭主们失败的缺点的分析,也包括对君主们的柔和典范的罗列。

对僭政的分析是依据雅典帝国主义来进行的;这一分析被认为是对诸种错误的解释。我们可以在《和平》的 111 到 115 段找到它。

这一次,僭主的不幸似乎是最重要的;这种不幸被归因于害怕,而害怕本身又是大家的敌意造成的。僭主们就这样"不得不对所有他们的同胞们发动战争,不得不仇视从来没有伤害过他们的人,不得不怀疑自己的朋友和同伴,不得不把拯救自己生命交给他们之前从来没有见过的雇佣兵,不得不既担心自己的卫士也害怕那些谋反者,不得不疑神疑鬼,他们甚至在自己近亲身边时都觉得不安全"。对由自己的近亲谋杀的僭主的全部事件回顾一下就足以让他们相信这种阴谋论的存在:对所有人的仇恨将僭主置于非常危险的境地。

为避免陷入相同的麻烦当中,君主们应该避免一切可能产生敌意的东西。他们既应该公正也应该温和。

这正是伊索克拉底为年轻的塞浦路斯（Chypre）君主尼古克莱斯所提的建议，后者似乎曾经是他的学生①。在 370 年左右写给他的论文《致尼古克莱斯》中，他提到了对简单个体来说法律和言论自由的存在所扮演的角色，以及这一自由所允许的批判：缺少双重支持的僭主们便放任自己并陷入了一种不幸的生活之中。那么应该做什么呢？伊索克拉底将会予以解释，因为他认为这样的一种教诲能巩固君主们的权力并能使臣民们的政治生活更温和(8)②。因此伊索克拉底一涉及到主题就马上引入了柔和。柔和重新出现于他的学说中。

事实上，他的第一个观点是君主必须时刻为国家利益着想。虽然柏拉图说得已经够精辟的了，但伊索克拉底还补充了一些新观点："(君主)还必须爱自己的同胞和祖国：没有人可以带好马、狗、人或做好任何事情，如果他在这些生命的陪伴中或者在他应该监管的事情中没有获得乐趣的话：关照你的臣民并且无论如何让你的权威变得有亲和力。"(15)因此，一种相互关爱会让简单的正义更加完美。

大家的意见时刻都要统一。这样，君主的判断将与正义契合，但为什么呢？"为了不让无辜者恐惧"。同时，这种正义将是宽容的："你要显得很可怕以证明什么都逃不出你的手掌，但要

---

① 请参考《论交换》，40。
② 《论交换》，70 中，伊索克拉底，在简述《致尼古克莱斯》时同样说过他没有拍尼古克莱斯的马屁，而是"在我力所能及的范围内"为他的臣民们准备了最温和的王朝。

显得宽大为怀(23:praos),以便实施处罚的力度要小于所犯错误的程度。"①

换言之,伊索克拉底和柏拉图一样都要求君主追求国家利益,但与后者有所区别的是,他往其中加入了和蔼、敬重、人性。这些品德使君主赢得那些被他统治的人的支持成为可能。君主的义务与一种统治艺术和让自己被拥戴的艺术融为一体。他需要自己的臣民并且必须赢得他们的忠心②。

另外一篇著作《尼古克莱斯》的可靠性值得怀疑。但至少我们可以说,它们之间的相似度是极高的。在后者中对柔和的辩护甚至更加突出。

这一次,人们认为是尼古克莱斯在表达自己的思想并对他的臣民的义务给予了规定。但是他也坦诚地③评价了自身的功绩和他所实施的君主政体的价值。

为此,他致力于对君主制度的歌颂,这很容易让人联想到希

---

① 这最后一段在《论交换》中没有出现,且有人认为在这种情况下出现的一些句子应该是后来某个评论家加上去的。如果真是这样的话,那么那位评论者对伊索克拉底思想的忠实程度令人非常惊讶。那些经常排斥这些句子的人们的依据是所使用的有关利益的论据与一种理想的存在之间的对立:这种交替和这种组合实际上具有典型的伊索克拉底的特征。《论交换》中所引用的部分的下一个自然段讨论的是要避免严厉和过度的惩罚。

② 关于这种**概念**在伊索克拉底政治思想中的重要性,请参看我们的研究"伊索克拉底作品中的忠心或创造良好意愿的政治重要性"(Eunoia in Isocrates orthepoliticali importance of creating good-will),*J. H. S*,78(1958年),第92—10页。

③ 尼古克莱斯被古代历史学家们从其他方面予了以了介绍:参看<u>阿忒纳乌斯</u> XII,第53AE。

181

罗多德著作中对各个王朝的研究,但区别是很有耐人寻味的。在希罗多德著作里,欧塔涅斯(Otanès)抱怨说,君主制既不和蔼也不好(III,80)。然而尼古克莱斯宣称,这种制度比另外一种至多更和蔼、更温和并更公正(17):于是一个新标准出台了——这一次依然是柔和的标准①。更进一步的是,从前一段开始,尼古克莱斯就把注意力引向这个新标准;因为他在谈论过承认每个人的优点之后明确指出:"更有甚者(16),我们可能有权利觉得这种制度更温和,因为全神贯注于执行唯一的一个人的决定比试图取悦各种各样的不同想法更容易。"我们看到:君主制度借助于一种悖论巧妙地夺走了民主柔和的荣誉。

况且,尼古克莱斯用不同的论据来证明这个悖论;他特别指出了那些一点都不为权力而争斗的人们根本就不会把妒忌掺入忠心之中:君主制中不存在争斗和小集团,而在希罗多德的著作中,大流士的演讲已经把这种勾心斗角列为民主的困扰之一。

这种情况有可能,只因遇到了一位明君,确切说一位为了避免遭到别人仇恨而试图亲民的君主。尼古克莱斯在后面解释说,他为自己臣民可算是呕心沥血。"我是那么温和(32:praotès)地对待公民,以至于在我的王国里不会发生流放、死刑、财产充公和任何类似的不幸。"当君主们自己是温文尔雅之士时,君主制就是温和的。

①　关于这两个文本的关系,参看马斯(E. Maass),"希罗多德与伊索克拉底",见《赫尔墨斯》22(1887年),第581—595页。

再说,臣民们可以在王国中助他们一臂之力:"你们知道,个体的脾性不是造成暴君或者明君的唯一原因(55:这个词是praos),公民们的行为方式也起一定作用:过去很多君主,由于他们所管理的人的邪恶行为,他们不得不粗暴地运用他们的权威,但他们的性格并不坏。请少信任我的柔和(我的praotès)而多信任你们的美德。"因此,一种温和的君主制是一种理想的制度,它需要大家都有良好意愿。

这两部论著对尼古克莱斯柔和的强调本身是非常出色的。人们也许认为——尽管没有多少实事来支持这种假设——这是一门针对每个人(ad hominem)而不同的学说:题目为《埃瓦戈拉斯》(Évagoras)的论著排除了这种看法。

埃瓦戈拉斯是尼古克莱斯(Nicoclès)之父;而且伊索克拉底好像几年之后在另外两部论著中写过颂扬他的文本。然而,这名被理想化的君主重新披上了柔和的外衣。埃瓦戈拉斯取得了那时所有君主的信任(24);他有着异于常人的优点;尤其是他喜欢更多地为自己的臣民的利益着想——这些由这个词 φιλανθρώπως(43)来表达,表现为诸种善行。因此埃瓦戈拉斯,在作为一名军人的同时,"由于他对大众的关怀而成为民主之士"(46)[1]。在此,颂词符合现实的愿望恐怕再一次

---

[1]　伊索克拉底补充说在管理中是 politikos:这个词被亚里士多德用在了《政治篇》的开头的语句中,其意思是指一种根据政治科学的标准来实施的权威并且不是同一个人在不同领域中实施的权威:他把这种权威与"王"权相对立。我们看到对伊索克拉底来说这两方面可以互补。

会落空①:伊索克拉底笔下埃瓦戈拉斯这一人物所经历的嬗变更能说明这一状况。

埃瓦戈拉斯的所有成功都应归功于有好的道义。我们还应该在这些成功里加入他对其人民所施加的影响。在《尼古克莱斯》中,君主的柔和以公民的品德为依托;相反,在《埃瓦戈拉斯》中,君主的品德使臣民们变得越来越恭顺温良:"他不仅增加了自己城市的重要性,而且让全国人都过上温馨与文明的生活"(49)。从前难以接近和野蛮粗暴的臣民们被希腊化、文明化和人性化。这种人民的教育者的任务深深震撼了伊索克拉底,以至于他强调并反复说(他有时会这样……):"他觉得这是一个完全无法打交道的野蛮国家;他却让它变得更温和并更易于接近"(67)。伊索克拉底使用一切手段来暗示这种真正的人性关系的获得,因为这种获得对他而言如此珍贵并似乎是所有的成功的关键。

因此埃瓦戈拉斯和尼古克莱斯提供了相似的典范。他们并非唯一这样做的人;并且伊索克拉底的理想在论及其他很多君主时又重新出现了。

在那些他曾经给提过建议的人们当中有斐莱厄斯的伊阿宋

---

① 请参考贝蒙(E. Brémond),在《法国大学丛书》的注解中,第 143 页:"一些细节似乎让我们窥视到了一种动荡的生活,在这一生活过程中内部的阴谋、一个深受亚洲风俗影响的宫廷中的混乱与其他胆大妄为的政治和军事操弄纠缠在一起。

(Jason de Phères)的儿子们(或孙子们):他写信给他们①想让他们放弃僭政并陈述了威胁僭主的恐惧或灾难。在他们中间还有赫拉克里亚的提摩太乌斯(Timothée d'Héraclée)、曾经是伊索克拉底和柏拉图学生的克利阿各斯的儿子,并且作为僭主的克利阿各斯和斐莱厄斯的伊阿宋一样也被暗杀——在信中伊索克拉底祝贺这位年轻人与公民们重归于好并提醒他,明君的角色不是"对大家冷酷和残忍并忽略他们的敬意,而是要带着非常多的温和(5)与对法律的尊重来领导国家,这样就没有人敢针对大家玩弄阴谋";年轻的君主应该首先使用自己以正当和人道方式获得的权力(6)。最后,他在信中坚持提到克利阿各斯的品质,就像伊索克拉底对埃瓦戈拉斯,即尼古克莱斯之父所做的那样。那么这些品质是什么呢? 他的说法简直完美无缺:"凡是遇到过他的人都承认他是听过我教学的人中最大度、最温和、最有人性的人。"(12)

我们也许能补充的是,伊索克拉底同样也给一些有名的君主们写过信、提过建议并写过颂词和祈祷文:斯巴达的阿基达玛斯、西西里岛叙拉古城的狄奥尼修斯、菲利普和亚历山大。但是——我们不会感到惊讶——他跟他们特别谈到希腊②:在此,只有在他对好的君主表现出绝对信任的情况下,事实才显得重

---

① 其可靠性受到质疑,但他的措辞符合伊索克拉底学说风格。

② 请参考下文,第十章,第169页。可是他把这两个方面附在了《菲利普赞辞》之后:希腊人将会感激菲利普的善举并且马其顿人也将会如此,"如果你作为君主而不是僭主来统治他们"的话(154)。

要。相反，某些给以前明君的颂词直接就说明了他有关君主们的柔和观念。尤其是忒修斯，他刚好具有给提摩太乌斯的信中所赞颂的品质；事实上，我们在《海伦颂》37中看到："他不是依靠外国势力来挽救自己的权威，而依靠的是自己同胞们的好意（eunoia）；他凭借自己的权威而成为权力的主人，但他凭借自己的善行成了人民的领路人。他依法治国且公平公正，所以直到今天他的柔和（praotès）在我们的风俗里留下的痕迹依然清晰可见"。

但忒修斯还能被算在这些君主之中吗？这位民主的君主是个例外；并且他有优势把注意力吸引到对伊索克拉底的观念出人预料的延伸上面来，这种延伸在雅典政治内部就能被感觉到。

事实是，对君主们十分必要的领导艺术对政治家们也是一样的。他们也要赢得公民们的感情。这一观念仅仅是更审慎而已，因为政治家们的柔和有一种更加模棱两可的价值。他们必须要让人们喜欢自己，但——整个雅典传统都在不断重复这一点——尤其是不要谄媚。因此伊索克拉底的学说不带有普遍性。没有人敢建议雅典的公职人员要想办法让人们喜欢自己。在他的作品中仅仅有一种惋惜，针对一个具体的人，总之针对的是一个特殊的人：这个人就是伊索克拉底的弟子提摩太乌斯，是雅典的政治人物。他对希腊人非常好、非常慷慨，但他因为缺少对雅典人的温和①而毁掉了他所有的政治上的善行。伊索克拉

① 请参考下文，第238—241页。

底只能眼巴巴地看着他堕落。事实上，提摩太乌斯以叛国罪被追究并遭到重罚。然而，伊索克拉底说，这有点怪他自己。他"既不讨厌民主也不讨厌人性"（《论交换》，131）[1]，但"他也没有魄力招揽具有领导能力的贤才"。然而，伊索克拉底的全部教导也许应该教会他这样的道理，即政治家们必须具备两个不同优点：首先，他们必须根据城邦利益来行事，但同时也必须"注意在各个方面表现得优雅而亲切，尤其在说话和行为方面，因为忽视了这一点的人会在他们的同胞们眼里被看成难以忍受的人和打交道的人。"因此，想如提摩太乌斯一样在城邦赢得其他城邦的好感（它们的忠心）而不爱惜公民们对自己的好感是一个失误；为了得到一个好的声誉首先必须敬重别人，这样声誉是有效开展政治活动不可或缺的。不幸的是，提摩太乌斯并不擅长保持这样的态度；他忍受不了那些爱说漂亮话的人；这正是他失败之所在。

因此，在民主中必要的坚定不移并不排除身居要职的个体适当地使用柔和，假如使用恰当的话，柔和也可以作为补充手段为他们巩固权威做出贡献。

伊索克拉底的理论是完整的：他在经过对既得利益的精心计算和对舆论角色的权衡基础上否定了僭政并指出了公民们的

---

① 希腊语是 μισάνθρωπος，译文却很奇怪并且有点不对；但是错误的原因是语言的区别："民主"对 δῆμος 而言是个过于抽象的术语，很快被扩大成了 ἄνθρωποι。希腊的表达方式顺便让人想到了人民政府与有关一般人的柔和之间的关系。

仇恨会给它带来的危险;他描述了明君应该表现出的柔和;他还把这一概念扩展成了领导一个城邦的一般艺术。

然而,关于这三点,他在色诺芬身上找到了相似之处,因为他也从三个相同的方面发展了同样的观念。

* * *

色诺芬事实上曾经在《希耶罗》(Hièron)中提出过对僭政的批判;他强调在任何权威的实施过程中柔和所起的作用,并且这一观念在其思想中到处都有点,但在《远征记》和《经济论》中特别突出;最后他通过指出他们的柔和致力于描述一副明君的形象,并甚至在《居鲁士的教育》中勾画出一张明君的理想形象。

《希耶罗》的副标题是:ἤ τυραννικός [或僭主]。因此它确实是对一种制度及其缺陷的研究,同时还提供了一些可能弥补这些缺陷的建议。有人几年之前试图在这一论著中读出一种似乎并不存在的更彻底的否定[1],因为他们认为该论著没有提到过任何与生活的真正目的、法律、自由、宗教有关的东西。但是对这种缺失感到震惊是没有考虑当时流行的论证的类型,确切说这一类型在于以既得利益之名保卫正义或柔和甚至同情。指出僭主是不幸的、他行将就木,因此他要是按照其他一些原则生活的话会对自己他有好处的,这些原则在各个方面与伊索克拉

---

① 列奥·施特劳斯,《僭政》,法译本,伽利玛出版社,1954 年,第 349 页。

底的思想以及与色诺芬在其他地方所表达的思想相一致。至于以最佳的方式①实施权力的可能性,这绝不是个别人的希望,而是萦绕在四世纪所有智者——甚至包括柏拉图——脑海中的念头。因此被置于那个时代一系列作品中的《希耶罗》是完全可理解的并且不包含任何言外之意。

事实是,该作品中的分析措辞非常类似伊索克拉底的用语②:僭主们是不幸的,因为他们生活在担惊受怕和不信任之中。两个作者使用的某些句子几乎都一样;因此,当色诺芬说僭主被迫依靠外国侍卫保护(V,3)时,或者当他在陈述困扰着人们所憎恨的君主的各种各样的恐惧时:君主什么都怕,既害怕人群又害怕孤独,既害怕没有侍卫保护他又害怕保护他的侍卫(VI,4)。至于对付这种阴谋的办法,那显然应该像伊索克拉底所说的那样让别人喜欢自己(VIII,1);君主们可以不费吹灰之力做到这一点:所有来自于他们的关注将让更多的人感恩戴德;他们能够帮助、给予并表现得慷慨大方(VIII,7)。诚然,这可能引起经济上的问题,但这些困难不是不可以克服的;并且如果公民们看到君主们处处都为他们的利益着想,那么他们将会把自己全部的忠心都献给君主们。友爱和欣赏将使这样的君王得到

---

① 人们也应该记得"僭主"与"君主"在希腊语中的用法经常是分不清楚的,并且合法性并非是一个希腊的概念。两者的区分开始于四世纪:参看《回忆苏格拉底》,IV,6,12。由帝国所引发的问题可能对这种区分的建立并不感到陌生,根据这一区分被统治者的一致同意扮演着相当重要的角色。

② 如果在这里相关的伊索克拉底的其他的论著比较早的话,那么涉及一般性分析的《和平》,似乎稍晚一些:两种思想是并行的。

报偿(XI,8—9):他不仅不会再有更多的担忧,而且大家还将为他分忧解难(XI,12)。

这种理想并非荒诞不经,所以色诺芬不停地提及实现它的可能性,以及它在其本人的思想中,正如在伊索克拉底的思想中一样,与一门完整的领导理论相结合在一起了。

这种领导理论以不同的面孔四处出现①:在《经济论》中,它在有关家庭管理方面被提及;在《远征记》和其他历史作品中,它与军事首领和君主的品质有关,但色诺芬在《经济论》中明确指出在所有方面原理都是一样的。一座屋子不应该混乱不堪:一支军队亦然(VIII,4)。小居鲁士,如果他活下来的话,那他或许是一位明君,因为他懂得让人服从自己的艺术;然而,确切说他喜欢让别人欣赏他的花园,这些花园都是他自己亲手整理的,而农业反过来教给了他领导艺术:"要成为一名好的农业生产者,必须要提高工人们的工作热情并让他们养成自愿服从的习惯。"(V,15)事实上,没有区别:"能教你做一个好主人的人也可以教你做一位明君的艺术。"(XIII,5)色诺芬在结论中还重复了这一点:当主人的目光激励工人们并促使他们表现出每个人最好的一面时,"那么我就准备承认在这个男人的性格中有某中王权的气魄。"(XXI,10)②因此,色诺芬和柏拉图对王权艺术的考虑是

①　我们在这里只引用最主要的和最直接地与君主制度问题有关的论著。

②　这与僭主政治清晰地相对立;参看12,在其中"违背人民的意愿而把自己的统治强加于他们"就等于过上了坦塔罗斯(Tantale)那样的生活中。

相同的,但色诺芬是在打理花园中悟出的道理。因而,伊斯乔马科斯(Ischomaque)的妻子、后勤总管与战争首领遵循的是相同的规则;他们的目的是一样的:让自己的下属变得忠心耿耿(IX,12);那么他们使用何种方法能达到目的呢? 他们首先合理使用奖惩制度。

建立这种奖惩制度充分说明柔和不是万能的。伊斯乔马科斯的妻子照料病人,而且乐此不疲。她觉得那些被她照料的人们表现得比以前更忠心(VII,37):她的女仆们围绕着她就像蜜蜂围绕着蜂后一样。同样后勤总管们也围着伊斯乔马科斯(XII,6),因为他善待他们。但是权威的建立既需要柔和也需要严厉;所需要之时,权威必须要严厉;它就像一门矫正术,永远要分清好坏曲直①。色诺芬在《远征记》中赞赏古雅典十将军的成员时持相同的观点。如我们所知道的那样,他描述了其中三位成员的形象。然而,如果说他所描述的最后一位,即美诺的形象最忧郁的话,那么另外两位的形象则恰好相反。这正反两种形象构成互补之象征。作为一种教育寓言,色诺芬先分别在他们身上让人看到了过度严厉和过度柔和的后果,然后再慢慢清楚明白地告诉人们最好的做法实际上是把两者结合起来:也许就像他本人那样刚柔并济! 第一位叫克莱阿科斯(Kléarkhos)的成员是一名军人,他只想打仗。他掌握了指挥艺术,因为他能为

① 如在上一章提到过的理论中,在"不可救药的"(XIV,8)情况中是无法避免的。同样看 XII,11—12。

自己的部队找到生活用品并能让手下服服帖帖。难道这就是全部的指挥艺术吗？克莱阿科斯之所以能让部队听他的话，是因为他对他们很粗暴(II,6,9)。这种粗暴的性格表现在一切事情上：他脸色阴沉，说话蛮横；他一直严惩不贷，有时甚至怒不可遏。他公开说："士兵必须比怕敌人更怕他的首领"。结果是，在危险之中人们服从他并信任他。但是，一旦危险排除，一切就变了：于是，色诺芬说，人们就会投奔另外一个首领："他一点都不和蔼，一直严厉而粗鲁，以至于士兵们对他的感情和学生们对自己老师的感情一样。这就是为什么一直没有人出于友爱和良好的意愿而追随他。"

普鲁科塞诺斯(Proksenos)恰好与之相反。他做梦都在行善并追求正义。他懂得指挥，但仅仅针对那些善人："他不懂得让自己的士兵们尊重和害怕自己。他对自己部下的敬重要多于部下对他的敬重；而且人们清楚看到他担忧自己会受到士兵们的仇视比士兵们担心不服从他的命令要更多。"(19)同样，他只赏不罚。

就这样，有素养的人喜欢他，但其他人则合谋反对他并戏弄他。因此不管是在家里还是在军队里，惩罚与奖赏、严厉与柔和要形成一种体系：彼此缺一不可。

相反，如同在伊索克拉底的著作中一样，君主们各有自己的问题。因为他们很容易变成僭主：显而易见，他们的最大价值就是懂得避免这种危险。和伊索克拉底《论交换》中的提摩太乌斯应当把少许亲切与他的严格结合起来一样，色诺芬的将军们在另外一个领域应该均等地把亲切与严厉结合起来。但是,如同伊索克拉底首先歌颂尼古克莱斯或埃瓦戈拉斯的柔和一样,色诺芬自愿强调君主们的柔和。正因为涉及到强大的君主们,所以他要更加卖力地强调,对这些君主们来说这种柔和代表着一种更大的价值。

斯巴达君主阿格西劳斯与《远征记》的将军们几乎没有什么差别。可是色诺芬经常谈论他的柔和。在前者写的关于后者的论著中,这种柔和既表现在战争行为中又表现在日常生活中。

也许阿格西劳斯是名军人,但他也不是不知道赢得人民的支持的技巧:他不仅仅想以武力让对手屈服,而且也想以柔和战胜他们(I,1,20:以他的 praotès)。他关心囚徒,囚徒们就这样对他产生了好感(22)。他也关怀被征服的城市。至于那些没有被征服的城市,他就用慷慨(philanthrôpia)来俘获它们的心。

同样,在日常生活中,他和蔼可亲(VIII,1)并总是平易近人(IX,2)。

论著在最后谈完斯巴达君主的虔诚之后再次提到了他的这种柔和:"在恐惧当中,他面带微笑;在幸福当中,他心中充满着柔情。"(XI,2:praos)但是色诺芬也指明,这种柔情不是无的放矢的。如同雅典的柔和一样,它懂得区别私人的错误和法官的错误:对最初的一些错误,他会宽大处理(XI,6)。正如德摩斯梯尼也想要的那样,他懂得分清敌友:阿格西劳斯"对他的朋友们非常温和,但对敌人则非常凶悍。"(XI,10)他的行为一直遵从恰如其分这一原则:他掂量对手,但从来不是在取得胜利之后；他从来不中敌人的圈套，但会轻易被朋友们感动。这种坚定而泰然的柔和把克莱阿科斯和普鲁科塞诺斯两个人各自拥有的品质集于一人之身。还是在这里，柔和完全与严厉浑然一体。

从某种意义上说，《居鲁士的教育》中的居鲁士也是如此，但他的柔和似乎这一次得到了加强和肯定，因为它的威力变得更强大了。

尽管史料在《居鲁士的教育》中很少受到尊重，对主人公的选择就能佐证这种诠释。事实上，希罗多德把居鲁士当作同龄年轻人之中"最诚实和最可爱的人"（I，123）。尤其是，他引用波斯人的看法，即把传奇般的君主们的柔和给了居鲁士（Cyrus）："波斯人说大流士（Darius）是个干非法勾当者，冈比西斯（Cambyse）如同主人，而居鲁士则如一位父亲"——这是"因为他温和（èpios），并且给他们弄到了各种各样的财物"（III，89）。况且，居鲁士对被他征服的君主们的宽厚确实是一件得到证实的历史事实。

色诺芬重拾了这一特点并进行了发展。他取消了居鲁士和他亲人们的争斗；他更喜欢把他说成是通过友爱关系而把波斯王国和米底亚（Médie）王国统一在了一起。况且，每当有可能时，他都会强调君主在每个领域中所表现出的柔和。

从一开始①，还是孩子的居鲁士的本性就被色诺芬用三个

---

① 色诺芬排除了这样的一种传统说法，即孩子的死亡可能在他出生时就被决定了。

最高级来形容,说他达到了人类之爱、知识与荣誉的顶点:第一个词是 φιλανθρωπότατος(I,2,1)。根据色诺芬对芒达妮(Mandanc)所说的话,这种本性与波斯的传统政治相契合:居鲁士应该把一切专制主义的东西都留给了米底亚人(Mèdes)、依法办事并且应该更像君主而非僭主(I,3,18)。不管怎样,从个人的角度看,年轻的居鲁士拥有博得小伙伴们好感的技巧:要从君主那儿得到某种东西,人们必须得通过他;他调解纠纷,因为他乐于助人(I,4,1:philanthrôpia);而且居鲁士证明他可以做到一个君主能做到的关怀备至——并且这种情感的关怀,看来是色诺芬的发明。

　　如果从头到尾看一遍,我们就会发现这种亲切是《居鲁士的教育》中的主人公的主要特点之一。他的诀窍就是交友(VIII,1,48)。他通过不断表现出来的 philanthrôpia[仁爱]而广交朋友(VIII,2,1):因为爱,所有恨的人是很难做到的,我们一点都不能被那些感觉被爱的人们所憎恨;居鲁士的关怀和善行就这样成了支持他同情心的理由。因此色诺芬重新把"像父亲一样"的君主之前的老观念据为己有:这一比喻被多次重复:它在VIII,1,1中被进一步扩大;它影响了波斯人对居鲁士的评价,并且这个在 VIII,1,44 和 VIII,2,9(在其中这一评价被作为一种特权给了居鲁士,即相对于其他的君主来说的一种特权)中[①]再次

---

　　① 　关于伊俄拉俄斯,狄奥多罗斯 IV,30,2,还提到,居鲁士曾经被它的臣民们称为父亲。

被提到。最后，一样的比喻又出现在了结束语当中——其可靠性虽令人怀疑，但其精神很符合色诺芬的思想①。

从作品整体上看，这种柔和表现在行为方面，并且经常获得好评。再者，它有最不同的形式——从最实用的到最具体的形式应有尽有，从色诺芬的角度看这并不让人感到惊讶。人们因此经常听说居鲁士邀请他的亲信们吃饭并热情友好地对待那些他招待和敬重的人。戈布里亚斯（Gobryas）甚至非常欣赏这种行为：他在第五卷 III 中宣称，直到那时我在居鲁士身上看到的只是一个战士，但他请众神作证，目前居鲁士在他看来似乎以他的 philanthrôpia 而不是以他的军事才能远超越了其他人（VIII，4，1）。居鲁士愿意接受恭维：他更喜欢慢慢地展现温文尔雅的品质而不是暴戾的品质！居鲁士平日这种谦恭而柔和性格使他明显有别于伊索克拉底所描述的君主们。

他的柔和尚有别于伊索克拉底的柔和，因为它主要表现在居鲁士最出色的以及让色诺芬非常感兴趣的领域，也就是说在战争领域。并且在这方面柔和的辐射面也很大：有对军队的柔和、对被征服者的柔和、对大家的柔和。因此柔和变成了一种获得成功的必要手段。

关于军队，色诺芬所描述的一贯理想就是让人服从自己，但

---

① 关于结束语，请参看 VIII，8，2。得勒拜克（E. Delebeque）的《论色诺芬的一生》，第 406 页，似乎采用一种很理性的视角，他认为这一段是色诺芬所写，但有一些是后来别人添加上去的。

同时也懂得让别人喜欢自己。除了战术之外，在冈比西斯教给居鲁士的原则当中有同情、关心士兵的健康并得到他人的忠诚、自愿服从和友爱[1]；为此，必须——我们也许能猜出来——褒贬结合、奖罚分明；也必须表现出自己的优越性；最后必须变成他人的施恩者并相信所有的朋友(I,6,19—26)。居鲁士将一直听从这一建议，并且这种对待士兵的方式将在他的部队里自上而下传播开来：人们看到他有一天在祝贺一位步兵司令，这位司令曾经让人计诱了他的人：居鲁士很高兴他"很柔和细心地"教育他们(II,3,21)。并且，根据色诺芬非常欣赏的习惯，他邀请司令和所有的随从共进晚餐![2]

况且，如同在伊索克拉底的作品中一样，好君主也注意把柔和引入到他所统治的人们当中：色诺芬喜欢揭示的细节之一就是这样的：他解释说，居鲁士坚持要在吃饭之前训练部队，直到士兵们大汗淋漓。非常好的操练，不仅安全而且对健康十分有利！但当我们看到这种训练在他眼里是一种柔和的形式时，我们只会感到惊讶："为了在人与人之间的关系中加入更多的柔和(II,1,29)，艰苦的活动对他来说是最合适不过的方法，因为一起劳作的马儿彼此之间会变得更温和。"

---

[1] 关于《居鲁士的教育》中这种故意不服从的观念，还请参看 III,1,28；IV,2,11；V,1,19；VII,4,14。对居鲁士的报答就是看到自己周围都是自愿者(IV,2,10)。

[2] 请参考前面一点同样的做法，在 II,3,17,关于一个精明的步兵司令和一个绝对服从他的连队。

但是居鲁士也特别通过对其他人民表现出柔和为自己增加了盟友数量。这里的例子不胜枚举。最著名的例子之一就是在前面第五章提到过的那个居鲁士对亚美尼亚君主的温和(III,1,22—30)的例子。然而,在亚美尼亚君主之子提格拉涅斯宣读的用以证明这种柔和的辩护词中,我们找到了对居鲁士君主的感激的论据:"在谁那里你能获得目前你从我们这里得到的这么多的友爱呢?"(28)实际上,提格拉涅斯将是居鲁士最可靠的同盟。

同样的温和也体现在了对待迦勒底人战争囚徒方面;居鲁士消除了他们的仇恨并让医生给他们治病(III,2,12);最后,他放他们返回家园,只要他们成为他的朋友,他一点都不会伤害他们。他使亚美尼亚人和迦勒底人重归于好并邀请两个新盟友坐在了一起!当他后来离开时,"亚美尼亚人和其他民众都来送行,称他为他们的恩人和英雄"(III,3,4);而且他们给了他比预想的更多的金钱和部队。另外,我们还看到他也同样温和地对待永远变成他忠诚盟友(VII,1,45)的埃及人,特别是克罗伊索斯(VII,2,26);居鲁士这一次甚至解释说,只有对朋友好才会获得他们的忠心(VIII,2,22)①。

还是同一个居鲁士,他收留了叛逃者戈布里亚斯(IV,6,8),并对宦官戛达塔斯(Gadatas)表现出友善(V,3,18—19),后

---

① 一般而言,居鲁士解释说,通过释放囚徒,我们就使得其他的人更服从而不是抵抗(IV,4,8):这是狄奥多图斯在修昔底德的作品中支持的论点。

来帮助了他,并因此激起了一种无限的感激之情(V,4,11 随后)——在此更不用说他对于伤者的关怀了。

最后,这种温和延伸到了他的军官和囚徒之中;并且二者在另一段与亚美尼亚的故事一样著名的故事中珠联璧合:已经在第四章提到过的美丽的庞泰的故事。居鲁士把漂亮的女俘交给了阿拉斯帕(Araspas)看管,阿拉斯帕爱上了她并想强暴她。阿拉斯帕满心羞愧地来到了居鲁士面前,但居鲁士考虑到爱情的力量不可阻挡,所以就原谅他。他把错误揽在了自己身上,因为是他不小心把危险的被俘的皇后交给了阿拉斯帕。阿拉斯帕很高兴地承认这是居鲁士的柔和与他对人类感情的理解的一个新证据。并且居鲁士利用这一点立刻派羞惭难当并失去信誉但却忠心耿耿的阿拉斯帕去做卧底。至于庞泰,她也请求丈夫帮助居鲁士:幸运总会降临在那些宽大为怀的人身上……

可是居鲁士的善意并不纯粹是算计:在第五卷 II(3,8 和11),当他看到为被杀死的丈夫戴孝的庞泰时,他所流下的同情之泪是真实的,正如同他给庞泰的礼遇一样,当他看到她自杀以后,他的同情之泪就是对美德的真心赞颂。居鲁士在一切事情上都是 praos 和 philanthrôpos,而且是发自内心的和真心诚意的。如果说他从中受益,只是因为在色诺芬的世界中如同伊索克拉底的世界中一样,优点总是得到它所引起的好感的报偿。

因此《居鲁士的教育》所阐述的学说是一以贯之的;并且它与色诺芬关于统治技艺的全部思考非常相似。

特别指出这一点是非常关键的,因为这一证据——如果需要的话——涉及到希腊学说。也许色诺芬精心挑选了自己的例子。居鲁士事实上是宽容的(他对于犹太人的态度清楚证明了这一点)。他的臣民们事实上也应该观察到了这一点。但色诺芬《居鲁士的教育》很少尊重历史事实,而且过于固执地在每篇论文中重复同一观点,以消除人们哪怕是一丁点的疑虑:他在颂扬居鲁士的文本中表达的恰是他自己的思想,并且以非常自由的方式表达。他在讲到波斯时这样做了,正如他讲到西西里岛或希腊其他地方时也这样做了一样,而且没有增加别的内容。

更有甚者,正如我们通过简单的叠加比较可以观察到的那样,这种思想非常类似于我们在伊索克拉底著作中读到的内容;唯一把两个人区分开的标志是应用范围的相异。这种雷同引起了各种各样的猜测,这些猜测涉及到这两个系列作品之间的时间关系和两个作者的真实意图。

实际上,由于没有具体的日期,所以确定《埃瓦戈拉斯》与《居鲁士的教育》之间的关系几乎是不可能的,它们也许在时间上非常接近。无论如何,两位作者学说中的常量使人们认为它是两者共有的并不可能简单看成是这样的影响或那样的临时性模仿①。或许虔诚地支持近似的一些论点也许伴随着一点小小的嫉妒:伊索克拉底不喜欢在《埃瓦戈拉斯》(37)中明确说他的主人公强于居鲁士?② 但不管人们怎么样争吵,这些争吵并不

---

① 我们可以认为是受到了苏格拉底的影响;总之,这些思想很自然是五世纪经验的总结和反思。

② 关于小居鲁士和《上行记》(Anabase),还请参考58。

比思想上的区别更重要。《埃瓦戈拉斯》和《居鲁士的教育》出现的年代相同,它们是两部赞美君主们的柔和的颂歌——一部在城邦领域,另一部在具体的生活和战争行为方面:每个人赞颂自己领域里的柔和;每个人代表一种共同的思潮并与自身的利益相结合。

相反,好像有更多的理由认为,把色诺芬与柏拉图区别开的分歧对辩论的意图提出了质疑①。

首先,有人说《居鲁士的教育》中所描写的政治组织在对柏拉图《理想国》开篇描写的组织予以批判的同时至少与其相一致。

这种肯定的担保者为奥勒斯·盖勒斯(Aulu-Gelle)②,但它不仅不可能在文本的细节得到令人信服的验证,而且无论如何也和柔和无关③。相反,在演变的另外一端,柏拉图在律法方面有时会令人想到《居鲁士的教育》,这毫无疑问。

在《美涅克塞努篇》中,居鲁士则被描述成一名专制君主,他

---

① 伊索克拉底与柏拉图之间的论战经常发生;但论战的主题是双方都感兴趣的——教育与哲学。

② 《阿提卡之夜》,XIV,3。这种传统重新出现在了第欧根尼·拉尔修作品中,III,34 和阿忒纳乌斯 505a。

③ 某些论点具有平行性一例如那些与劳动的划分有关的论点(《理想国》第 370b,参看《居鲁士的教育》II,1,21 和 VIII,2,5),与人民用来保卫对他们而言很珍贵的东西的热情有关的论点(《理想国》第 467a,参看《居鲁士的教育》IV,3,1—2),或者关于睡眠的意义的论点有关(《理想国》第 572a—b,参看《居鲁士的教育》,VIII,7,21)。但这些都是一些非常一般的思想;在这两个文本中没有出现任何争论。

"既奴役自己的同胞又奴役米底亚人(239d—e);在《法律篇》的第三卷中,他既是一名好将军又是一个忠诚于国家之人;而且他掌握着奴役与自由之间的平衡。这种态度是他取得成功的主要原因,因为士兵们更多的是君主的"朋友"并在面对危险时表现得更加英勇无畏。同样,居鲁士允许他的臣民自由表达思想并因此从他们的意见中受益;以至于因为自由、友爱和整体性,一切都取得了进步(694a—b)。我们可以说这是一个能和其他关于君主们的柔和所能带来的东西的分析相媲美的分析,这一点被居鲁士之后所发生的事情所肯定:当波斯君主们开始异动时,当他们给了专制更大的分量时,他们毁掉了国家中的一切友爱和整体性。这一点消失之后,统治者和被统治者之间变产生了分裂:统治者不再考虑一般大众的利益并开始集聚暴力,而被统治者则失去了对集体忠心不二的兴趣:在一种相互敌视的氛围中①,伟大的古波斯人于是便走向了灾难。

因此,关于君主的柔和的学说几乎大同小异:在这一方面,柏拉图本来应该在此与伊索克拉底和色诺芬放在一起被研究,但他一般来说拒绝考虑柔和并推崇严格意义上的善和正义之理想②。

再说,他们之间的细微区别在一些奇特短语中就显现了出来,这些短语把《法律篇》的第三卷与《居鲁士的教育》对立了

---

① 请参考697d的美文。

② 他对僭政的谴责比对其他两个的政治的谴责要严厉得多。确切说,这就是为什么它在这里被放到了一边:它使柏拉图远远超越了柔和或宽容的概念。

起来。

尤其是,尽管居鲁士在《法律篇》中也是很节制的人,但他在任何方面都非色诺芬笔下的居鲁士。柏拉图明显带有恶意地宣称,居鲁士根本就不懂什么是好的 paideia[教育](简言之,是抨击色诺芬的《居鲁士的教育》所用的两个词 Cyro-pédie)并且他从来没有对《家政》(oikonomia)(对《经济论》的作者来说是很珍贵的)①感兴趣过。

同样,两个作者(假如《居鲁士的教育》的跋确实出于色诺芬之手的话)都讲居鲁士之后的波斯之没落,但《居鲁士的教育》是用不同的理由来解释这一事实的,在这些理由当中也许有分配补偿的方式和军事习俗的变化;相反,一切在《法律篇》中都被归因于君主们所接受的教育,因为这些教育并没有教他们向善。

即使柏拉图没有含沙射影地回应色诺芬,这些细节上的区别也足以说明问题②。色诺芬的居鲁士接受的是一种有关打猎与战争的教育;他的柔和来自于他善良的本性和某种利益的驱使。对柏拉图而言,这样的优点是存在的,而且是值得赞赏的,但这些不是一位真正的国君所具有的优点,因为真正的国君应该在对善的静思中被培育并应该让经过深思熟虑之后制定出治国安邦之策。《居鲁士的教育》与《理想国》处在两个极端的位置。

---

① 有些人不相信影射是有意的;它总而言之是不同观点的一种区别特点。

② 有其他的一些东西与我们的研究没有关系——例如给女人的地位。

实际上,人们就这些文本之间的关系提出过很多疑问这一事实毕竟是时间留下的标记。我们也许可以补充的是,安提斯梯尼曾经好像写过几部关于居鲁士论著:议事日程上的政治问题应该是君主们的问题。在亚里士多德之前,我们看到柏拉图、色诺芬、伊索克拉底和君主们都维持着个人关系;他们都写过有关僭政的文本;他们都描绘过理想的君主制度的蓝图。希腊化时代的君主制度在这些并存的研究中得到了预示。并且未来如此多世纪使用的歌颂君主的颂辞找到了它们的共同源头,原来是四世纪人们为了努力纠正僭政而向权威中引入的补充因素,那时的这一新因素主要是由柔和构成。

　　我们所看过的论著提供了起点:接下来只需要思考、补全、继续。此外,我们必须记住的是,这些论著中的一些在几个世纪里产生着间接的或直接的影响。我们后面再谈这个问题。我们看到它们的影响在某些个案中还是很大的。色诺芬的《居鲁士的教育》在这点上表现尤为突出(《阿格西劳斯传》在稍逊的程度上)。每个对君主制进行思索的古希腊人都读过他的著作。首先是那些论著的作者们,对于他们来说,居鲁士在色诺芬和安提斯梯尼之后就一直是一个特例。历史学家们也读关于他的作品,而不仅是这位获得了"小色诺芬"的称号阿里安(Arrien)在读。君主们本人也读他的东西,从亚历山大,这位居鲁士的最大的仰慕者算起。他的作品同样受被罗马人的青睐。西塞罗在给他兄弟的一封信(I,1,23)中谈到斯奇皮奥·艾米利阿努斯时说:"色诺芬不是依据史实来写下了著名的'居鲁士',而是为了提供一个政府应有的形象：他给自己的主人公赋予了一种极端的严厉，这种严厉同时又依附于一种非常特殊的亲和(singulari comitate)；并且我们伟大的斯奇皮奥对该书一直爱不释手不是没有道理的：事实上，该书没有忽略一位明君应尽的任何义务"。西塞罗同时鼓励他的兄弟运用让人喜欢自己的艺术并惊讶地发现其他一些人却比他运用得更为出色："可是他们不了解色诺芬的居鲁士和他的阿格西劳斯，尽管这些君主们非常强大，但他们从来没有对任何人哪怕是轻轻地说过一句伤人的话"(I，2，7)[1]。凯撒同样读《居鲁士的教育》并跟他的朋友们讲[苏维托尼乌斯(Suétone)，《凯撒传》，87]。另外，这种影响应该一直持续到拜占庭帝国时期：昔兰尼的西内修斯在他对阿卡狄奥斯皇帝(Arcadius)所做的《论王权》的演讲中说道，"对朋友们的忠诚使得居鲁士如同阿格西劳斯一样成了古希腊人和野蛮人中最有名的君主"(1072d；还请参考1088a)。在古希腊思想和古希腊罗马思想中，君主们的柔和因此显而易见是这种内容丰富的思考的一部分，这种思考在公元前四世纪上半叶的雅典占有一席之地。

---

[1]　参考《理想国》，I，27。

第九章
关于城邦政治：缺乏柔和的危险

城邦与城邦之间的关系与城邦内部的关系截然相反。正常情况下，这些关系似乎由战争来支配；表现在这些关系中的美德首先属于勇气的范畴；并且要唤起的感情与害怕类似，因而没有柔和的诱惑。然而，经验很快告诉古希腊人，柔和用在内部可能是毁灭性的，但用在外部却有出乎预料的好处。因此，他们最初立场与观念的演变恰恰是相反的。

可是，如果我们在此不再一次区分政治的不同层面就无法谈论这种演变。

显然，一个城邦必须强大。当它受到一名劲敌的威胁时和战争正在酝酿或者已爆发之时，它更应该变得更强大。

伯罗奔尼撒战争让人有机会可以说，并能反复强调，一切权威都是基于力量和恐惧；在四世纪那种贫瘠的时代，人们遗忘了这一点，何况柔和还是一种时尚：德摩斯梯尼应该是费了九牛二虎之力才重新让他的同胞们用比较现实的眼光来看世界；并且可能对修昔底德的阅读助他获得了这种眼光。不管怎样，在他眼里，首要的规则是永远不要相信对手的柔和。

从最初的几篇演讲开始，我们看到他非常多疑和警觉：如同修昔底德的雅典人请米洛斯岛人对拉凯戴孟人的虚伪予以重视一样（"据我们所知，没有人民有如此明确的习惯，即觉得让自己愉悦的东西就美好并且为自己利益服务的东西就公正"，他们在 V，105，4 中说）。同样，德摩斯梯尼不愿意相信某些人对这些拉凯戴孟人的好感："他们这种慷慨之心（philanthrôpos）确实来得有点晚"，他在《支持麦加洛城人民的演说》中写道。

我们又找到了对凯索伯乐泰斯（Kersobleptès）和卡里戴墨（Charidème）一样的态度：照他们朋友们所宣称的那样，他们对雅典充满善意（《反驳亚里士多德》，13：这个词是 philanthrôpos），这完全是一派谎言。

但不信任是特别针对菲利普和替他说话的人们的所谓的慷慨。德摩斯梯尼在《使节》这篇演讲中宣称菲利普的信"既漂亮又充满人性"（39：philanthrôpos），但却是空话连篇，而且只是一个诱饵罢了。埃斯基涅相信能与菲利普和平相处：和平，一个美丽的字眼（95：philanthrôpon）①，但却是骗人和危险的。有时，人们可能让菲利普通过自己的行为证明他的 philanthrôpia：底比斯人就这么做过（140）。但是，这种 philanthrôpia 经常只是一个骗

---

① 意思似乎是：一个指某种善举的词，后来指很受欢迎的某种东西的词。翻译成"民间的"有点勉强。

傻瓜的花招；带有这种色彩的诺言多是为了蒙骗雅典(220)。菲利普雇佣的所有叛徒都被要求讲话时要把人情挂在嘴边(315)：这属于他计划的一部分。这确实已经是德摩斯梯尼将在演讲《金冠辩》中所称为的"人性，(菲利普)对雅典就很有人性"(231：philanthrôpia)①。

或许应该补充的是，对雅典本身来说，柔和与慷慨是最经常被使用的词，因为它对正义与慷慨的抗议(《第二篇菲利普辞》，1)经常没有任何具体的效果。Philanthrôpia 在这里也没有具体的体现②。从整体上看，Philanthrôpia 似乎因此在国际政治中没有任何地位。它可以提供一些外交方面的论据③，但既不要相信它的现实，也不要单方面在一个不懂得它的世界上实践它。

事实上，德摩斯梯尼的现实主义独特之处在于它表达思想时所用的力量：这就是它值得在这里作为范例的地方，而与年代方面的考虑没有关系。剩下的就很清楚了，它与一种深深根植于希腊思想中的区分相符合，并且我们也在不同时期的不同作者那里找到了这一区别的证据。这种区分就是要把在一个团体内部起作用和在外部起作用的道义学(déontologie)从根本上对立起来，因为根据涉及的是里或外、是友或是敌，所要表现的美

---

① 他说人收获到了果实；该短语不是想说"合理地"，如人门有时所理解的那样，而是："这样非常好"请参看 *Midienne*，212。

② 同样，这是在《反驳提摩克拉底》191 中纯粹是一种撒谎的态度。

③ 它可以面对舆论扮演一个角色；看《支持麦加洛城人民的演说》，9。它甚至在《关于阿洛尼索斯岛》，31(它不是德摩斯梯尼所写)获得了一种理想的价值。

德是不相同的。

德摩斯梯尼对此有很强烈的意识;而且我们多次在他的作品中遇到过这种状况。因此,他在《论财政机构》16 的演讲中说:"我们知道,法院是私人权利的保护者,但我们是靠武力征服敌人的,城邦的永福是以武力为基础的。一个议会的表决不可能让一支军队获胜,但军队战胜了敌人就可以让你们随意投票并保证了你们的安全。并且正是为此人们必须以武力恫吓而让人害怕,但当审判之时要表现得有人性"。人们不可能让 philanthrôpia 远离国际领域。并且对立在其他地方被重启:在《关于凯索涅苏斯》(32—34) 的演讲中,德摩斯梯尼对雅典人不同行为举止所造成的坏名声感到非常生气:"我们有一些政治家在议会中让你们令人害怕并易怒,但在准备打仗时却让你们表现得软弱又让人鄙视……唉,恰好相反,雅典人,你们的政治人物本应该是让你们在议会中习惯于温文尔雅和有人性,因为在那里讨论的问题只关乎你们和你们盟友之间的权利,但在准备打仗时会向你们显得既勇猛又严明,因为你们是在与你们的对手和敌人打交道。除了这之外,他们通过煽动和献殷勤来拉拢你们,以至于在你们的议会中,你们装高尚,你们让别人奉承自己,只让别人说你们爱听的话,但事件按照自己的进程在发展,于是你们就处在极度的危险之中。"①

---

① 译文在这里有点自由:希腊的句子清晰地提出过度的为何(或软弱)置城邦与危险之中,正如动不动就愤怒的人民容易受到煽动一样。

德摩斯梯尼使用这种二分法的图式是为了指责雅典的行为，但我们在其他一些作者那里也找到了它，这些作者所追求的不一定是同一目标——像色诺芬或者柏拉图那样。这些文本事实上展现出一种高度的相似性，这一相似性足够让人们找出一个大家都熟悉的主题的存在。

对色诺芬而言，他主要赞颂阿格西劳斯：他不失时机地说他拥有两种互补的美德，每样美德被应用于自己的领域：他的地位非常之高并对他的朋友们非常温和，而在他的敌人看来他又非常可怕（《阿格西劳斯》，XI，10）。

同样，柏拉图本人在《理想国》中宣称，他的城邦卫士们应该像忠诚的看门狗：对家里人和他们的熟人十分温顺，但对外人和敌人则非常凶恶（II，375c—e）。他在《蒂迈欧篇》中还重复说，卫士们应该对他们所指挥的人和从本质上讲是他们朋友的人温和执法，但他们在战斗中对遇到的敌人必须毫不留情（18a）。

对这些思考中一些思想体系的阐述本身就表明它们的区别很久之前就已经存在了，人们从抒情诗开始就遇到过，并且这一阐述在各方面都把"朋友"与"敌人"分得一清二楚。柏拉图应该在道德领域传承了这种阐述，同时他在《理想国》第一卷中对它进行了有力批判。因此我们看到，当涉及到城邦之间关系时，柏拉图给这一阐述留下了很宝贵的东西。这使得他在此极其罕见地把柔和加入到了美德之中①，但柔和不会以任何方式侵入外

---

① 请参考下文，第262—264页。

部关系的领域。

因此,对于这些不同的作者来说(并对于其他一些在不同时期重复同样观念的作者们来说[①]),这一领域似乎原则上排除了使用柔和的可能性。

可是这种使用应该也被人接受过——至少在某些个案当中。从五世纪起,这方面的需要开始被感觉到了;并且修昔底德的现实主义作品已经相当清晰地告诫说,使用武力恫吓并让人恐惧的方法终究是火中取栗。

*　*　*

伯罗奔尼撒战争时期的形势与德摩斯梯尼所经历的时代没有任何共同之处。在菲利普面前,相信柔和或只参照它就等于自取灭亡。相反,柔和可能适合一个城邦处在支配地位且其态度可能被当作君主们的态度一样来看待的所有情况。修昔底德为其写过历史的雅典相对于它的对手们和从属于它的城邦而言就处在这样的支配地位上。

当人们用武力来保障自己的优势时,节制,也就是说柔和不但不会带来任何麻烦,反而可以是一条良策。这种观念暗含在修昔底德关于雅典的错误之一所做的分析当中——在占领了皮

①　请参考斯塔提乌斯,《短诗集》,IV,3,134:"他(指图密善)是和平之友,他以武器令人畏惧(hic paci bonus,hic timendus armis)"。

211

洛斯之后,拒绝与斯巴达缔结和约。

事实上,修昔底德很明确地把这一拒绝视为一个政治上的错误。并且他在第四卷中认为有一篇假托斯巴达使节们所做的演讲,这篇演讲在该作品中似乎是一种警告。这些使节们特别指出,只有一个在节制情况下达成的和平才能成为可持续的和平。在修昔底德所写的历史中,没有任何声音起来回应这种论据;并且事件的后续应该从相反的方面指出它的正确性,因为在不同条件下达成的和平事实上是不可持续的。然而这种有限的和平在演讲中被叫作一种"朝着柔和方向"(IV,19,2)而达成的和平。因此言下之意是,更多一点的柔和也许能让雅典避免这场如此漫长而造成巨大损失的战争。

但特别有一种情况,在这种情况中城邦扮演的正是一位君主角色,因为雅典统治着附属于它的城邦,如同一位君主支配着服从于他的个体一样。事实上,雅典帝国是——人人几乎都这么说——一个以武力为依靠的僭政,所以那些被它压制的城邦都是违心服从它而已。因此雅典可能把自己暴露于任何危险之下,这些危险在正常情况下构成对僭政的威胁。

许久以来,某些智者指责雅典放任自己被带上了这条路,它既让人良心不安又显得轻率鲁莽。当伯里克利用盟友的钱修建雅典卫城(Acropole)时,普鲁塔克详述了这一政策在雅典本地所引起的抗议(《伯里克利传》,12)。有人在议会中高喊"人民不但蒙受了耻辱,而且因为把希腊人的共有财产运到得洛斯岛来而声名狼藉";并且只把这些共有财产花在雅典人身上让事态更加恶化:"因此希腊认为自己是一种可怕的暴力和一种明显的僭政的受害者。"

人们知道,伯里克利不会轻易任人摆布。相反,他应该接受——而且大多数雅典人都站在他一边——雅典帝国实际上就是一个僭政,它并不被大家看好并且是一个由武力维持的和从此之后建立在武力之上的政权。伯里克利在修昔底德思想中认识到了这一点,当他说雅典没有选择的余地之时:"这种帝国,你们不再可能抛弃它了,因为在目前你们中的一些人因为害怕或者因为不想给自己惹麻烦而做出这些道德高尚的打算。那么,它在你们的手中构成了一种僭政,帝国的获得似乎是不公正的,但放弃它却是危险的。"(II,53,2)必须接受不得人心——"被憎恶和现时的卑鄙无耻曾一直是取得帝国者的命运。"(54,5)

这种关于帝国的观念不是出于他本人。第一卷中的雅典人分享了这一观念,当他们解释说,他们的盟主权转变成帝国已经是不可避免的:"只要我们行使这种权力,我们就首先必须让它名副事实,我们主要是因为害怕,然后也是为了荣誉,而且后来出于利益的考虑;从此,因为我们是大部分人仇恨的目标,甚至因为一些人在变节之后已经逃到你们的身边,我们遇到的不再是的友爱,而是怀疑和纷争。于是我们从自己的安全角度考虑,觉得不再冒险袖手旁观了。"(I,75,3—4)

修昔底德的作品中这种观念应该主宰着后来的雅典政治。它提倡压迫与征服。克里昂在谈到关于米提林

(Mytilène)的一场辩论时提到过这一点;而且人们显然理解他的理由也是为稍后针对托罗奈(Toronè)、斯克奈(Skioné)和米洛斯(Mélos)所实施的残暴镇压辩解。雅典人提起它是想为他们削弱米洛斯辩护;并且阿尔喀比亚德使用它是为了对西西里岛远征辩解。

然而,这种政治排斥柔和;并且修昔底德通过克里昂之口来解释这一点。事实上,在第三卷中,克里昂几乎一字不落地抄袭了伯里克利的分析;他甚至沿用了伯里克利此前使用的僭政这一术语:"你们忘了,帝国在你们手中构成一种僭政,它对人民施加影响,而人民则对这种帝国形成潜在的威胁并很不情愿地忍受着它;他们的服从不是来自于你们在损害自己利益的情况下能给予他们的恩惠,而是来自于你们通过武力而不是良好的意愿施予他们的影响。"(III,37,2)但这一次,这种分析明确的目的是排除宽容。克里昂清楚地说:他清楚地指出雅典人在城邦内部习以为常的容忍①是如何险些让他们在与盟友的关系中迷失,因为他们在这方面也被怜悯所触动(37,2:)。这是一个危险的弱点:对反抗的臣民是没有宽容可言的(40,1);而且根据克里昂所说,三种对帝国危害最大的感情是怜悯(40,2)、雄辩的乐趣和温和(出处同上)。我们在此看到了所熟悉的柔和的词汇和雅典政治生活中的诱惑(tentations)的词汇。克里昂悯明确说,因

① 这一希腊语表达方式在前面第98页被引用过。这种宽容与民主相关,这又一次被前面的句子所证实:"我们经常有机会看到民主是一种无力考验帝国的制度。

214

为怜悯是不会得到报答的[①]并且一定会引起盟友的敌意,所以更有理由惧怕怜悯;至于温和,因为它一般而言是"被用在那些将来我们还可以信任的人的身上,而不是那些很可能是敌人的残余且顽固不化的人身上,所以它更不合适"(40,3)[②]。因此帝国—僭政的本质是排斥不同形式的柔和并导致这种政治在这一具体情况下危机四伏。

被夹在臣民的仇恨与尚不是其臣民的人的恐惧之间的雅典只有通过不断增强这些恐惧感来保护自己,以便得到所有那些觊觎它和想报复它的人们的尊重。它不仅不可能实施柔和,而且也可能变得越来越不柔和。只有第一卷中的雅典人断言曾经有过这样的表现;而且众多的针对城邦的诉讼的存在在此作为证据被引用:以它为目标的批评部分地归因于它的节制(I,76,4),而它本来可以动用武力之。但是后来雅典人不再有这些骄傲:帝国—僭政越来越没有可能有这样一种奢望。

因此人们可能认为对雅典民主弥足珍贵的柔和在此既没有任何发展的可能性,也没有为自己的事业辩护的可能性。可是这种情景在修昔底德的作品中得到了清晰的分析,其清晰性本身就暗示着当时的雅典人就感觉到了一个问题。并且事实是,当我们仔细观察时,我们在这位修昔底德的现实主义作品中发现了所有的起点,这些起点就是后来发展成对柔和

---

① 我们在这里又找到了上一章所指出的相互性的要求。

② 请参考37,2。

有利的关于城邦的不同理论①。首先,我们要看一看该作品中对这种缺少柔和的政治的无情揭露,因为柔和在其中虽然被描述,但它并不比以前曾拒绝与斯巴达达成一种有限的和平政策更受到支持。

如果说第一卷中的雅典人在雅典的态度中找到了柔和的痕迹,那么盟友们却什么痕迹都没有找到;并且修昔底德给第一个伟大的变节,即米提林的变节提供了这种解释,比较好的说法是这种辩解。

米提林人也想与雅典达成妥协(III,4,2),但他们一点都不相信会做到这一点;事实上,他们的使者没有签任何协议就回来了(5,1)。于是,他们就脱离了雅典并去斯巴达那里为他们的行为辩解,他们说与雅典结盟得不到信任:"哪种协议可以保证获得友爱和自由,在这种协议中我们不但违心地维持着与他们的关系,而且他们在战时由于担心而会提防我们,而我们在和平时期则以同样的心态对待他们? 效忠特别给予其他人的一种保证的可靠性就是害怕向我们保证的可靠性。"(12,1)人们不能再清晰地指出,雅典的权威既不受任何忠心也不受任何信任的支持,因此它更可能遭遇背叛。

可是,米提林的反叛被雅典人粉碎。在有关惩罚的辩论中,克里昂(他的一些思考刚被引用过)倾向于严厉惩处,而狄奥多

---

① 我们试着在一篇题为"修昔底德的作品中的公正与善良"的文章中说明这一问题,见 *Phoenix*,1974 年(玛丽-怀特合集),第 95—100 页。

图斯则主张用怀柔政策。但是后者并不是不分青红皂白地支持这种政策:他也揭露它那令人恼火的蛊惑力,他希望雅典人不要太偏向于"怜悯或温和"[1]这些纯粹情感性的态度。这些异议相当清楚地表明雅典帝国主义在这些决定中不可能再给这样的一些思考任何机会;这就是为什么狄奥多图斯排除了它们。可是,从雅典的利益出发,他想要证明一种温和的态度也许可能是比严厉更好的一种盘算:温和作为感情被排除只是为了作为理性的盘算被重新重视。事实上,狄奥多图斯解释说严厉从来就不足以阻止错误的发生:应该做的是什么都做以预防变节,并且当变节发生之后通过限定责任人的数量而达到减轻变节造成的后果之目的:"目前,全城邦的人民都站在你们一边并且不会参与贵族的叛乱,或者,人民被迫这样做的话,很快就被证明变成叛乱者的敌人,以至于你们就与城邦里与你们对立的群众联盟开战。如果你们毁灭米提林的人民……,那么你们将实现显贵们最美好的愿望:在他们所挑起的变节中,他们将很快得到人民的联盟……相反,即使他们是罪犯,我们应该装着不知道,目的是为了不招来我们剩下的唯一盟友的敌意。"(47,2—4)

虽然雅典帝国似乎排斥柔和,但很可能存在着一种政治,这一政治以利益的名义把柔和付诸实践。帝国会像城邦里的公民们那样做:它视而不见以便融洽相处[2]! 它这样至少可以让那

---

① III,48,1。

② 请参看上文,第131—132页。

些自己依然可以依靠的人们变得更忠心;并且有限的惩罚通过留下一些忠心耿耿的人也转向有利于自己的方向。

当人们知道严厉的政治即使不是在米提林的情况中至少也是在对待接下来的一切反叛中占了上风之时,并且当这些反叛在布拉西达斯的帮助下不断扩大之时,人们很难摆脱这样的印象,即狄奥多图斯在此引出了这种演变的理由之一:这一演变最终可能失去雅典。然而,同样不可忽视的是,这种为从政治上看很有用的柔和所写的第一个辩护词让人们发现了民意在政治上所扮演的角色。因此正义或柔和或慷慨可以变成有益的东西,因为人民非常喜爱它们。事实上,狄奥多图斯并不维护作为美德的同情与温和,远非如此:重要的是所用词是表达"有利的($\varepsilon\check{\upsilon}\nu o\upsilon\varsigma$)"意见的词。并且有利于柔和的整个论述就是这样被宣布了,伊索克拉底、色诺芬和波利比乌斯等人将要介绍这种柔和。在一个众神不再立刻奖励美德的世界上,人们的同情便以一种新的方式继续来奖励它们。不管怎样,柔和换回来的是忠心耿耿。

确切说,因为拉凯戴孟人布拉西达斯面对雅典的严厉非常聪明地在雅典臣民身上实验了一种柔和政治以鼓励他们反抗,所以这种严厉变得更加危险并且对公众的意见影响更大。他答应让他们独立自主。他许诺他们他将不会支持贵族(IV,86)。他提供一些很一般的条件(105)。因此这种态度对各城邦里的意见产生了影响,人们于是就转而支持他。很多人准备起义,也许在很大程度上是因为他的成功和"他的柔和"(108,3)。我们也许还可以在这里更清晰地指明,在盟友看来,如果严厉是危险的话,那么柔和似乎是有利可图的,因为它一直会对公众意见产生影响。

但在修昔底德的作品中还有一种稍直白的警告:就是米洛斯岛人的警告。首先,他们小心翼翼地指出,旨在开启对话、并被他们称为 ἐπιείκεια(V,86)的好方法与武力的威胁是水火不相容的。然后他们更加小心翼翼地问,雅典是否在这样的行为中得不到任何东西,即要根据一种公平的正义来对待深处危险之中的人们,并且他们是否能从 τὰ εἰκότα[①]δίκαια 中获益(90):雅典也许有一天不会处于困境之中吗? 人们不可以忘记,正是依照这个论据,索福克勒斯的奥德修斯才奠定了他关于宽恕的意义:他在这里只是采用了一种更实用的表达方式——与雅典人自己掌握的规则相符。并且米洛斯岛人在强调这样的一种习惯也许能为雅典带来好处的同时再一次提到,但这一次直接对雅典人说出他们的严厉会给自己带来风险:当中立的人民看到在米洛斯所发生的事情时,他们难道不害怕吗? "你们的所作所为除了让你现在的敌人变得更强大并迫使那些从前连想都没有想过的人们无可奈何地变成你的敌人之外还能起什么作用呢?"(98)

因此,我们可以在修昔底德著作中看到的不是一篇为柔和或慷慨的辩护词——他和狄奥多图斯一样对柔和或慷慨的精神保持疏离,而是对雅典政治及其僵硬的一个详细而清晰的分析,因为在他看来,正是这种僵硬慢慢从根基上毁了希腊。从此以

---

① 或者是:τὰ εἰκότα καὶ δίκαια。该表达是故意被弄得模棱两可;εἰκός 一词与 δίκαια 较近,它在各种场合让人想到 ἐπιείκεια。

后事实是显而易见的:在与其他城邦的关系领域,一个柔和的规划一点也不与无任何幻想的现实主义相左。

确切说,正是因为这个理由,我们才在希腊文献中看到了这一初看起来互相矛盾的现象:柔和政治的好处在这样的一种政治实践最不常有的时期开始出显现了——正如有关柔和、宽容和宽恕的价值在一个处于战争中的城邦的生活条件本身最能让人思念和追求这些价值的时期出现并发扬光大。

＊　　＊　　＊

不管怎样,关于与其他城邦的关系,似乎有其他一些声音在战时的雅典就已经开始提高调门了,目的是为了要求采用一些不同的手段。

其中最坚定、最为人所知的声音就是阿里斯托芬的声音,他爱和平胜过爱一切,在每个领域中都呼唤柔和,尤其是在我们刚看过的那些领域中。

他衷心喜欢柔和。重读《马蜂》中他通过布得吕克勒翁之口唱出的对宽容的美丽颂辞确实是一种乐趣:一首美丽的抒情诗,其诗句中包含了有关柔和的全部词语和全部的形象。这实际上是一篇祷告,请求布得吕克勒翁不要做一个严厉的法官:"给他的小性情中加一点的安卡拉(Ancyre)的蜜糖,但愿他从此以后对人很温和,对被告要比对原告更慈悲,但愿他同那些乞求他的人们一起流泪,但愿他不要矫枉过正,不要过于悲伤,也不要过于愤怒。"(878—884)

从表面上看,像克里昂这样蛊惑人心的政客,通过让人民享用很多充公来的东西几乎毁了这种宽容,但它似乎就在这样的一种过渡中深深地扎根在了雅典的心中。当我们在外部领域重新找到它时,它具有了节制的形式和一种更新颖的特性。

首先是和斯巴达,阿里斯托芬祝愿人们尽早并以最可持续的方式相处。这是他的喜剧最常见的主题之一。并且,在《和平》中,他毫不犹豫地说,为了得到这种和平,雅典放弃自己一部分抱负是值得的。赫尔墨斯在这些雅典人身上看到:"如果他们真的想让和平的曙光出现,那他们就应该往海的方向退一点"(507)。因此阿里斯托芬和修昔底德一样哀叹道,在占领了皮洛斯之后,人们并没有缔结任何和平协定:最后,和平之神并不高兴!"他在皮洛斯事件之后自愿让给城邦带来了很多次休战,并且他还被你们的议会三次投票否决。"(665—667)阿里斯托芬后来会走得更远并将同样介绍"和解";事实上,在《吕西斯特拉忒》中,妇女们获得的全新权力的主要目的是把拉凯戴孟人和雅典人拉近,"不是生硬而高傲地,也不是笨拙地,就像我们这里的人所做的那样,而是像优雅地对待女人那样。"(1116—1118)其实《吕西斯特拉忒》第一次在雅典,至少在保留下来的文本中,发展了一项泛希腊主义的整体性计划①。

这样一个计划很显然位于《和平》的路线中,并且只是补充

---

① 请参考梅若迪特-胡吉勒(Meredith Hugill)的著作,《阿里斯托芬著作中的泛希腊主义》,芝加哥大学出版,1936 年。

和确定这出戏的计划。然而,重要的是要注意到柔和在其中无处不在。事实上,阿里斯托芬算定这种整体性政策将会把少许这种相互宽容引入到古希腊人中间,正常情况下,这种宽容在城邦内部和在有亲属关系的人当中很盛行。应该对此感到很惊讶吗?古希腊人之间都是亲属,至少亲如同胞!于是正是这个阿里斯托芬,他为这种新型的友爱——希腊的友爱——使用了一系列展现柔和与宽容的词语:"用友爱的汁液重新绝对地把我们希腊人黏合在一起并在我们的性情中加一点甜蜜的宽容吧。"(996—999)"甜蜜的宽容"这一搭配在法语中听起来很别扭!

我们看到,这种热情洋溢的观念在很大程度上超越了修昔底德的作品中所包含的那些冷冰冰的利益计算。这些计算给负面的论证增加了追求一种理想的热情。因为伊索克拉底应该在下一个世纪非常确切地把两种传统组合在一起,所以这种区别才更值得注意:和修昔底德一样,论证与僭政相关的错误,并和阿里斯托芬一样,呼唤一种整体性的理想。

同样的区别或多或少也存在于国际政治的第二个方面——也就是说与盟友的关系。

阿里斯托芬从自己的职业生涯一开始似乎就反对人们对待盟友的方式。在《巴比伦人》中,他们被当作推石磨的奴隶。我们在别处找到了一些对这种方式的影射,比如对"整治"优卑亚岛(Eubée)①(也就是说在伯罗奔尼撒战争中镇压岛上的反叛)

---

① 请参考《马蜂》,715 和《云》,212;我们可以与普鲁塔克所引用的喜剧残篇进行比较,《伯里克利传》,7,8。

方式的影射,或者对针对墨伽拉市所发布的法令的影射。再者,阿里斯托芬和修昔底德一样都讲"僭政"①。因此,在《和平》中对内和对外均采取柔和策略就没有什么奇怪的了。我们在里面看到了已经引用过的愿望,即希望雅典人都温文尔雅(934):"我们就这样将成为彼此的羔羊并且对我们的盟友更友善。"(936)

当涉及到与一般古希腊人的关系(《和平》,998)和盟友(出处同上,936)的关系时,我们看到同一个比较又出现了。这是一个很能说明问题的比较:它确认这种对柔和的呼唤是对严重缺乏柔和的一种现状的反应。严酷的时代需要一些温和的东西加以缓解并需要转向其他事情:这样的时代要求人们要"更温和"。

阿里斯托芬的其他戏剧有时会间接论及对盟友柔和这一主题。我们也可以把这些戏剧比作《吕西斯特拉忒》中的漂亮的羊毛线团的形象。说真的,这一形象和盟友没有关系:雅典那时是严重分裂的,第一个要重新创建的统一体是城邦自身的统一体,这是该剧考虑的唯一的统一体。为此,人们将进行挑选并把所有的好羊毛线收集起来,把这些线串起来并卷成一个大团,这个大线团代表着"共同的良好意愿"(579)。然而,我们已经能注意到,在这些毛线当中出现了居住在雅典的异帮侨民、雅典的异邦朋友和住着隶农的城市。但尤其让人惊讶地看到,忠心(eunoia)这一角色占据着那么重要的位置,就像在修昔底德的狄奥多图斯那里一样,而且它同时还具有一种更活泼和更热情的

---

① 《骑士》,1114;可是该段没有任何东西可被视为一种直接的批判。

特性。

伊索克拉底应该把这两种传统结合在了一起。他应该是从修昔底德思想中借鉴了这一观念，即对盟友柔和是有用的和有益的观念；另一方面，他远远超越了阿里斯托芬，他应该是在他之后设想了这种美丽而和坚固的统一体，这不再是一个城邦为自己的生存而斗争的统一体，而是一种由雅典根据柔和之路领导的一个联盟的统一体。

因此，修昔底德和阿里斯托芬已经把我们引向了伊索克拉底。也许他们不是唯一一为他开辟了道路之人。

在不用搜集五世纪其他的一些为未来的泛希腊主义做准备的证据、不用引用欧里庇得斯和高尔吉亚、不用搜集对一种谦逊的对外政治之美或有用性的影射的情况下，至少有最后一个文本，我们可以把它与已经在此看过的文本进行比较。原则上，这个文本被推定为一篇当代的文本。然而，这是写于古典希腊的最热情洋溢的辩护词，歌颂是对其他人民的怀柔之情。这不是古雅典人的文本，而是叙拉古人尼古劳斯的演讲，是西西里岛的狄奥多罗斯在第 XIII 卷 20—27 中传下来给我们的。

这一演讲被认为是上面的那个尼古劳斯所做的，其目的是为了要求人们要人道地对待雅典人，这些雅典人是修昔底德所讲述的、在著名的西西里岛的远征中被俘虏的囚徒。

实际上，非常令人怀疑的是，这不是说不可能，这一演讲是否可以真的追溯到五世纪。狄奥多罗斯确实是西西里岛人，他因此能够了解当地的一些资源，这些资源可能保留着尼古劳斯曾经介入的痕迹。况且,是不是在同一时期或几乎在同一时期出现了这个叫格里亚斯·阿格力根特(Gellias d'Agrigente)或泰里阿斯(Tellias)的人的慷慨,因为他谁都款待并很友善地对待每个人(XIII,83)?[①] 于是人们就开始谈论温和与善良。

可是,真实的情况并非如此。狄奥多罗斯四个世纪之后写道。并且比他更严谨的历史学家们按照他们的方法重做了他们所研究的历史人物热演讲。尤其是,被认为是尼古劳斯所做的演讲确实包含太多关于柔和的内容!并且他所说的东西太像伊索克拉底所创立的传统,这一传统在他之后流传了下来并在很多历史学家那里得到了发扬光大。必须记住狄奥多罗斯经常引用伊索克拉底的弟子埃弗罗斯[②]的东西,他也曾经引用西西里岛的专家蒂迈欧的东西,这个蒂迈欧深受伊索克拉底思想的影响,波利比乌斯责备他把演讲的修辞学特性与事实混为一谈……所有这一切因此几乎毫无悬念地把尼古劳斯的讲演归入后来的一种传统,至少始于公元前四世纪,或许更晚的一个时期。

实际上,这一讲演甚至有可能出自狄奥多罗斯之手或他所处的那个时代。从整体上看,狄奥多罗斯似乎曾经对柔和与温

---

① 他的大方是出了名的,瓦勒里乌斯·马克西姆斯(Valère Maxime)和阿忒纳乌斯都提到过他的大方。

② 施瓦兹(E. Schwartz)(《R. E.》第 681 栏)倾向于这是受埃弗罗斯的启发,特别是因为该文本与伊索克拉底可能有关联。

和的观念非常感兴趣①。他在关于马其顿和罗马时谈到过它们;他在关于埃及时也谈到过它们。特别是他在关于西西里岛时还谈到过它们:我们甚至可以指出,关于特拉叙布洛斯(Thrasybule),即叙拉古城(Syracuse)的僭主,他重新找到了柏拉图在《法律篇》第三卷中论波斯君主时所使用的表达方式,这一方式写道特拉叙布洛斯被人"恨且充满仇恨"②。这种思想的导向随着时间的推移最后被某一些风靡一时的主题所补充:因此,这种关于被征服者的命运的辩论不是没有让人想到狄奥多罗斯作品中所包含的有关迦太基毁灭的辩论:显而易见,这样一场辩论应该提出一些与我们类似的看法③。对柔和的思考有其清晰的开端,但之后经过不断的发展,到公元后四世纪时已经硕果累累。叙拉古城的演说所描述的就是这样一个已经相当强盛的时期。

但确切说,正是因为这个理由这一演讲具有了一种特殊的意义:它以伯罗奔尼撒战争的战功为对象并被认为是这一时期的一个人所做,它提供了一种对照的可能性。雅典人关于柔和的文本给我们提供了最初的一些标识和标志,我们必须要寻找和发现这些基本的东西,并且它们只是为伊索克拉底的未来的学说修桥铺路:在尼古劳斯的演讲中,有关对人民要柔和的理论洋洋洒洒,充斥着太多的溢美之词。

---

① 请参考下文,第386—387页。
② 柏拉图,《法律篇》,III,697d;参看狄奥多罗斯 XI,67,5。
③ 请参考 XXVII,13 页随后。

况且该演讲属于一个整体的一部分。两个西西里人，赫莫克拉提斯和尼古劳斯，替温和说话；而斯巴达克人吉利普(Gylippe)，如同雅典的克里昂一样，则支持严惩。并且他的论据很容易让人联想到四世纪的那些辩论。正如那些受过伊索克拉底斥责的反驳者一样，吉利普通过引用与米提林城、斯克奈和米洛斯(30,4—6)相关的决议使人想到雅典帝国主义的残忍：因为这些人来自于一个，正如四世纪演说家们所说的那样，追求philanthrôpia(30,7)的城邦，所以他们就显得更令人震惊。因而，如同德摩斯梯尼在内政问题上一样，吉利普反对违背正义的宽容(31,1)。于是，尼古劳斯的演讲位于一场从整体上看待宽容问题的辩论之中，并且是用五世纪尚不了解的、至少在雅典还尚不为人所识的论据来处理这一问题。

至于演讲本身，我们在其中找到了所有的主题，伊索克拉底应该给这些主题赋予了一种政治含义。事实上，尼古劳斯宣称要做的决定牵涉到西西里岛叙拉古城的荣誉和利益：雅典人也许采取了错误的行动，但他们被征服了，并且投降了：他们因此有权力得到征服者的慷慨(21,6)。他们变成了乞援者，并且只有那些非常不理智的人才会虐待他们。必须让人民懂得宽容。事实上，臣民们在等待着一次机会以便起来反对那些只通过让人恐惧的手段来实施统治的人；相反，他们会坚决忠诚于那些有人性(22,1)的领导者。米底亚人的帝国就这样被毁灭了，因为他们残忍对待最弱者：波斯人的反叛曾经被大家所关注。相反，居鲁士通过展示他的君权之谦逊的天性保住了自己的权力：这就是为何①他的柔和让得大家都愿意和他结盟。同样在叙拉古城，克里昂因为柔和而获得了信任，从而保证了自己的权力。因此，不要像粗暴而狭隘的人那样行事，以免毁掉这种名声。如若财富主宰着武力的命运的话，那么柔和就是成就的标志。叙拉古城应该利用这一点。它不仅应该在武力方面表现出强于雅典人，而且也要表现得比他们更慷慨②。于是人们将看到它的柔和、它的温和以及他对自己的敌人的同情这一事实，而且所有这一切对它来说将构成一种荣耀。因为通过表现出对不幸者(23,1)的同情和怜悯而开始一段友爱是很美好的事情：我们深信他们的好感并且我们增加了自己的盟友——而持续的敌意既不理性也不会带来安全。

我们不可能在此分析整个文本，它几乎成了一本有关柔和的指南，其中不乏诸多重复的内容！演讲的最后三页没完没了地用相同的措辞重复着同一概念。另外还有其他多处有类似的重复，不胜枚举，例如在 23.2：ἡμέρους；23.4：ἔλεον，然后 ικρὸν 和 ἀπαριτήτους，然后 φιλανθρωπίας，然后 εὐγνώμονα；在 23.5：εὐγνωμοσύνη 和 ἀπαραιτήτον，ὠμοῦλεον；在 24.2：ἡμέρων 和 ἐλέῳ；在 24.4：εὐγνωμοσύνη 和 ἀπαριτήτον，ὠμοῦ 和 ἔλεν；在 24.5：σκληρότητα；在 25.1：φιλανθρωπίαν；在 26.3：

---

① 关于这种表达方式和这类论据，参看下面第 247—248 页。

② 然而雅典在这一领域是有凭证的：尼古拉斯(Nicolaos)也许在时间上错误地提及(参看前面，第 104)雅典的怜悯祭坛。

ἡμέρων 和 ἐλέῳ ἥμορεν 和 φιλανθρώπων；27.1：ἔλεον 和 φιλαν
θρωπιῶν以及 εὔνοιαν，然后还有 ἐλέου；在 27.3：συγγνώμη；在
27.4：εὔνοιαν 和 φιλανθρωπίας，然后 ἀπαραιτήτῳ，再然后
φιλανθρωότατον，然后还有 ἐλέου；在 27.5：ἐλεῶ；在 27.6：
οἰκτῶν 和 ὠμότητα。我们可以说每一行都会出现形式各异的
与柔和相关的词语。

　　同样，什么样的论据都有，集大成于一体：需要照顾的盟友、
世事的突变、雅典对文明事业的——这将是伊索克拉底的《泛希
腊集会辞》的主题之一——慷慨所呼唤的相互性(在尼西亚斯的
个案中)以及把所有古希腊人联系在一起的友爱。演讲正是以
这种友爱而结束。

　　该演讲可能是伊索克拉底所写，否则它就不会那么接近伊
索克拉底的风格。更何况它很大程度上超越了我们所看到的五
世纪的东西。并且我们可以说它在估量演变的规模，因为它与
其他的文本形成了对照。它尤其帮助伊索克拉底估量他到底还
要革新什么，尽管阿里斯托芬和修昔底德在不同的方面为他提
供了标识。正是在全面危机当中人们才开始意识到一点柔和是
多么弥足珍贵；相反，危机过去之后，有可能从这种经验从容不
迫地得出一些纲领性的结论。

第十章

对待希腊城邦的柔和与慷慨

或许伊索克拉底不是唯一从四世纪初叶就在希腊各城邦中推广柔和政治的人；尤其更有可能的是，他在这一领域继承了很多他的导师高尔吉亚的思想，但伊索克拉底的作品优先被保存了下来，并且几乎全部是针对这一主题的。最后要补充的是，其作品创造了一种独特的方法，因为它断然把自己关于柔和的建议建立在了对政治经验的分析之上，这一经验是雅典在前面一个世纪经所历过的。它就这样取得了巨大的成功并把历史与修辞学、历史与政治思想结合在了一起。

这显然过于简单化。事实上，伊索克拉底把我们可以在修昔底德的作品中读到的不同教诲归结为唯一的一种，对他来说这就是一剂灵丹妙药：就如同他相信温和的君主制度有存在的可能性一样，这一制度既不会陷入错误的泥沼，也不会陷入灾难的漩涡；他同样也相信有一种温和的盟主权存在的可能性，它既不会犯帝国主义那样的错，也不会有它那些阴暗面，相反它有利于希腊的统一。

这种学说反映在有关雅典的两个系列的论著中:《泛希腊集会辞》和《泛雅典娜女神节献词》,它们分别在伊索克拉底的政治干预的开始与最后推荐并宣扬雅典一直以来的柔和统治;在这两个论著之间,《和平》这篇演讲则揭露把这种盟主权变成帝国和僭政的错误,并请雅典人回到他们昔日的态度上,这种态度让他们取得了巨大的成功。柔和的好处与缺乏柔和的坏处因此以悖论的形式被描述;终于它们形成了两个完全封闭和严密的体系。

*　　*　　*

《泛希腊集会辞》是一篇歌颂雅典盟主权的辩护词。并且这好像已经成了时代的一种标志:人们不再通过武力征服一个帝国,而是通过语言向公众请求获得一种盟主权,至少他们是这样尝试的。

伊索克拉底是为一种事业而辩护,他显然应该是对其进行了一些美化;并且这并不是什么新鲜事。关于雅典的颂词,葬礼演说的主题给他提供了一种传统,带着所有的神话的或历史的功绩,这些功绩为雅典创造了成为盟主的条件;而且雅典人引以为豪的大名鼎鼎的柔和轻易地为他提供了一种主流观念:他的独创性就是曾把这种柔和从一个领域传播到另外一个尽管有新经验存在的领域,并认为与希腊其他城邦相比,雅典应该获得柔

231

和的桂冠。他就可以这样把所有的传统的功劳重新阐述并给其中加上带有慷慨特性的最可能的柔和。如果人们考虑到帝国之前所获得的东西的话，那么这显然是非常有可能的：事实上，伊索克拉底论著的第一部分，也就是说段落21到100都是用来描述这一更早时期的。

在这些段落中值得看的是英雄主义与柔和是如何纠结在一起的。

首先，伊索克拉底不是即刻以雅典的传说中的功绩开头的——而是以它的善绩开始，目的是为了阐明它的慷慨和无私：他更喜欢以雅典为希腊所做的事情开头，因为前者是在不靠武力而是考温和的方式的情况下；他更喜欢从雅典对希腊所做的那些事情开始，因为它没有依靠武力而是以柔和的方式来做的，只是执行它文明者的使命。并且他坚持要扩展这个主题。雅典曾经是文明领域中一切业已完成的进步之本源(26)。多亏得墨忒耳，雅典既了解结果，又了解起因；然而她是如此的"慷慨"(29：φιλανθρώπως)，以至于她与大家分享了这些财产。她也为大家的福祉着想，而且通过派遣移民社团来表达这种关怀。她通过给人民树立一个法律和和政制的典范来治理无政府状态或僭政造成的混乱。她也动用一切手段来保障和美化人民的日常生活。她还成立了一个非常热情好客的组织(41)，以至于大家都在其中找到了乐趣与安全感。

我们顺便发现了几个回顾雅典日常的柔和的主题。但这些主题在此被视为向全体希腊人传播幸福的手段。同样，对于雅典资源的描述很近似于伯里克利在修昔底德著作中所发表的葬礼演说的某些段落。但是这些段落在伯里克利的口中流露出作为一个超级城邦的自豪感："我们看着世界各地的全部产品都汇聚到了我们这里……"（II，38，2）；然而，相同的事实和同样的观念，即雅典的贸易把什么都集中在雅典，在伊索克拉底那里却变成了一种公共服务，转向了古希腊人的利益："因为每个地方的人民所拥有的田地都不可能自给自足，而是有时缺一样东西，有时生产出了多余的必需品"，雅典"也克服了这些困难：如同希腊的一个大市场，雅典建立了比雷乌斯港口（le Pirée）……"（42）

同样，伯里克利为之骄傲的演出变成了为希腊人的演出。并且特别是伊索克拉底，他给这些节日和这些演出的评语加入了雅典的另外一个善行，这一善行与雅典人密切相关，但不属于雅典的传统颂词：雅典把建立在言语基础上的知识文化馈赠给了希腊人。然而，慷慨与柔和在此相会，因为确切说，这种知识文化所要获得的效果首先是柔化人与人之间的关系（47）。

这种使文明化的使命甚至那么稳当地占据着首要的位置，以至于伊索克拉底在顺便谈论雅典给予希腊人的法律和政制典范的同时把征服本身放进慷慨的帮助其他人民的方法之中：他说，雅典"通过把自己变成一些人的主人和把自己树立为其他人的典范"（39）而把古希腊人从他们的麻烦中解救出来。我们看到，殖民者们的良知因此有着久远的历史。

再说，这种发展的全部过程在《泛希腊集会辞》中不是没有对传说功绩的叙述产生影响，它是这一叙事的前言：这些功绩似乎是受同样的慷慨的启迪并去掉一切也许能让人联想起太多依靠武力或太多干预的特点。在该演讲中,功绩只构成诸多其他善行中的一部分。

这些功绩之后便是历史功绩,后者进一步确认了这种慷慨。但是伊索克拉底用来讲述它们的叙述文的结构与其前面的部分一样出色:我们还是在这里重新发现一种双重的引言,这一引言给主题赋予了真正的意义。事实上,在使雅典成为盟主的米底亚战争之前,伊索克拉底提到了决定这种盟主权的两个主要特征的本质——它从前的所是和他想看着它复兴的所是。这两个特点坚决地把这种盟主权与一切形式的僭政相对立:前者是由各城邦自由达成的共识,而且从雅典这方面看,它的原则是对他人权利的尊重。雅典人在米底亚战争中为希腊做了很多好事,这些事被算在了他们的其他善举之中①,结果是,所有城邦,正如修昔底德②已经指明的那样,自发地让雅典行使盟主权:伊索克拉底没有忽略这样的一个指明:他喜欢在很多论著中提到它③并且在这里出现在对事件的叙述的前言中。这并不让人感到惊讶:它准确地指出了必须行使的盟主权的类型并且证明这样的一种计划是不现实的。

———————————

① 把这些战绩叫做"完成的服务"或者"善举"这一事实本身已经很有特点:请参看 51 和 61(要与和平的善举拉近:28、31)。

② 请参考 I,75,2;96,1。

③ 《泛雅典集会辞》,72;请参考《论套车》,27;《和平》,76、《泛雅典娜女神节献词》,67(我们可以与亚里士多德比较,《雅典政制》,23,2)。

另一方面,雅典人的思想与这种信任有关并且值得信任。为了解释这种现象,伊索克拉底在论述米底亚战争的开始说了一段题外话,目的是为了分析训练进行这些战争的战士所依据的原则:在他眼里,这些道德层面的原则一直比战争层面的功绩更重要[①]:"他们正是用同样的精神来照顾其他人的利益的:他们为希腊人服务且不压迫他们;他们认为自己的责任是成为慷慨解囊者而不是僭主;他们渴望被叫作首领而非主人,也渴望被视为拯救者而非压迫者;他们用自己的善行来吸引不同的国家过来,而不是通过武力让它们臣服。"(80)

伊索克拉底一直喜欢确凿的反证、强烈的对比和一种对立的有可能具有的各种各样的变化:这个句子就是一个例子。但风格的对立和被重复所造成的强调效果在此来自于一种重要的对立,这一对立支配着伊索克拉底的全部思想,并且它应该在他眼里从一开始就是非常清楚的:这就是残暴的统治与能尊重每个人权利的柔和的盟主权和慷慨之间的对立。人们在有关论君主的作品中遇到过这种对立的表述;在其他的一些关于雅典的论著中又找到了它。

我们在这里的提及只是有点让人更惊讶,因为这种对立适

[①] 还是在这里,一个个人的主题的增加得到了这一过渡的强调:伊索克拉底认为米底亚战争的英雄们要被赞扬,"但是也不应该"(75)忽视前一代人教育培养他们原则。

合于米底亚战争之前的时期：雅典那时可能在希腊实施僭政有点难度！实际上，这一分析确实是不符合时代的——这既揭示了伊索克拉底对这样一个原则的重视（以至于看到它无所不在）以及他想从雅典政治的开端找到其存在的欲望（雅典当然更值得希腊人的信任）。

我们也许能补充是，在对米底亚战争的叙述中，很多其他的一些特点，这些特点肯定了雅典的慷慨与忠心。甚至有一些特点讲的是雅典知道"原谅"那些曾经选择了奴役的人们(95)[①]。但细节在此并不比总体重要：表面上看，雅典从未停止服务和帮助希腊……

可是，它有一天停止了。非常确切地说，雅典成为希腊主人之日就停止了。这里有一个转折点，这就是伊索克拉底必须要解决好的，如果他想表明雅典也许是为了大家的利益才行使盟主权的话。因此，他开始改变了方法。颂词在论著的第100段结束，并开始过渡到辩护：目的是了解释这个如此慷慨的雅典是如何很快被人们视为一个如此冷酷的城邦。伊索克拉底迎战针对帝国的不同的批评，尤其针对米洛斯被奴役和斯克奈的居民被屠杀的方式的批评。他的一些论据包含一种辩护者的偏见：他讲的是要镇压的暴动，他用其他的一些被更好对待的城邦的对立情况来反驳。有一个论据非常有力：这就是与斯巴达作

---

①　吕西亚斯的《墓志铭》(Epitaphios)中的平行段落中没有谈到这种"原谅"。

比较的论据。伊索克拉底实际上拥有修昔底德所没有的资料和经验：他目睹解放之城斯巴达在404年之后变成了希腊的第一城邦并开始实行盟主权，实行的方式是在任何事情上都不让步，以侮辱别的城邦，与以前雅典的行为如出一辙；也曾看到斯巴达的这种权威并不比雅典的权威谦逊多少，因此它也未能能维持多久。这些过度与阴暗面的重复对理解伊索克拉底至关重要。这种重复给后者在修昔底德的作品中所找到的分析增添了不少分量；而且它特别给这一分析赋予了一种必要性的表象，这一表象确切地说将一直让伊索克拉底的思想有别于修昔底德的思想。

正是这种经验作为他对雅典的整个辩护的基础而出现在《泛希腊集会辞》里。他从中得出的观念是，雅典的整个统治中包括某种严厉性，但一切只是程度的问题。然而他认为，雅典的统治虽然不是温和，但毕竟比斯巴达的统治温和多了："如果其他一些人在领导事务中加入更多的柔和(102)的话，那么他们可能就有理由指责我们了，但如果这种事情未曾发生并且如果不可能管理那么多城邦而不惩罚罪犯的话，那么我们难道不值得被称赞，因为我们知道如此长时间地保有我们的帝国而只对很少数非常严厉？"

伊索克拉底有时会给这个一般性论据增加一些更特殊的例子：雅典的柔和甚至存在于人们指责它所有的行为中。雅典就这样四处支持民主。但难道这不是大家相处的方法吗？它的目的不是为了盟友的好吗？（104："我们的标准是真正盟友的标准，而不是僭主的标准。"）尤其，难道这不是雅典本身从中获得那么多好处的制度吗？它的政治的动力在这一具体情况下就是慷慨。甚至连古希腊殖民地都被宽恕。事实上，雅典可能被迫展示其力量，但它从来都不是出于贪婪而行动。

相反，斯巴达则实施一种残酷的统治；伊索克拉底写了长篇的攻击文字，文本位于演讲的第 110 段到第 132 段。它严厉抨击了斯巴达的残忍：未经审判的屠杀、流放、公民斗争、废除法律和政制、伤害小孩、玷污妇女、洗劫财富、各种不平等……斯巴达的残暴就是僭主的残暴。相反，雅典的柔和被定性为拒绝借助非人道的手段达到目的。

《泛希腊集会辞》分两个阶段所进行的分析追求一种双重目标。在雅典的善行与斯巴达的残忍相对立的范围内，它是一种辩护，要求人们承认雅典的盟主权；在善行与残忍相对立的范围内，它提醒人们这种盟主权应该是什么并努力在一种被重新审视和纠正的过去中给它勾画一个要模仿的典范。

四十年之后，伊索克拉底在《泛雅典娜女神节献词》中应该重拾了同样的学说。他这一次说的不再是建立一种雅典式的盟主权：菲利普占了第一位，但目的是保卫雅典还可以在菲利普身边扮演的角色，并且不惜损害斯巴达的利益来保卫它。

昔日的善行、在它称霸时期的相对的柔和：这些同样的主题被用非常相似的措辞重新拓展。伊索克拉底重复说，雅典在希腊的善行是不计其数的，而斯巴达则几乎毁掉了伯罗奔尼撒的全部城市(46)。他还说，当两个城市中的一个行使海上霸权之时，雅典并没有过度利用这种优势。它"说服"其他城邦建立自己的民主制度:"建议其他人使用被认为对我们自身利益有用的财富,这是多么亲切而友好的见证。"(54)相反,斯巴达行事严厉:"这些事实非常清楚地表明,我们在处理政治事务的行为中是如何表现得更谦逊和更温和的。"(56)此外,相对于斯巴达统治的短命,雅典的统治长度也是一个有力的证明。

接下来是和《泛希腊集会辞》一样生动的反驳:也许对米洛斯、斯克奈、陶若奈(63)有过粗暴的对待和镇压。但伊索克拉底重复说,斯巴达做得更过分:它的盟主权更无情、更残忍(65):没有审判的死亡比提起诉讼更可怕;雅典用所收的贡金为盟友服务,而斯巴达却从来没有这样做过;另外,在斯巴达的统治下,大量的城市被毁了。因此雅典的统治既胜过斯巴达的统治,也胜过"非常理性和温和之人"(121),并且还胜过最野蛮和残忍的野兽。

带着细节上差别,这些差别对我们来说并不重要,《泛雅典娜女神节献词》的论证因此与《泛希腊集会辞》的论证非常相似的:借助与斯巴达的比较,这一论证旨在阐明雅典的善行与柔和,并同时为雅典和对城邦一般而言的柔和进行辩护。

我们要补充的是,伊索克拉底在两个演讲之间没有忘记赞颂那些在雅典似乎与这样的一种理想相符合的人们,如他的弟子提摩太乌斯。也许后者对他的同胞们是粗鲁和笨拙的[1],但对希腊的城邦,他做着一切伊索克拉底所能企望的事:"他做事

---

[1]　请参考上文,第185—186页。

深思熟虑，即使行动不会让任何希腊城市感到惶恐，反而会让它们全部觉得很放心，除了那些犯了错的城市。因为他知道担惊受怕的人们会心生仇恨。因为他知道担惊受怕的人们会恨那些让他们害怕的人，并且他还知道我们因其他人的友爱而变得非常幸福和强大的国家差一点因为他们的仇恨而陷入万劫不复的灾难之中。"（《论交换》，122）为此，提摩太乌斯非常注意，他永远不让城邦产生恐慌并禁止一切形式的抢劫；至于被武装夺取的城市，他"非常温和而坦诚地对待它们"（125），没有其他人曾经对盟邦表现出过这样的情感。简言之，在他领导期间，"既没有城邦骚乱也没有政变；既没有屠杀、流放，也没有任何不可弥补损失。"因此古希腊人方面没有任何怨言（128）。和其他地方一样，柔和政治通过有利的公众意见取得了巨大的成功。

对提摩太乌斯的颂词因此配得上对祖先的那些颂词。它或许更热情和铿锵有力，因为自从《泛希腊集会辞》的时代以来，雅典政治没有总是对伊索克拉底的意愿做出回应。事实上，在一个非常接近于他写这篇歌颂他处于困境中的弟子的文本的时期，伊索克拉底写过一本论著，这一论著似乎与我们所看过的演讲被美化的和让人放心的形象截然相反——这本论著就是指《论和平》。

*　　*　　*

伊索克拉底在《论和平》中没有歌颂雅典的柔和统治，而是攻击了它的残暴并强调它的滥权。但这种表面上的自相矛盾实际上反映了对同一学说的忠诚。这就是一直对盟友的柔和这一伟大的理想;而且并不是伊索克拉底背叛了这一理想,而是雅典自己。

事实上,就在《泛希腊集会辞》之后,正如伊索克拉底所希望的那样,雅典在希腊重新获得了盟主权,并郑重其事地许诺尊重盟邦的独立自主,不再派遣居民到它们的国家,并用捐助替代贡金。但是这一美好的计划再次变成了一种让人无法接受的统治,即以雅典对其主要盟友的战争而结束。伊索克拉底正是要否定这场由政治挑起的战争;因此他对帝国—僭政进行了最猛烈地抨击。当他试图在献给雅典人的《泛希腊集会辞》中原谅这一政策所犯的错误时,他反而彻底地阐明这些错误。斯巴达的统治经验为他多提供了一个论据:他在《泛希腊集会辞》中想努力说明斯巴达的统治和雅典统治的差异,但在这里他却只考虑它们的相同之处。并且,在没有说明雅典的统治比斯巴达的统治要长得多的情况下,他便说两者最后都失去了民心——这是由同样的一些错误所导致。

从此,《论和平》不再满足于勾画一个或多或少经过加工的根据柔和理念行使盟主权的典范:伊索克拉底推而广之并在过渡到政治哲学的同时得出一个法则,这一法则有关的是一切缺乏柔和的统治之命运。他首先说明了这一法则在雅典的应用:运用这一法则的帝国摧毁盟友的好感以及它在希腊的好声誉,取而代之的是它们的仇恨(78)。我们甚至可以说,那时的雅典人特意发明了"最能激起仇恨的东西"(82)①;他们毫无理性的贪婪,渴望的"不是操纵而是僭政"。灾难便从次降临了:"因为不可避免的是,那些有这种行为的人们也陷入僭主们的厄运之中并承受着他们施加于其他人身上的东西"(91)。

我们可以怀疑这就雅典失败的理由吗?斯巴达的例子重复了同样的经验,伊索克拉底说,这就是最好的证明;他也在下面的分析中描述了斯巴达的政治演变(95—101)。如同雅典的演变一样,前者也以仇恨和失败告终。有什么让人惊讶的吗?在两个情况中,至高无上的权力造成了曾经滥用这一权力的国家发生了质变,这一目了然:"那些被同样的欲望和病魔腐蚀的人们也做着同样的事情,他们犯了相似的错误,而且最后均陷入了相似的灾难之中。"(104)雅典被其盟友所厌恶并只靠斯巴达苟延残喘;稍后大家都希望斯巴达失败,而只有雅典救助它。

最后,伊索克拉底更进一步推广了一点,他给这种从世界历史中得出的示范(démonstration)增加了一种分析,这种分析的对象是人们一直拿来与帝国进行比较的制度本身,而且前者刚刚模仿了后者的原则,也就是说僭政。僭政如同帝国,或者帝国如同僭政,一直是仇恨、不信任、不安全和灾难的温床。

为了避免如此危险的趋势应该采取什么样的措施呢?伊索克拉底总结了这些措施的精髓;他在段落133—135中给出了一个简短的陈述以说明要遵循的规则;但这些规则只是泛泛而论。

---

① 请参考79。

我们主要看到要把盟友当真正的朋友来对待、不要"把他们当奴隶而是当盟友"一样来领导、试图用善行赢得联盟[①]并试图在一切事情上向希腊人的看法靠近。词语和表达法可能有变化，但讲的一直是唯一的一个非常简单的观念：用一种友好而谨慎的盟主权替代既不公平也没有好处的帝国。

可是，在这种有关唯一一个主题的词语变化中，人们发现缺少一样东西：伊索克拉底没有讲柔和并且没有使用任何属于柔和的词汇。这种沉默很有趣，因为我们看到他有时会在《泛希腊集会辞》或《泛雅典娜女神节献词》主要文本中使用 praotès 这个词。这也很能说明问题，并且根本就不是一次偶然，因为他也许认为柔和的观念本身在此有点不太合适。

首先，其实在《泛希腊集会辞》中，柔和的地位已经不如慷慨、善行、报答那么重要。伊索克拉底已经要求比柔和更多的东西。

另一方面，不要忘记，这种柔和是君主的义务，而且柔和是对权威实施的一种平衡。然而一般而言，伊索克拉底敌视一切权威、权力、君权的东西，这种敌视态度充斥于《论和平》之中，而在《泛希腊集会辞》中更激进。这就是他不讲柔和的主因：谈论柔和的时候好像是对着君主讲话一样，而他只想在雅典身上看到的是一个合伙人的角色：几个城邦一起签署一份公正的契约。

---

① 这种说明只出现在论著的"长篇"文本中（关于这一问题，参看马修（G. Mathieu），《那瓦尔合集》，第 287 页）。但总的观念与剩下的文本保持一致。

因此柔和的不存在确认了伊索克拉底所支持的论点的总体精神:他在这里依然超乎于柔和之上。

实际上,当后来伊索克拉底向如菲利普这样的拥有很大权威的君主提出相同的计划和同类型的盟主权之时,我们将会看到柔和一词重出江湖了。

事实上,《泛希腊集会辞》包括两个计划,即雅典的盟主权和一种不残暴的盟主权。第一个计划应该部分地被伊索克拉底放弃,但第二个却从未如是。我们在上一章看到过他关于节制的建议,他会不失时机地给不同的君主提出这样的建议,这些君主们有可能主导一种泛希腊主义政治:菲利普就是他们中的一员;并且伊索克拉底对他的大量鼓励揭示了他从来没有停止寄希望于他。

自346年起,《菲利普颂辞》请求这位君主让希腊各城邦和解并做它们的向导和仲裁者。他对希腊人就采用说服的办法,对野蛮人则采用威逼利诱的办法(16);他将更有资格被视为希腊的施恩者(36)。声称他的威力的壮大不是为了希腊而是为了反希腊就是一种诽谤(73)。

为了让菲利普在希腊实施这种慷慨的行动,伊索克拉底给他推荐了两个可以与其匹敌的典范。在《菲利普颂辞》中,这一典范是赫拉克勒斯,他被视为前者的祖先。然而,赫拉克勒斯为了希腊人而连累自己并这样为自己和他的后代赢得了他们的忠心(77)。他发动的针对特洛伊的第一次讨伐大获全胜;因此他值得效仿:"我不说你能模仿赫拉克勒斯的所有功绩(甚至有些神都无法企及),但至少,在与他的性格、与他对人的爱(他的

philanthrôpia)、与他对古希腊人的忠心相关的方面,你可以像他一样有决心做到。"(《菲利普颂辞》,114)通过赫拉克勒斯,对胜利的回想与对柔和的回忆组合在了一起[①]:"你不要感到惊讶,我试图在整个演讲中引导你走上为希腊人服务之路并表现出柔和与人情味(praotès 和 philanthrôpia)。我知道,事实上,使用严厉的人和承受它的人们都是很难受的,柔和(praotès)不仅在人和其他的动物当中被看好,而且那些赐予我们财富的神"也会受到顶礼膜拜并会得到庙宇和祭坛(116)。

同样,伊索克拉底在《泛雅典娜女神节献词》中推荐给菲利普的典范是一个被美化的阿伽门农的形象,他是另外一个特洛伊的征服者。并且这一次轮到这样的阿伽门农变成一个柔和的典范:"他没有对任何一个希腊城市抱有过偏见;虽然不敢说他没有伤害过任何人,但他发现希腊人为战争、混乱、各种邪恶所苦时,他使他们摆脱了这些苦难。"(77)跟随他反对特洛伊的国王们只听说服并且士兵们都很守纪律,"因为他给人的印象是用最好的办法来拯救他人,而其他人则用这些来拯救自己。"(82)

因此,对菲利普的吁请重新找到了相同的灵感,这一灵感曾经启迪过那些围绕着雅典的理论;吁请就这样确认了希腊在伊索克拉底的思想中是何等的重要。另一方面,在谈论君主时,伊

[①]　柔和一词可以在关系到赫拉克勒斯时会让人感到惊讶:至少正是在这种意义上,伊索克拉底使英雄的慷慨改变了方向。人们将会看到,赫拉克勒斯应该作为君主们的一个典范,与荷马笔下的奥德修斯和色诺芬笔下的居鲁士平起平坐(参看阿尔德斯,《希腊化时代的政治思想》,阿姆斯特丹,1975 年,第 22—23 页)。

索克拉底会毫不犹豫地使用柔和、慷慨、亲切这样的词汇:他之所以在涉及到自己祖国时有时会放弃使用,这不是因为他不再相信柔和了,而是因为他对它提出了更高的要求。

这一学说一直一成不变,虽然它可能针对的对象有所变化,但它从来没有改变过自己内容,它是初步形成于五世纪的思想的发展和延续。

伊索克拉底关于柔和的建议准确地回应了修昔底德的分析。后者曾经指出帝国是一种僭政,遭人仇恨和嫉妒,并且这种情况促使主权独立的城邦越来越多地诉诸武力,从而犯下一些可能是致命的错误:伊索克拉底在一种盟主权中找到了药方,这一盟主权大概不会被厌恶,而是知道让人喜欢并这样保证了自己的延续性。为了发展这种观念,他花了很多力气厘清了帝国与僭政之间的相似性:他从此可以把他的辩护词建立在那时相对于僭政来说流行的观念之上。他解释说,这些观念应该是被死板硬套到了一个领域,在这领域中,雅典人并没有完全接纳它们:"这是因为你们有难以启齿的缺点,那就是懒惰:你们在他人身上看到了这一缺点,但你们却在自己身上视而不见。可是理智的人们的最大特点是能在一切相同的情况中辨认出相同行动。"(《和平》,114)通过这种绝对的认同,伊索克拉底超越了五世纪作者们的分析:他是第一个否认民主与帝国[1]可以和谐一

---

① 克里昂已经在修昔底德那里发现说,民主不太可能领导一个帝国;但是这种纯粹与实践层面的思考是完全不同的。

246

致的人,这一和谐直到那时被认为没有任何问题。同时,他的指责变得愈来愈激烈:当修昔底德指出帝国政治所包含的风险时,伊索克拉底则揭露出在他看来不可挽回地否定了这种政治的不可避免的法律。

这种否定是建立在一种历史的诠释基础上的,这一诠释想在这种政治中看到理性与道德两方面都得到令人满意的发展:这一诠释在我们可以叫作 τοιγαροῦν 的论据中被出色地予以了说明。Τοιγαροῦν (或 τοίγαρτοι)意思是"这就是为什么"。然而伊索克拉底、色诺芬或者后来的波利比乌斯的主要观念是,我们可以通过国家或君主所表现出的品质或缺陷来解释他们的命运,并且他们迟早会获得公众意见的支持或惩罚。正如《在战神山议事会的演讲》(52)所说,昔日的雅典人表现出各种美德;他们对于希腊人是光明磊落和自信的,对于野蛮人则是非常可怖的:这就是为什么他们生活在安全之中①。同样,提摩太乌斯柔和、光明磊落地对待各城邦:这就是为什么(伊索克拉底在《论交换》中说,126)大家都很欢迎他。相反,他对内缺乏灵活性:这就是为什么他常遭受诽谤(出处同上,138)。按照这样的一种哲学,正义和其他美德就这样清楚地与一种对既得利益的追求巧合②。

---

　　① 请参考《泛雅典集会辞》,136:雅典让野蛮为所欲为;因此,由于雅典的疯狂,形势变得越来越危险。

　　② 同样,在色诺芬那里,克莱阿科斯的严厉解释了他身边鲜有忠心的人(《远征记》,Ⅱ,6,13),普鲁科斯罗斯的温和则解释了人们对他勉强的服从:(同上,20)。

因此，我们从建立在推理基础上的和经过被分析的历史过渡到了一个体系，这个体系虽然不是很严谨，但可以提供大量的意见和教训。

但伊索克拉底不满足于超越他可以在修昔底德的作品中找到的批判：他把它与阿里斯托芬所流露出的希望结合在了一起；并且这种希望使得他给自己的思想赋予了真正的一致性和一种巨大的能动性。事实上，雅典将要行使的温和与慷慨的盟主权——或者，在它的位置上，某个君主能这样做——将会使它赢得全体希腊人的好感并在一种泛希腊主义政治中把他们真正地形成整体。

可是，伊索克拉底的泛希腊主义与阿里斯托芬的泛希腊主义之间的区别比他的批判与修昔底德的批判之间的区别更大。因为这种新泛希腊主义不再是一种和平主义。希腊人将会以整体对付野蛮人并在一次共同的讨伐中同仇敌忾："如果我们不共同用战争来收服野蛮人的话，你就不可能有持久的和平，也不可能在我们从同一源泉得到好处之前和在我们与敌人作战中面对相同的危险之前让希腊人之间达成一致。"（《泛希腊集会辞》，173）

这种观念是伊索克拉底政治思想的基石，并一直是他的伟大梦想；而且他不遗余力推崇的温和的盟主权首先是一种实现它的方法①。我们可以观察到，最后的这个特点非常符合我们

---

① 再说关系是相互的，由于盟主权将被用来保护全体希腊人，因此它更会被接受。

在不同作者们的作品中找到的一些用语的精神，它们都要求对朋友要柔和，而对敌人则要严厉。伊索克拉底所提倡的友爱应该在群体内部发挥作用，它协助统一意见并确定反对另外一种意见。

* * *

伊索克拉底提倡的历史观、他想看到希腊人统一在温和而谦逊的盟主权之下的双重希望，这整个可以被认为是一个缺乏对政治现实有清醒认识的人的白日梦。例如，伊索克拉底认为，在表现得道德高尚的和大公无私的同时，雅典人看到菲利普在一阵信任的冲动之下把安菲波利斯城归还给了他们：毫无疑问，德摩斯梯尼在这一方面更敏锐。伊索克拉底的乐观主义似乎相当盲目。

可是，不要忘记这个梦想有过自己的延伸并对希腊政治产生过一些重要的影响。《泛希腊集会辞》写于 380 年，而第二个雅典联盟的成立是 377 年。伊索克拉底最喜欢的弟子提摩太乌斯出现在了那一年的十将军之中。然而第二个联盟具有伊索克拉底为一个不残暴的盟主权所能期许的全部的保证：对城邦独立自主的尊重并禁止驻军、派总督、开辟殖民地和收贡金——一切都在其中。

后来的情况应该表明——由于雅典的错误或其他的城邦的错误——这种尝试是没有前途的。但是这种失败并没有阻止这一观念走自己的路。四世纪就这样看到了联盟观念的兴起——要么是相邻的国家的小联盟①,要么是像科林斯同盟会那样的联盟行为,它把一些国家组织起来置于菲利普的盟主权之下并给它们提供可以与第二个雅典联盟所提供的保障相匹敌的保障,要么最后是共同的和平②。在所有为这种努力指明方向的资料中,显然没有涉及柔和问题,但这一努力本身处于伊索克拉底以前在对导致雅典帝国主义失败原因——即缺少柔和——进行分析时所要求的路线之中。

再说,头领们大公无私和慷慨的态度显然对他们有利,这样的观念在同一时期也存在于一些迥异于伊索克拉底的政治纲领的纲领之中——特别存在于那个在任何问题上都与后者相反的人,也就是说德摩斯梯尼的纲领中。

德摩斯梯尼与伊索克拉底所感兴趣问题并不相同。当他开始自己的政治生涯(刚好就在伊索克拉底《论和平》之后)时,有关雅典的盟主权问题已经不再讨论了,而且雅典更不可能表现得残暴③。况且,与伊索克拉底相反,德摩斯梯尼没有经历过伯

① 他们的原则后来应该被扩展到了伯罗奔尼撒半岛和埃托利亚大联盟。

② 关于这些事实,特别请看泰奈克戴斯(G. Ténékidès),《古希腊传统与词法独立的概念》,雅典,1954 年,210 页。还请看《城邦时代的希腊的联盟体与国际法》(科学院国际法课程汇编),莱登,1956 年,652 页。

③ 请参考《论凯索尼斯》,42:"觊觎统治和掌握统治权都不是我们的本性;我们是为了阻止其他人意识到你们更强大,并且是为了从拥有统治权的人那里把它夺过来,总之一句话,是为了让那些想成为主子的人们感到惶恐并为了解放被奴役的人民"。

罗奔尼撒战争、帝国的灭亡以及后来发生的一些事件①。他只了解一种威胁，即菲利普所构成的威胁；而且他只看到唯一的风险，即不坚决面对这种威胁所带来的风险。

这就是为什么他对国际领域中的所谓柔和持怀疑态度：要么柔和与天真混为一谈，要么它来自于他人并且只是假扮天真②。因此，他连一次都没有介绍过这种柔和。

可是他也用过其他的一些词语说，仇恨是危险的并且雅典应该在所有事情上为希腊城邦的利益着想。

他在谈论正义和信任时说过上面的话：对他来说这就是一个国家的真正的财富。凡是伊索克拉底想要人们温和以便被爱的地方，德摩斯梯尼则要求人们要公正，以便赢得信任。但是他们所针对的现实有时是非常接近的。

因此，我们在他的作品中找不到任何对残暴的旧雅典帝国的批判，但我们在其中找到了对菲利普的不公正的和残暴的君权的批判。这就是《关于奥林索斯城的第二篇演讲》中的（第9节）的一大段漂亮的文字，这些文字指出，这些缺陷成了菲利普政权最脆弱的地方："当一种统治代表着良好意愿的协作时，并且当一种共同的利益把那些参加战争的人们整合在一起时，人们在这种情况下才愿意同甘苦、共患难并不会轻易变节。但当

---

① 尽管他们的一些作品的日期都很近，但重要的是要记得伊索克拉底生于 436 年，而德摩斯梯尼则生于 384 年，即五十多年之后。

② 请参考前面，第 163—164 和 207—209 页。

一个人变成了大权独揽时，如同菲利普，由于贪婪和狡黠作祟，于是，一有借口、一有一点点失败，一切都会倒戈、溃散。因为雅典人不可能，不，绝对不可能用非正义和谎言建构成一种可持续的统治。"况且，菲利普的脆弱性始于他的身边：大部分马其顿人都不快乐；至于君主的卫队，他把那些与众不同的人全部排除在卫队之外；因为如同所有的僭主一样，菲利普把诚实的人们从自己的身边赶开；这就成了他的致命弱点："但愿他承受一次失败，并突然把一切一览无余地暴露出来"；这实际上就是等待"城邦与僭主"的命运(20—21)[1]。

如果不再涉及柔和的话，那么对僭政脆弱性的分析可是从与伊索克拉底相同的思想中汲取的灵感。

还是在这里，唯一坚定的力量也许是一种建立在同心同德基础上的力量。在刚引用的那段话中，德摩斯梯尼讲到了一种建立在忠心基础上的威力。他在其他的一些场合使用同样的词语，这词语是他和伊索克拉底所共有的；因此，他在攻击莱普廷法的同时指出，这一法律将会打击那些用善行为雅典服务的人们的良好意愿(17)。但是德摩斯梯尼几乎一直强调要唤起的信任[2]，或者强调要获得的荣誉。或许，他把良好的意愿和信任放在一起，如同在《论凯索尼斯》这一演讲中一个值得骄傲的用语，

---

[1] 关于这一论证与伊索克拉底的思想的关系，请看迈斯克(J. Mesk)，《维也纳研究》，1901年，第210页，和G.马修，《苏格拉底的政治思想》，第196页。

[2] 这甚至在内政和金融领域都是有价值的：请参看《西毛利人》(Symmories)，28；《给弗尔米奥》，44和57。

他宣称:"因为一个城市的财富,除了盟友,唤起的信任和同情是什么呢?"他从前刚好谈到过荣誉①。人民的信任和荣誉不是一个联盟内部某一种政治的产物,而是一个悠久传统的产物。

因此雅典获得这种荣誉的品质却与柔和毫不相关,也和它在行使今天已灰飞烟灭的盟主权的那一段时期的方式无关。这些品质具有一种更广泛的影响;它们是正义、慷慨、救助被压迫者②或保卫古希腊人权利的迅捷③。雅典在繁荣和强盛时期远远没有表现过这些品质,但却在危急时刻把它们表现得淋漓尽致;并且这些品质把雅典引向了舍生取义和英雄主义。这就是德摩斯梯尼在《金冠辩》中所夸耀的传统,随着雅典的失败而灰飞烟灭:"雅典人,你们为了大家的自由和救赎而甘愿承担风险,这不可能,是的,这不可能是你们犯的一个错误。"(208)

德摩斯梯尼和伊索克拉底都没有想过雅典会不一直并首先考虑希腊的利益。但在依然无法摆脱对昔日帝国主义的恐惧之情况下,伊索克拉底还是相信建议雅典推行柔和政策是没有错的;德摩斯梯尼对菲利普所代表的威胁非常恐惧,他要求雅典要有英雄主义气概。因为在雅典盟主权的幻觉中,伊索克拉底要

---

① 在其他地方,荣誉以同样的方式与忠心相连;请参看《金冠辩》,94:在对拜占庭人不表现出仇恨的同时,雅典证明不但自己不放弃被压迫者,而且还要拯救他们:"这就是我们到处支持和同情你们"。同样在311年,德摩斯梯尼问他在城邦中得到了什么样的荣誉和同情。

② 请参考《致麦加洛城人》,15;《第四部反菲利普辞》,46。

③ 10—12;《第三部反菲利普辞》,45。

求它在反对波斯的传统斗争中行使盟主权:德摩斯梯尼恐惧地忆及过往,他想让雅典在同新敌人做斗争中起带头作用。他们每个人都想按照自己的方式重新理解米底亚战争辉煌的成功,看看它们到底创造了什么以及它们到底曾经是什么;他们两人出生都太晚了,因为世界已今非昔比。

雅典的机会已经逝去。因此,对臣民要柔和的观念虽然已经在德摩斯梯尼那里不复存在了,但只有当轮到一个新的民族能够树立自己威望时,这种观念应该会重出江湖:这将是波利比乌斯的罗马。柔和是一个适合于强大民族的美德。

第十一章
哲人眼中作为美德的柔和

从某种意义上说,伊索克拉底对君主们的柔和或对希腊城邦的柔和所做的有利辩护促使了柔和哲学的正式诞生。

对他而言,哲学最终还是等同于文明。雅典之所以有权以希腊人民的名义得到如此多的感激,这是因为它给予他们的馈赠和它为他们树立的好榜样让他们在这条道路上不断前行。小麦的种植使得他们不再"像动物那样"(《泛希腊集会辞》,28)生活;雅典第一个制定的律法条文使得他们用"语言而非暴力"来解决他们之间的各种冲突(出处同上,40);它所创造的知识文化或哲学,特别是善行"柔化了"他们之间的关系(47)。正是这种充满智慧和温柔言语的生活成了古希腊文化的标志,根据这一标志,一切皆是教育问题而非出生问题(50)。我们有证据表明,这样的一些思想在希腊已经广泛流传:公元前125年的一个邻近同盟的政令赞颂雅典人民把"野蛮人从野蛮生活中解救出来,以便把他们带到文明生活之中",并且这个词是 ἡμπερότης;它是从建立在诚信基础上的相互关系这一观念中发展来的①。伊索克拉底说得不能再精辟了。

因此在他眼里,教育是朝柔和的进步。通过比较教育人与训练或驯化动物的艺术,这种观念使人联想到好几个词。我们在《尼古克莱斯》中找到了这种比较,在其中作者谈论改良和"温和化"动物(12)。我们也特别在《论交换》中找到了它,在其中知识文化的可能性本身被置于这种对照之上②:根据情况,训练动物的艺术使它们更勇敢、更温和、更聪明;我们甚至看到狮子对关爱它们的人"更温和",胜于某些人对于他们的施恩者的态度;看了这种比较之后,有人还会怀疑教育的作用吗?想否定教育就等于表现出一种蛮性,就连猛兽都知道摆脱这种兽性(210—214)。"野蛮的"、"动物般的"永远与"文明的"相对立。因此柔和与人们井井有条的生活水乳交融。

这种生活是"被驯化的";用来形容这种生活的词 ἥμερος 非常确切地表达了这个意义:在希腊语里,它首先用于被驯化的动物和文明开化的风俗(如在希罗多德 II 中,30)③,或者被用于和平时期的泰然自若,与战争时期的暴力相对(如在品达

---

① 请参考《德尔斐的挖掘》,III,2,69,与窦(G. Daux)的评论,《第一和第二世纪的德尔斐》,第 369—370 页。这个文本提供了一个广义上的 philanthrôpa 的有趣的例子,即人与人之间的良好的态度。

② 在上文有关雅典时,该文已被引用:参看第 137 页。

③ 在柏拉图《智者篇》,222b,人被称为驯化了的动物;但是上下文使得这一指称变得相当模棱两可。

的第一篇《皮西亚颂诗》中，71）；而且古希腊人也毫不犹豫地把它用在自己神祇身上，当这些神接近于他们和他们的文明①之时。

无论如何，由伊索克拉底所建立的柔和与文明之间的近似关系根植于古希腊人感情深处：这种如此小心避免蛮横无理和狂妄自大的言行、如此热衷于说服与和谐的人民用这种方式本身就有助于某些形式的柔和。

可是，我们将会看到，当伊索克拉底公开表明这些观念时，他所指的是一种一般而言的生活方式，而非一种被清楚界定的美德。事实上，人们也可能认为古希腊文明的这种良好的秩序得到了希腊最高尚的美德——即正义的充分保障。事实上，伊索克拉底只在关于动物时提到介于勇气与理性之间的柔和。人们也不会对此感到惊讶。四世纪促使雅典人歌颂柔和与宽容的浪潮不可能不给哲学家们带来问题，正如它给政治人物带来问题一样：一种新型的美德不会一帆风顺地进入道德思想的范畴。因此，抵触力量是非常强大的；可是，这些抵触并不能阻止柔和在这一领域走自己的路，尽管道路并不平坦。柏拉图与亚里士多德的思想都既证明了这些抵触，又证明了这种进步。

---

① 医神阿斯克勒庇俄斯（第三篇《皮西亚颂诗》，6）或阿耳忒弥斯，由于除了阿耳忒弥斯·阿戈拉忒拉，还有一个阿耳忒弥斯·赫梅拉，在好几个铭文中被提到过（请参看也卡里马库斯，《阿耳忒弥斯》，236）。关于"温和的"众神，请看前面第27—28和37—38页。

Ⅰ. 柏拉图

柏拉图有全部的理由表现得犹豫不决。事实上,前面有一章已经提到过柏拉图精彩的文本,在其中他指名道姓地嘲讽和指责了民主的宽容与柔和①。但是我们必须清楚地认识到这种拒绝不仅仅政治层面上的:以正义为核心价值的柏拉图的道德思想不可能容许宽容,因为宽容会中断对正义的严格执行。正如柏拉图本人在《法律篇》(757d)中所说的那样:"我们不要忘记公道(épieikes)和宽容(suggnômon)一直是对严格的正义的损害和对完美的正确性的歪曲。"

不过,苏格拉底的伟大思想之一就是要求人们要宽容:如果人们承认这样的论点,即没有人自愿做坏事,那么人类的所犯有的全部错误都应该是非自愿的,因此是可以原谅的。然而,柏拉图曾好几次为这种论点辩护,从《普罗塔哥拉》到《高尔吉亚》再一直到《法律篇》②。但是实际上他几乎从来没有从中得出过这样的一些结论。我们正好可以挑《法律篇》③中的一段,他在这一段中指出,没有人会故意作恶,于是他总结说,罪犯"和任何被恶所伤害的人一样值得同情。"但是宽容甚至在这一段中都是完

① 请参考前面,第145—146页。
② 请参考《普罗塔哥拉》,345e;《高尔吉亚》,509e;《法律篇》,731c,860D。
③ 请参考731b:每个人必须"义愤填膺",但也"尽可能柔和"。

全相对而言的,因为该文本明确说:"我们可以同情那个无可救药者并忍住和减小我们的愤怒,而不是经常露出我们的坏脾气,像一个脾气暴躁的女人,但对那个十恶不赦之人,我们必须毫不留情地怒斥之:因此我们可以说,根据不同情况,善人既会暴跳如雷也会和善友好。"①

因此,柔和碰上了苏格拉底的另外一个与前面的论点同样重要的论点:如果没有人自愿做坏人,那么必须帮助人们变得更好、教育他们、培养他们,确切说这就是惩罚应该起的作用。在《高尔吉亚》和《普罗塔哥拉》②中所表述的惩罚理论正是如此。在《高尔吉亚》中,苏格拉底甚至把这种观念推到了极致,他强有力地提出,如果罪犯不被惩罚,他就值得同情:"那么在你看来,如果罪犯不为此付出代价,那么他将会是幸福的? ——当然。在我看来,波洛斯(Polos),罪犯和不公正的人一样都是不幸的,但如果他一点不为自己的错误付出代价并没有为自己的错误而接受惩罚的话,那么他会更不幸;相反,如果他为此付出了代价并被众神和众人所惩罚的话,那他会好受点。"(472e)这种理论对波洛斯来说显得非常神奇,它在接下来的全部章节中得到了发展和阐述;它被和一个著名的论点相提并论,根据这一论点,承受非正义好过做非正义的事情;通过把它与医学的比较使它

①　731d,如果众人坚持遵守律法所规定的东西(966c),同样应该原谅他们,虽然因为没有能力到达神的认知程度:请参考下文,第268—270页。

②　请参考前面,第20—23页。

变得更为感性,因为医学上经常使用一些令人难以忍受的治疗法来帮助人根除疾病:最不幸的是那个虽然生了病但却未得到任何医治的人,同样,那个身染恶习却未得到惩罚的人也是非常悲哀的。我们明白,按照这样的一种思想的要求,一切宽容皆是一种背叛。

况且,在《理想国》中有一个逆命题;因为只有那些不信任正义的人们才转向宽容。与苏格拉底相反,他们认为,正如格劳孔(Glaucon)在《理想国》的第二卷里所支持的那样,没有人自愿遵守公正的原则:赞赏正义的人知道,除了那些本能地厌恶非正义的人们或那些因相信科学而不信它的人们之外,没有人自愿做到公正合理。并且他们还认为,人们之所以责备不公正,是因为懦弱、衰老或者某种其他的缺点阻止他们犯不公正的错误"(366d);意识到这一点的人就这样变得"对不公正的人非常宽容且没有愤怒"。但是很清楚,这种宽容直接与柏拉图的思想背道而驰。

这种宽容离这种思想与行乞的祭司以及预言者一起合作的人们所信任的宽容一样遥远,这些人与后者合作是为了通过祭祀、颂辞、节日与赛会的方法来得到对他们的错误的宽恕。柏拉图提醒说,这是一种依仗荷马、缪斯(Musée)和俄尔甫斯(Orphée)(《理想国》,364b—365a)声望的传统。但柏拉图对此感到愤慨:这种付出很大金钱代价的宽恕属于令人怀疑的非道德主义者常使用的论据。他们事实上打算利用一些社团,使用一些阴谋诡计或运用诡辩术来欺骗人;至于诸神:"如果诸神存

在,我们将行不正义并奉上不正义的果实作为牺牲。"(365e)①

因此,只有非正义者希望逃脱神的正义;而且只有怀疑主义者才倾向于轻描淡写地看待对人的正义的亵渎。

我们从这里可以得出这样的结论,即柏拉图只支持那种与正义相配合的宽容——也就是说,当被宽容的错误在律法允许的范围之内并对公共秩序不造成损害时。

相反,他试图在这一领域给宽容找一个位置。而且他也曾经独特而详细地在《法律篇》863 到 871 中论述过这个问题。他的分析给宽容界定了范围,但同时承认它的合法性。他对宽容的定义相对于以前的观点而言是一种非常大的进步②。

事实上,这是对称为"可减轻罪行的情节"的系统思考,因为柏拉图试着说明宽恕在何时并在何种范围内才算是公正

---

① 柏拉图在自己的生命的最后阶段再次说过(《法律篇》,第 X 卷),众神是收买不了的,且他将来反对那个声称"众神一直在原谅那些不公正之人和他们的非正义的行为,只要这些人把自己那份罪恶的果实献给他们"的人(906d);参看 921a;他还将反对那个盲目认为"他所依附的神会对他很宽容"的持论者。在这些情况下,所谓神的宽容只是一种为腐化堕落服务的工具而已。

② 一些原谅出现在他作品的其他地方;我们就这样找到了《理想国》426d 中普遍存在的欺骗的原谅,或者对大众不可避免的无知的原谅(《法律篇》,966c)、《会饮篇》218b 中对欲望的原谅(由阿尔喀比亚德所乞求)、在《斐勒布篇》65c 中对爱的原谅(但这一原谅是和理性背道而驰的),最后对"正常"行为的原谅,如生气的父亲对儿子们的行为(《法律篇》,717d)。相反,我们找不到由原谅者和被原谅者之间的关系所导致的那些原谅;但柏拉图在《美涅克塞努篇》中滑稽地模仿那些演说家的同时从这种原谅中得出了一种矛盾的结论:雅典人内部互相原谅,因为他们是同一个种族(244b),但他们更愿意原谅蛮族而非希腊人,因为亲戚关系会加重忘恩负义的感觉(同上)。这与柏拉图思想一点关系都没有,只是纯粹修辞学上的意义。

的。另外,这一范围的确定是要根据罪犯的内心倾向来确定的:犯罪被内在化并且罪犯的意图应该被仔细琢磨,以便让正义变得更公道。柏拉图就是这样把非正义与损害相区别。如果罪犯因为愤怒、害怕、寻找刺激或为了满足其他一些欲望而犯罪的话,那么他的行为就是非正义的。但他是出于无知而行动呢?怎么说呢?如果涉及是一种纯粹的无知和愚蠢,那么他所犯的错误将是很轻的。但如果他相信自己做得没有错呢?在这样的一种幻觉的情况中,更合适使用无意的非正义这一表达法,更合适地说是一种根据正义而完成的行为,但造成一些损害。这并不意味着我们不分青红皂白就原谅嫌疑人①,因为还有其他一些区分标准的介入;如果嫌疑人虽然带着这种幻觉,但如果造成很大破坏的话,那么人们就不会宽容,但弱者(例如,小孩或者老人)所犯的所有错误将是"最柔和的与最宽容的"法律的对象。因此,柏拉图光明正大地开始寻找一种公正的宽容和柔和。

按照这一原则创建的分类法把错误分为五类。人们发现很多错误都将被宽容地对待:一切在疯狂的状态下或者生病时犯的错误,或者过失杀人;因愤怒而杀人将被看成类似于过失杀人(但它们绝对是不同的),因为是一时糊涂和一种无意识的行为。最后,对亲戚之间所犯的谋杀罪的惩罚将依法处理,但柏拉图却

---

① 我们将会欣赏这些不同的区分,因为它们充斥于在这个文本各个地方;我们在更后的地方又找到了一些区分,如错误的样态中的暴力、欺骗或者二者的合体。现在真正的正义要考虑各种各样的情况。

接受这一古老的原则,即如果受害人自愿宽恕谋杀他的人的话①,那么只需要对其进行教育即可。

因此,柏拉图拒绝宽恕那些逃避公正惩罚之人,他在这一系统化的努力中接受一切与正义相容的宽容。从某种程度上说,他树立了宽容的理性形象。

他有相同的理由来反对柔和。对他来说,柔和怎么就成了一种美德,因为他认为一切美德都是认知、理性和对善的模仿?因为在他眼里,美德不是——至少在他的前半生中——一种混合与一种平衡,所以柔和不可能成为美德。可是,因为与城邦生活密切相关,他也曾身不由己地承认过一种带有友爱和柔和特色的价值。

当人类还未发明铁器、诉诸武力和战争的时候,友爱在大洪水之前就存在了,而且那时的社会等级的区别并不存在,所以也没有引发纷争的根源②。友爱在《理想国》中所描述的有纷争的制度中消失了。柏拉图曾经首先想通过达成一种广泛的人人平等的协议,其次是想通过公民们之间时常受到指导和检查的和谐相处来恢复友爱③。换言之,对社会关系的重视促使柏拉图

---

① 请看看第一章,第33页;这一用法得到了德摩斯梯尼的佐证,见《反驳庞特内托斯》(Panténetos)(XXXVII, 58—59),但在柏拉图看来这并非一个决定性的理由。

② 请参看《理想国》,372b和《法律篇》,678e。我们将在关于德谟克利特:DKII(10),第138页,1,7 = B5的见证中比较最早的人类的互相影响。

③ 请参考我们的文章"柏拉图作品中协和的不同方面",见《语文学杂志》,46(1972年),第7—20页。

认真思考整体性的各种因素。

他没有为这些关系而谈到柔和，因为这些关系是建立在一种深层次的融洽基础上的，而非以外在的敬重为基础。可是同样，对社会关系的重视让他接受了柔和——当后者与勇气结合并这样出现在一种可以纠正自身偏差的组合中时。

在《理想国》中，这种对柔和的发现伴随着经典的对内和对外的态度的区分①。它涉及到对卫士品质的要求。这些品质是"应该感觉敏锐，对觉察到的敌人要追得快，如果需要一决雌雄的话，需要斗得凶狠"，很自然地还有"战斗的勇气"，因为这意味着骁勇善战的性格充满血气和激情(375ab)。但这些好战的品质对于其他公民们而言则很可能是残暴的品质，是不合适的；于是柔和的用处就这样显现了出来："他们还应该对自己人温和，对敌人要凶狠，否则，他们用不着人来消灭，他们就先自己消灭自己了。——真的。——那我们应该怎么办？我问道。我们上哪儿去找一种既温和又刚烈的人？这两种性格是相反的呀。"(375c)与看门狗的比较提供了一个实际的解决办法；而且这种类比使柏拉图最终重建了友爱；因为，为了能分清敌我，人们必须要不断地学习："那么，在人类我们也可以有把握地说：如果他对自己人温和，他一定是一个天性爱学习和爱智慧的人。"(376b)因此似乎只有实用性的柔和矛盾地成了柏拉图用来把整个知识因素引入到卫士的培训之中的东西；而且第一个把愤怒

---

① 请参考前面，第207—210页。

与柔和结合起来的做法就这样偶然把灵魂的两个部分，thumos（激情）和 nous（理性）联系在了一起，或者把两类教育训练，体操和音乐联系在一起：柔就这样变成理性的一个面。

况且，正是这种大胆但有点狡诈的倾向对亚里士多德的批判精神和自信心产生了强烈的冲击。与柏拉图不同，亚里士多德尊重心理现实①；并且这种智力（intellect）擅入一个依靠本能行事的领域对他来说似乎是无法解释的。亚里士多德在《雅典政制》1327b—1328a 中论述了不同民族的特性，他把亚洲民族与希腊种族相对立；然而最理想的也许是把二者的特点结合起来——也就是说造就一个既聪明又坚强的人民。这对他来说是批判柏拉图及其学说的机会，柏拉图说卫士应该对那些自己熟悉的人表现出和善②，而对于其他人则要表现得很无情：亚里士多德认为这是一个情感层面的区别而非理性层面的区别③。

亚里士多德也纠正了卫士应该对他们不认识的人冷酷无情这样的观点："因为不应该对任何人冷酷，而且本质上宽宏大量之人也不能是残忍的，甚至是对罪犯也宽大为怀。"正好相反，亚里士多德认为，人们针对自己亲近的人的愤怒总是更巨大，这与他们对后者所感到的失望程度成正比。我们看到这一点：柏拉

---

① 请参考一个类似的关于人类体验到的感情的批判，这一批判没有什么自己的东西；关于这一点请看我们《古希腊的民主问题》，第 171—172 页。

② 亚里士多德特别用 φιλητικούς 代替了 πράους，因为它更热情并更属于感性的范畴。

③ 该段落的意思似乎一直没有被正确诠释。不是政治整体性的感情取决于激情，但敌友之间的区分是由柏拉图作出的。

图在《理想国》中所重提的传统区分在一种确实给了柔和地位的思考中、一种更细腻的心理学中就不再合适了。并且把柔和看作与认知类似在其中也不再可能。

亚里士多德的批判揭示了柏拉图在把柔和引入《理想国》时所感到的尴尬，但他却引入了它。他也将其引入了《政治家篇》之中，而且还更为清晰，但同样的尴尬出现在他需要柔和但又不可能下决心把它变为一种美德之时。

他在《政治家篇》的最后论述了社会团体所构成的大杂烩（amalgame）和两种互补的品质：一种是勇气，另外一种是节制[sôphrosunè]。也许接受这样的一种区分就已经很了不起了，于是在他的眼中美德就是一种品质。他会更进一步并会为第二种品质而谈论"柔和"吗？这可能就等于承认后者有权利位列于众美德之中；他不会这样做。因此，他借助了一系列的同义词、替代词，这些经过加工的词语赋予这种"节制"以新的形式，它不是柔和，而且它可能既与勇气相对但又与之相近。

他首先谈论的是"优雅的"举止（307a），然后是"平和而谦逊"的心情、"缓慢而灵活"的行动，它们像一些"平淡无奇并庄言缓慢"的音调，它们一起可以被称为"审慎"。他就这样通过不断地拉近两种类型的活动来界定它们："如果我们所谈论的事情对我们来说比正常情况下发生的事情更激烈、更快速、更严重的话，那么我们就称之为暴力的和荒诞的；如果比正常情况下更庄重、更缓慢、更柔软，那么我们就会说它们胆小和懒散。"（307b—c）这两种形式的活动和秉性之间的对立甚至可以给城邦带来毁灭性的冲突。一方面,人们都愿意过平静的生活;这种类型的秉性一直都是和平的,但麻烦的是丧失打仗的能力,这种能力的丧失会直接导致被奴役。与之相反的是勇敢无畏的人们,他们在战争中大获全胜,但因为他们太热衷于战争,于是就使自己的祖国遭到仇视,这最终也会导致失败而被奴役。因此这一思想是非常清楚的,但必须承认,如果与勇气相对的东西不包括过度和无缺陷的 sôphrosunè 这种美德的话,那么这两种截然相反的极端做法更容易被说明。词汇方面的摇摆不定相当清楚地表明,柏拉图在说 sôphrosunè 的时候想到了柔和。

可是就这样被界定过的两种类型是可以协调一致的,如果人们想避免走极端的话,确切说在彼此之间只保留一个公正的中道。为此我们必须要远离那些我们不能给其传达勇气或审慎的人们(308e)。至于其他的人、那些剩下的人们,"如果他们更倾向于刚毅的话,那么它(治邦技艺)就会认为,他们生硬的性格使得他们不是很容易忘记仇恨;如果他们更倾向于节制的话,它就会在他们身上找到柔软而灵活的特质,并且,虽然他们的倾向截然相反,但治邦技艺会努力将它们联系并使之融合在一起"(309b)。对话的整个结束部分都是在论述这两种秉性的融合;而且一连串的同样的词语重新出现,用以表达它们中的一个词——但从来没有让柔和这个词直接出现过。

因此,在《政治家篇》中,柔和每次都是以不同的名字出现的;并且在被另外一种倾向纠正之下,柔和变得善好了。但让人感动的是,柏拉图费了九牛二虎之力才让它获得了认可,因为它从来就非一种美德,而且城邦也不可能将其变成一种价值。在理想国中变成了理性的柔和在此却成了节制或 sôphrosuné。它打着美德的旗号深入到柏拉图的思想之中,并可能与这些美德混为一体。从此,在与美德相关的领域保持距离的同时,它间接地为对有关这些美德的思考做出了自己的贡献。

我们也许在这种方式中——即柏拉图的《普罗塔哥拉》(349d)在勇气和智慧之间,或者《理想国》(503c—d)在坚定性和哲学之间建立一种联系的方式中——找到只研究主要美德的同样愿望。相反,当涉及到具体的人时,柔和就露出自己的庐山真面目。它很明显不是一种美德,而是一种行为、一种倾向、一种风格。但以这样的名义,且仅仅以这样的名义,柏拉图就可以让它大放异彩并赋予了它独特的魅力——证明就是泰阿泰德(Théétète)的著名形象,泰阿泰德学得很快,人们很少能找到另外一个像他那样的例子,而且他还"非常温和,比任何人都勇敢无畏"(《泰阿泰德篇》,144a)。柏拉图说这样的性格是非常罕见的:活跃的人往往易怒,而且他们的天性中有更多的激奋而缺少勇气;最沉着冷静的人反而容易拖沓。泰阿泰德的平和的性格"与一种弥漫的柔和、与四散而去的油的悄无声息的流淌"一样,它会使得他获得好结果。

这样一篇文本足以表明,这种柔和在涉及伦理或政治时会被非常好的运用,它在对某些私人关系的展现中重新找到了自己的全部价值,并且还表明柏拉图对它绝不是不敏感。可是,在这种情况下,在看他给它什么样的定位之前,最好提醒一下,柏拉图在某个领域承认柔和重要性，甚至在政治上的重要性，并且好像在晚年在这一领域中给了它很重要的位置——这一领域指的是教育和说服，而不再是审判和惩罚。

在柏拉图早期的一些对话中，如《高尔吉亚》中，说服人的艺术属于一种低级的修辞学；苏格拉底像医生一样行动，他割、烧、折磨，而且提供酸涩的饮剂；因此他命中注定被儿童组成的法庭判刑，该法庭可能要在他和一名厨师之间作出选择。哲学家从不期望为无知者所理解。人们在《理想国》中看到一点能通过表明看法最后说服人群的希望："亲爱的朋友，我还要说，不要对老百姓那么严厉。他们会改变意见，如果你不跟他们争而是用柔和的口气跟他们说并①消除他们的偏见……或者你认为人们会对不生气的人生气，或者人们想伤害不想责怪他们的人，当人们自己没有仇恨和恶意之时？"（500a）在《法律篇》中，这种教育的希望从某种程度上说深入到了法规之中：它隐含于柏拉图为法律而设立出的前提中，而且他没有掩盖这些前提的新颖性。

这些前提是用来说服的，而且它们与医生身上所具有的柔和类似。柏拉图在684年曾经驳斥了伊索克拉底的学说，根据这一学说，我们必须从人们那里得到自愿的服从，而且他曾希望人们在不遭受过度痛楚的情况下能被治愈：他在720年谈到过那些用"最温和的方式"治病的医生们；而且为了他那些著名的法律前提，他从这一典范中获得了灵感。"似乎没有任何立法

---

① 希腊语不讲柔和而只简单地说 παραμυθούμενος。

者"，他写道，"觉察到有两种力量可供立法者所用，说服与武力，如同人们可以把它们用在一群没有文化的人身上一样，但他们只使用了其中一种。"(722b)因此，柏拉图区分了两类医生：那些习惯于治疗奴隶的医生，他们既不给也不接受解释，但自由的医生行事则完全不同：他什么都问，"把他的印象讲给患者本人和患者的朋友们听，并且当他询问病情时并在可能的范围内，他会教育病人本人，在没有事先说服他的情况下不给他开任何药，而且借助说服，他会使病人得到安慰并能控制自己情绪，以便渐渐地引导他恢复健康。"(720d—e)法律的前提将试图以后一类医生的方式行事："带着同情并多亏这种带有更多柔和的同情让人接受处方，即法律。"(723a)

一门运用说服的医学、一种运用说服的政治正在出现。然而说服就等于柔和。

柏拉图就这样在他的政治思想中渐渐给了柔和与宽容的品质一定的地位，因为柔和与宽容曾经在民主中那么让他感到震惊并且依然拒绝称它们为美德。这意味着他的反对只是他执著于正义的反映。因此人们可能想象这样的事情，即柔和会在私人关系领域以及人的内心世界得到充分发展，因为它在其中不会碰到这样的障碍。

国家一旦不再被牵涉，我们就看到柔和在柏拉图的作品中开始迅猛发展。

我们在有关人与人之间的日常关系中一点就没有遇到这种

柔和(可是根据第欧根尼·拉尔修(III,98)所言,他可能通过谈论对外接待、善行和热情好客把 philanthrôpia 的表现进行了分类,但他在论及自己的世界和苏格拉底的世界,也就是说面对考验或面对自己学生的哲学家们的世界时,精辟地阐述了 philanthrôpia。

这里出现的用法是 philanthrôpia 一词的最初的一些用法之一,这一次正是被用在了苏格拉底身上[1]。

但是我们特别在这一领域中找到了 praotès 的两个非常新的意义。

首先这个词在他那里指智者的泰然自若,这是愤怒和其他的激情所带不来的。

这一意义特别是在当副词使用中见到,即是说"温和地"忍受事情,也就是说不指责、不冲动。这种泰然在各个时期都是受到赞扬的品德,但正常情况下,它不属于柔和词汇的一部分:在四世纪,这种情况人尽皆知。德谟克利特在残篇 B46 中指出灵魂伟大的标志是能耐心地(praéôs)忍受一个错误。在这种情况下的使用让来自他人的侵犯变得容易,人们也许针对这个人会表现得很暴力:这涉及到人类的关系。同样,当德摩斯梯尼谈论泰然地忍受不公平,(《反驳米迪亚斯》,183:praôs),或者提防那些违法者,为的是不再出现需要坦然地忍受这些勾当的时候(《反驳泰奥克里诺斯》(Théocrinos),55:praôs),他指的是那些

---

① 请参考前面,第40—42页。

是我们可以严厉对待的人们。相反,柏拉图在一些极端情况中使用相同的字眼:当涉及到人与其命运、衰老、贫穷和死亡的关系时。

《美涅克塞努篇》中似乎论及的是一个平常的表达:死者的父母和小孩被请求在国家的关怀中学着"更平静地"(249c:pra-oteron)忍受自己不幸的方法。

克力同在《克力同》(Criton)43b 中对刚在牢狱中醒来的苏格拉底说:"我非常欣赏你在昔日的生活中所表现出来的淡定,但从来没有像现在这样欣赏你在目前所承受的不幸中所表现出来的平静与柔和(praôs)。"

《理想国》最后 387e 谈到了善人。他将不惧死亡,并且一般而言,他将知足常乐:在所有人当中,他将是最少需要他人之人:"如果他失去一个儿子、一个兄弟、财富或者类似的其他东西……他将不会像其他人那样勃然大怒。如果他遇到同样的变故,他将不会像其他人那样怨天尤人,他会尽可能耐心地忍受(praotata)。"

这些例子清楚说明,这样一种 praotès 既包括忍受悲伤也包括节制欲望,因为我们在《吕西斯篇》(Lysis)211e 中看到,某些人想要马匹、黄金或者荣誉,而苏格拉底则不为这些所动,他只希望拥有朋友。

也许人们认为这种泰然非常类似于斯多葛智主义者的不动心,但这样的比较是没有道理的。柏拉图在《理想国》中所谈到的人不是一位真正的智者:他只是一个善人、一个理性的人、一个柔和的人①；他的性格、他的社会阶层、他的知识，所有这一切一起决定了他的身份；并且不论是他的智慧还是他的泰然都还没有达到斯多葛主义的那种几乎是非人类的程度。他在考验中所表现出的良好态度，甚至当柔和的词汇还没有用来表达这种态度时，一直是一个 épieikès 之人所具有的态度，而且它位于善人的层次上，而非哲人的层次上。就这样在《理想国》330a 中，善人的定义是由老克法洛斯（Céphale）给出的，他一点不像个哲学家："理智的人"，他在使用 épieikès 这个词的同时说道，"如果他处于贫穷之中，他不能坦然地忍受衰老，但不理智的人将来即使再富有也是枉然，因为财富不会让他的性格变得柔和"②。或者，当柏拉图在第十卷中总结 387e 的思想时，我们可以看到，没有 praos 这个词，但有 épieikès 这个词："我们那时说过，我继续说，一个性格谦逊的人如果遭遇不幸的事情，比如丧子或失去了某种非常贵重之物，会比其他人更容易承受这种痛苦。"（603e）

因此，一般的聪慧之人的泰然明显有别于天才的泰然；这也肯定了前者不可能与纯粹意义上的美德并驾齐驱：它在实际中仅仅是一种代替后者的品质。我们在亚特兰蒂斯的君主们身上可以找得到它，他们在处理彼此之间的事件时非常娴熟地运用

①　Épieikès 的这种用来指善人的模糊用法使人认为有某种柔和与其美德相连。

②　请参考更后一点的文本（331b）：不欠任何人任何东西而死去是财富带来的好处，不是为了先来的人，而是因为 épieikès（这意思是说他没有多余的欲望）。

带有智慧的一种柔和(《克里提阿》(Critias),120e)。但这不是对善的概念进行过深思与推敲的哲人的美德。

毕竟,柔和以这种纯粹的形式,甚至在柏拉图眼里,在人类的众品质中占有一席之地并为无欲无求的智者的形象做着准备,这种形象在后来的哲学流派中非常流行。

我们顺便观察到,这种面对死亡的泰然是苏格拉底的特质之一。但是它在他身上与另外一种柔和相关,这种柔和,正如词的意义本身所让人期待的那样,以人类关系,特别以对话录中所阐述的那种人类关系为基础:那是师生之间的关系。因为当涉及到惩罚城邦里所犯的错误时,要非常严厉,而且必须那样做,但当涉及到解释、希望得到理解并叫人向善和追求真理时,则不能太温和。我们看到这甚至是柏拉图愿意在城邦里使用柔和的唯一情况。

然而,苏格拉底的教育,像柏拉图所描述的一样,却充满着温和、善意的嘲笑、耐心、宽容,总之一句话,充满着柔和。柏拉图好几次把这种柔和与苏格拉底那些过分自信且心胸狭窄的敌手们的傲慢相对立。他甚至乐于指出苏格拉底请他的敌手们要更柔和一些。

最有名的是卡利克勒斯(Calliclès)的例子。大家都印象深刻:在《高尔吉亚》中,他首先跟凯勒丰(Chéréphon)说话时表现得非常无礼:"告诉我,凯勒丰,苏格拉底到底是很严肃呢还是爱开玩笑呢?"(480b)然后他就毫不客气地教训苏格拉底、滔滔不绝地给他讲自己的理论并指责他这么大年纪了还继续高谈阔论、把他当作无能之辈、当作可以不受惩罚地随意侮辱的人、当作有一天会死无葬身之地的人。苏格拉底以感谢和微笑回应；然后他用谦卑中略带揶揄的口气问："请在您的教导里多加一点柔和，以便不要强迫我放弃您的高见。"（498b）后来他选择了这个词 προδιδάσκειν，它让人联想到一种对初学者的教导，这充分表现了佯装谦卑。但是很显然，柔和的观念与教导的观念的相遇并非偶然。这种相遇表达某种关于教导的观念并在柏拉图著作的其他地方以类似的措辞存在。

它一字不差地出现在了《欧绪德谟》中，苏格拉底在其中与狄奥尼索多罗斯（Dionysodore）和欧绪德谟在讨论。狄奥尼索多罗斯高调宣称，苏格拉底是一个非常可悲的家伙，如果他"既不拜祖宗的神，也没有宗教信仰，简言之没有任何美和善的东西"（302c）。苏格拉底这样回击这种粗暴的言语，就像回击卡利克勒斯一样："啊！狄奥尼索多罗斯，有话好好说嘛，不要那么粗鲁地让我接受你的教训。"

同样，当色拉叙马霍斯在《理想国》第一卷中暴跳如雷时，柏拉图以嘲讽的口吻描述他的狂躁："他控制不住了，如猛兽一般弓着身子朝我们扑来，想把我们撕成碎片。"（336b）色拉叙马霍斯把苏格拉底的说的话当作连篇废话；而且他宣称苏格拉底的对话者们到现在都一直充愣装傻。他说的这些话如此苛刻，以至于苏格拉底自称被吓坏了。可是辩论开始了，色拉叙马霍斯在辩论中用最蛮横的口吻说出了自己意见；然后他就想走；最后他在讨论中显得很尴尬，且脸红耳赤。但他像卡利克勒斯一样并不拒绝回答。因此苏格拉底最后感谢了他：他认为，这一精神盛宴是色拉叙马霍斯为他举办的；怎么举办的呢？"让你变得灵活(praos)并放弃了粗暴。"

事实上，苏格拉底的对话就其原则本身而言是一种耐心的努力，为了一步一步地把人的思想引向真理；并且所有柔和中的首要柔和就是让他人不仅表达自己的思想，而且要发现这种真理本身。苏格拉底在《美诺篇》(Ménon)75d 中清楚说过："当两个朋友，就像你和我，有心情聊天时，他们应该经过充分考虑之后再回答对方的问题并且必须在对话中出言谨慎"①，希腊原文是：πραότεόν πως καὶ διαλεκτικώτερον。要做到此就必须忍受拐弯抹角和慢慢地发现矛盾，并且还要容忍犯思想上的错误或性格上的缺陷。

这就等于说，知识性的错误在柏拉图眼里值那么多的宽容，而公民所犯的错误就不值那么多了。这可以理解，既然知识上的错误是可以得到纠正的②；这种纠正恰是对话和教育的目的。

因此人们一直能在近乎完美无缺的导师苏格拉底身上找到对这些错误的宽容。这种宽容针对每个人，首先针对智术师们。例如，《欧绪德谟》中的智术师们非常错误地认为自己高人一等：必须原谅他们(306c)的这种狂妄自大，并且还不能表现出愤怒；

---

① 对最后一个词的翻译进行了修正：希腊语同时包括会话、对话和辩证之义。

② 这是在《法律篇》731c 中提出的区分原则：参看前面，第 258—259 页。

如苏格拉底所说,"他们是什么样我们就怎么样看待他们吧:如果他们有人在自己的言语中表现出哪怕一丁点理性并能顽强地坚持一阵子的话,那我们都应该表示欢迎"。同样,我们也应该欢迎那些自认为是伟大的政治家的智术师们,因为他们受到老百姓的拍手称赞:"你说什么呢? 你不原谅这些人吗? (《理想国》,426d)。你想象一个不懂丈量的人:如果很多像他一样的无知者跟他反复说他四尺高,你认为他将会不再相信人们所说的关于他的身高的事了吗?"至于年轻的辨证学家们,他们之所以离经叛道,是因为他们失去了信任,因此原谅他们也是理所当然的:"你不原谅他们吗?"(《理想国》537e)苏格拉底甚至会耐心开导那个不懂正义但却指责正义的人:"所以我们要试着柔和地(praôs)开导他,因为他的错误是无心的……"人们将温和地问他一些问题。① (《理想国》589c)

事实上,《斐德若篇》明确指出,这种对错误的宽容是最睿智者的标志。这事实上是告诉修辞学家们,他们所教授的绝不是真正的修辞学;并且苏格拉底将在一些平行的领域里寻找要模仿的行为典范;他想象道,能写出引起怜悯或恐惧的大段文字的人们便自认为掌握了悲剧艺术:索福克勒斯或欧里庇得斯不会"像粗人那样"抨击被这种幻想欺骗的人;相反,他们模仿被置于相同情况中的音乐家并且作为音乐家的他会用柔和的声调说话"(268e:praoleron),他会告诉无知的人他们还有很多东西要

---

① 因此苏格拉底称之为:ὦμακάριε。

学。真正的演说家有着相同的反应:"我说,我们把他们想象成用很不礼貌的话骂人的人,如同你和我因为粗俗而做过的那样,谁会在自己的著作中或教学中把这个作为修辞学的范例呢?或者,事实上,他们比我们更有智慧,所以他们也不会责备我们俩说:'斐德若,还有你,苏格拉底,与其责骂不如干脆宽待(269b)那些因为不了解修辞学'而出错的人们吧?"对这种柔和的坚决主张是不能被忽视的,因为在该文本中它相继成了好音乐家、大悲剧家和真正的演说家们的温和。一种显而易见的谦逊还强化了这种温和,这种谦逊是一种更细致的谦恭并且它将注意力吸引到了主要的观念——也就是说那些有真才实学的人对于那些没有真才实学的人是很耐心和大度的,他们就这样给我们树立了一种要模仿的典范①。

因此正是在《斐德若篇》快接近尾声的地方,苏格拉底描述了教育者的乐趣和那个在找到了合适的人之后在其心中播种下充满智慧的言辞之人的乐趣;对有智慧的人培养如同培养植物一样需要很多耐心和柔和;并且要达到的目的是那样的美好,以至于所有这些精心照料都非常得值。

再说,这些对柔和的呼唤和颂扬只是苏格拉底代表的和非常巧妙地付诸实践的东西的反映。所有这些对话的整个进展

① 最有智慧的人也就是最温和的人。同样,有天赋者受到过良好的教育:他被"驯化",而不再是"野蛮人"了(《法律篇》,765e)。关于这种观念在伊索克拉底著作中的存在,请参看前面,第255—256页。

也许能用来证明这一点。他的问题中充满着温情！他是那么快就欣赏围绕在他身边的年轻的人品质！看到他们的进步他多么快乐！其至在他弥留之际，依然流露出这种慷慨的柔和。如果说克力同看到苏格拉底在快要过世之际还表现出 praotès 感到吃惊的话，那么斐多（Phédon）本人则是非常欣赏他对于弟子们和他们的反对意见的这种 praotès。柏拉图好像为了引起我们的注意而用赞扬的笔触来评论他："但是我觉得他在最后关头最了不起的地方首先是优雅、亲切、他听取这些年轻人反对意见时那欣赏的样子。"（《斐多》，89a）

在这一层次上，教育人的大师的柔和与对朋友的柔和已经无异；并在私人圈里建立了一些良好的关系。与城邦有关的要求在其中已经再难觅踪迹。柔和在其中无可争辩地占主导地位。人们经常谈到"希腊人的同性之爱"在这些关系中所扮演的角色：实际上，它只是给一种更纯粹的关怀赋予一种更具个性的特色：他们真正的热情在于引导年轻俊才们热爱哲学与善德①。

如果说柏拉图拒绝在城邦里给柔和一席之地的话，那正好说明他是柔和所取得的辉煌成就的最重要的见证人。他却在师生的私人关系中给柔和一席之地和难能可贵的声望。这一事实有利于我们更好的理解他保持缄默的根本原因：正如诗人们的情况所证明的那样，如果柏拉图认为必要，他完全能够把他内心

---

① 况且，配得上这一称呼的一切爱对柏拉图来说是一种向善和向真的努力。

最珍视的东西从自己理想城邦中排除出去。

Ⅱ．亚里士多德

一直以来，亚里士多德既不太严厉也不太热情。一方面，他没有理由像柏拉图那样对过度宽容而导致的雅典政治的混乱那么敏感。另一方面，他考虑到了现实的因素；在这些因素中出现了一些新价值。最后，他那并不是很学究的气质使得他更容易理解某些品行的情感本质：我们在他对柏拉图给予自己卫士的praotès的批判中就意识到了这点[1]。

或许他本人对心理品质非常敏感。他的遗嘱，根据第欧根尼·拉尔修所引述的一样（Ⅴ，12—16），揭示了他对每个人都很在意，甚至对他的奴隶也不例外。这种性格特点被第欧根尼·尼拉尔修用在他身上的不同词语所肯定：因此他可能曾经施舍过一个恶人和回击过那些斥责他这样做的人们时说过，怜悯不是针对人的性格而是针对人本身（Ⅴ，17）；或者他曾经说过救助不是针对人本身而是而是针对人性（Ⅴ，21）。这一切暗示了一个很强烈的意义，即人类的整体性。

事实上，亚里士多德坚信一种天生的友爱不仅把父母与孩子联系在一起，而且也把同一民族的人联系在一起。他在《尼各

---

[1]　请参考前面，第入题话 10—11 页。我们可以把他的善意批判与柏拉图想象公民们之间的理想的整体性方式相比较（《政治篇》1261b—1262b）。

马可伦理学》(VIII，1155a16 段落)中说这番话时还强调"同一种族的个体也感觉到一种天生的友爱，尤其是在人类中；这就是为何我们会赞扬那些对别人友善之人(philanthrôpoi)，甚至在我们在远游途中，我们能够观察到人对人一直是多么地关怀和友好"。他在该文中还补充说，友爱构成了城邦之间的纽带；这个可以与《政治篇》开头的著名论断相提并论，即人是"一个政治动物"：这种著名论断在这里找到了自己情感上的回应。

这些不同的理由说明，亚里士多德在非常多地继承了柏拉图思想的基础上超越了前者，他在自己的伦理学中承认了作为美德的柔和的理所当然的地位。

事实上，他确定了公正(épieikeia)和宽容(suggnômè)所应该有的身份；同时，他把一系列与柔和相连的美德都归入了传统美德的之列。

Epieikeia 的位置是在《尼各马可伦理学》的第五卷最后被确定的；而且这种 épieikeia 与正义之间保持的关系构成了有关正义的观念所引出的问题的倒数第一个问题——或许是最后一个问题①。1137a31 中的第一句话就明确指出了这一点："我们接下来要讨论的是公道(l'équité)与公平(l'équitable)，而且还要分别说明它们与正义(la justice)和公正(le juste)之间的关系。"②他提出

① 它在手稿的顺序中处在倒数第二的位置，但很多人将其排到了最后并作为该作品的结论。

② 《尼各马可伦理学》中的所有这些文本都在在特里科(Tricot)的翻译中被引用过。

说,这两个观念既非绝对相同,亦非绝对不同的。由此,他完全属于五世纪的传统,这一传统在正义的轨迹之中发现了公平,但却将其置于严格的正义之边缘,作为对后者的补足[①]:"依据法律",他写道,"在公正的同时,公平不是公正,而是对合法的正义的校正。"这两者之间存在的是种差而非属差。

但是,与五世纪的人相反,亚里士多德不再满足于模糊的想法,即严格的正义不是一切:他分析这种含混的理由,即它主要与法律的一般特点有关:从本质上讲,法律不可能把所有的情况都考虑进去。同样法律之外还必须有政令(décret)的存在,公平也在法律之外起着一种不可或缺的作用。并且公平的人的特点也包括这种对严格的平等的超越;事实上,公平的人"不会顽固地主张自己的权利,而是倾向于少得到一点,尽管法律是站在他一边的。"(1138a)

从思考层面上看,这种定义说明了严格的正义经常留给那些非常热衷于正义的古希腊人的不满足感。另外,它在伦理学道德规范中认可并推崇政治法律不能承认的东西。

这是一个巨大的进步,并且不是唯一的。事实上,亚里士多德通过一种双重论证给这样定义的 épieikeia 赋予了一种与公正相等并高于它的尊严。首先,假如公平与公正之间有一种种差,那么他承认公平就是公正。其次,他肯定说,考虑到公道(épieikes)比合法的公正更复杂,那么 épieikes 就要高于它;"两

---

① 请参考前面,第 54—55 页。

个都好,尽管公平是两个中最好的",他写道(1137b10),或者还有,在稍后点的地方:"公平是公正就是从这里来的,而且它比某一种类的公正要优越"①,或者最后他还说:"人们就这样清楚地看到什么是公平、公平是公正以及公平优于某一种类的公正。"(1137b33)②我们不能再强调一种新的、更大胆的观念。

然而 épieikes 确实是一种被赋予了人性的正义,并且亚里士多德承认它的这一特性。他在上面引用过的定义中说,épieikes 使人们不再斤斤计较自己的权利。他在更后的地方还说,公平的人比倾向于宽恕的人要强(1143a21)。因此,从柏拉图到亚里士多德,对这种更宽容的、高于法律的正义的承认标志着柔和形式之一的胜利。这一胜利得到了如下事实的支持,即亚里士多德看中一种个体可以表现出来的品质,而不是一条可以在城邦通行的原则。尽管如此,他还是倾向于创建一些新的意义,而只为公民考虑的柏拉图并没有使用这些新意义。

毫无疑问亚里士多德曾经非常重视这种意义。《修辞学》

---

① 特里科翻译的后续部分说:"不是高于绝对的公正,而仅是高于因规则的僵硬而可能导致错误出现的公正"。这种翻译不是个案[参看苟梯耶-高里夫(Gauthier-Jolif)]:"严格意义上的正义"),但它有点不准确且有误导之嫌。如果我们记得在第 56 页所引用过的悲剧残篇的话,我们就会给 ἁπλῶς 赋予同样的意思,因为在那一页 τὴν ἁπλῶ δίκην 指没有细分和宽容的正义,与 épieikeia 相反。这一意思不是那么绝对但缺乏甄别。那么这一意思可能是:"不是纯粹和简单的公正,而是源于它被纯粹和简单地理解的这样的一些缺陷"。这种使用在亚里士多德著作中是正常的:参看博尼兹(Bonitz)文本的结尾部分。

② 亚里士多德甚至这样为这个派生意义辩解,是他指出了它的存在,根据这一意义 οἱ ἐπιεικᾶς 被用作 οἱ ἀγαθοί,指"善人"之意(1137a33 段落)。

(I, 1374a26—1374b23)中用了很长的篇幅来讲公道(épieikes),他给它下的定义几乎与《尼各马可伦理学》中说法一字不差[1]。另一方面,他在《修辞学》中更清楚指出了人类追求公道的秉性[2],他直接把它与宽容联系在了一起:"公平就是带有人类弱点的宽容……也就是多想别人曾经对我们的好,少想对我们的恶、多想我们曾经受过的恩惠和善行,少想我们曾经为别人提供的服务"。有些人甚至认为亚里士多德在这样的一些文本中把épieikes与宽容混为一谈,为了在《尼各马可伦理学》中把它导向一种真正的天然权利[3]:这是误解了希腊语épieikeia的本义和它在法庭上除了法律之外所扮演的角色。实际上,亚里士多德所赞颂的épieikeia在所有情况中和所有文本中是一种更宽容的、更善解人意的正义形式。

所以,我们不足为奇,亚里士多德曾经对这类比柏拉图的正义要灵活很多的正义特别敏感。他也很喜欢使用épieikès这个词,他所使用的意义更为宽泛,他用它指善人。并且事实是,这个族类的词语在四世纪得到了充分的发展的话,亚里士多德是所有人中使用最多的一个:德摩斯梯尼有33例,伊索克拉底42例,柏拉图72例,亚里士多德则在自己作品中使用过92次。

---

[1] "公平似乎是公正,但公正却超越法律条文。法律的缺陷是一些是立法者故意要的,其他的则是无意间造成的……"

[2] 在《修辞学》更前面,即在1372b19和1373a18中,得到épieikes的意思是说"得到宽容"。

[3] 请参考苟梯耶-高里夫对此处的解释。

他对伦理的兴趣、他对分类和区别的爱好造成了他既承认这种界限不清的美德，又尽可能给它们一个严格的定义。Epieikeia 在他的推动下得到了如此惊人的发展，以至于学者们从此以后不得不将它看作是他的思想主题之一：如果我们看到它从五世纪起诞生于雅典思想中的话，那么它就是诞生于亚里士多德的哲学思想中的。

我们不可能这么说与 épieikeia 有亲缘关系的 suggnômè。可是亚里士多德并没有少用心与精力来确定它的位置。从《尼各马可伦理学》第三卷开始，亚里士多德在开始研究不同的美德之前试着界定什么样的行动可以被说成是自愿的或者不自愿的——这些不自愿的行动，他说，值得"宽容（suggnômè），有时甚至值得同情"。

与柏拉图在《法律篇》中所建立的对错误的分类不同[①]，亚里士多德的文本所接受的范畴为从先前的思想中总结出来的范畴，它把不自愿的行为称为"被强迫或出于无知"而完成的行为。但在这一范围之内，他又引入了很多更细致和更严格的区分，这些区分的基础是一门关于意志与责任的真正的哲学。在这个意义上，尽管一般的倾向是让罪犯承担更大的责任，但他在宽容顺利地适应形势的情况下给了它一个在理性上站得住脚的辩护。正义不是正变得更宽容，而是变得更细致并考虑更多的情况，以

---

① 863a—871a；参看前面，第 262—263 页。

至于被给予的宽容变得非常的合理。

例如，他问我们是否应该把那些在危急关头因害怕而犯的错误纳入"在被强迫情况下"所犯的错误的范畴之中。悲剧人物经常认为是这样的[1]，但亚里士多德并不认为如此。原则上，他视它们为非自愿的行为，但如果人们参照了做决定的那一刻状况，那么这些行为就成了自愿的。由此就出现了对施动者和情势的分析，人们在他之前从来没有做过这样的分析，而且这种分析趋向于用理性的措辞确定可原谅者的情况——也就是说从感情的领域提升到了理性判断的领域[2]。

同样，亚里士多德在进一步细化了柏拉图对在愤怒情况下所犯的不同类型的谋杀案的区分，柏拉图称这些谋杀为"介于故意和无意之间的杀人"（《法律篇》867a）。亚里士多德对"不是故意"和"无意"（1110b18）进行了辨别。他尤其是根据有或没有悲伤和悔意建立这种差别[3]：他由此打开了通往应该是后来诞生的这样一种观念的道路，即懊悔是得到宽恕的先决条件；他以更直接方式强调了罪犯心理的重要性，以至于正义在变得更灵活的同时也更明智：从此以后，这种灵活性的条件便依据一种哲学被严格规定。

---

① 请参考前面，第 83—85 页。

② 请参考 VI,1143a23，它把 suggnômè 定义为一种对公平的东西的正确批判。该句被某些人视为一种评注(参看高里夫对此处的解释)；但他们的理由似乎很难令人信服。

③ 1110b18；还参看 1111a20。

关于无知,亚里士多德也同样很微妙地区分了"由于无知"而完成的行为和"在无知中"完成的行为。他明确说,决定性的无知是对行为特性的无知:"怜悯和宽容正是针对的那些情况,因为不知道这些因素的人的行为是无意的";亚里士多德分析了这些特性的本质和数量,其中无知就是一种原谅。这一原谅很自然包括行为本身和人的心理的各个方面——例如,人们从这一心理所期待的结果。因此灵活和精确又一次在亚里士多德锐利的目光下组合在了一起。

大家也许能对这分析进行补充,因为我们可以给它增加一些其他的区分和思考,例如那一段,在其中亚里士多德试图在找什么样的被放纵的自然欲望才更值得原谅(1149b4);或者另外一段,在其中他思忖在什么范围内纵欲之人才值得宽容(1146a2—3)。亚里士多德在不为宽容辩护的情况下并且有时在限定其角色的同时用自己缜密的分析为宽容在一种更宽厚的正义中获得一个合法的角色做了很大的贡献。

同时,他认为宽容可以让个体获得自己的独特性:宽容不再仅仅与一种配得上它的行为本身相关,而且与最愿意给予它的人的性格相关:我们在上文①看到过的亚里士多德的文本说,温和之人(praos)不是倾向于报复,而是宽恕②。亚里士

① 请参考第118—119页。
② 同一形容词以同样的意思还出现在了下面被引用的句子中和在《修辞学》II,1384b中(相反,在1150b3中,它与可原谅的行为相关)。

多德在别处几乎以类似的措辞宣称，公平的人（épieikès）比倾向于宽恕人（1143a21）更强。并且这显然在他眼里就是一种美德①。这甚至是一种完全可以和谨慎相提并论的美德，因为我们在 1143a31 看到，良好的判断力让人"聪明、对其他人友好、易于宽恕②。因此被明确定义但被严格限定在法律范围之内的 suggnômè 作为人类的品质和心里倾向被毫无保留地接受。

可是被引用的例子用它们的词语组合证明了这一点，宽容只是在与 épieikeia 和 praotès 紧密结合在一起的情况下才达到了这一等级并位列于这一系列概念之中，这些概念从此以后把不同的形式的柔和引入到道德之中。

如果我们看一看《尼各马可伦理学》中所罗列的不同的美德的话，我们就会注意到这些温和的美德清楚地出现在了其中：从第三卷，第 9 节到第四卷结尾都是对这些美德的研究。

主要的框架还是由主要的传统美德来确定，也就是说勇气（III，9—13）、明智或节制（sôphrosunè，III，13IV，最后）、正义（V）和理智德性（VI）。

但首先必须明确说明这一框架到最后却被大大超越了，因

---

① 论著《美德与缺陷》毫不犹豫地把这种倾向列入了美德之中（1251b33）；但是，尽管是被放在亚里士多德的名下，这一论著其实是后来的作品：对柔和与宽容的推广在其中更为清晰。

② 这是亚里士多德对这个最新形容词的唯一的一次使用。

为第八和九卷全部是用来描述一种非常柔和的美德的,这一美德就是友爱,并且它是伦理家族中的新成员:它甚至对自己的 philanthrôpia 的主体说话①。

另一方面,在 sôphrosuné 与正义之间,亚里士多德加进去了一系列美德,这些美德的共同特点是被应用与人与人之间的社会关系。柏拉图一点都未曾想到过要谈论它们。它们是一些有关实际生活的是美德,对于这些美德的应用经常是很有分寸的;亚里士多德是根据日常判断并参照流传最广泛、最模糊的 épieikeia 的概念来看每一种美德的②。另一方面,这些美德是一直建立在一种温和与和解思想之上的美德。难道我们在第 12 章的美德中找不到亲切③并在第 14 章中找不到愉快吗④? 难道大度不是为他人做好事吗? 社会关系中的和谐变成了一种真正的道德理想⑤。

更让人意想不到的是,于这些美德中突然出现了 praotès 这

----

① 请参看上文,第 280—282 页。亚里士多德趁这次机会使用了美词"友好的朋友们"(1155a30),这一说法在其作品中反复出现过好几次。

② 因此,关于大方请看:1120b32 和 1121b24;关于亲切请看:1126b21;关于诚实请看:1127b3;关于愉快请看:1128a18;关于廉耻请看(用忽略暗示法处理):1128b28—33。

③ 这种美德在亚里士多德那里没有名称,但介于一贯的顺从和争强好胜的性格之间。

④ 这种美德没有名字;特里科有点奇怪地称之为"在游戏活动中的高品味"!

⑤ 这种关心似乎在亚里士多德那里变得越来越明显,假如至少我们接受《尼各马可伦理学》的可靠性和先前性的话;实际上,诚实、愉快和友爱在其中并没有位列美德之中。

个名词。但要称之为"柔和"吗?①有些人对这样做犹豫不决,因为亚里士多德给它下的定义是相当令人惊讶的。事实上,他想和其他的美德一样在其中找到一种中庸的东西,但这却让他却陷入了尴尬的境地。把它与愤怒相对立是很容易的,但在另外一端放什么呢?他在那里放了"一种对愤怒的无动于衷或者随便什么东西!"并且他很快就承认这种美德尤其与过度的愤怒相对立:"因为温和一词的意思是保持无动于衷的人,他不被感情所左右,但只在理性能支配的情况下才会生气;可是该词似乎朝着错误方向发展,温和的人不是倾向于复仇,而是倾向于宽恕。"(1125b33—1126a2)

我们看到,这一定义包括一个轻微的缺陷。亚里士多德在稍后解释这一瑕疵时说,在这一领域过度比缺陷更普遍。但是反正他的美德危险地朝着,如他所承认的那样,"缺陷的方向"倾斜。也许没有任何东西能比他所遇到的困难更能揭示问题:这一困难意味着柔和从此以后占据了一个相当重要的位置,它不但被纳入了众美德之中,而且还被予以特别对待,尽管它不符合一般来说在伦理中占主导地位的理性的理想。从某种程度上说,它让天平向它的方向倾斜,而亚里士多德在其他地方则期待它能有一种中性的定义。

---

① 苟梯耶-高里夫翻译为:"沉着",这正好表明了亚里士多德的缺陷,但不再考虑道德的演变,这一演变使得他使用 praotès 一词。亚里士多德给它赋予的意思近似于我们在短语"耐心忍受"中看到的意思(前面,第 270—273 页)。

不比柏拉图笔下的默默忍受着敌意的理智的人的泰然,亚里士多德的 praotès 不完全是柔和;为了得到哲学家们承认,它应该是变柔和了。最后,它终于达到目的:它确实成了一种美德。

可是有一件事是显而易见的:这就是它确实费九牛二虎之力才达到此目的。如同在政治上一样,它在哲学上同样也受到了强烈的反对。它之所以战胜了这些反对意见,是因为盛行于四世纪的思潮对它很有利。这一思潮不允许人们从此以后把它与其他美德隔离开来。这就是为什么,从柏拉图不再定规则开始,人们就感到在他的对话中充满着这种柔和,虽然他没有把它变成一种美德。这也是为什么更注重实际的亚里士多德能在他最经验主义的著作《尼各马可伦理学》中给它一个位置,并经常参照诗人们的证词以及为大家一致接受的说话方式或批判方式。

我们也必须清楚地说,受正义支配的政治团体和城邦的忧虑曾经是最大的障碍之一。这种障碍对柏拉图来说是决定性的。对亚里士多德来说也是一样,但他的哲学已经脱离了直接的现实;并且他本人也不再是一个城邦的人。他的弟子亚历山大将加快这种变化。在亚里士多德之后,希腊化时代开启了,柔和名声大振并得到了承认,从那以后它便开始自由成长。

第三部分
从亚里士多德到普鲁塔克：
从柔和到荣誉

第十二章
米南德和希腊化时代的伦理

从亚里士多德开始,对柔和与宽容概念的研究具有了新特点。由于不断取得进步,所以它们从那儿以后就经常出现在不同的场合中;鉴于此,一些学者便把它们作为研究对象:于是研究之路道路就这样被开辟了出来,而且研究任务也变得更容易。但是对以前历史的认知,就像它在此被描绘的那样,让人们看到主体的同时还将包含一些其他的观点,这些观点将会让每位重要的学者纠正或细化自己的诠释。

柔和的这种胜利既表现在伦理领域也表现在政治领域。本章中将涉及到伦理领域。我们似乎在像狄凯阿库斯和泰奥弗拉斯特斯这样的人那里找到了一种对新意义的相当清晰的回应。他们的作品几乎全部遗失,我们只能依靠一些只言片语来推测。因此西塞罗在谈论人与人之间的互相帮助时想到了狄凯阿库斯[1];而且

---

① 请参考《论义务》,II,5,16。

泰奥弗拉斯特斯在他的《论性格》中让人看到了他对亲和力与亲切感的偏好。

泰奥弗拉斯特斯所归纳的三种类型的性格清楚说明了这一点。性格 XV 是脾气暴躁型的人(authadès);性格 XVII 是悲伤型的人(mempsimoiros);性格 XVIII 是多疑型的人(apistos)。这些都是缺少柔和的性格形式;并且显而易见,它们是被当作具有缺陷的性格类型来介绍的。相反,做"好伙伴"不用说就是一种美德(XXIX,4)。尽管有关柔和的词汇在其中一点都未被使用,但这一切都说明了对一种具有柔和色彩的人类关系的喜好。

我们要补充的是,被误认为是亚里士多德所写的《善恶论》也许并不违背他的思想,当他把"厌恶人类"作为一种卑下的标志来抨击时。

这种漫步学派的导向可以在亚里士多德关于人的自然友爱的观念中[①]找到其根源。斯多拜乌把这种观念——我们在后面将会看到这一点——归于亚里士多德和漫步学派。然而它只能给柔和赋予一种更宽泛的人性化的特点。当时流行的普世主义对它的传播也不陌生。总而言之,这种双重的倾向,即赞颂亲切的美德和通过人与人之间的广泛的整体性的感情把它们延伸,构成了米南德的戏剧的一种非常有启示性的背景,这一戏剧于其中在每个点上都表现出共鸣。米南德曾经是,确切说是在泰奥弗拉斯特斯成为漫步学派首领时期,他成为了其派别的弟子;

---

① 请参考《尼各马可伦理学》在前一章引用过的文本,第 280—283 页。

他的作品充满着对"厌恶人类"的斥责,如同充满着对友爱的热情的回顾一样,这种友爱应该支配着人与人之间的关系。

这种关系甚至是如此明显,以至于人们经常想在米南德作品中,特别是在《古怪人》中找到泰奥弗拉斯特斯影响的确切证据。

存在于两个作者之间的知识方面的亲缘关系已经可以通过很多特点看出来,并且这种关系在发现了《古怪人》之后变得更清楚了。在这一发现之后的几年里,一系列研究可以说是坚持不懈地找出了泰奥弗拉斯特斯的影响痕迹以及两个作者们思想之间的相似之处①。或许这种相似的思想在此与其说是受到了别人影响的结果,还不如说它原本就是这样,因为至少从日期上可以看出一些端倪。事实上,泰奥弗拉斯特斯在 322 年接替了亚里士多德;米南德是在 321 年上演了他的第一部喜剧;《论性格》是 319 年写的。这些日期太接近了,以至于不好说影响仅是单方面的:他们好像出自同门,即漫步学派。

----

① 巴里戛齐(A. Barigazzi),"米南德的《古怪人》和新喜剧的人类整体性"(Il Discolo di Menandro o la Commedia della Solidarità umana),见 *Athenaeum*,37(1959 年),第 184 页随后,很快又有《米南德思想的形成》,都灵,1965 年,XVII—247 页;威廉·施密德,"米南德的《古怪人》与泰门传说",见《莱茵博物馆》,N. F. 102(1959 年),第 157—182 页,跟着是"米南德的《古怪人》、泰门传说与漫步学派",同上,第 263—266 页;斯坦梅兹(B. Steinmetz),"米南德与泰奥弗拉斯特斯,来自《古怪人》的推断",《莱茵博物馆》,103(1960 年),第 73 页随后。同样,后来:盖瑟(K. Gaiser),"漫步学派与米南德",见《古代与西方》9,XIII(1967 年),第 8 节和魏尔里(F. Wehrli),"米南德与哲学",见《哈特基金会访谈录》,XVI,1969 年,第 147—152 页。

再说,那些对泰奥弗拉斯特斯的影响的重要性持保留态度的人们之所以曾经也介绍过这些影响,是因为他们只是为了用一种与亚里士多德本人联系更紧密的观念来代替前面的观念①。

我们看到,如果整个辩论最终是在师徒二人之间和在漫步学派内部展开的话,他们的观念并没有很大的区别。

在此对柔和的研究给这些观点多带来了一个论据,因为这一概念的历史实际上阐明了它先在亚里士多德而后在米南德那里所具有的特殊的重要性。

这一研究同时也把事情更细化了一点。不同证据的相近事实上说明了这种观念以及那些与之相关的观念从未停止过发展的脚步,并且它们更多的是与一种非常普遍的倾向相契合,而不是与只属与亚里士多德和其弟子们的一种导向相契合②。

在此研究米南德的作品,特别是首先研究《古怪人》之所以很重要,并不是为了弄清一种注定是模糊的关系,而是为了带来平行的证据,以进一步证明柔和在亚里士多德之后的作品中所

---

① 韦伯斯特(T. B. L. Webster),《米南德研究》,1950 年,特别是第 197 页随后。请参考梯尔奈(M. Tierney),"亚里士多德与米南德",见 *Proc. of the Royal Irish Acad.*,1935—1937 年,第 241—254 页。再说,如果有人在我们所掌握的文本中谈论 dyscolia 的话,这个人不是泰奥弗拉斯特斯,而是亚里士多德(我们将会在 J. M. 雅克那儿找到参考,在对《古怪人》在美文出版社的出版说明中,第 37 页)。

② 请参考哈德雷(Hardley),在哈特基金会那一卷中讲述米南德的那一部分(XVI,1969 年),第 154 页。

占的位置。

* * *

《古怪人》是我们所拥有的米南德的唯一一部完整作品。这出戏剧从表面上看也是精辟描述人类整体性之重大意义的杰作。它很古老,大概完成于317—316年。其题目借用的是在作品中受到批评的人性格特点,即"易怒的人"(atrabilaire)。它好像还有另外一个题目:《厌恶人类的人》①。无论如何,它谴责与任何人都难相处的人和永远都不高兴的人的习性,如泰奥弗拉斯特斯的"悲伤的人"。但米南德在自己的作品中对这种性格缺陷进行了非常的深入的剖析。

人们已经意识到要仔细研究用来指克内蒙(Cnémon)所缺少的这种 philanthrôpia,或者他的这种易怒的性格所使用的词汇。

Philanthrôpos-misanthrôpos 这一对词的使用是形象化的。因此,我们在第105句诗中看到奴隶皮耳里阿斯很亲切地上前同厌恶人类的人交谈:他想成为亲切与良好教养(philanthrôpos)的典范,但克内蒙打断了他的话、往他脸上扔块土,然后他边追打他边往他身上扔能找到的一切东西。就这样,只有克内蒙女儿的爱慕者索斯特拉图斯(Sostrate)在等这个可怕老头的人;他

---

① 依据古希腊剧本前面的解释;另外参看第34句诗。

非常害怕并注意到:"他看起来一点都不亲切(147:philanthrôpos),我以宙斯的名义发誓! 他一副凶神恶煞的样子!"我们由此看到,philanthrôpos 这一美词由于经常被使用而已经变得有点俗气,以至于它被用来指一种具体的外在行为。

或许我们在第 573 句诗中找到的同一族类的动词的使用也经历了同样的演变,当索斯特拉图斯答应潘拉路过时一直向他祷告并对他说:"我们的关系将一直充满人性。"(J. M. 雅克翻译)但这里不光是滥用的问题。对一位神流露出一种被视为是对人类之爱的感情或者态度显然会产生一种意外效果并且包括一种熟悉的腔调①。对于该词的历史来说,这也是一个相当有趣的演变标志。事实上,它最初指的是神对人的态度;它的第一种用法当中带有一点幽默,指人与人之间的一种关系;并且随着它的用法的不断扩散并逐渐深入到日常生活中,它最终所指的关系倒转了过来,即指人对神所表现出的谦恭,好像人是神中的一员! 人类关系所占的重要性不断在增加,这与这个词的滥用(这反映了它的风靡程度)相得益彰。在埃斯库罗斯那里,人类世界是跟着神的愤怒的节奏运转的;在米南德那里众神自己从他们对人类的和蔼可亲的态度中受益。

---

① J. M. 雅克在 1976 年的版本中放弃了该翻译。不管怎样,讽刺的一位依然存在;参看威廉·施密德,见前揭书,第 167 页:"精致的幽默"(Feine Humor),并且让·马丁在埃拉斯姆丛书的版本中说:"该词幽默和出色的使用被用于一个人与一位神的关系中"。无论如何,其滑稽和通俗的一面在前面的诗句中被这样的事实表现了出来,即索斯特拉图斯宣布他本人退回了一个神谕。

无论如何,这种 philanthrôpia 的范围一般而言不是很广。相反,当米南德定义他的厌恶人类的人时,他却语出惊人。

事实上,从第 6 句诗开始,用来描述克内蒙的形容词有两个,其中一个和题目一样,另外一个则相当深刻地表达了诗人的倾向:克内蒙是"一个对人类社会充满憎恶、性情粗暴且不喜欢人群的人"。"性情粗暴的人"在此用来翻译 dyscolos,至于"一个对人类社会充满憎恶的人",用希腊文说起来的字面意思为"一个不太人性的人"。

Apanthrôpos 仍然是一个鲜有的词,其使用中包含了某种哲理。人们也许已经有机会在希腊悲剧中接触过它,它的法语的意思是"残酷"或者"非人道"[①];我们发现它在柏拉图文集的309b 的第一封信中的意义是"难于交往"。这正是一个厌恶人类的人的信仰声明;然后,我们在后来也与厌恶人类的人相关的文本中找到了它[②]。因此,它在米南德时代并非一个被滥用的词;而且米南德所提出的字面上的矛盾("一个不太人性的人")使得它的意义更突出。

事实上,我们在此有某种比简单的 philanthrôpia 更丰富的东西。人们有这样的观念,即与人相处、忍受他们、善待他们是人的典型性格之一。我们看到这种观念在希腊文本频繁参照人

---

① 请参考索福克勒斯,残篇 916N,在其中该词被用来指,根据赫西基奥斯(Hésychius):σκληρός, ἀνόητος, ἄφρων, ἀνελεήμων。

② 朱利安,《泰门》(Timon),35 和 44。请看也注解②,第 430 页。

的共同身份(例如在索福克勒斯的作品中)中慢慢形成；我们在与人类整体性相关的《尼各马可伦理学》文本中看到了这种观念的一种雏形。但这一观念在希腊的文本中是如此鲜有，以至于人们有时认为它并不为这些文本所熟知，并且希腊语中没有任何词汇与拉丁语的 humanitas 相对应。米南德在此对该词的否定用法至少揭示了与之非常接近的某种东西的存在。况且，这一事实被几个学者揭开，第一位就是斯内尔(Bruno Snell)，他在这一方面给米南德一个重要的位置，尽管斯内尔的研究先于《古怪人》被发现①。

毕竟，米南德——这是人们在《古怪人》之前所知道的一切——似乎曾经非常尊重配得上这一称谓的人，并且，他因此而很有人性。这就是我们可以经常被引用的从著名残篇 484 (761Kock 版)②中得出的结论，我们在其中看到："当一个人是人的时候，他是多么可爱的家伙呀！"这样对人的一种好感不一定就是柔和，但它事后导致人与人之间整体性和互助友爱的观念的产生，而这正是《古怪人》的克内蒙所缺少的观念。毫无疑问，米南德处于泰伦斯(Térence)将要使用的说法的起点："我是人且人类的一切对我而言都不陌生。"③

---

① "humanitas 的发现"构成了《心灵的发现》(*Die Entdeckung des Geistes*)的第 XI 章。

② 当这些残篇在没有任何说明而被使用时，它们的编号参照 Koerte 版。

③ 《赎罪者》(*Heautontimorouménos*)，I，25。关于这一主题请请看莫瓦尔德，"我是一个人"(Homo sum)，见 *Anz. d. Ak. Wien* (古代历史哲学)，1942 年，第 175 页随后。

在这种具有人性的理想的双重形式下,对人的信任和人与人之间的整体性——这种理想与厌恶人类相对立,这种对立在整个《古怪人》占主导地位。

直到第 625 句诗的突变、直到克内蒙掉落井里并恰好非常需要其他人的时刻,该剧不停地描述、分析、指出这种正在发生的厌恶人类的行为。我们从序幕开始并在一个已经提到过的残篇中就知道,克内蒙是"一个对人类社会充满憎恶、性情暴戾且不喜欢人群的人";并且把他描述成这样的潘神即刻改口说:"我说了什么? 人群? 他已经生活了一段时间了,然而他在自己的生存当中没有一次自愿跟人交谈"。事实上,他独自与女儿和一位老女仆一起生活(这是第 3 行诗清楚说明的。这句诗中,"独自"这个字单独位于句末);他"一个接一个地讨厌每个人"(34)。开头的这些场景仅仅是跟他有瓜葛的不同人物对他的这种性格的发现。首先是皮耳里阿斯,他因为上前与之攀谈而受到威胁并被土块打了回来,吓得魂飞魄散:"他是悲伤之子、一个着了魔的人或者一个半神,他是住在这儿的坏家伙!"(88—89)索斯特拉图斯可能勉强相信,皮耳里阿斯受到这样的对待是因为自己的某种错误造成的。但当他单独留下来面对这位老者时,他自己也害怕了:"他看起来一点都不可爱,一点都不,我以宙斯的名义发誓! 多么严肃的表情……他现在一个人边走边喊叫……我以阿波罗和众神的名义发誓,他吓死我了!"(147—152)人们害怕他是有道理的:在经过前面的一切精心准备之后,克内蒙的第一次出现是暴力的;这次出现让人看到他希望能躲开每个人,或者把他们像珀修斯那样变成石头。

为了极力躲避他们,他甚至放弃了耕种路边的田地(163—165)。他徒劳地寻找孤独(169)。克内蒙的这种坏脾气和他所引起的这种害怕同样也被后面的一连串情况所证实:女仆怕他、女儿怕他(205)、达俄斯害怕他(247);并且他的自己的女婿高尔吉亚都承认:"他很难对付。在与他打交道时,到底是用力量强制他,还是通过讲道理让他改变想法,没有人知道"(249—254);在更后一点的地方,还是这个女婿向索斯特拉图斯解释克内蒙的性格所造成的困难;连索斯特拉图斯都注意到:"难相处的人?[①] 我相信了解他",他回答说:"我们不能想象有更糟糕的事情了",他明确指出,这位老者的最大的乐趣就是单独一个人生活[②]。

我们不可能再分析全部的细节。克内蒙疑心很重(427)。他拒绝出借任何哪怕是很不起眼的器皿并且会把来向他借这些东西的人打跑[③]。在第 588 行诗和后面的诗句中,克内蒙最后一次愤怒地出现,他气势汹汹,对老女佣的笨拙不依不饶,并拒绝一切有助于挽回损失的帮助。

因此,孤独老者的严厉被反复强调。相反,年轻的人们却忠

---

① 该词的希腊语是 χαλεπός。

② 诗句又一次以 αὐτὸς μόνος 结尾。

③ 请参考 464 和 500 随后。我们将会注意到,如与皮耳里阿斯的开始一样,厨师不可能相信被这样对待不是由某种笨拙导致的。方法是相同的;并且这里两次连续的介入产生了双重效果。

诚老实且乐于助人①；而且当老人拒绝了他们的帮助而掉入井里之后，他们依然证明了自己的这种品质。

老者接受帮助改变了整个戏剧的情节。高尔吉亚清楚指出，克内蒙于是发现了孤独的不便之处(694)。克内蒙本人承认："我唯一的错误也许是相信在所有人当中唯有我可以自给自足并且不需要任何人。"(713—714)他坦率地承认了这种错。他还承认了另外一个错误，他再三评述道："我本来不相信世界上还会有人出于善意而为别人两肋插刀。"②(720)柏拉图在《斐德若篇》中已经解释过对人类的厌恶是持续不断的失望产生的不信任感所造成的：对克内蒙来说也一样，但他所获得的新经历告诉他，人不仅仅需要他人，而且人比他认为的要好并且能够表现得慷慨。

米南德对人的信任并不让我们感到吃惊。克内蒙并不因此就希望改变自己的生活方式。米南德是非常精明的心理学家，以至于他不可能在人物的性格中加入这样的一种转变。他在最后将会同样让人看到那些趁克内蒙失势而落井下石的仆人们的嘴脸。但即使克内蒙只是半信半疑，那他也已经变得没有任何

---

① 请参考凡·格罗宁根(B. A. Van Groningen)，"米南德的《古怪人》中的性格概况"，见《古代纸沙草纸文献研究》，I，第 96—112 页。该文在谈到索斯特拉图斯时写道："他超级友善"、"他表面上看是个心肠非常好的主人"，等等。它在关于高尔吉亚时谈到了"谦恭"、"友好的感情"和"乐于助人"。这些品质也在巴里戛齐的文本中被提到(参看前面，注解 1，第 297 页)。

② 希腊词为 εὔνουν，伊索克拉底的广泛地采用了这一意义。这一事实减弱了受《尼各马可伦理学》的影响的观点，1155b,33 随后。

危险了。该剧的论据使用了一个米南德未曾使用过的词,即他变得柔和(12)了。事实上,他隐匿了,把责任留给了其他人:"你们将不会再看到行动不便且性情粗暴的老头妨碍你们了"(748)。在这个意义上,一切都解决了,因为人们看到人类整体性的事业和美好的感情取得了胜利。克内蒙接受了女儿与索斯特拉图斯的婚姻。并且索斯特拉图斯说服自己的父亲接受高尔吉亚做女婿,尽管他很穷。他为达到这种效果还发表了一小段演讲,其残篇经常被作为富人与穷人之间整体性互助的理论来传播:财富是不稳定的①,因此必须使用财富"来帮助大家,用你的作为尽可能让更多的人幸福";因此,我们要为自己准备潜在的帮助,如果万一我们哪天需要帮助的话②。未来的女婿高尔吉亚有一些顾虑……他以自己良好的道德品质说了未来的岳父;于是后者心甘情愿地让步了。

因此整体性的概念在剧末高尔吉亚、克内蒙和索斯特拉图

---

① 评论家们表示,同样的观念也出现在法勒的德米特里乌斯的一个残篇中,他是米南德的朋友,他们都是漫步学派的弟子。我们也把泰奥弗拉斯特斯,残篇73(迪多)与亚里士多德,《政治篇》,1295b 节、《尼各马可伦理学》,1159b25节拉近比较:这些思想那时候很流行,我们没有别的可说。另外,我们可以补充的是,由斯多拜乌斯传下来的,但 Koerte 认为是从后来编纂的一个集录那里借用来的残篇说:"如若我们互相帮助,那么就没有人需要 τύχη(467 = 679Kock 版)"。这一思想很适合米南德,如同它很适合他之后的其他一些人一样。关于 τύχη 的脆弱性,还请看残篇 417 = 482Kock 版。

② 807—812;参看 271—288,在其中命运的捉摸不定告诉人们不要蔑视穷人。我们在泰奥弗拉斯特斯那里找到了同样的观念,《论婚姻》,根据圣哲罗姆(saint Jérôme),《反驳约维尼阿姆》(Jovinien),I,47。但这里讲的还是一种非常普遍的导向,不可以拿来做直接的联系。

斯的话语中取得了胜利。诚然,这一概念在该剧中的出现形式确实很有限,并且纯粹是功利性的:我们应该对其他人好,因为我们可能也需要他们。但是这种形式并不让我们感到惊讶,因为我们在伊索克拉底和德摩斯梯尼那里找到了同样的形式;我们时常在色诺芬那里找到的也是同样的形式;我们最后在亚里士多德[①]那里找到的也是。希腊的美德,尽管有柏拉图的努力,一直受到一些利益论的保护。

可是,米南德在指出高尔吉亚完全是大公无私的同时打算超越论据这一层次,以便让人们就喜欢这样的美德。谦恭与宽容加入了利他主义并且整剧所包含的辩护词在道德财产方面超越了剧中人物所明确表达的范畴。

因此,人们也许会认为《古怪人》在让我们感兴趣的这些观念的历史中构成了一个重要的阶段,如果没有这样一个问题存在的话——米南德在该剧中的独创性问题。

有关厌恶人类的人的主题曾在米南德之前的戏剧中就被探讨过,正如在他之后的戏剧中一样[②]。五世纪的一位雅典人在后来的几个世纪里都是这种厌恶人类者的典型代表:他就是雅典的泰门。然而,我们在这一领域没有掌握任何早于米南德的资料。

---

① 请参考前面,第 198—199 页、第 252—253 页、特别是第 241—243 页。

② 不谈后来文学中的著名例子,狄菲洛斯(Diphilos)曾经写过一个喜剧,根据一个作者清单,其题目类似于 Μισάνθρωποι 或 Φιλάνθρωποι(请看考尔特(A. Körte),*Hermes*,1938 年,第 123—127 页,和卡普斯(E. Capps)*Hesperia*,1942 年,第 325—388 页)。

从 420 年起，大家知道斐勒克拉忒斯（Phérécrate）的《野蛮人》合唱团是由孤僻的人们组成[1]。几年之后，人们在阿里斯托芬的两个喜剧里找到了对泰门的影射。第二部喜剧在 414 年同时与弗里尼库（Phrynichos）《孤独的人》一起演出，后者描述的是一个像泰门一样的人的生活。在喜剧发展的中期，人们看到安纳克西拉斯（Anaxilas）写的另外一部《孤独的人》，安提芬尼（Antiphane）的另外一部《泰门》[2]。最后米内希马库斯（Mnésimachos）在米南德之前不久好像亲手写过一本《古怪人》。显然，米南德在这方面有众多的典范；而且我们想知道他从他们那里继承了什么东西。

然而，我们几乎只有米南德之后的文本。因为泰门一直风靡了几个世纪世纪。某位叫内阿斯泰（Néanthe）的人曾经为他写过传记，但今天已经失传；可是我们有普鲁塔克给他所写的外传以及朱利安保留的有关他的整篇论著。阿尔基弗龙（Alciphron）也谈论过他；而且他还是利巴尼乌斯《演说》中的主题人物[3]。

这些作者们——尤其是朱利安——或许了解米南德之前的文学，特别是弗里尼库的戏剧。他们或许使用过它。但是米南德的影响也起过重要作用，并且很多在他之后赋予泰门的性格

---

[1]　请参考柏拉图，《普罗塔哥拉》，327d。

[2]　奥菲里昂（Ophélion）的《厌恶人类的人》在《苏达辞典》（*Souda*）中被提及过，但更不确定。

[3]　关于米南德与这种传统的关系，除了更上面的威廉·施密德的文章（注解 1，第 297 页），请参考贝尔特拉姆（F. Bertram），《泰门的传说》，海德堡，1906年。

也许来自他的《古怪人》①。因此,线索无法理清楚。

如果我们以弗里尼库留下来的几句有意义的诗歌(残篇 18,考克版)为基础的话,我们至少可以找到两者区别。事实上,弗里尼库的人物本人认为自己是个"没有妻子、没有奴隶、喜怒无常、态度冷漠、不苟言笑的怪人②"。他宣称自己为怪人这件事本身就包括一种自豪与骄傲的反抗、一种挑衅的态度,而不是简单的自省。况且,该人物与世隔绝:"没有"任何社会关系③;相反,米南德的克内蒙仅表现出对社会关系的不适应:他有一个被他虐待的妻子和一个女儿、一个被吓坏的女仆和一个他不认的女婿④:这些不同人物所代表的关系压在他身上,这些关系到最后成了对他最忠诚的支持并因此而挽救了他——所以,这种重要的观念在关于泰门时期不可能介入⑤。就我们的判断来说,五世纪的厌恶人类的人应该是一个与城邦及文明隔绝的个体,而米南德的厌恶人类的人则是一个"性情粗暴之人",他不懂得人类整体性的价值。

<hr>

① 米南德与朱利安之间的关系是显而易见的,在他们那里都有上面引用过的词 dyscotia 和 apanthrôpia(44)。但是两个作者们之间也有区别;朱利安与米南德不同之处可以追溯到关于泰门的传统;朱利安的泰门宣称它既讨厌人也讨厌神时(34)。威廉·施密德(见前揭书,第 169 页)提出,该剧的第二个题目,即《厌恶人类的人》,很可能是事后从泰门的传说中得来的;但这只是一种假设。

② 我们用"没有……"来翻译这两个诗句中以否定字母开始的五个形容词。

③ 弗里尼库的人物大概像朱利安的泰门一样连众神也反抗,这与克内蒙一样(参看前面,注解 5,第 206 页)包含同样的夸张。

④ 关于这些区别,参看 J. M. 雅克关于《古怪人》在美文出版社的出版说明,第 35 页。

⑤ 请参考威廉·施密德,见前揭书,第 179 页。

这种区别似乎对于整体性来说具有普遍的真实性。在人们沿着亚里士多德的足迹发现了这种整体性的重要性的时代、在柔和的美德终于得以茁壮成长的时期,人们满意地认为两个时代均渗透到了古老的主题之中,以便使其焕发青春,至少使其部分地发生了变化。正如威廉·施密德所写的那样,米南德的克内蒙与人道主义情感的发展有着密切的关系,因为人道主义就在那一日诞生了[①]。再说,我们有一个证据间接肯定了这些思想在米南德那里所普遍具有的重要性,因为他的作品的剩余部分证明了这些相同的主题的存在:因此这些主题并不是为了应景而借用来的,而是灵感的产物,这种灵感犹如诗人的灵感或他那个时代的启发,而且很可能两者兼而有之。

＊　＊　＊

这一灵感在米南德的剧作之一《审判人》中表现最为清楚。这部喜剧保存得相当完好,因为有差不多七百多行诗。与《古怪人》不同的是,它的出现日期似乎更晚一些。然而,《古怪人》之于 philanthrôpia,正如同《审判人》之于 suggnômè[②]。

[①]　见前揭书,第 178 页:《人道主义的发展》(*Die Entwicklung der Menschlichkeit*)。

[②]　我们在其中找到了一个对 philanthrôpia 的提及,如果我们把迪多纸莎草纸,v. 41 归属于该剧的话,而迪多莎纸草被错误地认为是欧里庇得斯所作(参看前面,第 47 页)。但是对于罗伯逊(Robertson)的这种暗示,杰森(Jensen)提出非常有力的证据加以反驳。

事实上,该剧的主题围绕着一些误会展开的,正是这些误会造成了新婚夫妇的不和。在他们结婚之前,这位年轻人曾经在一个节日当中侵犯了一位素昧平生的年轻姑娘;可是他后来却阴差阳错地娶了她而没能认出她就是被他侮辱的姑娘;然而他不久后得知自己妻子竟然在婚后五个月就生下一个孩子……。他愤然离开了家并去了一位朋友家住,在朋友家中他与一位女长笛演奏者眉来眼去。于是,该女之父非常生气,就像他本人一样恼火。在接下来的一段时间中,年轻的丈夫发现自己其实就是那个孩子的父亲,而他的妻子就是其母亲。因此他感到非常内疚,于是两个人重归于好,美好的感情取得了最后的胜利。

这个刚建立不久的家庭差点被愤怒的反应所毁,而这些反应都是一些没有很好控制的事情所引起;这给人们上一堂有关柔和与耐心的新课。

更有甚者,这种道德理想的表达和在《古怪人》中一样强烈而清晰。与克内蒙在《古怪人》中终于承认自己出错一样,《审判人》中这位年轻丈夫卡里西奥斯(Charisios)对自己妻子表达了最深切的内疚,当他明白,多亏一枚侵犯时掉落在现场的戒指,他知道他就是那个孩子的父亲时。奴隶欧内西莫斯(Onésimos)描述这种痛彻心腑的内疚,他觉得与真正的疯狂无异。事实上,卡里西奥斯有一次听过妻子与岳父之间的对话。他知道她对他是忠诚的。于是,他心情大变,他满口赞美之词:"啊,温柔的人儿[①],你

<hr />

① 这里说的温和不是本研究中所指的温和:它的希腊语是 γλυχυτάτη。

说出的话那么精妙!""我娶了一位多了不起的女人呀,可悲的我,我失去了一位好妻子呀!"然后,他开始责怪自己,把自己当成怪物:"我,这样一宗大罪的始作俑者,我,一个非婚生儿的父亲,我既不给予别人宽恕(suggnômè),也不懂得这种宽恕的重要,所以才造成了一个无辜女人的不幸①,我何等混账和无情呀!"②

卡里西奥斯还不知道他实际上是唯一对妻子造成伤害的人,他要为此而负责,但也非常后悔自己没有宽恕;并且如果是爱让他产生了悔恨的话,那么这种爱就会在他身上强化这种本应该是宽容的感情。

米南德并不满足于对卡里西奥斯内疚的间接描写:他通过已经在《古怪人》中用过的方法来加深对这种内疚印象,即先描述内疚,然后直接通过人物本人把这种内疚感表达出来。事实上,这个年轻人心里似乎充满了酸楚,因为他自以为自己是高尚之人,但实际上他的修养很差。人们没有看到他因无法忍受妻子所受的冤屈③而发出声嘶力竭的嚎叫吗? 确切说,他遇到了相同的情况! 他妻子懂得做出很柔和的(èpiôs)反应,而他却如此恶毒地对待她! 他因此看起来像个迟钝④和没心没肺

---

① 年轻的妻子经历了一种"不幸"。表达宽容的词汇倾向于把不幸叫作在应受责备的情势中人们不想为此而伤害别人:参看前面,第133—134页。

② 这一大段文字指的是桑德巴赫(Sandbach)出版的第878—907诗句。

③ 我们重新找到了关于"不幸"的观念(参看注解1,第336—337页),但得到了技术性表达 ἀκούσιον 的加强。

④ Σκαιὸς 指的是智力上的笨拙,后来指"不善解人意"。对希腊人来说,宽容是智力与文化之事。

(agnômôn)的可怜虫。因此,这一次他可能在观众面前责备自己的高傲与"野蛮"①。

这是卡里西奥斯后悔背叛曾经的理想——柔和与宽容的理想——时用的惯用语。另外还有一个在此做简述时忽略的词,因为对该词的诠释容易引发讨论。可是该词在米南德的一个文本中有举足轻重的地位:它指出了卡里西奥斯作为人的品质:"是个人"。有些人把这一表达和位于它前面的动词放在一组:在这种情况下,该文本的意思是说卡里西奥斯的所作所为表明示他仅是一个满身弱点并会犯错的普通人而已。其他的一些人则把这一表达和后面的呼语放在一起,被认为是神说的呼语:你是一个人,你的傲慢让你非常不幸",你放任自己才有了这样的行为。我们在此不深入到讨论的细节中,也不深入到我们选择坚决支持第一种解决办法的理由之细节中,因为很清楚,不管我们如何诠释,人类命运再一次与他们的一大堆共同弱点构成了我们应该表现得宽容的一个主要理由。要么卡里西奥斯现在发现了这种弱点,要么他以前没有更早地重视它:无论如何,宽容变成了人类的一种义务,因为每一个人都有可能犯错;并且它成了人们之间的一种新关系,它促使人们更加"有人性",也就是说不仅易于交往,而且善解人意并宽容大度。

如同在《古怪人》中一样,该剧以美好感情取得最后胜利而收官。年轻的妻子准备原谅丈夫,一切都解决了。他的父亲非

---

① 这一大段文字指的是桑德巴赫出版的第 908—930 诗句。

常愉快;那位吹笛子的女子自己将受到尊重,因为她碰巧为大家做了很多事情。谦恭与和睦相处又回来了;况且,与在《古怪人》中所发生的事情不同的是,只是一系列糟糕的偶然才曾经暂时让他们迷失过。

我们在米南德的其他喜剧中或多或少地找到一些类似的特点。我们在其中也找到一些不同的推崇柔和与宽容的思考。这些思考对这两个概念起到了锦上添花的作用。

《剪发少女》(Perikeiroménè),与《审判人》一样,说的是一次过于仓促的愤怒,但后来承认了这种愤怒欠考虑。结果是冰释前嫌(1020:"言归于好,弥足珍贵")并且最后得到了宽恕(1023:suggnômè)[1]。

但最经常涉及的是 philanthrôpia。

因此,《盾》的第 164 行诗虽然讲的是宽恕,但也讲的是"因人而异"的可能性(260:ἀνθρωπίνως)并且把人对自己本身利益的追求与一种因慷慨而采取的行动相对立(395:φιλανθρώπως)。同样,在一些孤立的残篇中,有一两个谈论宽恕(693 = 867Kock版;266 = 321Kock 版)[2],有几个谈论 philanthrôpia。因此,作者在残篇 19 写道,财富可以让人们变得慷慨(philanthrôpous),并且在残篇 398(= 463Kock 版)中说,非正义的缺失有相同的效果[3]。

───────────────

[1] 这些是 Kock 版的第 442 和 445 诗句;根据出版人的说法,这些诗句中的最后一句被归于年轻姑娘或她的父亲;关于这一观念的重要性,结果是一样的。

[2] 或许应该给其加上《幽灵》(Phasma)的第 41 句诗歌。

[3] 可是,依据残篇 790(= 568Kock 版),文本在这里却是有争议的,在这一残篇中 φιλανθρώπους 被 καλοὺς ἡμᾶς 所替代。

在残篇 361(= 428Kock 版)中,一位父亲谈论自己的女儿时说,她的本质是非常可爱的(philanlhrôpon)①;我们甚至将看到可爱这个词前面有一个空白。这个词一点也不像我们要在此寻找的柔和以及与柔和有关的词汇。为此,高贝(Cobet)提议使用"温和与可爱"(praon philanthrôponte)。

事实上,米南德绝对不会不知道 praos 这个词。我们甚至在他的作品中看到了解释柔和的两种意义的词汇:和蔼可亲(gentillesse)和可爱(agrément)。一位"仁慈"而年轻的父亲是非常"愉快的"事情(残篇 608 = 749Kock 版);富人也许睡得"愉快而坦然"(Kith. I, 4 = 281Kock 版)。他也谈论那些爱"与温柔一起"到来的人们(198 = 235Kock 版)。

这些平淡的用语证明了这一观念的流行。可是它们并没有其他一些用语更有启示性,在这些用语中,一些观念的形成并没有依靠这个已经有点过时的词汇。如同米南德作品中的柔和主要表现在人物们准备养育没有人想要的孩子们的方面或表现在主人和奴隶之间建立的亲切关系方面一样,没有人知道出现在这里或那里的一些用语的出处,也不知道它们在情节发展中的作用。虽然它们没有使用柔和的词汇,但确实反映的是米南德

---

① 多佛在《古希腊流行道德》中说,我们从这一残篇中什么也得不到,因为我们不掌握它的上下文:上下文至少证明该词的流行以及这样的事实,即对与米南德的作品中的人物们来说 philanthrôpia 成为歌颂对象是很自然的事情。甚至在残篇 548(= 579Kock 版)中,一位人物抱怨说任何错误不再得到惩罚,并且这个所谓的美德把人们骄纵坏了,这种抱怨非常类似演说家们的抱怨(请看上文地 121—122 页),即宽容曾经变得那么普遍,有时候难免让人们感到焦虑。

的道德理想。

残篇 231(= 265Kock 版)虽然没有讲 épieikeia，但当它说："信誉高于法律"之时就等于表明了它的存在的现实①。

某些残篇同样表明了这种 philanthrôpia 的主要意义，这一意义对米南德来说就是人类整体性。不用回到我们在谈论《古怪人》时所引用的残篇 484，我们就可以收集很多隐含同样观念的看法。残篇 465(= 602Kock 版)严肃地讲述了好人之间的友爱："道德高尚之人没有一个不是为我所熟悉的：大家的本质都是一样的并且非常投缘"。人们想在这里看到一种斯多葛主义的思想②，但对这种人类的友爱的表达是符合米南德的思想路线的。在这种意义上，这一残篇与非常优美的残篇 646(= 507Kock 版)很相似。后者虽然只有一句诗，但它总结了一种生活方式——《古怪人》的非常慷慨的生活："这就是生活：不仅仅为自己而活。"

这些意义随意出现在被保留下来的残篇中：它们证实了《古怪人》与一种理想非常契合，这种理想那时力求让别人接受，并且米南德毫无疑问地把它变成为了自己的理想。这一理想不再与行政官员与公民的关系、君主们与臣民的关系、帝国与希腊城邦的关系相关：它现在进入了私生活；它管理的是父子、夫妻、贫

---

① T.B.L.韦伯斯特《米南德》研究，第 206 节指出了同样的观念在《赎罪者》，796(这一观念在其中是用来骗钱的)中的使用；这就是名句："summum jus summa est malitia(完全的正义是完全的恶)"。

② 请参考波伦兹，见《赫尔墨斯》，78，第 270 页。

富之间的关系。它被一些有细微差异的心理反应所表达,这些反应包括从谦恭到温情、从人的切身利益到人类高尚的友爱。在松散的城邦里,它建立起了全新的私人关系,这些关系既值得称赞又很让人愉快,并且明确反映着一种生活风尚。社会不再仅仅是公民的,它也是家庭式的、亲密的、随和的。并且它超越了政治范畴,成为包罗万象的东西。

这种文明与人类的品质也许部分解释了后来的几个世纪非常欣赏米南德戏剧的原因,当这一共同理想更深深地扎根之时[①]。

* * *

一目了然的是,米南德戏剧中所推崇的理想不久就深入到人们的风俗习惯和日常生活中了:铭文学的证据或古埃及纸莎草纸文献研究的证据都证明了这一事实,并且我们将会在下一章的结尾部分找到这一事实的证据。

这一事实相当清楚地说明,后来的哲学体系都很重视这一理想。一次短暂的预读可以让我们对它有一个初步的认识,并且这种认识应该就足够了,因为这些体系中没有给予柔和的观

---

① 例如,请看被认为是普鲁塔克所写的论著并且包括了阿里斯托芬和米南德之间的比较(854b)。关于普鲁塔克对新喜剧的一般态度及其良好的影响,请看下文,第479—480页。

念一种可以与其在漫步学派中所获得的地位相匹配的地位。

犬儒主义者就是如此,尽管他们中的一些人曾经论述过柔和与人性①。伊壁鸠鲁主义和斯多葛主义这两大学派也是这样的:它们在某些场合顺便提到过这些意义,但并没有特别强调②。事实上,依据我们的估计,它们的信徒中有一些人逃避现实,妄想按照自己的要求建立一个世界:一个智者的世界。并且智者的这一世界坚决拒绝接受像柔和或同情这样的感情与态度。从前的斯多葛学派(Stoa)甚至拒绝承认同情是一种美德;而且在罗马,这一美德渐渐地以仁慈的形式获得了生存权:我们可以在西塞罗那里找到它,正如《论义务》(De Officiis),I,11,35和特别是25,88③所证明的那样。

实际上,斯多葛主义——如果我们把君主们的柔和放在一

---

① 人们讲过 philanthrôpia 对卡泰斯(Cratès)的重要性;但这种重要性是不确切的。相反,朱利安的德莫纳科斯是非常友善的;他把所有的人都视为自己的亲近之人,"因为他是人"(10);他夸耀 philanthrôpia(11);他想要大家都"是人"(21)。

② 《古代斯多葛残篇》(Stoicorum Veterum fragmenta)的索引只包括一些定义。关于全部,参看波尔克斯坦,《人性的本质与变易》(Werden und Wesen der Humanität),斯特拉斯堡,1907 年,第 142—143 页。可是人们在普鲁塔克,441a(《论道德美》)看到温和(praotès)出现在了被大家都接受的美德的名单中并且介于勇气与正义之间! 文本和克律西波斯有关,但其影响是广泛的。波塞多尼乌斯(Posidonius)只使用过一次 praos 和两次 phitanthrôpia,至少在被保存下来的残篇中。Philanthrôpia 的两种用法没有多大的用处;praos 的用法实际上带来了对 praotès 的否定,因为波塞多尼乌斯宣称已经习惯了"泰然地"观看把敌人的头砍下来保存这种做法(残篇 274 Edelstein-Kidd)。

③ 有些人甚至把这个文本作为证明斯多葛主义影响的一种证据——这也有点不公平。

318

边,因为我们要在讲到君主制度时才涉及到这种柔和——只了解两种形式的柔和,这两种形式是那么地绝对,以至于人们很勉强才承认柔和的存在:第一种是智者的泰然,无欲无求;第二种是把人与人联系在一起的爱。

第一种意思要追溯到柏拉图那里。Praotès 在柏拉图的著作中带有一点负面特性,没有任何哲学流派能否认这一点。爱比克泰德还将建议忍受对 praôs 的责备,他提醒说,人们很容易搞错[《爱比泰德语录》,42]。或许正是在这种意义上被亚历山大城的克雷芒两次引用的克里安塞斯的一个残篇把让形容词 praos 列入了一个很长的有三十多个品质组成单子,而且它是出现在单子的结尾部分①。

相反,第二种意义——人类的友爱这——带来了一个重要的新因素。也许多亏了这一因素,我们才坚持要提到斯多葛主义者对 philanthrôpia 的影响,即使不算是对柔和的影响。也多亏了他们在道德领域所扮演的重要角色这一事实使得他们成为了希腊先前的思想和接下来的时期之间的自然过渡阶段。总而言之,他们的对于 philanthrôpia 的影响经常被提起,或许甚至还有些夸大。

实际上,随着他们脱离眼前的社会现实,他们才对人类友爱的观念赋予了一种新意。可是这种观念不是来自于他们。它已经在泰奥弗拉斯特斯的思想中就存在了:一些间接的证据不允

① 《古代斯多葛残篇》,557。

许我们对它产生怀疑①。犬儒主义者曾为它的出现做出了不小的贡献,因为第欧根尼自认为是"世界公民"(第欧根尼·拉尔修,VI,2,63)。亚历山大的举动也起了一定的作用,他打破了古希腊人与野蛮人之间的对立②。但是斯多葛主义者比其他人更强调这一观念。

普鲁塔克清晰地把这一概念归功于芝诺(Zénon),因为后者在谈论到人的主题时认为,人虽然被很多的边界分开,但从某种程度上说大家都是同胞兄弟。他是在论著《论交换或亚历山大的美德》,329b③ 中说出上述看法的。见证就是见证④。不管怎样,大量照抄了这一主题的西塞罗在谈论克律西波斯(Chrysippe)时也提到了这一点。这就是《论至善与至恶》,III,20,69 中的情况,他在该著作中赞扬了人类的这种整体性并称之为"人与人之间的联系、认同和爱"(homini erga hominem societas,conjunctio,caritas)。他在稍后的文字中也称之为"人与人之间的认同,比如某种团体,利益的联系以及人类间的亲爱本身"(conjunctio inter ho-

---

① 请参考波菲利(Porphyre),《论禁欲》(De Abstinentia),II,22;II,25,和 III,162,6,和达讷(Tarn)的文本(在下一个注解中被引用),第 20 页。

② 请参考穆勒(M. Muhl),《人类在历史发展中的古老理念》(Die antike Menschneitsidee in ihrer geschichtlichen Entwicklung),莱比锡,1928 年,第 43 页,和特别请看是达讷,"亚历山大大帝与兄弟情谊",Proc. of the British Acad.,XIX(1933年),第 1—46 页。

③ 我们提到了这种可能性,即埃拉托色尼是这一发展的源头,并因此亚历山大的影响曾是决定性的;但是这并未得到证明:请参看巴尔德里(H. C. Baldry),《希腊思想中的人类整体性》,C. U. P,1965 年,第 113—127 页。

④ 请参考巴尔德里所说出的怀疑,位于前面注解所引用的书中,第 151 页随后。

mines hominum, quasi quaedam societas communicatio utilitatum, ipsa caritas generis humani, V, 23, 65)①。事实上, 多亏了这种整体性, 关于柔和的不同美德才加入到了正义的行列:"虔诚、善良、大方、温柔、友好"(pietas, bonitas, liberalitas, benignitas, comitas)。

我们看到: 从亚里士多德到斯多葛主义者、然后再到西塞罗的这些文本, 这条线很自然被连了起来。另外, 我们在斯多拜乌的一个文本中(II, 第 120—121W)还发现了别的证据。这个文本已经在上文中被提到过②; 它综述了"亚里士多德和其他漫步学派人士"的学说。然而它勾勒了一副充满着对这种把人与人联系起来的情感的描写。关于这一描写, 有些人认为受到过泰奥弗拉斯特斯(Théophraste)或者亚里士多德的其他一些弟子的影响, 但大家也承认它里面有使用斯多葛主义者的词汇的痕迹或受到过斯多葛主义思想影响③。说真的, 斯多拜乌在其中综合了漫步学派与斯多葛主义者都有可能主张的观念。

---

① 请参考《论善与至恶》, III, 62—63、《论义务》, III, 27 节以及《论法律》, I, 12 和 33—34 我们把这些文本与《古代斯多葛残篇》(Stoicorum Veterum fragmenta) III, 342—344 相拉近比较。我们将要看波尔克斯坦(Bolkstein)的东西, 同上, 第 142—143 页, 雷德(H. F. Reyders), 《西塞罗论人类社会》(Societas Generis humani bij Cicero), 格罗宁根, 1945 年, 以及 G. J. D. 阿尔德斯, 《古希腊时代的政治思想》, 阿姆斯特丹, 1975 年, 第 85—86 页。人类与神祇"共同联盟"这一观念(《论法律》, I, 7, 23;《神的本质》(De natura deorum), II, 62, 154) 显然为这种人类的友爱提供了哲学基础, 但并不因此就与之混为一谈。

② 请参考这一章的开始, 第 295 页。

③ 请参考瓦克斯穆斯-恒信(Wachsmuth-Hense)版本的那些注解和类似"这些也是斯多葛主义的"(etiam haec sunt stoïca)等说法的重复! 在这一方面斯多葛主义者阿斯卡隆的安提奥克(Antiochus d'Ascalo)的名字经常被提到。

我们看到,这些观念经常通过一些巨大的进步运动而进一步蔓延;而且 philanthrôpia 的主题确切说来出自于那些似乎曾经这样我行我素的人们;对人类的友爱的主题也应该是一样的,它们之间是相通相连的。

然而,我们在斯多拜乌的文本中看到了一条关于人类 philanthrôpia 的令人赞赏的定义;他说没有不爱自己小孩的残酷而无人性的父亲,并且他接着讲到父母、兄弟、同一家族和同一的城邦的人:"我们事实上与他们有着天然的联系;人是一个天生就爱自己邻人并有群体意识的生物"。最终,这一群体以及这种相互之爱惠及每一个人。

这个文本比《尼各马可伦理学》中的文本更有力、比米南德的作品更肯定和更理论化——甚至也更生动、更新颖。它实际上对后来产生了很大影响。如果我们再往后看几个世纪,我们首先会找到更晚的一些哲学家们的证据,这些哲人们还是按照这两种属性来描述人类的:相互之爱和和集体意识,并且扩大了在《政治学》①开头所下的定义。我们其次可以找到奥古斯丁那

---

① 人是一种社会团体的存在的观念似乎曾经在伊壁鸠鲁主义者和斯多葛主义者之间达成过一致(阿里安,爱比克泰德的《谈话录》,III,13,5);人是一种"互爱"存在的观念出现在同一《谈话录》,IV,5,10 中,具体是在柔和的观念初露端倪的段落中(其发展是被朝着"反对爱吵架和暴力的人"方向引导)。爱比克泰德也认为爱的感情是天生的,也就是说 φιλόστοργον(同上,I,11,17)。人类友爱的主题不断被提起。例如,朱利安皇帝后来写道"每个人都是彼此的亲人"并且在这个思想的基础上提出了 philanthrôpia 之义务说(第 89 封信 b、291d;参看下文,第 324 页)。

些优美的词句,这些词句都是用来表达存在于每个人之间的天生的群体性的。我们很高兴地看到圣奥古斯丁在这种感情的支持下引用泰伦斯关于人类整体性的诗句,也就是说,终于引用了米南德的东西[1]。

所有这些事实说明,有关人类温情这一主题是源自亚里士多德、并在古希腊思想中茁壮成长起来的,这种温情在后来非常盛行。在从古希腊开端到古罗马取得巨大的成就之间是斯多葛主义思想带来的大扩展;而且毫无疑问,所有强调 philanthrôpia 的普遍性的文本,包括铭文,都受到这种哲学思想的影响。况且,更无悬念的是,存在于同一历史时期的政治范畴的突然朝着相同的方向发展,并赋予了"人性"的概念一种新内涵。

但我们必须要强调,这一新进步只间接与柔和有关,确切说,它位于先前的演变的后续发展之中:亚里士多德之后出现的思想潮流是这样的一种思潮,其发展道路从一开始就在这里追寻。

---

[1] 第155封信,3,14(拉丁教父著作集,33,第672期)。

第十三章
希腊化时代的君主制度

多亏了伊索克拉底和色诺芬,柔和找到了一个领域,它可以在其中被实施而不会与对每个人都一视同仁的正义产生冲突:这一领域与君主们息息相关。

然而,多亏了亚历山大和他的继位者们,君主制度才在所有讲希腊语的国家中变成了最普遍的制度。我们因此可以预计到这样的事情,即那时的政治思想对柔和、宽容、亲切的观念非常重视。

更有甚者,亚历山大及其后继者们到处建立彼此形式尽可能相似的君主制度。他们皆为原来或通过选举的马其顿人,他们按照曾经是自己首领的人的榜样接受训练。埃及的托勒密,亚细亚的塞琉古,马其顿的安提奥克(Antigonides),帕加马的阿塔勒(Attalides)皆为王室;他们的争吵本身恰好证明他们最初是互相交往的。作为亚历山大的副手,他们都遵循同一传统,并不管当地习俗如何。王朝与王朝之间的众多通婚不可辩驳地肯定了这种重要的姻亲关系。例如，塞琉古的安提奥克二世娶了贝伦妮斯，托勒密二世的女儿；托勒密五世娶了克利奥帕特拉，大安提奥克三世的女儿（与帕加马君主欧梅尼乌斯的联姻为她的妹妹而准备）；同样，马其顿君主珀修斯娶了塞琉古王朝的塞琉古四世菲罗帕德的女儿[1]。我们因此可以这样想象，即这些不同的君主制度，考虑到历史范畴强加给它们的区别，基本真实反映了它们的一些共同特点和愿望以及它们有着共同的渊源，而且它们保留了诞生于亚历山大的一种传统。

很显然，这种传统曾经被理论家们创建、修正并保持。因此，合理的做法是，在那个时代的资料所参照的价值中寻找君主制度这一观念的回声之前，首先要考虑它的地位和它在哲学家们的思想中的特点。

* * *

在希腊化时代写过"论君主制"的哲学家们为数众多。尽管这些论著大部分都已失传，但它们所代表的传统经常被研究[2]。

---

[1] 这些君主们的名字说明了这样的想象：在马其顿和叙利岛王朝有德米特里乌斯家族；有托勒密家族用了亚历山大的姓；并且那些用来赞美的别号在每个人那里都是相同的。

[2] 最重要的两个研究是古德诺（E. R. Goodenough）的研究，"希腊化时代的君主制度的政治哲学"，《耶鲁古典研究》，I，1928，第 55—102 页，和 G. J. D. 阿尔德斯，《希腊化时代的政治思想》，阿姆斯特丹，1975 年，130 页，我们可以在该书中找到一个更完整的参考书目。

这些论著从希腊化时代之初就开始传播：我们通过斯多拜乌(IV,7)知道这一点，而且我们还知道它们是否有的放矢：法勒的德米特里乌斯事实上可能给年轻的托勒密推荐过"论君主制"的那些著作。

但这一证据的最大用处是清楚地表明了希腊化时代的君主制度和漫步学派之间最初的紧密联系。这种联系比人们知道的情况更多：亚里士多德曾是亚历山大的家庭教师并且前者学说受到后者之后继者们的尊敬。再者，亚里士多德曾经好像写过这些论著中的一部，其题目是《论君主制》。即使他去世后，这种联系也没有理由被中断。我们刚在上文看过的给年轻的托勒密提过建议的德米特里乌斯是泰奥弗拉斯特斯的朋友并属漫步学派。泰奥弗拉斯特斯本人曾经写过一部《论君主制》[①]。泰奥弗拉斯特斯的弟子兰普萨库斯的斯特拉托继承了学派领袖的地位，他也写过论正义与君主制[②]的文本。然而，他是托勒密二世的监护人。因此一切都确认，希腊化时代的君主制度与亚里士多德学派之间存在着密切而非常重要的联系，因为柔和与人性这些观念曾经在这一学派的其他领域中也占据过举足轻重的位置。

如同上一章所思考过的人类友爱的主题一样，《论君主制》的主题后来传到了斯多葛主义者那里：芝诺、克律西波斯、克里

---

① 一个残篇被哈利卡纳苏的狄奥尼修斯保留了下来。

② 第欧根尼·拉尔修 V,59。

安塞斯(Cléanthe)要么写过题目为《共和政体》的论著,要么写过《论君主制》的论著①。同样,我们似乎可以把属于同一范畴的思想归于波塞多尼乌斯(Posidonius)和帕奈提乌斯(Panétius)——尽管有更多的不确定性。况且,芝诺和他的弟子珀修斯在安提奥克·戈纳托斯的身边扮演着太傅的角色,这一角色首先是由漫步学派人士扮演的②。

可是,与在上一章思考过的主题不同的是,漫步学派人士与斯多葛主义者不再是这里唯一研究的对象。

首先,伊壁鸠鲁学派这一次被非常精彩予以了描述。伊壁鸠鲁本人曾经写过一篇《论君主制》的文本;而且斐洛德谟后来也应该写过一篇研究性文本,题目为《荷马笔下的好君主》③。

有其他一些作品也与君主制度有关,它们一般都是毕达哥拉斯学派或伪毕达哥拉斯学派的作品,其中主要有一个曾写过《论君主制》的名叫狄奥托格内斯(Diotogénès)的人的作品和一个与前者情况相同的叫斯泰尼达斯(Sthénidas)的作品;尤其值得一提是埃克芬托斯(Ecphantos)的作品,他把君主比作神并提

① 对于第一种情况,请参看第欧根尼·拉尔修 VII,4 和 131;最后一种情况和克里安塞斯有关:参看第欧根尼·拉尔修 VII,175。

② 请参看艾里安努斯(Elien),《杂史》III,17;IX,26;XII,25。斯斐罗斯(Sphairos)也被克里奥梅尼叫到了斯巴达。

③ 关于这一点请参考穆莱(G.O. Murray),"菲洛德谟论荷马所认为的好君主"(Philodemus on the Good King according to Homer),*J. R. S.*,55(1965年),第 161 页随后。

出君主与父亲或牧羊人有相似之处①。不幸的是，这些作品带来了一个问题，因为有些人把它们的日期推到了公元后某个或某个世纪。可是，最新和最有权威的研究更倾向于认为它们是希腊化时代②的作品。

总而言之，我们看到存在着大量的关于这一主题的文献资料，这些文献涵盖几个世纪和几个流派，但它们中的许多观念经常是相互重复或互相借鉴的。每个作者的独创性在很多情况下只是笔调、词汇或倾向上的细微差别，但，正如在上一章中所论述的主题一样，某一种学说不但支配着这一连串的作品，而且所有这些作品都具有某种共同核心。

没有什么能让我们坚定地认为这些论著就是用来颂扬明君的善良与柔和这些被大家期待的美德的——除了它们之间的相似性，这种相似性很难让人们想象出有给掌握着绝对权力的人提的一些其他建议和对这样的一种权力所做的其他的一些辩解！这种相似性并不够。如果没有一篇属于这个同时期、被保留下来的文本能构成有关一位明君的美德的重要资料的话，那么千方百计寻找人们可以在后来的一些综述中发

---

① 这些论著的一些节选是斯多拜乌所为，IV，7，62—66。

② 这种立场是古德诺的立场（参看上面，注解 1，第 216 页）和瑟莱福（Thesleff）的立场，后者出版了这些文本（参看《希腊化时代的毕达哥拉斯作品导读》，阿博（Abo），1961 年）。关于该问题，请看德拉特尔（L. Delatle），《艾克方特、狄奥托格内斯和斯泰尼达斯的关于君主制度的论著》，列日-巴黎，1942 年，以及《圣经的伪仿作品》I（《哈特基金会谈话录》），1972 年，第 50 页随后，和讨论，第 97 页随后。

现的蛛丝马迹也许徒劳无益。这样的一个文本既可以作为证据本身，也可以作为参照物，以便更好的想象已经失传的作品的原貌。这个文本就是名为《阿里斯提德给斐洛克拉特斯的信》(Lettre d'Aristée à Philocrate)的著作。该著作的年代不详，但不管怎样，大概介于公元前 275 和公元后 50 年之间。在最新的研究文献中最经常被采纳的日期是 200 年；不过，一些人更喜欢接近于公元 100 年[①]这个日期。无论如何，都是希腊化时代的鼎盛时期。

该著作是一篇叙述文，讲述的是七十士(les Septante)在亚历山大城翻译《摩西五书》(le Pentateuque)的方式；而且它变成一部有利于这种翻译的宣传作品。正常情况下，君主制度不应该出现在这样的文本里。但作者讲述说，翻译一旦完成，托勒密·费拉德尔菲邀请译者们赴了一系列会饮，并且每次问他们十个问题(最后两天提的是十一个问题，因为他们实际上是七十二个人)。这些问题主要集中在他作为君主的义务上[②]。犹太人智者回答问题的方式受到了国君的高度赞赏；因此他们概述了何为明君的美德。

---

① 关于第一个日期，请看培勒梯耶神父子自己出版的文本(《基督教的源泉》，89，1962 年)的导言，导言引述了之前的一些看法。第二个日期在于埃及历史相联系中得到了 O. 穆莱的极力维护，"阿利司铁阿斯与托勒密的君主身份"，《神学研究报》N. S. 18(1967 年)，第 337—37 页。

② 有时很难说一个问题是否直接地属于一种对君主政体的分析：根据作者们所言，大概有 29(宗兹)到 47(穆莱)个问题；总之，一切都与君主相关并且结果与君主制度有关。

该著作的这一部分与剩下的部分形成如此清晰的对照,以至于我们有时在其中看到某个文本几乎是一字不漏地抄袭了众多的论君主制著作中的一部并且甚至想重新改写之[1]。这或许是很过分的事情。事实是,其他的一些学者们试图指出这部著作所采用的形式和学说完全符合托勒密宫廷的情况并且绝不会被搬移到针对埃及的古希腊人的宣传作品中[2]。真理很可能位于这两个极端之间;并且就我们目前所掌握的知识而言,想找到一个更确切的答案是不可能的,这一作品似乎是那时流行的一些学说的反映。

但是,如果作者的独创性模糊不清的话,那么这些学说至少是非常清楚的。它们非常有力地强调了那个对伊索克拉底来说非常珍贵的主题——也就是说君主的善良、柔和与对臣民的关爱的主题——这样做换来的是臣民们的真正的忠心,并且他们会坚决捍卫君主的权威。被伊索克拉底所使用过的词语在其中无处不在。

不过,我们要指出两个区别。

确切说,第一个区别属于词汇范畴,因为它占据着属于另外一个词的位置,被用来在希腊化时代或罗马的整个政治中扮演一个重要的角色。这个词就是"evergésia",它指的是善行或馈

---

[1]　请参考宗兹(Zuntz),《闪米特语族研究报》,IV(1959年),第21—31页。达讷接受该文的希腊特点《希腊人在巴克特里亚和印度》(*The Greeks in Bactria and India*),剑桥,1928年,第425—430页)。

[2]　O.穆莱,见前揭书。

赠,并构成人们称之捐赠制度(évergétisme)①的东西。伊索克拉底和古代城邦的公民们绝不会不知道这个概念,因为在他们那里这些善行代表着一般慷慨的具体表现之一。但这些善行不管对伊索克拉底笔下的君主们也好,还是对古典时期的公民们也好都构不成某种像希腊化时代王权或罗马时期行政官员们的善行那样被制度化了的东西。并且它们尤其只代表了 philanthrôpia 最微小的、最具体的和最卑微的部分:相反,philanthrôpon 这个词,或 philanthrôpa 的复数,在希腊化时代主要指这些恩惠(libéralités),即倾向于变成捐赠制度的主要表现的大度。可能东方的传统为把事情朝着这一方向上引导做出过贡献:"送礼"在那个时代一直都很流行;君主们的专制使得这样的一些恩惠对他们而言既容易给予又不太冒犯那些接受它们的人们。它们不再是为爱国而做的一种贡献,而是变成了来自于上面的一种恩赐(don)并被用来救济不断扩大的灾难或用来赢得对一种经常受到质疑的权威的支持。不管怎样,这一区别在希腊化时代开了社会习俗的新纪元。

第二个区别是《阿里斯提德书信》中时常提到的神的典范。最精彩的事情是,犹太人的这位上帝在此是个宽容而乐善好施者:他是耶和华,至少在作品中已经与基督教的上帝很接近。但

---

① 请参考维纳(Veyne),《面包与马戏团——一种政治多元论的历史社会学》,瑟耶出版社,1976 年,800 页,这一研究对被包含在其中的价值的政治与经济现实比这些价值更感兴趣。

这种对神的模仿和这些因此而被神化的君主们在此是地道的犹太人的同时，他们从神性上也接近东方的、尤其是埃及的君主制度。在埃及，这是过去的一种遗赠。在其他的希腊化时代的君主制度中，这是一种带有某种特征的行为，亚历山大已经知道接纳和引进这种行为：在这一行为基础上，不同形式的神性就一直存在于君主们本人和他们的善之中。

因此，这两个区别是不容忽视的。但除此以外必须承认，《阿里斯提德书信》中的学说与四世纪前半叶雅典作家们曾经创建的学说一模一样。事实上，与187到300自然段的四分之一内容相关的问题和答案都很重视君主的宽厚。

我们在第188段看到，君主通将过模仿神的温和(épieikes)并以更多的宽容来对待并不值得被这样对待的罪犯来维持他的统治。我们在第190段中看到，君主将会因为他的关怀和对神的慈悲的模仿而交到朋友。我们在第192段中看到，宽容(épieikeia)就存在于神的行事风格之中。我们在第205段中看到，君主为了保持富有必须避免浪费，并且试图用慈悲来获得其臣民之忠心(eunoia)。我们在207段中看到，像神一样，君主将运用智慧管理臣民，甚至对于罪犯也要小心伺候。我们在第208段中看到，为了做一个仁爱的人(philanthropos)，君主不要轻易动用惩罚，而是要给予同情，就像上帝那样。第210段重复说，上帝为世界带来了善。225段暗指君主对于所有人的eunoia。在第226段中，君主应该通过自发的善行表现出他准备好与其他人大方地分享一切。第227段讲的是君主对敌人的慷慨与大度。第

228 段说的是支持君主把大家都变成自己的朋友。第 230 段说的是君主不可能经历失败,因为他四处传扬善行,播下了感激的种子。第 232 段建议君主为了避免悲痛就不要伤害任何人并不要强迫大家。第 242 段提醒君主,一种好心的支持会赢得尊敬并会使其永远立于不败之地。第 249 段讲的是给予大家的善行。253 段建议模仿温和地统治着全宇宙的上帝。第 257 段告诉我们说全人类对最卑微者都有同情心(philanthrôpei)。263 段敬告君主勿骄傲自满:上帝养育了"温和者与卑微者"①。265 段说,对一位君主最不可或缺的所得是"臣民的爱与忠诚",因为这样"形成的同情关系是牢不可破的";在该句子中所使用的三个词之一与宗教词汇有关。它就是 agapésis,是在 agapé 这个词的基础上派生出来的,《新约》后来经常使用 agapé②;其他的两个词是四世纪常见的词语。它们分别是 philanthrôpia(在此是指臣民们所感到的友爱③)和忠心。第 270 段又提到了那些出于友爱(affection)而经常光顾君主的人们,这是一种忠诚(agapésis)的标志。273 段说,君主将保持心灵的平和,因为他认为自己没有做任何对不起臣民的事情并且大家将出于对他的善行的感激而为他而战。因

---

① 神父培勒梯耶的翻译;被翻译成"仁慈"的词再次使用了 épieikès;我们在此有了一个新的证据以证明我们在这里所研究的不同意义之间互相影响和互相混合在一起的方式。关于卑微者的地位,参看下文,第 341—343 页。

② 请参看,关于《阿里斯提德给斐洛克拉斯特的信》中的 agapé,神父的注解,ad 229。

③ 弗斯迪耶尔,《三倍伟大的赫尔墨斯的启示》II,第 301 页,注解 4;和 O. 穆莱,见前揭书,第 353 页:请看相同的文本,第 354 页,注解 1。

为上帝赐予了他善良，所以他从来没有错过救助任何人。有人在第 281 段中告诉他："与上帝是每一个人的施恩者一样，你也按照他的榜样把你变成臣民的施恩者"。最后，有人在第 290 段中对他说："你是一位伟大的君主，你不是因为权力和财富给你的带来的尊严而杰出，而是因为你比所有的男人都柔和且有人性。上帝赐予了你这些优秀的品质"。这种柔和与人性是我们的 épieikeia 和 philanthrôpia。我们不可能在此对文本中所宣扬的学说的每一方面予以分析。也许，如我们所看到的那样，对神的仿效这一观念符合犹太人的行为的特点①。在一种较小的范围内把上帝与好君主相比可能与东方君主被神化有相似之处②。最后，可能对卑微者的不断提及也许违背了东方与埃及的一个有关善举的概念③。但这些相互影响让人清楚地看到了隐藏在背后的重要的希腊背景。确切说，君王的温和与慷慨是用雅典四世纪的思想和文字加以描述的；这种高度的一致性在此一目了然，以至于不可能弄错。

然而这门如此精辟的学说显然不是孤立无援的；有了这份把这一学说阐述得如此透彻的资料，人们所掌握的那些业已失

---

①　这一方面在穆莱前面被引用的注解 1 的文本中被清楚地且毫无夸大地阐明，第 218 页。

②　这就是古德诺（见前揭书）从毕达哥拉斯的文本中所接受的东西，这一关系在这些文本中开始形成。人们也认为君主父亲这一概念也是这么形成的：请参看巴耶（J. Baillet），《法老统治与埃及道德演变的关系》，巴黎，1913 年，第 236 页和 322 页。

③　请参考下文，第 341—343 页。

传论著的一些蛛丝马迹就显得更有意义了。

最为人所熟知的毕达哥拉斯的论著，它也是最接近在这里被思考的主题的。狄奥托格内斯说过，君主应该要可爱、正直、谦逊和善解人意（épieikès, eugnômôn）[1]。斯泰尼达斯非常清楚地谈到过柔和与一种"父亲般的秉性"；斯多拜乌的简述甚至用了荷马的用词，"父亲"的品质即是神的品质，这种品质来自于他对于一切服从于自己的事物的"温和的"（èpios）态度（IV，7，63）。至于埃克芬托斯，他谈论过应该存在于君主与自己臣民之间的相互忠心；同样，他重拾了父亲的比喻（从荷马和希罗多德以来，这一比喻就与柔和相关）[2]以及牧羊人的比喻（这一比喻是柏拉图从荷马那里借用来的）[3]。这些文本的语境和语调不是伊索克拉底的：宇宙的和谐在它们中占有重要位置；并且，甚至不用谈论模仿神这一主题，君主代表具体化的法律这种理论显然构成一个特殊因素[4]，但在什么是君主的宽厚这一点上，这些论著无可辩驳地与传统学说非常吻合。

这种观点应该一直存在到了西塞罗的同代人斐洛德谟的作

---

① 请参考斯多拜乌，IV，7，62。

② 关于这种比较一般而言，我们么可以看阿佛勒第（A. Alföldi），《罗马思想中的国父》（Der Vater des Vaterlandes in Römischen Denken），达姆施塔特，1971 年。

③ 请参考伪阿契塔斯（Pseudo-Archytas）：阿尔德斯，见前揭书，第 28 页。一般而论，在这里所回顾的比较在我们看来大大地减弱了古德诺所采用的受"东方的"解释的影响，见前揭书，第 83—86 页。

④ 关于这些论著，参看下面第 XVII 章和跋。请参考阿多（P. Hadot），"君王的镜子"（Fürstenspiegel），见《古代与基督教百科全书》（Reallexikon für Antike und Christentum）8（1970 年），第 555—632 栏，特别是第 584 栏随后。

品中；这一作品讲述的是"荷马所谓的好君主们"，是个很古老的话题。这种古老的传统是"温和得如同父亲"一样的君主传统。人们不但在狄奥·赫里索斯托姆的作品中，甚至在始于公元后四世纪或三世纪的《论君主制》的作品中都能找到它；他们继续谈论"荷马所谓的"柔和，无论是关于希梅里乌斯(Himérius)还是关于西内修斯(Synésios)。事实上，人们在受荷马的影响之后才把明君与奥德修斯相比较，而人们在受色诺芬的影响之后才把明君与居鲁士做比较；并且伊索克拉底在马其顿人之前就认可了把明君与赫拉克勒斯相比较。

我们对斯多葛主义者的情况虽然掌握得并不多[1]，但我们可以至少找到克里安塞斯认为宙斯是"善良而慷慨的"这样的证据，如同《阿里斯提德书信》中的托勒密，或者甚至如同被当作典范而推荐给他的神一样。同样，波塞多尼乌斯的残篇108c告诉我们，严厉的对待会导致叛乱；而且人们认为西塞罗著作中关于正直的、其权威被自愿接受的君主们的观念是来自帕奈提乌斯[2]。

最后，假如这些证据经常是或有可能是相当晚近的证据的话，那么人们认为有一段普鲁塔克的东西可能出自于埃拉托斯特尼之手，而且它可能与后来的君主制度的典范和奠基人，即亚历山大有关。这个文本属于在上一章已引用过的论著《论幸运

---

[1]　人们认为他们普遍倾向于君主制度，特别是最初的时候：关于相信这一点的理由，参看阿尔德斯，见前揭书，第89页。

[2]　有关的是《论义务》II, 41：参看阿尔德斯，见前揭书，第99页。但说真的，我们引用这一很模糊的比较只是为了不忘记它。

或者亚历山大的美德》的一部分，而且是这一论著中著名的段落。这一论著所描写的是亚历山大决定通过联姻这样的方式来达到古希腊人与野蛮人融合，并且他本人也愿意穿着混合了波斯与马其顿元素的服装："作为哲学家，他对这种事情无动于衷，但作为大家的首领和慷慨的君主（philanthrôpos），他通过对被征服者的服饰的尊重换得了他们的效忠。马其顿人爱戴他们的首领们，而不是把他们当成敌人那样来憎恨（330a）。"该文本明确指出，他通过接受他们的服饰和他们熟悉的生活方式便"驯服"了那些人并"使他们变得更温和"。

这里所说的是一位面对异邦人而非面对自己臣民的君主，但这些价值是雅典在四世纪就已经建立的，并且希腊的君主们将把它们引入到自己各自的王国中[1]。再者，这些价值的传播应该超越了这一时期；并且人们将在一个叫做狄奥·赫里索斯托姆的人的或者在希腊普通的歌功颂德者的关于君主制的论著中再次找到了这些没有任何变化的价值[2]。

---

[1]　尽管忒奥克里托斯（Théocrite）和卡里马库斯两个人都为埃及君主们写过颂诗，可是这些宫廷诗歌里没有包含任何对我们感兴趣的主题有用的东西（关于他们的态度，请参看舒巴特，"希腊文化中的君主形象"（*Das Königsbild des Hellenismus*），《古希腊罗马时期及其文化》，XIII（1937），第272—288页）。

[2]　哈多特（在前面注解6被引用过的研究中，第221页）出自众多的作者之手，其中一些人就在这里，在后面的章节中（关于狄奥·赫里索斯托姆和马克-奥勒留，请看看下文，第305页随后，关于泰米斯修，参看下文，第322节）。相反，我们没有研究（尽管这是一个很有用的肯定）穆索尼乌斯·鲁福斯（Musonius Rufus）、艾里乌斯·阿里斯提德（伊索克拉底的真正的传人）和昔兰尼城的西内修斯（Synésios de Cyrène）（他也写过一部《论君主制度》的论著）。

* * *

同样,这些价值重新出现在了铭文学的资料或者古埃及纸莎草纸文献研究的资料中,这些文献介绍的是人们所期待的君主的品质,也是人们乐于加在君主身上的品质。

这里显然说的是君主们实际上并不具有那些品质。希腊化时代的君主们绝非圣人,远远不是。那个时代的悲惨生活在这点上没有留下任何值得怀疑之处。并且他们想取得自己的臣民支持的欲望应该与他们遇到的一些同样的困难和他们经常面对的战争或反抗有关。但是具有阿谀逢迎色彩的官方语汇和宣传至少代表了他们声称要追求之物的特征,并且因此被认为是君主们的一种美德的特征。

然而所谓的君主们的宅心仁厚在这些资料中是一个占有绝对优势的主题,以至于它成了众多研究与整理的对象。舒巴特就希腊化时代的君主制度的总体情况整理出来了一个内容丰富的清单①。至于善心这一非常特殊的概念,它成了伦格(Lenger)一个非常重大的研究课题②,这一研究的对象是托勒密王朝的

---

① "铭文和莎草纸所反映的古希腊君主的理想"(*Das hellenistische Königsideal nach Inschriften und Papyri*),《莎草纸研究档案》(*Archive für Papyrus forschung*),12(1936—37 年),第 1—26 页。

② 例如还应该增加克能(L. Koehnen),在 1957 年的《古典哲学研究》和西杰佩斯忒金(P. J. Sijpesteijn),"莎纸草集合"(*Einig Papyri aus der Giessener Papyrussammlung*),见 *Aeg. 45*,1965 年(我们未能查阅)。我们也在该书中（转下页注），

君主们①，它同时也是普雷奥(Claire Préaux)在深入分析研究托勒密伟大的行政管理者之一时的对象②。

事实上，善行应该被区别对待。它也许属于传统上描述王家美德的一组概念，但用来指善行的 philanthrôpia 或 philanthrôpa 变得很罕见并被专门用来指在关于分享财富方面遇到的做好事的观念。而且，这些概念似乎在埃及染上了一种特别的道德色彩。

不管怎样，它们无处不在。

臣民们时常签请愿书呼吁君主或大臣们的仁爱(philanthrôpia)。伦格收集了十八本有关古埃及纸莎草纸文献研究的参考书，这些书从公元前 248 年到 70 年③。君主们或大臣们通过赐予礼物或特权、仁爱来回应呼吁；而且伦格研究了二十几个这些由君主赐予的仁爱的例子：第一个 221 年的，其他的从 145 年到 13 年。另外还要算入大臣们的给予的仁爱(14 个

<hr>

(接上页注)发现了一些关于这一时期的有用的信息，这些信息特别针对的是包拉·赞康(Paola Zancan)的城邦-君主制的关系的，《希腊君主制理论》(IL monacato ellenistico nei suoi elementi federativi)，帕多瓦大学出版 VII，1934 年，150 页，并且特别在 H. I. 贝尔描写罗马时期的文本中，"罗马时期莎草纸中的 Philanthôpia"中，Ladomus(向 J. Bidez 和 F. Cumont 致敬)，1949 年，第 31—37 页。

①　"在托勒密君主们的赦令中的善举的概念"，《阿兰吉奥-茹兹合集》(Arangio-Ruiz)，1953 年，第 487—499 页。

②　"芝诺莎草纸中的善心"，《埃及编年史》，19(1944 年，第 38 期)，第 281—290 页。还请参考《托勒密王朝的经济》，第 515—521 页。

③　这些顺序是：P. S. I. 632(参看 976)；P. Enteuxeis 5,6,62,74,86,44 和 47、22 和 60，P. Tebt 770，O. G. I. S. 139，U. P. Z. 106,107 和 108(bis)，S. B. 7259 和 6236。

例子,从258到58年)或者城邦或宗教团体给予的仁爱(30多个例子)。

如果我们阅读一下这些文本的内容——尤其是那些与君主的仁爱相关的文本的内容,我们首先就会看到,涉及仁爱的内容其实是相当少的,而经常是一些地产交易[①]、税金或税负的减免[②]。并且我们首先感觉到,与希腊思想的仁爱的词源上的近亲关系只是强调了一种反差和没落。这也许部分地归因于我们所获得的资料的性质:如果我们有那些信件或请愿书或甚至有古典时代的公文的话,那么进行对照比较将更公平。无论如何,仁爱这一概念成功地把自己的用法带入到了其他的领域,这些领域不再包括人类整体性、善良以及任何这样的一种感情,而只包括其用法所要求的具体的动作。当我们今天说某人出于"善良"或"亲切"而做某事时,这样的说法不一定以真正的善良或亲切为前提:我们只是简单地通过这样的一些表达而知道自己身处在经过几个世纪的一种演变的最后阶段,这些词语在这一演变过程中,如同在埃及的这些资料中的希腊词仁爱一样,进入到了为人人接受的价值体系之中并变成了简单的万能词汇。

这种滥用不是唯一把我们文本中的善行区别开来并把它与早前的仁爱相对立的特点。事实上,君主们要么经常倾向于保护臣民们的生命与财产,因为他们那个时候的生活非常艰苦,要

---

① P. Par. 15, P. S. I. 1080, *B. G. U.* 1053。

② *B. G. U.* 1311, P. Tebt. 124, *O. G. I. S*, 168。

么倾向于达成谅解,要么给予司法或税收特权①。显而易见,这些措施中的部分可能在希腊的某一个城邦中属于法律。因此,我们观察到,君主的"善"仅仅是用来补偿某种合法平等的缺失。甚至有可能善事是用来维护一种本质上就不平等的状态(泰布图尼斯[Tebtynis]地区的纸莎草纸 73,1.3—4),就这样保证了他们对古希腊雅典的殖民者们的隶属关系,尽管他们的占领者们的身份不合法;在这种情况下,君王的这种的善更清楚地表明了法律的缺位②。因此可以肯定,如果在一个法制的和良好的秩序的城邦中仁爱一直看起来有点不得体和危险的话,那么相反,在这个不幸和独裁的君主制度中,即在希腊化时代的埃及,它就变得不仅不可或缺,而且依据君王的良好意愿而建立了秩序:当我们不能依靠法律之时,我们只好谈论君王的仁善。

最后,环境似乎导致了该概念经历了一次深刻的转变,并且,尽管该问题超出了王权的范畴,但它却为阐明这些特权带来了希望。这一次,这里所说的不是这一概念的贫乏化或者滥用,而是一种丰富。事实上,对于穷人和卑微者的关怀似乎是埃及的一种传统。波尔克斯坦在他做过的一项非常重要的研究中指出,这种对于穷人表现出的善意的观念与希腊的慷慨有明显差异,因为后者是建立在公民之间的整体性的感情之上的慷慨。

---

① 关于前面两个情况,*S.E.G.*Ⅸ,1 或 P. Tebt. 739,1.40—41。

② 同样请参考 P. Tebt. 5,44—48 和 124,1.25—27。某些合同甚至预先规定特殊善意的赦令不能被引用来作为逃避义务的借口(*B.G.U.* 1053 和 1156)。

事实上，当赤贫与富裕共存，并且当一切权力都集中在不是通过选举产生而是由君主的意志指定的人手中之时，对于穷人的怜悯就变成了仁爱的形式之一；在基督教中变得如此重要的对穷人的关怀就这样得到了解释。

这正是道德标准历史上的一次重要区分。事实上，这一区分超越了对柔和与宽容思想的研究范畴。可是，它与托勒密王朝的仁爱有关；并且它暗示说它的内容中所包含的埃及的东西可能多于希腊的东西。

可是，我们必须警惕过于简单化而造成的对立。

首先，现实中一切都是混合在一起的，这正是普雷奥反复说明过的东西。不是因为她不知道或不是很了解这些区别，而是她非常敏锐地找到了一种很能说明问题的语气上的不同，即希腊人和埃及人在管理同一领域方面的态度有云泥之别。我们在这点上掌握着大量的纸莎草纸档案(其中最重要的是芝诺档案)。她观察到，埃及人请求总督为他们做一切，就像人们在法老时代所做的那样；希腊人则面带微笑地要求总督履行他对于他们所应当承担的神圣的责任和义务；而且他们会经常许诺原则是互利互惠。因此，强者的"善良"根据不同情况则有所差别：希腊人习惯于城邦生活，而埃及的臣民们则一直服从于君主制度。

可是，她研究的动机确切讲是为了说明，虽然这两种观念在导向上稍有不同，但实际上是紧密相连的，因为它们在同一个时代一起出现于同一个领域；以至于"人具有细微差别的复杂性"不允许把来自于东方的东西和来自于希腊的东西截然分开：在实际中的相互的影响最终造成了一种你中有我我中有你的局面,结果一切便交织在了一起。

再说,如果人们对于大人物的仁爱的态度可以根据社会状况和社会历史传统而变化的话,那么君主的仁爱的概念归根结底是确定的,独特的。社会状况赋予了它一种内容,这一内容对它来说是不同的,或者可能是不同的。但强加它的观念是诞生于雅典政治思想中并在其中占据了重要地位的。这正是普雷奥曾经明确表达的东西,她写道,当君主们顺从了自己臣民的要求时,他们就像法老一样行事,但"因为他们受的希腊式教育,所以他们会用希腊化时代哲学大师们反复说的老生常谈来证明他们所作所为在他们自己的眼里和在希腊的奴隶眼里都是对的"[1]。

因此,如同希腊化时代的君主制度知道把希腊传统中几乎是独立自主的城邦生活与个人权力组合在一起一样,托勒密的君主制度也善于把希腊的善行与埃及的善行结合在一起。

在非常久远的时代,埃及或许曾经是被君主们选出来表现自己柔和的中心:这一传统似乎被保了下来;而且这是狄奥多罗斯著作的第一卷给读者留下的印象。事实上,狄奥多罗斯曾经访问过埃及。然而,他讲述说,在昔日的埃及,君主的位子是传给那些为人民服务最多的人(43);他引用了取消死刑的萨巴空(Saba-

---

[1] 见前揭书,第282页。我们对最后的相加持保留意见:"再说,这些老生常谈本身来自于一种东方的背景":伊索克拉底与东方一点没有瓜葛,并且色诺芬《居鲁士的教育》既没有任何地方特色,在自己的作品中也不是孤立的。

con)的"人性"的一些表现(65,3);他在由大神父列举的君主的美德中提到了对众神要虔敬、对人类则要温和、要分享财富,惩罚罪犯要比他所犯罪行要轻,同时褒奖要比他所做的事要多(70);他谈论君主身边人的友爱(71,4);他提及了对维持社会秩序而付出的代价的感激(90,2);他指出了阿玛西斯的柔和(95,3)并明确指出大流士学着欣赏埃及君主美好感情和宽宏大量的气度(95,5)。有没有一种正宗的埃及传统被希腊人的文本所接受并被希腊化了呢①? 这是可能的,仅此而已;由于用象形文字所写的文本讲的更多的是君主与神的关系,而不是他对于自己的臣民的柔和,因为君主是神的化身和代表②。因此被狄奥多罗斯继承的或被歪曲的传统不容易被鉴定。相反,有一件事是非常肯定的:这就是温和而仁慈的君主的这种传统曾经在希腊存在过,因为有一系列作品可以证明这一点。所以,狄奥多罗斯有可能把这种希腊传统的一部分投射到了一个或多或少有点传奇色彩的埃及身上。事实上,他在其他一些国家和其他一些时代中重新找到了这种传

---

① 这是阿苏卡铭文所记录的事情,看下面一段。从在第 227 页的注解 1 的研究开始,阿苏卡君主的两个用希腊语写成的铭文在阿富汗发现:典型的希腊形式在其中包含着源自于印度的一些思想;因此涉及的是对奴隶的态度:参看 L. 罗伯特,*Opera Minora*,III,第 85 和 86 期。

② 关于这一主题,我们可以参看奥托(E. Otto)的研究成果:《埃及创建时代的自传题字》(*Die biographischen Inschriften der ägyptischen Späzeit*),莱顿,1954 年,和《希腊罗马时期埃及庙宇题字中的神与人》(*Gott und Mensch nach der ägyptischen Tempelinschriften der griechisch-römischen Zeit*),海德堡,1964 年(特别是:3,《君主的角色》(*Die Rolle des Königs*),第 63—83 页)。这种对宗教方面的强调当然不排斥对君主们和对一般的个体同样有意义的"善举"。

统的组成部分。他一直根据希腊建立的思想体系并用希腊词汇来谈论它们。如果存在着一种埃及传统的话，那么我们至少可以说从那以后它就有着一种被清楚肯定和定义的希腊底色。

好君主的某些特点在很多文明中都遇到过。正因为如此，让·弗斯迪耶尔神父揭示了存在于论希腊化时代的君主制度和印度君主阿苏卡(Asoka)时代的铭文中体现的理想君主政体学说之间的相似性[①]。阿苏卡也自诩为一位"父亲"(J. Bloch 出版，I，第 140 和 142 页)。可是我们将不会下结论说这和对希腊的影响有关。让·弗斯迪耶尔神父非常有道理地指明了相似与区别。

并且一般而言，在这些希腊化时代的君主制度中，尤其是在埃及有希腊传统的证据的时代，这些相同的观念和词汇到处都可以看到，而不仅是在埃及才有。正因为这样，我们四处都可以遇到施恩者君主这样的观念：它一直与四世纪初雅典思想曾经推崇的一些概念相结合[②]。

我们在这一方面不能依靠 philanthrôpa，因为后者仅仅指的是一些具体或法律层面上的简单的好处。我们至少必须提醒说，它们就这样存在于希腊世界的各个角落，而且它们绝不是托

_____

① "阿苏卡的铭文与希腊化时代的君主的理想"《儒勒·勒布勒东合集》I（宗教科学探索，39 = 1951—1952 年），第 31—46 页。

② 请参看高弗斯迪耶尔，《三倍伟大的赫尔墨斯的启示》II，第 304—305 页（我们的认为这里过分重视斯多葛主义和犬儒学派的影响），并参考阿佛勒第，在上文被引用过的研究（第 221 页，注解 3）：请看第 120 页。阿佛勒第用古希腊语（特别是希俄斯的伊翁，残篇 2BH）和拉丁语（西塞罗，《论国家》，II, 26, 47）提到过众多温和如父般的君主的例子。

勒密王室所固有的特质①。

更重要的事指出,君主们与城邦之间的这些良好关系确切说并没有超出伊索克拉底曾经创建的思想范畴。

舒巴特在自己关于希腊化时代的君主的理想的研究中列出了最经常被使用的词语:勇武、智慧、虔诚、正义、荣誉、怜悯——以及君主的品质:"拯救者"、"乐善好施"、"乐于助人"②。但正巧在这一清单中占有特殊地位的某些词语和某些观念可以确切地追溯到四世纪雅典的学说。

尤其是这种现在被诠释为善行和特权的仁爱与伊索克拉底思想中的一个关键概念有关系,即善意(eunoia)的概念。事实清楚地出现在了舒巴特收集的参考资料中,这些资料中的大部分是古埃及纸莎草纸纸文献研究;我们只通过阅读两本比较厚的铭文集已经就此形成了一种清晰的想法③。君主或者他的代

---

① 形容词 philanthrôpos 的例子更有趣,但这些例子不一定是被用在一位君主的身上。该形容词相当常见,所以《东方希腊铭文选》的索引简单地说"处处"……

② 也有直接地来自于我们的传统的术语,和来自于苏格拉底的税法,如"对待臣民"等。

③ 有关的是迪滕伯格的《东方希腊铭文选》(1903—1905)和 C. B. 威尔斯的《希腊化时代的王家书简》(1933 年):它们像这里被引用的《东方希腊铭文选》和"威尔斯"一样。在更后的地方,我们也会找到一对迪滕伯格的《铭文总集》(第三版,1915—1924 年,简称《总集第三版》)的参照。我们也许能补全在此研究仁爱时所举的一系列例子。我们将增加威海姆(Wilhelm)的《维也纳研究》,61—62(1943—1947 年),第 167—189 页,和科能(L. Koehnen)的《一份托勒密王室卷宗》[*Eine ptolemaische Königsurkunde*(*P. Kroll*)],古典哲学研究,19,1957 年,42 页,或许应该给其中增加一个对"分享财富者"的感激的长长的证据清单:已经是在亚历山大活着的时候;我们发现作为"分享财富者"的安提柯被授予了很多荣誉[迪滕伯格(Dittenberger),《总集第三版》,278)];这一事实从此以后变得确定无疑。

理人应该对被其管理的人表现出这种善意:我们看到托勒密二世费拉德尔菲(Philadelphe)对一个下属是这样善意和仁爱(《东方希腊铭文选》,40,1.29),或者在伊利昂(Ilion)的安提奥克一世索泰尔(Sôtèr)是这样(出处同上,221,1.12)、安提奥克三世对于赫布雷米歇尔(Érythrée)的人民是这样(威尔斯,15,1.32)、欧梅尼乌斯二世对爱奥尼亚多的联盟的各城邦是这样(威尔斯52,1.18—19和69);人们在君主盟友(《东方希腊铭文选》248)或在大臣们身上遇到同样的善意[①]。

但君主的善却是最重要的特征,它是对忠心(即善意)的回应,是对其臣民们的忠心的回应。这正是伊索克拉底所希望的。我们还是在刚引用的那两个铭文集中看到了埃及人赞赏对君主及其家族的忠心(《东方希腊铭文选》,1.5):托勒密二世用善行来报答米莱(Milet)人的忠心(威尔斯,14)。同样对塞琉古人来说:安提奥克一世索泰尔受益于伊利昂人民的忠心并且他善意地回报了这一忠心(《东方希腊铭文选》,219,221和223);他有时也会报答个别老百姓的忠心和虔诚(威尔斯,11,1.14和12,1.21)。在士麦那与马格内西亚(Magnésie)之间所签订的一项协定时,塞琉古二世卡利尼科斯(Callinicos)同样是其臣民忠心的对象并且人们保留下了那篇誓言:"我将保留对于塞琉古君主联盟的忠心"(《东方希腊铭文选》,229,1.8和63);欧梅尼乌斯一世在帕加马的雇佣兵同样也发过类似的誓言（《东方希腊铭文选》，266）。安提奥克三世，同样也对迈安德河边（Méandre）的马格内西亚人非常有好感，因为那里的人民对于他本人和他的事业的非常忠心（威尔斯，31，1.17—20）；而且他还很照顾赫布雷米歇尔人，因为他们一直对自己的家族忠心不二（威尔斯，15，1.16）。他的儿子对马格内西亚人也一样友好（威尔斯，32，1.16）①。塞琉古四世赞颂他父亲的一名老兵的忠心并打算予以犒赏（威尔斯，45）。安提奥克八世格里珀斯（Grypos）提到在皮耶里的塞琉古人（Séleucieen Piérie）对其父的忠心，这说明其父所实施的一定是善政（《东方希腊铭文选》，57；请参考威尔斯，71，6）。同样对阿塔勒王朝（Attalides）来说：欧梅尼乌斯二世的善意回应了他的臣民（威尔斯，1.41）的忠心；宙斯·萨巴齐奥斯（Sabazios）的圣职由阿塔勒（Attale）三世赐给了一个对他忠心而光明磊落的近亲（威尔斯，66，1.12）。我们可以补充的是，吕西马库斯把他的善意给了普利埃内（Priène），因为这个城市的人们对他所表现的忠心（威尔斯，6，1.10）。所有这些文本一般而言都提出要效忠于自己的城邦或联盟②，但这种忠诚有时可能意味着一种近似于英雄主义的忠心（这就是所引用最后一个例子中的情况《东方希腊铭文选》，229）。无论如何，被隐约掩盖在这一万能词汇下的制度正是伊索克拉底和色诺芬曾经提出的制

---

① 还请看《东方希腊铭文选》，233，在其中忠心是相互的。
② 我们在这一方面将找到一个典型用语。我们为此将在下面注解3中被引用的奥罗的研究中找到一些例子。

度,这一制度倾向于给领导与被领导的关系赋予了一种坚实的基础。

再者,这种善意有时会以带感情色彩而结束,并且一些文本有时讲的确实是一种真正的友爱或 philostorgia。舒巴特通过研究就找出了半打这方面的例子①。这些例子似乎反映的个人关系和家族间或个体间的和谐从此所扮演的角色。事实上,有一些例子表现的是对父母的忠心或者对盟友的忠心,其他的一些则表达的是君主的军官们对他的忠诚:因此,我们可以引用《东方希腊铭文选》,257 中托勒密·斐罗米特(Ptoélmée Philomètor)在提洛斯岛的克里特副手们所敬重的科斯的阿戈劳斯(Aglaos-de Cos)的个案。

也许就像前面所引用的诸多例子一样,这里涉及的是那些由于经常被使用而变成常用词的词语。可是,我们将注意到这种铭文的第二个部分,这一部分曾经被奥罗(M. Holleaux)研究过,因为他曾提到过一种"纯粹政治性的宽恕"的说法②。该部分也认为这位君主心中充盈着同情并是最温和之人:这里用的是一个希腊语的形容词 ἤμερος,德摩斯梯尼曾经与 philanthrôpos 一起使用③;它确实是 praos 的形容词;并且这不是一次偶然,因

---

① 威尔斯,66,《东方希腊铭文选》,229、247、248、256。

② 请参考《希腊历史与铭文研究》,III,IX,第 77—97 页:"托勒密·斐罗米特的在提洛斯岛的克里特助手们的政令",首先出现在《莎草纸研究档案》,VI 中(1913 年),第 9—23 页。有关的是《东方希腊铭文选》,116,1.6—7。

③ 《反驳米迪亚斯》,第 49 页。

为波利比乌斯也提到过托勒密六世斐罗米特的这种性格特点。他说斐罗米特比任何人都温和而善良,而且他这一次使用了praos一词(XXXIX,7,3)。再者,一封164年左右的信把和解与温和精神视为法官的一个优点[1]。

况且,我们可以观察到这些意义甚至传播到了日常生活领域,但在政治和君主制领域的传播就没有那么广泛了——或许部分地因为我们的资料来自官方;可是米南德的戏剧中所展现的风俗的演变清楚地反映了那个时代的面貌[2]。

似乎从四世纪起,墓葬中的浮雕似乎变得更具个性化和更加感情化:它们经常表现的是小孩、家庭群体或一些温柔的场面。我们不能太把自己的看法建立在上述材料之上,因为这可能仅仅是个艺术爱好的问题。但无论如何,从四世纪起,铭文不仅谈论的是适合于公众和私人行为的柔和,而且是适合于日常生活而不是政府特点的柔和。这些铭文谈论在区或镇的小范围内的人物以及他们身边的人(《希腊铭文集》,1094)、色雷斯君主的热情宽待(《希腊铭文集》,438)、一个人物与大家维持的关系(《希腊铭文集》,368):说的是吕西马库斯(Lysimaque)在爱奥尼亚(Ionie)的一个战略家。很快,在二世纪出现了一些笼统赞颂

① *U.P.Z.*,144。威尔肯(Wilcken)(在这里)宣称在属于埃及文化的该信函中没有发现任何东西;它在他眼里代表的是一种纯粹的希腊思想。关于这种 praotès,还参看舒巴特,见前揭书,第2页。

② 区别可能源于被保留下来的资料的数量:由文学文本反映的演变使这种反对失去了决定性的作用。

人们的慷慨与美好感情的文本。这正是让·弗斯迪耶尔在《三倍伟大的赫尔墨斯的启示 II》(II, 第 308 节)所提到的。阿塔勒二世在埃吉那(Égine)的将军克里昂(Cléon)的个案就是这样:他"没有伤害过任何人,而是尽可能做好事"(《东方希腊铭文选》,329,23—24),或者他是一个"努力善待每个有求于他的人,一直认为最好的是既要利用自己的个人魅力,也要利用财富带来的好处以尽可能地影响他人"(这里所涉及的仍然是由奥罗点评过的克里特铭文,而且已经被引用过)[①]。还有另外一个人,他在赛斯多斯(Sestos)把自己的仁爱甚至用到了那些上体育学校的异邦人和过路的讲演人身上(《东方希腊铭文选》,339,73—76)[②]。从君主到官员以及一般个人,大家从此以后必须满足这种柔和的理想,它开始出现在人们的憧憬之中,如同出现在理论思考中一样。

然而,这种流行势头后来一直不减。如同有关君主制度的希腊论著后来对罗马的仁慈产生过巨大影响一样,这些希腊化时代的铭文开始承认的官方或者个人的价值在罗马帝国中重新取得了辉煌的成就。

---

① 提洛斯岛铭文,1517,1.25—30:参看前面,注解②,第349页。
② 关于这些与会者,特别请参看路易·罗伯特在《希腊史》II,34—36中的评注;和《铭文学报》,1938年,336,第28页。

第十四章

罗马征服者的仁慈（clémence）：
从波利比乌斯到狄奥多罗斯

可是，如果我们把哲学学说和官方的套话放在一边而转向历史，尤其是转向外部的历史的话，那么面纱就会突然被撕开：我们看到，在亚历山大驾崩之时，广义上的希腊世界进入到了一个可怕的暴力时代。诚然，我们在前面的章节中[①]看到的"交战规则"在希腊已经经常性被违反，例如在伯罗奔尼撒战争时期，但这些规则至少在人们的思想中依然是根深蒂固的。相反，在亚历山大死亡时，可以说一切都分崩离析了，就连这种对柔和的追求也完全从风俗习惯中消失了[②]。

我们可以找出两条造成这一消亡的主要原因。

显而易见，第一个原因是各自为王以及这些王宫的内部争

---

① 　特别请看第一章，第 6 页随后。

② 　高弗斯迪耶尔提过的演变，《三倍伟大的赫尔墨斯的启示 II》，第 302—303 页，在这点上可能需要被细化：例如，在亚历山大的死亡与他所提到的宽厚之间相隔一个世纪之久。

斗。伊索克拉底曾经指出过一个家族的恶性谋杀事件,谋杀对象都是僭主:埃及宫廷几代人的内斗就是这种谋杀的最有力的证明。另一方面,那时候这些诸侯割据是新生事物,并且整个希腊世界为竞争提供了一个大舞台。亚历山大继任者之间在分权前后、更多的是分权期间的争斗从 322 开始持续了很长一段时间。这些竞争过程中充满着暴力、谋杀、复仇和恐吓和前所未有的对战争的狂热。最后,亚历山大的例子把每个人推向了妄想的边缘:希腊化时代是冒险家的时代,他们受自己野心的刺激,甘愿冒着巨大的风险不断去做出惊世骇俗的举动。

我们的第二个理由是这些冒险所发生的世界不再是希腊世界。这条理由对研究希腊的柔和也是很有帮助的。然而,野蛮的东西在任何方面都是野蛮的:古典时代的希腊人已经对野蛮人的残忍感到非常愤怒:从波斯人所崇尚的鞭刑或毁伤肢体之刑①直到修昔底德提到过的色雷斯人(Thraces)残暴的罪行。反差如何能经得起历史的突然扩大呢? 因为亚历山大,历史从那以后便把希腊世界归入了野蛮的世界;而且彼此之间的风俗习惯也趋于一致。在接下来的世纪中,如果君主们经常还是——但不总一直是——希腊人的话,那么臣民和军队则是野蛮人,但这些野蛮人却是表率。在雅典人看来,马其顿人已经不是真正的希腊人。但正是这些马其顿人此后却统治了亚洲或非洲。很

---

①　请参考狄奥多罗斯 XVII,69,3 和 83,9;也请看沃尔班克(Walbank),对波利比乌斯的评论,VIII,21,3。

快,他们遇到了野蛮的族群,对希腊文化更不了解:努米底亚人和迦太基人、帕提亚人和伊利里亚人是这些蛮族的代表。另外还有高卢人和犹太人,他们古老而高尚的文化并没有阻止他们互相争吵与伤害,他们的宗教纷争加深了他们之间的裂痕。这些民族没有实施柔和的策略;所以我们似乎可以原谅那些与他们的行为方式相同的人们,因为近朱者赤近墨者黑。于是,人们看到暴力非常猖獗[①]——尤其是古希腊人并不用的酷刑被滥用:绞刑、凌迟、火刑。人们也看到,越来越多的妇孺在自己的家人面前被残害的例子,大批民众被刚刚还答应保证他们生命安全的刽子手屠杀[②]。

书写这些可怖事件的历史并非我们的研究范畴,而且我们也许会在这个上面耗费大量篇幅。有几件史实就足以说明这种政治风俗的突然转变的严重性。我们将借用狄奥多罗斯第XVIII到第XXX卷里的例子。

这样一种选择肯定是随意的。首先,提到或者描述这些残忍事件这一做法本身是出于一种文学偏好。我们在阿比安那里比在狄奥多罗斯那里找到更多关于相同的事件的例证,而在狄奥多罗斯那里又找到了比波利比乌斯那里更多的例证。此外,根据狄奥多罗斯所提供的材料,在他的作品中,这些可怕的事情

[①] 狄奥多罗斯斥责说,迦太基人和高卢人把最美的囚徒献给神(XX,65;XXXI,13,1)。这种做法在希腊人的眼里既是"野蛮的又是怪异的"。可是,但给过它启发的宗教却把它与其他的形式的暴力区别看待。

[②] 狄奥多罗斯 XIX,68,1;XX,39;XX,44,等等。

的频率或许有变化。可是,当我们接下来读了他的整个故事之后,我们难以得出这一结论,即希腊化时代,不管在任何地方,是一个鲜有暴力的时期。再说,我们可以明确地说,其他的一些作者对几乎每个事实都能提供佐证和补充。

首先是安提奥克,他对阿尔刻塔斯(Alcétas)的尸体进行了三天的侮辱(XVIII,47),让人活活烧死银盾兵(Argyraspides)的首领,处决了欧梅尼乌斯(XIX,44)并暗杀了克利奥帕特拉(XX,37)。其次是卡桑德(Cassandre),他让人杀害那些他所怀疑的男人或女人(XIX,51—52;105,2)。西西里岛叙拉古城(Syracuse)的阿加托克利斯(Agathoclés)让人砍杀被推定为反对者的人(XIX,65,6)或以前的反对者(XIX,102,5)以及他背叛了的人,一共杀了四千多人(107,4)。他也杀了那个把他当作盟友叫来的人(XX,42)。同一个阿加托克利斯在攻打乌提卡(Utique)城时使用一种坐满该城囚徒的战车,以至于保卫城池者不得不杀害自己的同胞(54)。在占领该城之后,他甚至绞死了那些到庙宇中避难的人们(55)。他让人绞死自己儿子们(69);在埃吉斯特(Égeste),他发明了很多酷刑:分尸、投石器投活人、钳子夹脚后跟、割乳房、砖压堕胎(71—72;请再参考99)[1]。迪米特里乌斯也让人把反对他的八十人钉上了被占领的城市城门口的十字架(XX,103);托勒密为避免尼古克莱斯,

---

① 也请看他杀害两千人的方式,这两千人曾强烈要求他们所应得到的报酬(XXI,3,3)。

帕福斯人的君主,发动一些反对他的运动而将他整死(XX,21)。在迦太基人一方,雇佣兵首领斯庞迪乌斯(Spondius)决定剁掉迦太基人每个囚徒的手;因而,哈米尔卡·巴卡让人把他的囚徒交给大象(XXV,3)。他也把斯庞迪乌斯钉上了十字架,并且一名叫汉尼拔的人也被钉在同一十字架上(5)①。伟大的汉尼拔让他的人选择留在原地或跟他走,但除了几个被留作奴隶的人之外,选择留下了的人都被割喉(XXVII,9)。四千名变节者,曾经的不忠者,加入了他的麾下但却被杀戮(10)。这是迦太基人的风俗吗? 但在哪里人们不这么做呢? 在安提奥克,迪米特里乌斯二世尼卡托(Nicator)让人把那些不投降的人和他们的妻儿统统绞死在家里(XXXIII,4,2)。在埃及,托勒密·菲斯肯杀死那些被怀疑参与阴谋的人(6)。在克里特岛,肯多尼阿特人(Cydoniates)杀死了把他们当朋友看待的人(XXX,13)。色雷斯的君主狄耶瑞利斯(Diègylis)砍掉小孩手脚和头颅并挂在他们父母的脖子上,他看见两个英俊潇洒的年轻人路过时,闹着玩似地就把他们齐腰砍死(XXXIII,14,3)。在帕加马,阿塔勒二世邀请受到他怀疑的朋友,然后把他们连同他们的妻子和孩子一起杀死(XXXIV—XXXV,3,1)。非洲人也一样:朱古达(Jugurtha)不仅让人勒死了他的表兄弟阿德巴尔(Adherbal),而且杀死了支持后者的所有意大利人(31);他本人将被阴险毒辣

---

① 关于这些事实,也请参考波利比乌斯,I,80—81,他强调吉斯孔(Giscon)的个案:他是那时第一个被处死刑的人,尽管从前对自己的人非常慷慨。

的博库斯(Bocchus)抓起来并被移交,本来前者是邀请后者来参加会议的(39)。

这些例子还没有开始谈到奴隶起义,在这些反抗中战争规则是不管用的,并且暴力泛滥;它们也没有谈到宫廷里司空见惯的谋杀,这些谋杀的受害人经常是小孩,因为他们有可能以后继承大位[1]。可是,最骇人听闻的一次谋杀是托勒密·菲斯肯所实施的,他勒死了他与自己妹妹克里奥帕特拉(Cléopâtre)的儿子,并把她儿子的四肢让人当作生日礼物送给了她……(XXX-IV—XXXV,14)[2]

这些从亚历山大之死到公元前二世纪的不同例子只是——我们必须再重复一遍——史家的选择。但是这一选择本身,甚至考虑到一些可能的夸大,是很沉重的。并且狄奥多罗斯不失时机地提醒我们,这样的一些方式"很少是希腊式的"。

但是,在这种具体情况下,不可能有关的是一位古希腊人对非希腊人的一些简单的批判:夫拉维乌斯·约瑟夫斯(Flavius Joséphe)在谈到犹太人时让我们看到了发生在同一时期和后来那些时期的那么多谋杀和残忍的事情。

因此,在这种毋庸置疑的普遍的混乱之中需要一个相当强大的国家来重新恢复秩序,并且它必须是一个相当敌视个人权

---

　　[1]　关于起义,请看 XXXIV—XXXV,2;关于宫廷谋杀,请看 XX,28,或 XXVIII,14。

　　[2]　我们后来在米特拉达第那里又找到了这些方式:参看阿比安,XII,107;112。

力的国家,以避免被拖入这样的一些争吵中。我们知道,这个国家就是罗马。

可是罗马,特别是初期的罗马离我们所讲的"柔和"差得很远。从拉丁同盟(Latium)战争到对世界的征服,罗马的历史是一部暴力史,这没有人否认。它也有过自己的酷刑——使用刑仗。最初的一些战争史充斥着疯狂的镇压,这些镇压不分青红皂白地落到了战士和一般老百姓的头上:就连李维也承认这一点①。但我们从一开始就觉得有所区别,因为罗马人可能很冷酷,但他们被置于一个严厉的组织之中,几乎一直很守纪律:因此,政治意义大于他们对战争的热情②。并且他们如此诚实守信,以至于他们认为在战前或战后背叛对其他人民的承诺是很可耻的③。后来,他们的力量越强大,他们越被召唤去充当裁判与和平主义者的角色——尽管是通过武力和作为主人。他们把罗马的命令与邻邦之间的所有这些战争、与觊觎者之间的所有这些谋杀、与利欲熏心的地方僭主的所有

---

① III,18;IV,34;69;V,20;IX,43。

② 个人的暴力——如同芬布亚(Fimbria)的暴力一样(狄奥多罗斯,XXX-VIIIXXXIX,88 节)完全是很特殊的。

③ 关于这种诚信,特别请看布瓦扬塞(P. Boyancé)的研究,"罗马人,诚信的人民",《吉约姆·布戴协会报》,1964 年,第 419—435 页,或《罗马的诚信与国际生活》,法兰西学院会议,1962 年,16 页,[或者布鲁塞尔拉丁语研究(*Latomus*)丛书 LXIV,1962 年,第 329—341 页和 LXX,1964 年,第 101—113 页]。还请看最新的成果,朗博(A. Rambaud),"李维的第一卷和和第五卷中的罗马理想",《桑戈尔合集》(Senghor),1977 年,第 401—416 页。在罗马人的文本中对诚信的提及尤其重要,但波利比乌斯并不是不知道(参看 VI,56,13 和 14)。

这些暴力相对立。并且君主们或城邦被渐渐地带到罗马的元老院来为自己的事业辩护，因为元老院维护君主的正义行为并压制反叛者的忤逆。

罗马人在征服者与和平主义者的角色中懂得缔结联盟，因为他们非常重视联盟的作用。他们不再像希腊那样热衷于一个城邦与另一个城邦的斗争，而是注意不断扩大自己的影响范围，在这一范围中所有的可能的联系，从简单的联盟到完全的同化，用来保证全体人的整体性①：他们著名的"仁慈"是那时最强大的武器，这使得他们主宰了世界。

这种"仁慈"不完全是希腊传统中最珍贵的"柔和"。它包含有更多的庄重，并与正义的实施有紧密的联系。但最初的一些罗马大历史学家是希腊人；并且他们喜欢赞扬罗马人行为中的美德，伊索克拉底和色诺芬曾指出过这些美德在人民与人民之间的关系中是非常有用的。这就是为什么我们看到波利比乌斯以及他的希腊继任者强调被他们称之为 philanthrôpia、épieikeia、甚至在某些情况下为 praotès 的东西在罗马帝国的形成过程中所扮演的角色。所有这些词有时可以与拉丁文 clementia[仁慈]对应。它们被用来形容首领们对于自己军队或者罗马人对于被征服者的温和，以至于罗马的政治似乎可以用希腊有关柔和的字眼来予以诠释。

---

① 请参考我们著作的最后一章《希腊作者论城邦的兴衰》(*The Rise and Fall of States according to Greek Authors*)，密西根大学出版社，1977 年。

* * *

对我们而言,波利比乌斯是第一个承认在罗马政治中存在这种柔和并歌颂过它的见证人。当然,他可能在这一方面受过希腊人和罗马人的影响。但在已经全部失传的作品中找这些影响的源头是徒劳无益的,并且没有人保证这些作品谈论的就是柔和,而且也不能保证波利比乌斯都了解这些作品。甚至被认为写过很多作品的哲学家帕奈提乌斯都不能在此很有理由地被引用①。无论如何,这样的作者在波利比乌斯之前可能已经形成了这样的一些观念,可能与伊索克拉底以及色诺芬的思想属于同一传统。不管怎样,这些观点在波利比乌斯的作品中被全盘接受并得到了坚决地捍卫。

他是强烈反对过度残忍的人士之一;而且我们在第一章中研究过的交战规则在他的作品得到了特别明确的系统阐述。每当被我们称之为人的权利的东西被践踏之时,他就援引"法律"或以每个人都有的"习惯"为理由:因此在 I,70,6,关于迦太基雇佣兵、在 II,8,12,关于罗马使节被暗杀、在 II,58,4—5 中关于曼

---

① 我们将在夏培勒(W. Capelle)那里找到假设,"希腊伦理和罗马帝国主义"(Griechische ethik und römischer Imperialismus), *Klio*, 25(1932 年),第 86—113 页,和他在施特拉斯伯格(H. Strasburger)那里的批判,"波塞多尼乌斯关于罗马帝国问题",见 *J. R. S.*,55(1965 年),第 40—53 页。帕奈提乌斯是波利比乌斯的同时代人;波塞多尼乌斯则是后辈:参看下文,第 384—385 页。

提内亚（Mantinée）的阿凯亚人被屠杀、在 V，11，3 和 VII，14，3 中关于菲利普五世的掠夺和毁灭、在 IX，33，4 中关于德尔斐的屠戮或者在 XXIII，15，1 中关于对敌对种族的毁绝。很多这样的段落不但很长而且很有说服力。几个段落中包含有用第一人称写成的评论。在柏拉图于《理想国》第五卷中列出这样的一个关于希腊人之间的战争的清单之后，波利比乌斯的这些文本有时会提供一些真正被禁止的行为的列表。因此在第五卷，11，4 中，他在列举了战时所允许的行为之后写道："但是，沉湎于给进行战争的人带不来任何优势并削弱不了对手的行为中、大肆洗劫庙宇并砸烂其中神像以及摧毁其他一切与宗教相关的建筑物，人们怎么可能会不认为这是一名疯子的故意的狂热犯罪行为呢？因为当好心的人们向有过错误行为的人们开战时，他们不应该试图消灭他们和灭绝他们，而是要纠正和让他们弥补自己的过错。也不应该让无辜者像那些罪犯一样遭受相同的灾难……"他总结说，放任这些残忍不管的人将被视为让人恐惧的僭主，而能让人们避免这些灾难的人将因为他的善行和仁爱而受到爱戴，从而获得被大家自愿接受的盟主权。

受到爱戴——事实上——这就是伊索克拉底和色诺芬提出的主题；这也是波利比乌斯在罗马统治的形成中找到的原则。

如果是这样的话，那么我们将会很惊讶地发现波利比乌斯的这一作品中至少有多达 117 个地方使用了善意这个词。在这样一部明确用来解释强权形成的历史中，事实不是无关紧要的。

波利比乌斯如此看重这种善意，以至于他在自己非常欣赏的罗马的政制体系中都找到了它:对他而言,这一政制的优点来自于权力在其中恰如其分地得到了平衡,以至于人们必须通过有效的合作才能使它们全部协调一致:"因此完全不可想象,强大的执政官们会没有任何风险地忽视对元老院和对人民的善意。"(Ⅵ,15,11)

然而,这种统一与一致的原则应该在罗马的内外都有意义,并解释罗马的威望如同其制度的整体性一样强大。事实上,波利比乌斯的作品受到一种观念的支配,这种观念诞生于伊索克拉底的思想中。它就是:慷慨的行为会为你赢得人民的爱戴——他们的善意——和因此而来的权威。

诚然,凭经验,事情在他那里要比在伊索克拉底的善恶二元对立的宇宙里更详尽。

首先,波利比乌斯清楚地意识到发生在个体身上的变化和根据当时的情况或建议使他们变得温和或残忍的变化。他在第Ⅸ卷(23—24)相当详尽地解释了这些变化,他回顾了阿加托克利斯的转变。他以前非常残忍,后来却变得非常宽厚与温和;他也讲述了克里奥梅尼(Cléomène)的转变,从前他是个非常粗暴的僭主,但后来成了一个非常亲切和慷慨的人;雅典的转变,它在五世纪发生了变化;菲利普五世的转变,他时而很蔑视宗教时而又非常宽容①;同样,汉尼拔并不是冷酷无情之人,但他的行为在汉尼拔·莫诺马库斯的影响下变得异常残暴。我们通过这些变化已

---

① 请参看 Ⅶ,14 和下文第 368—369 页。

经可以猜出来罗马的种种变化以及这些变化所带来的后果。

　　另一方面,波利比乌斯不是不知道柔和的危险:他没有像伊索克拉底那样盲目乐观。他知道柔和也可以变成软弱并给其他人这样的感觉,即这是一种弱点。因此,元老院想避免人民在一种长期的和平之中变得慵懒而懈怠(XXXIII,13,6);年轻的斯奇皮奥·艾米利阿努斯(Émilien)担心波利比乌斯不信任他,认为他"过于温和"(XXXI,24,4:praüteron)。论及心理疾病——即暴力——波利比乌斯甚至解释说:"假如我们大度(suggnômè)而仁慈(philanthrôpia)地对待患有这种疾病的人的话,他们会认为这是一个针对他们的阴谋,目的要消灭他们,并使他们更加不信任和仇视宽待他们的人";相反,暴力会刺激他们(I,81,7—9)。甚至除了这些有限的情况以外,柔和不是一直都是有效的:它在实际事务中常常是毫用处的(因此在 XXX,3,6 中对阿塔勒就没有用);并且当两位罗马将军在对待罗得岛人(Rhodiens)时在仁慈方面竞争时,这些人就会认为将军们是胆怯怕事(XXVIII,17,12)。因此要适当且有节制地使用柔和与慷慨。

　　但是,一旦这些审慎的态度被接受(它们与历史学家的清醒和罗马的现实环境有关),波利比乌斯经常抓住机会就在他的历史人物身上应用这一规则,这一规则要求美德要得到报偿并且仁慈能保证获得一种稳固的权力。

　　他在谈到一系列个体时指出了这一点,他或多或少对这些个体的情况进行了阐述。

　　有一个人虽然不是他的故事中的人物,也不是以他的柔和而为人所知，但他有一个相当出色的特点、一个最能代表宽厚之人的特点：这个人就是马其顿的菲利普，即德摩斯梯尼的敌人。然而他也是马其顿强权的奠基人，在历史上这一强权先于罗马强权而存在并被后者所打败。

波利比乌斯提到了菲利普二世对于古希腊人的善行（麦加洛城：II，48，2）、他在攻击波斯人并赢得忠心之前所采取的谨慎措施（III，6，13）。波利比乌斯有时候也会做一些更个人化、内容更丰富的评论。关于菲利普五世最初的残忍，他在 V，9—10 中开始写道，在马其顿皇族的历史中，安提奥克已经对斯巴达很宽厚了并且对其大行善举，因此"不仅在马其顿人中，而且在希腊人中赢得了赞扬和不朽的荣誉"；然后他追溯到菲利普二世："他使用武力所做成的事少于他用自己慷慨而仁慈的性格（他的épieikeia 以及 philanthrôpia）所做成的事。他通过战争以及军事力量在战场上打败并制服挑战者，但让所有雅典人和他们的城邦愿意服从自己统治的却是他的谦逊的和解政策。积恨并没有促使他加大打击力度。他保留自己的武装作为后盾，直到他找到表现和善（praotès）与高贵的心的机会"。多亏他的善行，他才得以用很小的代价换来了很大的成果。他用这种宽宏大量挫败了雅典人的骄横，从那以后他在曾经是自己敌人的他们身上找到了"随时准备在任何事情上提供帮助的友伴的感觉"。乐观主义在此夹杂着一种要引出教训——确切说是伊索克拉底的教训——的强烈倾向。也许波利比乌斯花了很大的力气，因为他在和忒奥庞波斯（Théopompe）论战，他不原谅后者说菲利普二世和其宫廷的坏话(VIII,8—11),但他显然很珍视他的观点。

在我们刚看过的那一段中,他把亚历山大与菲利普二世相提并论;他提醒说前者一直——甚至在底比斯——很敬重圣地与圣物。同样在第 XVIII 卷,3 中,他将重复一位埃托利亚人的演讲,这一演讲在反菲利普五世的同时提到了马其顿君主的慷慨、特别是亚历山大的慷慨。这清楚地表明了一种倾向已经形成,它在寻找罗马温和的一些先例并在马其顿找到了它们①。

无论如何,波利比乌斯不停地提到菲利普二世,甚至当他被攻击,如在 IX,28—31 中的埃托利亚人的演讲中那样,他的宽宏大量也是公认的,但让他表现得如此大度的动机似乎令人怀疑:"他在胜利时表现得宽宏大量,但远不是为了善待被征服者:他想用自己的慷慨来说服其他城邦自愿承认他的权威"。埃托利亚人回答道,全体古希腊人都应该向菲利普致敬,并且说"因为他是希腊的施恩者,所有城邦选择他做陆地上和海上的最高首领,这是在他之前从来没有在任何人身上发生过的事情"(33,7)。后来,在第 XVIII 卷,波利比乌斯让另外一个埃托利亚人亚历山得罗斯(Alexandros)说话,这个人就菲利普的背信弃义提醒人们说,马其顿王国的传统是多么的与众不同;我们很少看到他的前任们对城邦进行掠夺:他们为了能统治这些城邦并为了能从它们那里得到自己想要的好名声而放了它们。然后,还是在第 XVIII 卷中,波利比乌斯找到办法确定说,菲利普二世的

---

① 请看下文,第 386—387 页。

支持者不一定就是叛徒并且德摩斯梯尼的政治缺少远见："如若马其顿君主不表现得那么慷慨并不那么为计较自己的荣誉的话"，那么雅典的情势也许会是灾难性的(14,14)。关于埃及事务，我们在第 XXII(16)卷中又找到了一些类似的迹象：波利比乌斯在其中指出了菲利普对雅典所有的不满和他对它所给予的全部关怀而不是报复。让习惯了德摩斯梯尼的读者惊讶的是，德摩斯梯尼就这样发现，马其顿帝国，如后来的罗马帝国一样，是建立在温和基础上的。

由于这种相似性，我们弄明白了波利比乌斯所强调的。他更快地过渡到了其他一些人身上，比如希耶罗二世，他在西西里岛叙拉古城"非常柔和(praôs)和慷慨地处理情势，以至于叙拉古人接受他为统帅"(I,8,4)。一点也不让人惊讶，同一个希耶罗后来把自己置于牢牢掌控着西西里叙拉古的罗马人的保护之下，并且很关心自己在希腊的名声：安全与名声对他和大家来说是柔和带来的回报。有时，人们会因柔和而赢得尊重，如安提奥克三世(Antigone Doson)一样，他在塞拉西亚城(Sellasie)之后对斯巴达表现得宽宏大量且慷慨大方(II,70：philanthrôpos)：波利比乌斯解释说，这就是他接受荣誉的理由(V,9,10)。或者有人在其中赢得朋友：因此，阿拉托斯，他比任何人都知道平心静气地(praôs)接受政治分歧、赢得友爱并获得新盟友(IV,8,2)；只要菲利普五世听他的意见，就不会有人反对他：他利用了整个希腊的善意(VII,14,4)，但后来在德米特里乌斯的蛊惑下，他丧失了盟友们的忠心和其他的希腊人的信任(出处同上,5)。对托勒密·斐罗米特也是一样,他"是个温和(praos)而亲切的君主,在他之前没有任何一位君主像他那样。最好的证据是他从来不会处死自己任何一位"朋友",不管他们犯什么罪,而从来,"据我所知",波利比乌斯写道,"在亚历山大城(Alexandrie)里没有任何其他人因为他的意志而死"(XXXIX,7)。他原谅了他的兄弟,尽管他犯了很多错。如果他未曾有过一点软弱和放纵的话,那他就是一个完美无缺的君主。最后,就在罗马,塔克文一世(Tarquin)因为有这样一些美德而称王。他首先得到了马基乌斯(Marcius)的赞赏,进而得到了民心:"他获得了民众的承认并赢得了大家的善意以及一个善人的名声——这使得他登上了君主的宝座。"(VI,11a)

反之,那些忽视了这样的一些行为和道德准则的人们就尝到了这种不屑的苦果。如同菲利普二世可以作为例子来说明温和的好处的话,那么马其顿的菲利普五世就是严厉所带来的危害的最好的说明。说真的,他甚至是两个方面的说明;因为,我们说过,他转变了。一开始,他受益于"一种恭顺和善意,没有任何人向他的前任们表现过这样的一些东西"(VII,11,4):那时也没有人起来反抗;大家都表现得忠心而虔诚;他本人对人也很友善;他的行为使他成了古希腊人心中最爱戴的人;克里特岛人推举他做他们社团的首领……但是很快,一切都变了!他接受了其他一些习惯,结果适得其反(11,11)。这种变化是受到那些新谋臣蛊惑[①]的结果。他在第 X 卷(26,1)中被重新评价,而且是被着重强调:

[①] 请参考 VII,14,4,它在前文也被暗指,第361—362页。

尽管菲利普五世依然表现得像一个"温和(praos)而民主的人"那样,但人们看到他从那以后像一个独裁者那样做事。不幸的是,他听信那些粗暴而无耻之人的谗言,如托利昂(Taurion)或一个叫赫拉克利德斯(Héracleidès)的人。波利比乌斯说,这个家伙是"是这位伟大的君主走向灭亡的罪魁祸首(XIII,4,8)"。很快,菲利普不再节制自己,波利比乌斯可以毫不含糊地宣布:"一连串的灾难就是从这一天开始重创了菲利普君主和整个马其顿"(XXIII,10)。他随意流放、任意屠杀;命运之神惩罚了他……虽然他后来因为内疚而重新变得谦逊,但为时已晚(XXV,3,9—10)。于是,菲利普五世成了恶贯满盈、自取灭亡的首领的之一:如斯科帕斯(Scopas),针对他,波利比乌斯再一次明确提出了一个有关野心过度膨胀的一般规则;或者如亚历山大城的阿加托克利斯,他因滥用权力而遭到人们的厌恶,这直接导致了他的死亡和他的家人被杀(XV,33)①。

一种如此明显研究温和的角色或研究马其顿历史上滥用权力以及尽可能经常指出在其他民族的历史中有类似角色并自愿从中总结出一般性教训的倾向提示我们说,处于波利比乌斯思考核心的罗马的情况应该是对类似的一些观念的阐述,即使他对罗马的温和只字未提,但从他所说的其他一些事情中隐约可以读出一种思想。

---

① 该段是对第一卷的回应,在其中描写的是为了掠夺钱财而进行的战争的残酷,如同灵魂的一种真正的疾病。如果人不治疗这种病的话,那么只有没有任何东西再毁灭的时它才会自愈。

但波利比乌斯远未给我们留下一个这么隐秘的暗示。相反,罗马似乎在这一方面对他的理论给予了最清楚的启迪。

* * *

在波利比乌斯作品中的罗马的温和基本上是非洲征服者斯奇皮奥的温和。但是要补充的是,因为迦太基人和罗马之间的态度反差,斯奇皮奥的温和得到了重视。

事实上,迦太基人很粗鲁地对待非洲居民,强征贡品,拒绝一切妥协,不任命那些善待被管理者的人而是那些很严厉的人为总督(I,72,2—3)。这就是为什么只需要一名小小的信使就能激起人们的反抗。著名的反抗就是这样开始的。它不久蔓延到了撒丁岛。派去那里的汉农(Hannon)被钉上了十字架,而且酷刑花样百出。可是,哈米尔卡然让囚徒们加入自己的军队并放走其他人(78,14—15):这种仁慈让叛军首领们焦躁不安,他们害怕看到自己的军队倒戈一击。他们要求自己人不要盲目相信:迦太基人的这种仁慈可能是一个阴谋,目的是为了以后对我们实施全面报复[1]……这意味着这种慷慨的态度被当成了一种武器。迦太基人本应该能理解这种事情。但这并非他们在西班

---

[1]　请参看后续部分:"任何坚持把希望寄托在对手的 philanthrôpia 上的人不可能被视为真正的盟友"(91,2)。同样,士兵们想要饶了吉斯孔,以为他以前的善举,但那些讲温和的人被处以石刑。

牙所得到的教训①。

让他们在西班牙失败的东西正是民众或其首领的敌意。他们一变成征服者就开始互相争吵,从他们最可靠的朋友、西班牙当地部落酋长印第比利斯(Indibilis)那里要钱;他拒绝了这一要求之后发现自己遭到了他们的诬告并不得不把自己的女儿们当作人质交给对方(IX,11):在得知这些恶劣的对待之后,非洲征服者斯奇皮奥得到了信任。事实上,不久西班牙当地部落酋长印第比利斯和芒多尼奥斯(Mandonios)带着自己的人民离开了迦太基人的党派:"因为他们很难再继续忍受迦太基人的狂妄自大"(X,35)。这样以来,波利比乌斯抓住这个机会做了一个一般性的评论:"许多人都遇到过这种不幸的事情"(X,36)。他在确信迦太基人在西班牙的状况之后解释说,他们"蛮横地对待该国居民。因此,在其淫威统治下的人民对他们产生了敌意,而没有成为他们的盟友和朋友"。他们没有明白"人为了保证自己的优势而强迫他人并在他们心中唤起美好的希望,但一旦他们的抱负得到实现,他们就会专横和暴虐地对待那些曾臣服于他们权威之下的人。这种来自统治阶层的行为变化很自然地会引起臣民的分化"。

---

① 人们从反抗迦太基的那些城市的例子中得出了系统的教训:那些以前太远的城市不再能对待。"我们通过这个例子看到",波利比乌斯写道,"甚至当人们投入到这样一种危险的举动中时,最重要的是不要超越某些范围并且不要故意做任何无法挽回的行为"(I,88,3)。狄奥多罗斯在XXV,5,3中重复了同样的观点。

这样的画面和分析显然是为描写与上面的行为相反的行为的全部意义做铺垫，这一相反的行为就是罗马的行为，斯奇皮奥本人就是这种行为的化身。

他的叔叔克尼厄斯·斯奇皮奥（Cneius Scipion）已经实施过一种温和政策：他团团围住拒绝投降的地方，但却像朋友一样对待那些愿意欢迎他的地方（III，76，2）：他就这样在西班牙沿岸的民众中牢牢树立了自己的权威。

一直在西班牙的非洲征服者斯奇皮奥的父亲采取的是相似的政策。他甚至得到过古代伊伯利亚人中最不诚实的人的帮助，他利用了存在于两个阵营的都想获得民心的愿望：他将找到迦太基人的一位首领博斯塔（Bostar）——一个温和且没有心计的人——他建议他归还人质，目的是为了破坏斯奇皮奥针对他们的计谋：因此博斯塔确定得到了伊伯利亚人的善意。该人物因此提到迦太基人的宽宏大量将要在不同人民中取得的成功……并且他让人把人质交给了自己。但他将去找斯奇皮奥，他预见到斯奇皮奥人会取得的胜利；他向斯奇皮奥提出把人质交给他们，以便能够把他们解救出来。同时，我们的伊伯利亚人（Ibère）从一个城邦到另外一个城邦，一边释放人质一边强调"罗马人的善良（praolèla）和慷慨，完全不同于的迦太基人的阴险和粗暴"：因此，波利比乌斯说，他鼓励"一大批伊伯利亚人去寻求罗马的友爱"（III，98—99）。这一插曲既证明他在宣传这种praotès 时使用了诡计，也证明了斯奇皮奥打算让人们接受它的方式。

这在非洲征服者斯奇皮奥的儿子身上尤其显得真切。

在波利比乌斯看来,这就是他儿子的一个性格特点。他刚刚当选并担任罗马市政官的职务。为了当选,他依靠自己慷慨、大方和蔼可亲的待人态度,这些使他获得了人民的信赖(Ⅹ,5,6)。因此他在西班牙重新实施了一个似乎已经被人们所接受的政策。再清楚不过的是,人们在夺取新迦太基时看到他(Ⅹ,8—15)在监督战利品的分配,以避免哄抢的行为(16—17),以及在胜利之后很长一段时间里人们都能看到他的身影,那段时间是波利比乌斯用来说明其行为的时期。他不但在给囚徒们讲话时勉励公民们对罗马要表现得忠心耿耿,而且还把囚徒们释放,让他们各自回家。这让他们感激涕零。至于手工劳动者,他对他们说,他们属于罗马国家,但他们表现得忠心而虔诚,一旦战争结束他们将会被释放。他把他们编入自己的队伍之中。他同样答应那些在船队中服务的人,如果他们表现得忠心而虔诚的话,他也会还给他们自由。"通过他对待俘虏的方式",波利比乌斯写道,"他赢得了公民们对他本人和他的事业的忠心和信任,而且在让手工劳动者期望自由的同时唤起了他们内心深藏的虔诚,这还不算他非常有远见地把船舶的数量增加了一半"(17,6—16)。

迦太基人的俘虏们也受到了敬重。至于人质,他安抚他们并要他们告诉家人他们可以安全回家,只要他们的家人与罗马结成联盟。这一场景提到了居鲁士在《居鲁士的教育》中对庞泰(Panthée)的宽厚和亚历山大对大流士的母亲与妻子所表现出的尊重①,他对身份高贵但又落在他手上的女人们所表现的态度特别微妙:他被芒多尼奥斯(西班牙当地部落酋长印第比利斯的兄弟)之妻的态度所打动,于是他保证把印第比利斯的女儿们当作自己的女儿或姐妹一样来照顾。

结果是立竿见影的:斯奇皮奥通过把人质送回他们各自的城邦而赢得了西班牙人的友爱和信任。他得到了一位叫艾戴孔(Édécon)的首领的帮助,他的妻儿在人质当中,而且他相信他是第一个机智地归顺了罗马人的人(X,34)。他建议斯奇皮奥说,如果他被很好地对待,如果能把他的妻小还于他,那么其他一些人就会效仿他,并且甚至会在未来的战斗中帮助罗马:斯奇皮奥,"事先已经有这样的打算并且他的看法与伊伯利亚人的提议不谋而合"(35,1),于是他就按照后者的建议做了。不久之后,"居住在埃布罗河以内的还没有与罗马人建立关系的居民全部都与他们站在了一起"(35,3)。在这些新盟友中有西班牙当地部落酋长印第比利斯和芒多尼奥斯。印第比利斯来找到斯奇皮奥并发誓效忠于他;斯奇皮奥对这种诺言没有产生怀疑;他隐晦地谈到了被迦太基虐待而却被他宽待的人质们;印第比利斯和他的同伴们跪在了斯奇皮奥的面前并称他为王,而后者请他们相信罗马的 philanthrôpia 并把他们的女儿们还给了他们。联盟从此形成(38)。

在一次新的胜利之后,他观察到了同样的态度(40,1 节),并且该地区所有的伊伯利亚人都皈依了罗马人的宗教,依然称斯奇

---

① 关于这最后一点,请参看,第 386—387 页。

皮奥为王。他让所有的伊伯利亚囚徒回到了自己家园(40,10)。

因此,波利比乌斯的叙述很有说服力,并显而易见地是在寻找政治层面上的大教训。我们在初次阅读中就可以感觉出来,但在与其他一些读过并使用过这一叙述作品的作者比较之后,这种感觉被进一步肯定。李维(Tite-Live)的作品特别有教育意义:他给新的迦太基就像给接下来的胜利,即贝库拉战役的胜利,增加了一些虚构的情节,例如被归还的未婚妻或努米底亚人的孩子的情节,但他没有用任何方式指出斯奇皮奥所实施的政策的意义,也没有任何诠释。况且,当他解释这一政策时,他便以"罗马人民的教育"而不是以追求善意[①]为理由。我们可以说柔和政治更容易受希腊历史学家的影响,而不是罗马人的影响。更何况,当我们考虑到像阿比安这样一个绝对不接受这种政治观念的历史学家时,则离柔和相差更远。他说,斯奇皮奥释放囚徒也许是为了取悦那些城邦(VI,4,23),但他没有再多说什么。并且他指出印第比利斯在罗马眼中是双重背叛,这让斯奇皮奥的政治失去了波利比乌斯所认为的那种有效性[②]。

再说,在波利比乌斯的著作中,同样的观念继续存在并不断被发展与完善;每一个新的论断都是对前一个论断的强化。

当第二次讨伐战争终于接近尾声之际,迦太基人撕毁了休战

---

① 请参考李维,XXVI,47 节(特别是 49,14)和 XXVII,19。

② 同样,斯奇皮奥在阿比安著作中(VI,7,36)中比在波利比乌斯(XI,30)的著作中平定叛乱的方式更果断。甚至李维也忽略了对原谅的最后呼唤(XXVIII,29,结尾)。

协定而展开了攻势,而斯奇皮奥变得不太愿意忍耐。可是,在元老院的支持下,他用各种形式的 philanthrôpia 来对待迦太基人的使节并放他们回到了自己的城邦。波利比乌斯继续评论道:"以我之见,他这样做是高尚而睿智的。他知道罗马非常看重不冒犯来使的保证,所以他在做决定时不仅考虑到迦太基人的身份,而且也考虑到了做什么不会冒犯罗马"(XV,4)①。然后,他抓住三名迦太基间谍之后不但没有惩罚他们,而且还给他们看了他们想看的一切。这种态度促使哈斯德鲁巴想见斯奇皮奥。他不想就这样屈服;扎玛(Zama)战役打响了,但最后斯奇皮奥取得了胜利。他在接待迦太基人的全权代表时提醒他们说,没有任何东西强迫罗马人对迦太基 philanthrôpoi,因为后者是错误的一方(17,3):"可是,考虑到他们自己的责任以及他们对命运女神和人类天性的尊重,他们决定表现出宽容(praôs)和大度的样子,如同迦太基人自己看起来的那样,如果后者正确估计形势的话"(17,4)。在迦太基,汉尼拔从讲坛把一个人拉开,这个人试图想让人们拒绝接受提出的条件:在那个指挥对罗马激战的人的眼里,人们应该感谢命运女神经过了过去种种事情之后还让迦太基享有这么宽大的条件。罗马和迦太基就这样缔结了和平。

还是在这里,同样的轶事发生在李维(XXX,37,7—11)著作中,但我们在表达方式上发现了一个细小的差别:汉尼拔被波

---

① 这种说法已经在 XII,14,3 中遇到过;它被撒鲁斯特再次使用,《喀提林阴谋》,51,6;请参看下一章,第 401—403 页。

利比乌斯所认定的 philanthrôpa 的条件在李维的著作中变成了不公正和不必要的(nec iniqua et necessaria);罗马的正义与力量比它的温和更有分量。

在西班牙、迦太基之后,同样的政治出现在了波利比乌斯的著作中并取得了一样的成功。这正是后来斯奇皮奥和他的兄弟写给比提尼亚君主普鲁西亚斯的信中得出的结论(XXI,11)。安提奥克试图与比提尼亚君主合伙,后者似乎很倾心于该计划。斯奇皮奥两兄弟的信劝阻君主不要赞同之:"他们不仅依靠自己的行止,而且依靠整个罗马国家的政策";他们让人想起所有由罗马建立或支持的王国:西班牙的印第比利斯和克里卡斯(Colichas)、非洲的马西尼萨(Massinissa)和伊利里亚(Illyrie)的普勒拉多斯(Pleuratos);同样还有希腊的菲利普和纳比斯:当菲利普刚对罗马表现出一点坦诚时,他就看到自己的儿子和其他人质被放了回来、自己的债务被免除、很多城邦被归还;至于纳比斯,他本人被赦免,尽管他是一名僭主……普鲁西亚斯考虑了罗马仁慈的这些迹象之后放弃帮助安提奥克[①];并且后者很快应该就通过了罗马人强加给他的条件(16—17)[②]。

斯奇皮奥兄弟对罗马政治所做的简述是最有意义的。好像在波利比乌斯著作中这一简述被视为一种严肃的分析,而不仅

① 李维差不多重复了该段(XXXVII,25);但他为关于送信的使节的角色增加了两个词,他说使节是以罗马的强权和它对自己义务的遵守为后盾的。信任女神这一次有亦步亦趋跟随温和的趋势。

② 欧梅尼乌斯在这种时期是"对他是谦逊的和温和的"(XXI,16);但斯奇皮奥态度是很坚决的。温和只对那些现在和将来愿意帮助人的人们才有意义。

是一种宣传伎俩。我们在波利比乌斯所写的历史的章节中看到了对上述观点的肯定，这些章节讨论的是什么东西最能让他感兴趣并是他最熟悉的——也就是说罗马与希腊人的关系。

这位希腊人波利比乌斯是罗马人的朋友，他事实上坦诚地指出罗马人配得上这样一种友爱；并且他的历史中清楚地说明了原因。简单说，我们仅仅会选取最有说服力的例子，或者那些他评论最多的例子。

因此，弗拉米尼努斯值得一提。他第一次有机会就与菲利普相处的态度向埃托利亚人解释罗马温和的原则本质："罗马人从来没有不等待就决定在第一次与对手交战时把他歼灭……"；并且他全部接受了这种政治；在他眼里，有价值的人应该在失败中保持尊严和骄傲，而在胜利之后应该保持谦逊："他们应该表现出节制、温和与人性"（XVIII，37）；这最后两个词是 praos 和 philanthrôpos 的形式。其次，弗拉米尼努斯就是罗马的慷慨的化身，因为他在希腊伊斯米亚赛会上宣告了希腊的自由。波利比乌斯详细描写了希腊人由衷感激之情。他宣称这种感激之情在伟大的善行面前显得微不足道（XVIII，44—46）。

然后，在接下来的时期，罗马的慷慨继续给每个人带来益处。它给埃托利亚人带来好处吗？在第 XXI 卷中，斯奇皮奥首先接待了一名雅典的女大使，她的职责是为他们斡旋；他对待她的方式由动词 ἐφιλανθρώπα（4，3）来表述；结果是，埃托利亚人不久之后便投奔到斯奇皮奥的阵营：他们提醒他他们不久前做的那些善举（philanthrôpa），但波利比乌斯说，斯奇皮奥的回答充满着温和与慷慨(他回答 praoleron 和 philanthrôpole*ron*);他建议他们要信任他,同时给他们提出了相当严厉的条件(温和但坚定!)。终于,一项协议达成了:斯奇皮奥兄弟可以安心地去亚洲了。相反,阿凯亚人没有受益吗?他们经常在一些领导者的冲动下起来抵抗罗马。有一些人欺瞒过罗马。但这甚至在罗马都受到优待。因此,阿凯亚人卡利克拉泰斯(Callicratès)听信了一些不好的建议最终让他们采用了一种损害联盟利益的政策:至少这种政治似乎是慷慨的,因为它的目的是把流放犯召回来。并且波利比乌斯利用这次机会让人告诉莱科塔斯(Lycortas)说,罗马人一直同情不幸者,但对正义很敏感(XXIV,8)。他特别利用这个机会还解释说罗马也有可能犯错:"具有高尚情操和宽广胸怀的①罗马人怜悯所有遭遇不幸的人们并努力为那些来寻求他们保护的人们做好事。可是当一位一直对他们保持忠诚的朋友提醒他们说应该怎么样做才正确时,他们通常会重新思考这一问题并尽最大可能努力来纠正自己的错误"(XXIV,10):波利比乌斯本人就是这样表达自己看法的,他应该经常与罗马人讨论阿凯亚人的利益,并了解他们在这一领域的做事方式。

他后来还同样回忆说,罗马人愿意维护斐洛波门的雕像并帮助重新组织阿凯亚(Achaïe),在他们走后留下了"一个罗马政治的范例"(XXXIX,5,1)。

---

① 该句子是以词 ἄνθρωποι "他们是人"开始的,生僻而晦涩。在该词中看到指罗马人的"人性"的短语的剩余部分该多么让人满意呀!

但罗马人的态度不仅仅与这两个大联盟有关。在170年针对珀修斯的战争中，人们看到罗马人的使者们去了底比斯，以鼓励底比斯人保持对罗马的忠心（XXVIII，3，2），然后他们跑遍伯罗奔尼撒，为了"用元老院的柔和与慷慨（它的 praotès 和 hilanthrôpia）来说服那些城邦，他们为此引用了很多以前的决议。人们在更远的地方也看到两名罗马将军争先恐后地展现他们的 philanthrôpia 和善意，以至于罗得岛的一些使节们觉得这种 philanthrôpia 攻势让人生疑（XXVIII，17）[1]。

我们也许能列举出更多这样的例子[2]，但我们现有的例子已经足以说明波利比乌斯的叙述是特意朝着颂扬罗马的仁慈的方向展开的，非洲征服者斯奇皮奥达到了这种颂扬的最高境界。

使节们也指出了这种温和与希腊柔和之间的全部区别，即使波利比乌斯为了指这种柔和而使用了希腊的柔和的词汇，其中包括谈论 praotès 的词语。这种新形式，即这种罗马的形式的特点是它支配着政治、外交和联盟的谋略。正如斯科拉（H. H. Scullard）关于斯奇皮奥的著名的人性论所写的那样："他的人性之下潜藏着精明的政策"[3]。

---

① 请参考上文，第262—264页。Philanthrôpia 在本章中出现了三次。

② 我们没有引用波利比乌斯没评论过的事实—因此也没有引用给予安提奥克（Antiochus）的条件（尽管对原则的叙述被归于斯奇皮奥：XXI，17，也请参看 XXVII，8，8）。

③ 《非洲征服者斯奇皮奥：士兵和政治家》(*Scipio Africanus: Soldier and Politician*) 第233页。可是作者谈论的是节制与慷慨；他认为赢得西班牙人的心的东西既是斯奇皮奥浪漫的人格和他对居民们的温和。

这种区别导致了另外一种区别的出现：也就是说善意在此绝不是普世的，正如美德应该是普世的一样。斯奇皮奥与一般而言的罗马对一些人表现得慷慨，目的是为了更严厉地惩罚其他人。与对个体的柔和而为自己赢得"门客"为目的一样，罗马帝国是由那些它为之提供安全保障的忠实于它的人们组成的——它保护这些人免受其他一些人的伤害，而这些人将来也应该轮到他们回归体制了。这就解释了，即使在波利比乌斯的叙述中，罗马也不总是温文尔雅的，远非如此。它反而经常很严厉——波利比乌斯这样说。因此，他所描述的政治与著名的格言："宽恕降民，降服傲慢者"相吻合。罗马有两个面，它会根据情况给人看一面或另外一面①。

波利比乌斯选择把自己评论的重点常放在罗马的政治慷慨与温和方面，因此他的选择是非常清楚的。我们可以为解释这种选择想象出不同的理由。

波利比乌斯可能被希腊的柔和传统所指引，因为他是在这一传统中成长起来的，而且我们也看到这种传统在伊索克拉底和色诺芬的思想中以及在论述君主制度的著作中的重要性。当时的哲学家们为它的复活做过不懈的努力：谁知道帕奈提乌斯在这一方面如何？不管它的起源和影响是什么，非常清楚的是柔和(praotès)曾被古希腊人所称颂；波利比乌斯以具体事实为

---

① 我们曾试图指出在前面所引用的书中温柔的这些有限性，该章注解①，第 359 页。

依据所给出的诠释也许是一种伦理式的诠释,因而是希腊的。

也许可能的是,就如通常的情况,颂词中隐藏着一种警示和预言。作为斯奇皮奥·艾米利阿努斯的谋士,波利比乌斯可能在为罗马建议;而且他作为希腊人的角色,即给斯奇皮奥提供柔和的建议。

无论如何,人们有点惊讶,因为他在如此高调赞扬宽容行为的同时却如此少地斥责严厉的行为。

他确实有一次写过一篇一般性的评论抗议,但却不是针对残酷的行为,而事实上是针对发生在西西里叙拉古城的抢劫事件的,即211年罗马人卷走了该城的艺术品。因此,当波利比乌斯觉得严酷是斗争所需的手段时,他没有提出抗议:他所责备的是在他看来非常愚笨的行为。在这一具体情况下,愚笨主要表现在于对舆论的反应中。波利比乌斯对舆论是如此敏感,以至于他只注意批评意见(IX,10)。在他眼里,这一重要动作标志着罗马行事原则中的一种变化(因为涉及到奢侈品与艺术品),同时这一动作也招致了别人的嫉妒,嫉妒"对这个世界的强人而言是所有事情中最令人胆战心惊的"。人们由此产生对被征服者的同情并在他们身上产生了对征服者的怨恨。波利比乌斯很乐意接受人们出于树立权威的需要而占有金银财产,而让人不舒服的且没有任何好处的懊恼对他来说似乎是一个严重错误。事实上,忠心不可能在懊恼中产生①。他所做的批评因此

---

① 斥责在李维的作品是存在的,但他并没有提到对人民的忠心的错误伤害;相反,李维提醒说在西西里岛的其余部分,马赛鲁斯以忠诚与正直(fide atque integritate)的方式行事(XXV,40)。

确认,温和首先要通过它为实施它的人所带来的结果来为自己辩护。

这或许可以解释他对一些严重得多的事件持保留态度的原因。

毁灭迦太基是更严重的事件。人们通过狄奥多罗斯和普鲁塔克了解了这一决定在罗马引起的争论①:

波利比乌斯本人只关心在希腊引发的讨论;这样,他可以引起对该决定的严重性的注意,而又不违背对罗马和斯奇皮奥的效忠②。他也可以把这样的观念——这一观念很类似于我们在第十卷中看过的观念——置入这些不利的批判之中。罗马人正在改变这一观念并从那以后放弃了这种统治思想③。可是他强调了这样的事实,即该决定可以从政治角度和法律角度为自己辩解:事实上,从所记录下的四条意见看,辩论是以辩解开始并以辩解而结束。从我们所感兴趣的观点看,值得我们注意的是温和、慷慨或柔和的观念既没有出现在控告方,也没有出现在辩

---

① 狄奥多罗斯 XXXIV,33,4(他肯定来自于波塞多尼乌斯);普鲁塔克,《加图》,27,2—5。关于这个辩论,请参看阿德考科(F. Adcock),"迦太基必须被摧毁"(Delenda est carthago),C. H. J. 8(1946 年),第 127—128 页;格勒赛(M. Gelzer),"那西卡斯反对迦太基的覆灭"(Nasicas Widerspruch gegen die Zerstörung Karthagos),见《古典学人》(Philologus),1931 年,然后《短篇著作集》(Kleine Schriften),I,第 69 节;关于波利比乌斯的沉默,请参看莫米里亚诺(A. Momigliano),在《吉约姆·布戴协会在罗马的会议》,1975 年,第 186 页。

② 关于阿格力让特(XIII,90,5)狄奥多罗斯指出,斯奇皮奥利用迦太基被占领,以便进行某些修复。还是在这里,不是对人人都一视同仁的!

③ XXXVI,9,5—8:这种新的政治可能是随着马其顿王国的毁灭而开始的。

护方。温和是一种奢侈品,而非义务。波利比乌斯书写的历史提示我们,如果没有冷酷、非正义、无耻的狡黠、违反交战规则,某些行为可能引起不安,但不会招致批评。

相反,假如波利比乌斯能接受迦太基的毁灭,被如此多而持久和不断发生的战争证明了的毁灭,那么他作为一位古希腊人如何接受科林斯的毁灭呢? 我们不得而知,因为作品中讲述这一内容的部分没有被保留下来。斯特拉波(Strabon)清楚地告诉我们说波利比乌斯关于这一毁灭有过一段悲怆的叙述。但是,在被保留下来的作品中没有任何文字暗示他曾经就此事对罗马进行过批判。在谈论此前刚引起希腊人的恐惧时,他甚至说他们遇到的灾难是"他们的几位荒唐的领导者的错误和他们自己的盲目造成的"(XXXVIII,16,9)。出现在迦太基的情况中的怪异的审慎因而也存在于科林斯的情况中①。不排除这是波利比乌斯观点的一种演变,他不想背叛关于罗马的观念,但他越来越难把罗马柔和的理论与过去的经验调和在一起②。

在狄奥多罗斯的著作中,如果我们看到迦太基、然后努曼提亚的毁灭标志着罗马政治的一个转折点并因为恐惧而放弃温和(XXXII,4,4—5)的话,如果,另一方面阿比安措辞严厉地痛斥

----

① 努曼提亚被斯奇皮奥·艾米利阿努斯毁灭出了波利比乌斯历史范畴。可是他为努曼提亚战争写过一个专题著作,今天已经失传。

② 请参看沃尔班克,《波利比乌斯》,萨瑟古典文献阅读,43,1972 年,第178—183 页。

斯奇皮奥·艾米利阿努斯(或"努曼提努斯",如同他在第六卷，15，95—98所说的那样)对努曼提亚所表现出的冷酷的话，我们猜得出波利比乌斯的审慎的背后可能隐藏着一些新的疑虑：他审慎估量着那种顽强的希望，即阻止他公开把罗马的政治和宽容政治这两个观念分开的希望。人们也许因此能期待看到后来的作家们要么放弃歌颂罗马要么放弃歌颂柔和。然而，我们非常仔细地观察到，在我们熟知的希腊作家的作品中发生的却是相反的事情：曾经被波利比乌斯联结在一起的罗马与温和继续保持着更加紧密的关系。

* * *

实际上，波利比乌斯之后的不同文本接受了有关罗马温和的观念。哲学家波塞多尼乌斯肯定是讲过这一观念的：他关于这一观念所讲的东西有时会传到狄奥多罗斯的著作中，因为我们在其中甚至找到了前者作品的一些残篇，并且也传到了普鲁塔克思想中，后者在一些涉及到温和的情况中往往引述他的话。轮到罗马重拾这种观念了。撒鲁斯特(Salluste)和西塞罗经常指出，罗马更希望被爱戴而不是被惧怕[1]。稍晚，塞内加写道，罗马帝国最忠诚的盟友是那些曾经被认为是其劲敌的人们[2]：它知道，而且

---

[1]　请看撒鲁斯特，《喀提林阴谋》，9，5；西塞罗，《论义务》I，11，35和I，8，26。请看李维本人的作品，在I，28页。

[2]　《论愤怒》，II，34，4。

384

这也是它的力量所在,把被征服者和征服者融为一体①。

我们甚至在西塞罗那里找到了赞扬仁慈和温和的颂辞,这篇颂辞也以特有的方式提到了马其顿的菲利普二世②:根据帕奈提乌斯所说,这个文本转述的是非洲征服者斯奇皮奥所说的话,他把人类的教育比喻成驯服,并强调了"人类的脆弱性和财富的不稳定性"(《论义务》,I,26,90)。

但作为一个与波利比乌斯相提并论的作者——即狄奥多罗斯来说,这种强调是特别有意义的,因为他们两个人都曾经谈论过罗马的希腊历史学,而且其一部作品的大部分被保留了下来——这非同寻常③。

诚然,与狄奥多罗斯有关的某些个案可能涉及从波塞多尼乌斯或者其他一些人那里借鉴来的评价。但是波塞多尼乌斯似乎在证明罗马帝国是最好的最有力的论据中却没有着重强调柔和④。相反,狄奥多罗斯却论述了人民与个体的柔和,波塞多尼

---

① 关于这种同化政治,请看我们的书《希腊作者论城邦的兴衰》的最后一章的证据。

② 该文本也引用了苏格拉底性格中的平等—如后来的普鲁塔克所做的那样:参看下文,第 302 页。

③ 因此由波塞多尼乌斯和斯特拉波给波利比乌斯写的续集、达马斯的尼古拉(Nicolas de Damas)和儒巴的作品,但还有最初的一些罗马历史学家的或者撒鲁斯特的《历史》。

④ 表达柔和的词语出现的残篇都是受到波塞多尼乌斯启迪的狄奥多罗斯或普鲁塔克的文本,这并不构成决定性的证据。我们将找到波塞多尼乌斯在这一领域中的最有力的影响的暗示,参见 H.施特拉斯伯格,前面的注解 2,第 235 页。也请看最新的研究冯·佛里茨(K. von Fritz),"作为历史学家的波塞多尼乌斯"(Poseidonios als Historiker),见《古代历史地理》,鲁汶,1977 年,第 163—193 页。

乌斯不可能是这种论调的来源。因此我们这里把该文本视为它的原样似乎是合情合理的，并且我们也应该接受这样的看法，即一种受到如此激烈辩护的观念最终变成了属于作者的个人的东西。

事实上，无论从哪方面看都很清楚的是，狄奥多罗斯比波利比乌斯所写的歌颂罗马温和的颂词走得更远，而且他把这一颂辞扩展到了一般的柔和。

和波利比乌斯一样，他保留了两个先例，即马其顿君主菲利普二世和亚历山大的例子。还与波利比乌斯一样，他强调了为他们的伟大曾经做出过贡献的温和。他甚至比波利比乌斯强调得更厉害。

他在第 XVI 卷末谈论菲利普可亲的举止和他在外交上的成功(95，2—4)。他在 XXXII，4 中根据罗马的权威详细重述了这种观念。他在其中讲述菲利普是如何通过对被征服者的怀柔而建立自己的帝国的，他在凯罗尼亚（Chéronée）之后是如何掩埋死者并不计前嫌地释放囚徒的。这就是为什么（τοιγαροῦν）曾经为争夺盟主权与他战斗过的人民因为他的宽容（épieikeia）而自愿放弃他们在希腊的权威；因此，他虽然没有通过战争和战斗获得这种权威，但他却获得了古希腊人的盟主权，古希腊人自发地给了他这一权力，"就是因为他的仁爱行为"（1—2）：因此这一思想在波利比乌斯那里是一模一样的，就连大名鼎鼎的τοιγαροῦν，即道德乐观主义的象征，也一样。

还像波利比乌斯一样，狄奥多罗斯联系到了亚历山大。第

XVII卷经常讲他的温和、人性、同情①。他非常欢迎投诚者;他用自己的善行赢得他人的忠心;他有宽容和仁爱;他的温和甚至在他对待大流士母亲和妻子的方式中表现得完美无比。这一著名的残篇②使人清楚想起了《居鲁士的教育》,它或许曾经部分地受到过这一美丽文学典范的启迪。狄奥多罗斯得意地讲述它,并给其中加了一些颂词:"简言之,在亚历山大所完成的全部这些美好的行动中,我认为没有任何行动比他在这一情况中的行为更伟大,也更值得在历史著作中被大书特书"(38,4)。同样,在第XXXII卷中,狄奥多罗斯提醒说,假如亚历山大在摧毁底比斯时非常冷酷的话,那么他在对待波斯囚徒时表现出了最大的宽容:所以,他的名声不仅与他的勇气有关,而且更主要的与其仁厚有关,"这一名声使每个亚洲人都想臣服于他"(4,4)。

准确说,这就是波利比乌斯所说的东西,但狄奥多罗斯要更强调柔和③。况且,柔和在他那里也更普遍。事实上,波利比乌斯是在关于菲利普五世和艾罗利(Étolie)时谈到菲利普和亚历山大,然后再回到菲利普五世:相反,狄奥多罗斯在菲利普和亚历山大之后直接就谈论罗马的情况。并且他第一个完整地提出了在波利比乌斯的作品中仍处于萌芽状态的观念的说法;他说,

---

① 请参考由古考维斯基(P. Goukowsky)收集在《法国大学丛书》出版中的资料,在第XLI页的注解5,6和7。

② 请参考昆图斯·库尔提乌斯(Quinte-Curce),Ⅲ,12,18残篇(很不详细),和普鲁塔克,《亚历山大传》,21和阿里安(Arrien),《远征记》Ⅱ.11.9。

③ 相反,狄奥多罗斯对底比斯的毁灭的态度要比波利比乌斯强硬(亚历山大曾经很尊重底比斯的圣所)。

罗马人最近通过武力建立了自己的帝国,但却通过对被征服者宽容的对待而巩固了自己的政权:"他们尽可能避免在那些曾经被自己制服过的人们面前表现得冷酷无情和不屑一顾,他们似乎像施恩者和朋友而不是像敌人一样与后者融洽相处①。作为敌人的被征服者预料会受到最严厉的惩罚,但征服者却表现出一种无与伦比的 épieikeia。征服者让一些人参与政治生活,给予其他一些人结婚的权利,并让一些人分享了自由:他们从来都不会记住那些不该记住的仇恨。由于他们宅心仁厚,所以,无论君主、城邦还是一般民众都分享罗马的盟主权"(4,4—5)。

罗马的这种温和自然也会出现在对一些事件的描述中和斯奇皮奥所扮演的角色中。

该作品论述斯奇皮奥在西班牙的部分没有被保留下来。可是在 XXVI,21—22 中,狄奥多罗斯提到斯奇皮奥对印第比利斯的宽容(没有得到应有的回报);在第 XXVII 卷,6,1 中,他展现的是看到西法克斯(Syphax)背负铁链而伤心得泪流满面的斯奇皮奥:斯奇皮奥决定要在功成名就之后表现谦逊并用仁慈来对待西法克斯。在第 XXVII 卷,8,1 中,斯奇皮奥也怜悯罪犯并把与马西尼萨的联盟变得牢不可破:我们在波利比乌斯著作中找不到比这更清楚的东西了。相反,我们在其中找到了斯奇皮奥的高尚姿态,即拒绝报复迦太基人的使节,

---

① 我们在这里接受 Nock 的纠正。以这种形式出现的文本使人联想到了它与苏格拉底有关雅典统治的说法的密切关系。

虽然迦太基人曾经残暴地对待罗马的使节；我们也在其中找到了赞扬这种态度的颂词（XV,4）①：狄奥多罗斯响应了这一段，只是斯奇皮奥在里面说的一句话稍有不同，因为他让他说不要只许州官放火不许百姓点灯的事情（XXVII,12,2）。但是，难能可贵的是，他给这一段加上了一段评论，虽然这一次依然是一般性的评述："用武力征服别人不可取，而是要让自己被针对不幸者的怒火征服；煽动对那些因为傲慢而凌驾于他人之上的人的刻骨仇恨也不可取，而是要在功成名就之后自己做曾责怪他人不做的事……善行胜于复仇，且对被征服者的宽容则好于残忍……"然后，狄奥多罗斯在回顾人类做事时的反复无常性时指出，这种无常性恰好证明了用宽容来对待被征服者这一事实的可能性；这值得我们称赞，而且这种做法也激起了对方的感激之情："即使宿敌，如果得到同情的话，他也会被善意所打动，进而会自责，之后很快就会变成朋友"（XXVII,14—15）。因此，柔和的普遍化和善于从事件中吸取大的道德教训的倾向在狄奥多罗斯那里要比在波利比乌斯那里明确得多。并且对温和的信任也是这样。在这一方面，狄奥多罗斯更接近伊索克拉底，而非波利比乌斯。

对斯奇皮奥以及罗马来说，这还不是全部。狄奥多罗斯和波利比乌斯一样也引证了斯奇皮奥在与安提奥克谈判中所扮演的角色（XXIX,10,1:请参考波利比乌斯 XXI,17），但补充说斯

---

① 请参考第373—376页。

奇皮奥的态度在这种具体情况中符合"罗马传统的宽容"。

因为斯奇皮奥不是唯一一个遵循这样一些准则的人。同样在波利比乌斯那里,弗拉米尼努斯也提到了罗马的传统(XX-VIII,13)。同样在波利比乌斯那里,路奇乌斯·艾米利乌斯·保卢斯非常敬重被征服的珀修斯;而且他请谋士看看能否给君主一些有关节制的忠告(XXX,23,请参考波利比乌斯 XXIX,20)。列必达(Lepidus)强制元老院在成阶下囚的珀修斯这件事上保持对罗马 épieikes 特性的忠诚(XXXI,9,4—5)。另外,斯奇皮奥·艾米利阿努斯虽然攻陷了那么多的要塞,但他却用宽容来对待被征服者(XXXII,7)。

但是,假如这些不同的评价加起来构成有关罗马温和的总体形象的话,那么特别明显的是,狄奥多罗斯一有机会强调这种温和的内容和原则。

我们也许可以提一提这样一个事实,即在 XXVIII,13 中,弗拉米尼努斯在与纳比斯和平相处期间提到过罗马政治大原则和罗马的善行,如果李维关于这个主题没有一个长篇大论的话(XXXIV,22—41)。但是在地 XXIX 卷,31 中,关于允许慷慨对待托阿斯(Thoas),狄奥多罗斯的一个评论提到,善待被征服者比军事上取得成功更有效。在第 XXX 卷,元老院从这一评论中得到启发从而识破了珀修斯的诡计,并且元老院增加了仁慈的行为,以便得到更多民众的忠心:狄奥多罗斯还评论说:"什么样的渴望获得权力的行动家才会不欣赏这种态度呢?什么样的明智的历史学家才不大书特书元老院的这种智慧呢?实际

上,我们也许能合理地得出这样的结论,即罗马人用这样的智慧征服了大半个世界……"(8)

最后,特别是在第 XXXI 卷 3 中,狄奥多罗斯在有关罗马和安提奥克时重复说,宽恕比复仇更好①。但这一次他接着用了几乎用两页的高论来赞扬那些以 épieikôs 的方式行事的人们:人们喜欢这样的人,但讨厌那些过于过分严厉惩罚的人。因此,那些持第一种态度的人们应对命运的不测时手中有一种由感激构成的王牌,而其他人则会遇到他们的受害人的敌意,并甚至连一般给予不幸者的怜悯都得不到。"因为当轮到那个曾拒绝给其他人仁慈的人倒霉时,他是不会得到征服他的人的宽容,因为这样对其他人是不公平的"。可很多人却大肆炫耀他们对敌人的惩罚是如何的严厉:他们大错特错了。为了证明这一点,狄奥多罗斯提及了名声(la renommée)、荣誉(l'honneur)和益处(l'utilité)。他要求人们以勇气获胜,但要小心谨慎地被自己对倒霉者的怜悯所战胜。他总结说这一原则一直激励着罗马人:通过他们的善行,他们不仅巧妙地赢得那些被他们所强迫的人的感激,而且也赢得了其他人的赞扬。这种智慧在他眼里比战争的勇气更少有。

这一大段宏论最出彩的就是洋溢着积极的乐观主义精神,它完全以类似于伊索克拉底的方式把美德与利益等同起来。它另外一个精彩的地方就是毫无保留地应用了罗马所做的事情并

---

① 这一说法出自于狄奥多罗斯:请看上文,第 98 页和注解 1。

且再一次超越了我们在波利比乌斯那里找到的东西。

事实上,狄奥多罗斯在第 XXXII 卷并在上面引用过的那一大段分析的最后引入了有所保留的概念:按照罗马相当流行的和西塞罗在《论义务》,I,11,35 中回答过的一种传统,他注意到了罗马方面风俗的变化,这一变化显然是受到了科林斯、迦太基和努曼提亚(Numance)的毁灭(4,5)的影响。于是,罗马用温和代替了恐吓。或许狄奥多罗斯认为他所观察到的事情是有源头的,或许他觉得热情的颂扬需要这种有所保留。但事实是这种保留一直是"孤例"。当狄奥多罗斯指出原始罗马的残忍或内战时期的暴力时①,他并没有强调,也没有指出演变和试图批判罗马。他甚至会经常在自己写的历史中确认元老院抗议过这些暴力,当盟友成暴力的受害者时②。

---

① 　还有 XXXIV—XXXV,29,1,和盖乌斯·格拉古(G. Gracchus)被砍头的轶事—XXXVII,29,5,和斯凯渥拉(Scaevola)以及克拉苏(Crassus)在元老院当众被杀,XXXVII,IXXXIX,8,3,菲卜阿的滥权,同上,17。阿比安在介绍这些暴力时有点夸大。

② 　还有 XXVII,4,1 和 7 和 XXIV,12,3,在其司法官员对人们让罗马的名字蒙羞而非常生气。我们也看到罗马对卡普阿(Capoue)残忍被算在了这座城市所表现出的顽固的账上(在波利比乌斯那里不是这种情况):XXVI,17。或许应该补充说,甚至严厉的行为正是回顾罗马平日温和的机会:马尔库斯·阿蒂利乌斯将军(M. Atilius),汉农向他要求一种"配得上罗马"的对待,给迦太基人提了非常苛刻的条件:据狄奥多罗斯所说,这是违反"自己祖国的习俗"的,并且他因此被处罚(XXIII,12)。最后,我们甚至在最后的几卷书中都找到了温和的例子,就这样导致了忠心:XXXIV—XXXV,23;XXXVII,10;XL,2,在其中庞培打算在耶路撒冷重视"传统的罗马宽容"。关于元老院对某些词法官的恶劣态度的斥责,我们在李维的作品中找到了相对应的段落:请看第 XLIII 卷开始。

因此,尽管他谈到过一些严厉的行为,而且波利比乌斯并不知道所有这样的行为,但他似乎对罗马的温和的看法佐证了波利比乌斯的观点,两者的唯一区别就是强调的程度和普遍化的程度不同。这一观念在一个世纪的时间里赢得了人们的认同。

因此,当我们看到狄奥多罗斯也重新捡起人权问题时,我们将不会感到奇怪。他在 XIII,23、在 XIX,63,5、在 XXX,18,2 中均用了准确的措辞来重复这一主题;而且他也列举了那些不应该做的过分之事;然而这还不涉及那些与在波利比乌斯作品中类似的段落。

事实上,狄奥多罗斯使用的一般用语不仅与狄奥多罗斯的个人使用习惯相吻合,而且与他的主题范围的扩大也吻合。

因为狄奥多罗斯——是时间让人们想起了这件事——写过一部通史,在其中有关柔和的教诲参照了其他一些人民的和其他人的一些经验,而不只是以罗马的温和为基础。

关于每个人,狄奥多罗斯指出了柔和的行为以及它们所带来的良好后果(或者那些肯定了同样观念的反例);如同对罗马一样,他经常增加一些短小而有建设性的评论。一些残篇就是因为他的这些评论的特性才被保存了下来,这些残篇常因其道德方面的内容而被引用。

可是,我们在实际中必须看到,这一柔和行为并没有把其他人民和罗马一视同仁,而且在这些不同的人民当中,它的介入方式也因人而异。它有时会随意在这里或那里选取一个例子做做样子①。但是柔和尤其会介入某些个案。柔和在希腊的出现已经是很早之前的事情了:狄奥多罗斯甚至把宽容和传统上关于宽容的准则追溯到了七贤人那里,如拜厄斯或皮塔库斯②;并且这些断言令人怀疑的特点只能强化确实存在着一个系统论点的感觉③。从第一卷开始,柔和在关于古埃及时更是频繁介入④;或许狄奥多罗斯是对一些地方传统做出回应,因为事实上人们把父亲般的亲切归于法老们,这种亲切在某些学者看来曾经决定性地影响了希腊关于好君主的理论⑤。关于西西里岛,柔和最后一次介入,而且是相当坚定地介入⑥。在看了这些部分与

---

① 因此,对于米底亚人阿尔巴斯(Arbace),他原谅一个错误目的是为了表现得 épieikès(II,28):"这种节制的声响",狄奥多罗斯评论说,"到处在传播;他受到了普遍的好评:每个人都认为知道这样原谅人的才称得上真正的王者。阿尔巴斯对尼尼微(Ninive)居民非常温和(épieikòs)……"

② IX,13,1 和 12,3。

③ 请参考关于 praos 的使用的评注(上文,第 39 页)和 suggnômè(上文,第80—81 页)。第欧根尼·拉尔修也认为原谅比复仇好的思想是皮塔库斯的(I,76)。

④ 请参考 I,43;65;70;71,4;90,2;95,3 和 5。可能狄奥多罗斯跟随过赫卡式(Hécatée)(参看施瓦兹,*R.E.*,第 670 栏),但他本人曾经在埃及(上文,第343—344 页)。

⑤ 请参考前面,第 XIII 章,第 343—344 页。

⑥ 我们要给西西里岛上的雅典囚徒这件事(XIII,19 节)补充:X,28,3(关于阿格力让特和他的 philanthropia)、XI,23—26(关于克里昂)、XI,67,3(关于希耶罗和他的 praotès)、XIII,75(关于赫莫克拉提斯)、XIV,45 和 105(关于狄奥尼修斯在变化之后的柔和)、XVI,20,2 和 6(关于狄翁的柔和)。或许应该也应该给其中加入有关西西里岛的奴隶的反叛所表达的一些思想,根据这些思想,有人性会得到报答,而残忍则会得到复仇(XXXIVXXXV,2,34)。狄奥多罗斯又一次补充和阐述了一点有关在所有领域 épieikòs 和带着 philanthrôpia 行事所带来的好处。

其他部分的区别之后，我们甚至觉得他有可能在这一点上师承西西里岛上某个对这些柔和思想异常敏锐的历史学家；我们已经看到尼古劳斯有利于宽容的辩护词就是发生在西西里岛叙拉古城。

对于其他的情况，有很多互相之间并无联系的文本都提到过；并且因为我们在前一章借用过他的一些说明希腊化时代的残忍事例，所以我们可以确定，他也指出过那一时期和相同的人物的一些幸运的例外①。但他关于罗马只做了理论上的推测——让罗马看起来似乎在这一方面是古希腊的继承者一样或者更像在实际中应用过曾被古希腊人重视的道德方面的某些教诲。

这种对柔和强调可能与他一直所忠于的客观现实有关，也可能与一些源头的影响有关：波利比乌斯就是其源头之一，但我们不知道其他的源头在何处；并且波塞多尼乌斯非常可能在此扮演过一个相当重要的角色。可是狄奥多罗斯最乐意强调的领域更多地指向了以前的历史学家们，这些历史学家们论述过通

---

① 对安提奥克：XIX,20,1;对卡桑德,50,2;对阿加托克利斯,6,3和9,6;德米特里厄斯（Démétrius）有"某种praotès,这使得他征服了所有人的心"（81,4;再请看100,1和XXI,9,他在其中注意到"原谅比复仇好"）。我们更有理由在欧梅尼乌斯（XVIII,42,5;XIX,24,1和5）、托勒密（XVIII,14,1;XIX,62,1和2;86,2—3）、在塞琉古（91,2和5;92,5）那里找到一些柔和的特点了。另外，我们在狄奥多罗斯那里找到了与波利比乌斯一样的赞赏：对托勒密·斐罗米特，波利比乌斯宣称前者是praos（XXXIX,7），并且狄奥多罗斯赞颂他是épieikeia（XXXIII,12）。

史或者西西里岛的历史。埃弗罗斯和蒂迈欧这些名字只能作为假设的接替人被提及,他们两个人可能参照过伊索克拉底。也许,狄奥多罗斯的希腊教育和他的个人秉性比人们想象的更重要。总之,狄奥多罗斯不是一个抄袭者,远远不是。

假如我们与李维比较,我们觉得后者更强调罗马的忠诚(la Fides)而不是仁慈,更不是柔和:我们在上一章看到,被波利比乌斯有点不太合适应性地归为 philanthrôpia 的东西在李维那里则变成了正义和光明磊落的证据①。与波利比乌斯相比,罗马人李维有关柔和说的少的地方,希腊人狄奥多罗斯正巧说的更多。

在两者之间有进步、发扬和增长。这种进步、发扬与散播从一位希腊人到另外一位希腊人得以实现——不管那些中间环节曾经有过多少影响。

诚然,这种柔和与利益的计算之间仍然有相当紧密的关系,我们先在伊索克拉底和色诺芬的作品中、然后在波利比乌斯作品中找得到这些计算。应该是另外一位古希腊人,即狄奥多罗斯的同代人,从上述作品中总结出了这种密切关系:这是我们将要在普鲁塔克作品中找到的东西。

在谈到他之前,我们先思考一下罗马温和的另外一种形式。

---

① 请参考第 373 页、第 376 页和注解②,第 381—382 页。当李维谈论仁慈时,他经常用一个很有启发性的词组:忠诚和宽大(fidem clementiamque)(XLIV,9;XLV,4,7)。

它虽然不太为希腊的作者们所熟悉,但它与他们却有着不解之缘;而且这种温和的作用很重要。这就是个人的温和——凯撒的温和以及后来的帝王们的温和。狄奥多罗斯本人请人们来思考这种温和,因为虽然他的作品比波利比乌斯的作品涉及的时间要久远,但却不如普鲁塔克的作品那么远。他在作品中所引述的最后一个温和的例子是把科林斯从毁灭中拯救出来的凯撒的行为,因此值得人们赞颂凯撒的这种柔和及其 épieikeia 的性格,以至于狄奥多罗斯宣称凯撒是最伟大的罗马人。

因此,所发生的一切似乎给我们的感觉是,在科林斯被毁灭之时,作为征服者的罗马人的温和被忽视了,于是这种柔和后来便以一种新的形式重新出现在了凯撒的个人身上。

第十五章
罗马帝国的仁慈与柔和

在凯撒个人身上重新出现了一种典范,这一典范就是伊索克拉底和色诺芬以及后来的那些论君主制度作者们的著作曾经勾勒过的典范。事实上,他的仁慈首先是一名征服者的仁慈,就像先前时期的一位将军可以表现得很仁慈一样,但这种仁慈很快在内战中变成了一种武器,并变成了一种美德,其目的是为了让大家接受一种个人的权力,这种权力将由后来的帝王们继承并延续下去。

再说,假如我们想理解这种"凯撒式的仁慈"的意义的话,那么重要的是要考虑到,就像对罗马的仁慈一样,它所面对的混乱状况。因为,假如希腊化时代曾经很少经历过暴力的话,即国家与国家关系方面的混乱、君主们为了维护或者扩张自己的权力而进行殊死争斗的话,那么罗马在波利比乌斯所讲述的最后事件的半个世纪多一点之后应该是进入了依然非常残酷而可怕的内战时期。在格拉古(Gracchus)兄弟、苏拉(Sylla)的战争以及凯撒与庞培之间的冲突中不再有任何柔和与仁慈的痕迹。屠杀就是制度。并且我们对阿比安的《内战记》的阅读也没有在这一方面留下任何疑虑。我们也许能从中举出一些例子,这些例子会让上一章的那些例子相形见绌。

然而,让罗马在区域国家关系中具有威力的东西是凯撒短时期在罗马国家内部所短暂展示的威力。并且为了获得这种威力,他知道把仁慈当命令和计划来使用。在一个他必须为自己赢得支持者的时期,他也许指望着仁慈的有效性。而且仁慈使得他与苏拉势不两立,并让大家对向往已久的和平充满了期待①。

说真的,凯撒的对手庞培同样也可以依仗这一美德带来的好名声。普鲁塔克承认他有这样的美德②,而且曾与庞培联合并描写过他的生活的波塞多尼乌斯也认为仁慈是他的一个优点(尤其是他对于海盗的态度)。但庞培没有系统地制定过政策,尤其是他被打败了。所以我们所讲的是凯撒的仁慈。

事实上,凯撒的同代人,甚至一些并非他朋友的人都接受这

---

① 例如,请看一个稍后的时期的一些请求,如我们在阿比安那里看到的请求,《内战记》,III, 84:列比达(Lépidus)的士兵们都请求他"要和平并怜悯那些不幸的公民们"。也请看其他的一些请求,凯撒在同一时期有着同样的理想:因此西塞罗在《为苏拉辩护》(*Pro Sulla*),1 中谈过他的柔和(lenitas)和同情心(misericordia);他还在 87 中吹嘘说他与之打交道的法官们一样慈悲、温柔与温和(tam mitis quam qui lenissimus)!

② 请参考下文,第 461—463 页。

种仁慈的存在。例如,撒鲁斯特就说过凯撒伟大的名声来自"他的柔和与同情心"①。西塞罗本人讲过他的"仁慈与宽容"的本质②。

这种仁慈里面肯定隐藏着某种精心的算计。他的同代人就这样说;因此,被西塞罗引述过的居里奥(Curion)或西塞罗本人在谈论到这一主题时使用了 insidiosa clementia③ 一词组。很多现代人不无道理地赞同这种看法④。但这一诠释不是要被视为一种反对意见:这种有意为之和有利害关系的仁慈与伊索克拉底曾经创立的传统相一致;而且它更符合罗马人一直以来看重的实用性。最后,从这些思想的历史角度看,术语的选择是很重要的,即使这些术语更多地是为了宣传而不是真的与个人的理想相符合。因为,在这种情况下,它们反映的是一种集体的向往。我们已经有机会在关于希腊化时代的君主制度时看到过这种情况。

总而言之,这种仁慈时常被凯撒提出来,并且他赋予了它一

---

① 《喀提林阴谋》,54,2:存温柔与怜悯的心(mansuetudine et misericordia).

② 《致友人信》,6,6,8:柔和与仁慈(mitis clemensque);和几乎整个《为马赛鲁斯辩护》(Pro Marcello)(参看 8;10;11:lenitas animi)。

③ 请参考《致阿提库斯》(Ad Att.),10,4,和《致阿提库斯》,VIII,16,2。

④ 因此塞姆(R. Syme)谈论凯撒的"公开的宽大处理"(ostentatious clemency),他的对手们并不是不希望看到把它用在与他们有关的事情上(《罗马革命》,第51页),还有,在有关奥古斯都(第160页):"There was no limit to the devices of fraudulent humanitarians or high-minded casuists"。还请参考特勒(M. Treu)在下文中被引用的文本。

种新特性①。

当涉及到征服和罗马权力的扩张时，凯撒就重拾由波利比乌斯描述过的传统。尽管他作为强大的首领(和斯奇皮奥一样)行事，但对他的功绩的叙述主要强调他在大家心里已经获得的声誉，即宽容地欢迎那些在战役之前和之后归顺他的人们。

我们主要在《高卢战争》中看到了这种情况。对了解这场战争进展的人来说，战争所带来的是屠杀与镇压，很多族群被毁灭或被卖身为奴。烧杀抢掠的状况是非常让人吃惊的，但这并没有阻止凯撒本人一直坚持实施仁慈的策略。

因此，征服者要么呼唤"他的仁慈与柔和"(II, 14)，要么宣称他们打算四处宣扬"他的仁慈与柔和"(II, 31, 4)②。在这最后一种情况中，"由于他的习惯而非他们的优点"(32)他才不愿意宽容吗？这一说法让人想到了斯奇皮奥对迦太基人所说的话③。难道他愿意想办法让士兵们避免参与可能的暴力活动

---

① 凯撒的温和成了很多人研究的对象。我们可以说出的有达尔曼(H. Dahlmann)，"温和的凯撒"，见 *N. Jhb.* 10(1934 年)，第 17 节—M. 特勒，"论凯撒的温和"，见 *Mus. Hetv.*，5(1948 年)，第 197—217 页。海凌(W. Hering)，"凯撒人道主义概念的政治内容"(Der politische Inhalt des Humanitäts Begrffes bei Caesar)，见 *Eirene*，5(1966 年)，第 67—77 页。凯撒的温和要和他的慷慨(liberalitas)放在一起看：参看克劳福特(H. Kloft)，《君主的慷慨》(Liberalitas Principis) (Kölner hist. Abh.，18)，1970 年，202 页，特别是第 58—64 页。

② 请参考相似的情况，在 VIII, 3, 5(高卢人很相信凯撒的仁慈)和在 21, 2 (他们呼唤他的宽大与人性)。

③ 请参考前一章，第 375—376 页和注解 1。我们指出狄奥多罗斯在谈到杜塞提尤斯(Ducétius)，一位西西里首领时引用了同样的说法(XI, 92)。

吗? (33,1)①当他表现得很冷酷时,他是想"为了让敌人在将来注意尊重使节们的权利"(III,16,4);或者是为了让其他人放心才以违背"他本性的仁慈"(VIII,38)的方式行事;这也可能是为了杀鸡儆猴,因为我们知道"他的柔和(lenitatem)是众所周知的,并且他并不担心人们会把他一次严厉的行为解读为他性格的残忍"(VIII,44),凯撒很自然地从这种仁慈中得到很多好处,同时也得到了这个文本的称颂(在 VIII,49)。

但是与罗马的仁慈的区别不久就显现了出来,因为这种仁慈已经涉及到了一个人的仁慈、他本人的性格和习惯。首领个性之间的差异就这样公开化了,这种差异为未来内战的爆发埋下了祸根。在这一新的领域中,凯撒仁慈的目的是保卫自己的权威;它趋向于树立或维护他个人的权力。况且,正如在雅典所看到的一样,敌对情绪会让一场内战异常惨烈。在这样的战争中,这种仁慈就变成了某个想恢复秩序的人的仁慈。这虽然为了他的利益着想,但也是为大家好。

同样,在《内战记》中不断重复说凯撒想谈判。书中讲到了他的忍耐(1,32,4)、他的正义和公正(出处同上,9)、他对贫民的同情(72,3)、他的同情心(I,8,5)、他的善行(II,32)、他的慷慨(III,10)。还讲到他赦免了他的士兵、归还了神圣的财产、避免了对城市的劫掠、至少按照同样的级别把对方阵营的俘虏收编到自己的军队里。这使得他赢得了行省的同情和行省人的忠心。

---

① 请参考 IV 27、V 27。

同样,在内战中,最残酷的镇压行动都伴随着对"他的柔和(lenitas)、节制、耐心"(54,2)①的提及。并且我们看到这种态度产生了应有的效果。我们特别是在乌提卡看到了这样的结果:人们想把乌提卡交给他,因为他们希望得到他更多的仁慈(88);事实上,他饶了路奇乌斯·凯撒的命:"这同时与他的本性与行为原则相符"(89,4—5)②。他也"根据他的习惯"(89,5)留下了其他人的命并对于乌提卡的罗马人表现得非常宽容(92)。关于儒巴(Juba)的部队,我们发现了相同的情况:由于凯撒对这些部队很仁慈,以至于大家都被吸引而自愿来(92)投奔他。我们看到,所有这些政治特色在精神层面上有抵消加图(Caton)的自杀所产生的后果的作用。

事情很清楚,凯撒想做安抚者。拜尔巴斯(Balbus)和奥皮尤斯(Oppius)给西塞罗的书信显然成了一种宣传资料,这封信清楚地写道:凯撒给自己定的规则是表现得尽可能柔和、与庞培和解(这一点符合他的 humanitas)、创造一种建立在同情与大度(《致阿提库斯》IX,7A)基础上的新型的胜利。另外一封信提供了类似的内容(IX,16):对凯撒而言,没有任何东西比残忍更不可思议。

这种充满着仁慈的关怀自然而然在接下来的那个时期的历

---

① 还请参考 86,2:宽大与扩大处理。

② 尽管该人物有错,但他还是那样做了;参看苏维托尼乌斯,《凯撒传》,75。还有其他的译本存在。

史文献中找到了痕迹。苏维托尼乌斯谈到凯撒对所有人的敬重①，并且最后说凯撒"本性非常柔和（lenissimus），甚至在复仇时亦如此"②。尤其，他给了他一个特殊的荣誉，这就是他以自己的能力结束了内战并让整个社会恢复了安定祥和。同样，阿比安引用了凯撒提出要仁慈对待庞培及其家人的讲话（II，43）或优待他自己的那些恪尽职守的部队（II，47；II，93）。阿比安也引用了安东尼在凯撒死后所写的颂词（II，130；144；146）。并且，正如亚历山大的仁慈在罗马作为典范一样，仁慈现在在亚历山大与凯撒之间引出了一些相同之处：两个人都不是急于和对手交战，而且也不急于与他们和解、原谅他们、对他们表现得慷慨？③ 最后，狄奥·卡西乌斯认为在元老院的一篇很长的讲演是凯撒所做，在讲演中乌提卡的征服者赞美仁慈：他想在活着的时候被喜爱，死了之后被歌颂；他想领导但不想统治，而且他还说，他想像一位父亲对自己小孩那样行事④。

---

① 请参考 65 和 72 的宽大、75 的节制与宽大处理。

② 这种"柔和"表现在这一事实中，即他在把他所责怪的海盗钉上上十字架之前命令把他们先勒死！这样他们受的罪就少一点，对一个希腊人来说，praotatos 的人可不是这样表现的……。

③ 请看 II，150 和 151。我们将看到，凯撒对自己人的慷慨最终的收获是，确切说，迦太基和科林斯被殖民（阿比安，*Pun*，136）。甚至卢坎（Lucain）似乎在这点上都没有理由攻击凯撒：参看阿勒（F. Ahl），《卢坎》，第 192 页随后，他指出了宽容的举措是世界的神圣之爱（Sacer orbis amor）所为，目的是为了最小化凯撒的角色。

④ XLIII，15—18；这种对立让人想到了伊索克拉底的术语。安东尼对凯撒的颂扬并不是很有说服力；他好几次说到凯撒的 philanthrôpia（XLIV，45 和 46）；再参看 XLIII，20，有 praos 一词。

事实上,我们知道凯撒战胜庞培之后,作为独裁者的他获得了无数荣誉,尤其是被尊称为"国父"①。更有甚者,人们献给他一座圣所,这座圣所既用来供奉他,同时也用来供奉一位新的神:仁慈之神。

如若这一祭坛在 Épieikeia 的发展中标志着一个辉煌阶段的话,那么它也标志着,正如给新神所起的名字一样,这种直到这里如此有效的仁慈有变成一位最高首领、即一位君主的仁慈的趋势,君主一词在罗马是很让人生疑的。

对个体而言,这种美德与君主的权力相得益彰②。无论它存在于凯撒的性格之中,还是它曾经是某种政治算计高招,当读过波利比乌斯写过的文本之后,人们都接受,也就不会感到吃惊。但这种被用在一个人身上的美德也出现在了众多的关于君主制度的论著中,这些论著从希腊化时代开始就遍地开花。于是,我们在试图了解这一时期之时遇到这样,一部论著,即斐洛德谟的《荷马眼中的好君主》也许就不是一种偶然了:一些人甚至想直接地把它与一种精心的宣传挂钩,根据这一宣传,凯撒代表好君主,而庞培则代表僭主③。这些明君的美德之一显然是

---

① 普鲁塔克,《凯撒传》,57;阿比安,《内战记》,II,106。这种温和用希腊语在两个作者那里都是 épieikeia。普鲁塔克确切说这是对凯撒的 praotès 表示敬意。也请参考狄奥·卡西乌斯,XLIV,6,4。

② 因此,专制主义的对手们避免谈论仁慈(塞姆,《塔西佗》,第414页)。

③ 格力马勒(P. Grimal),斐洛德谟的"明君"和凯撒的"光明磊落",*R. E. L.*,1967年,第254—285页。"国父"的称号一方面与古罗马的一种传统,也与希腊的和君主体制的一些风俗有关:请才考 A.阿佛勒第的书,《罗马思想中的祖国之父》,达姆施塔特市,1971年。

仁慈：épieikeia 这个词出现在 VI 中；ἡμερότης 一词出现在稍后的地方；它之后就跟着 suggnômè 一词，最后是 praos 一词（VII，12—16）。好君主不会报复针对自己的阴谋，他会选择赢得同情（VII）；他与纷争和内战作斗争（第 XX—XXV 栏）。然而，这种理论是建立在希腊最古老的记忆之上的，因为我们在一个残篇当中突然看到了荷马关于奥德修斯的惯用语：πατὴρ ὥς ἤπιος ἦεν（VI，23）。

不管这一论著的确切时间和它的动机是什么，但我们可以确定的是，有关希腊化时代的君主制度的理论在这一时代到来的前夕重新取得了成功。假设罗马元老院的仁慈曾经被按照伊索克拉底关于雅典统治思想培养的历史学家们分析出、被赞赏并被当作一个典范来介绍的话，那么凯撒的仁慈既处在这种角度中又处在希腊化时代的君主制度的角度中，它曾经在伊索克拉底的其他一些作品中出现过。凯撒的仁慈以两种方式受到希腊的历史学家或传记作者们的赞扬，它显示自己本身曾经受到过希腊的柔和传统的滋养和影响。

* * *

然而这种个人的和出于本能的仁慈只是为将要演变成奥古斯都式的仁慈、第一公民（princeps）的仁慈以及帝王们的仁慈开辟了道路。

研究这一概念的纯粹罗马式的细微差别并估量它对那个

时代的现实所产生的影响应该是属于罗马历史而非希腊思想范畴的事。况且,这件事情并非新鲜事①。可是,它那时所扮演的角色也说明,那些在人们眼皮下诞生的思想观念是非常流行的;并且很多人都注意到了这种连续性或这些影响②。再说,希腊的作者们继续用柔和常用的词语来指这种仁慈,首选词是 philanthrôpia 和 épieikeia,以及 praotès 和荷马使用过的旧词 èpios③。

可是新生事物突然诞生了,并且得到了历史学家们的证明。

这些新事物在奥古斯都时代尚未出现。诚然,年轻的渥大维(Octavie)虽然不是天生就有一颗宽容之心,但依仗的是凯撒

① 请特别参考是艾里阿斯(A. Elias),《古代哲学家论及的仁慈概念以及塞内加〈论仁慈〉的思想源流》,哥尼斯堡,1912 年;M. P. 查尔斯沃思,"罗马皇帝的美德",*Proc. Of the Br. Acad.*,23(1937 年),第 105 节;布科斯(E. Bux),《罗马的温和》,*Würtzb. Jb.* 3(1948 年),第 201 节;苟德迈(L. Gaudemet),《宽容的原则》,II,米兰,1967 年,第 1 节;特劳特·亚当,《温和的原则》,斯图加特,1970 年,148 页;撒瓦日(A. Savage),"王权意识形态和宽容的诗歌主题",1977 年,第 45—59 页。还请参考贝朗热(J. Béranger),《元首制的意识形态研究》,巴塞尔,1953年,318 页。

② 请参看,除了在前面注解中引用的作品之外:佛力逊(W. F. Ferguson),"从希腊到罗马——合法化的专制主义"(Legalized Absolutism en route from Greece to Rome),见 A. H. R. 18(1912 年),第 29 节;哈蒙德(N. Hammond),"奥古斯特元首制结构受到的希腊化影响"(Hellenistic influence on the structure of the Augustan Principate),见 Mem. Amer. Acad. in Rome, 17—18(1940—1941年),第 1 页随后。

③ 例如,狄奥·卡西乌斯谈论过凯撒的 praotès(XLIII, 20)和奥古斯都的 praotès(LIII, 6);他认为李维有一种 èpios 的口气。所有这些我们研究过的希腊词语在这里都可以在拉丁文中被翻译成 Clementia(请参考特劳特·亚当,同上,第 85 页,注解 18。)

之名声;在他取得最后胜利之前,他甚至和他的养父一样把希望寄托在了仁慈上:他还没有到颁布流放令的地步,正如我们在阿比安著作(《内战记》,IV,8)中所看到的那样,阿比安觉得,暗示用 philanthrôpia 无法治愈的罪是不合适的! 同样,我们到处可以找到一些宽恕的例子;因为阿比安在任何方面都没有隐瞒渥大维的严厉,所以还是在他的著作中,我们在 V,4、16、41、47、131[1] 中看到了这样的一些例子;或者还有,古罗马历史学家维莱乌斯·帕特库罗斯(Velleius Paterculus)在阿克提姆之战(Actium)(II,86,2)之后赞颂渥大维的怀柔政策。

可是,一旦渥大维成为奥古斯都,如果人们看不到仁慈与元首制和不久后的帝国是同时建立的话,那么这些例子就不太值得列举了。

相遇并非一次偶然。它对于凯撒可能只是昙花一现,但它符合事物的自然规律。并且仁慈很自然变成了对绝对权力的不可或缺的补充。凯撒让仁慈成为可能,而仁慈则让凯撒获得了人们的认可。并且从此以后成为人们炫耀对象的仁慈将成为那个也许无所不能的人之品德;这将是雄狮的仁慈[2]。这种观念经常出现在界定仁慈的文本中。

这就是人们甚至在元首制与帝国的官方用语中都能找到仁

---

[1]　阿比安,V,45,我们在他的口中听到经常在别处见到的说法:奥古斯都为列必达的军队的命运担忧,但更是为与自己相关的理由担忧并迫使他公正地行事。

[2]　请参考注解 1 中引用的文本。

慈一词的理由之一。它出现在了短语"国父"(pater patriae)中并从此以后成了它常用特性,如同出现在新短语 ob cives servatos[为了拯救公民]中一样,这一新短语被铸在了很多钱币上。它也是被铸在荣誉盾牌上的四种美德之一:virtus[勇气]、clementia[仁慈]、justitia[正义]、pietas[虔敬]①。奥古斯都的《自传》(Res Gestae)和颂词的作者们也一直选用它②。它四处与专制主义为伍,它补充并为之辩护。

奥古斯都应该在公元前 13 年通过一个直接与我们的研究相关的象征性的动作为罗马建了和平祭坛——"仁慈的和平",正如奥维德(Ovide)如此说③。甚至在祭坛的建造当中人们就认为用来祭奠同情之神的雅典著名祭坛的一些特点重现了④。柔和的政治一旦取得胜利之后就变成了奥古斯都的官方政治。

历史学家们非常清楚地注意到了这一转变。在奥古斯都的前期生活中,苏维托尼乌斯只提到暴力或严厉的行为;从奥古斯都成为唯一的主人的那一刻开始,他就只讲仁慈了。奥古斯都不仅对国家内部不同的社会等级都表现得很宽容(41),而且是君主们热心的保护人(48);他的很多行为都是"仁慈与柔和的重要证据"(51);因此,"基于这种行为,人们很容易想象得出他是

---

① 请参考马克考文斯基(H. Markowsky),"论奥古斯都的四德",见 *Eos*,1936 年,第 109 页随后。

② 请参考 2,和征服者没有让任何公民死亡的宣言。

③ 《罗马岁时记》,1,712。

④ 请参考前文,第 133—136 页。

多么会讨人喜欢"(57),而且他集严厉与"仁慈以及柔和"(67)于一身。同样狄奥·卡西乌斯描绘了一个这样的奥古斯都:满口épieikeia 和 praotès(LIII,6),或很有人情味①。狄奥强调了他对谋反者的宽大,并用长时间阐述李维给奥古斯都的关于仁慈的好处的演说。这一段已经存在于塞内加的《论仁慈》中了,并且很多论据是从《论仁慈》②或从某个共同的源泉中借来的。无论如何,我们就这样有了一部真正的论述仁慈的好处的短著作。李维(Livie)在其中告诉人们说,用 philanthrôpia 要比用残忍的手段更容易取得成功,要像大夫那样做并且要试图治愈心灵,甚至动物都能变得非常温顺;李维还明确说:"被那些受我们支配的人的仇视,这并非一件有益的事情,除非这件事是不光彩的"。然而,连奥古斯都听从了他的建议。我们在高乃依的喜剧中将要找到的仁慈会是这样的:"在泰纳身上试试看仁慈可以起什么作用";"对他的宽恕对您的名声有利"等等。并且这已经是权力与节制的理想的联盟,是王权的宣传应该非常重视的价值③。还是在狄奥·卡西乌斯的书中,奥古斯都的葬礼演说强调了他的柔和所带来的祥和(LVI,39:philanthrôpia)并强调他镇压那

---

① LVI,6,参看 40;对于熟知希腊语概念之历史的人来说,看着评论家们从拉丁语的角度来对待这一表达是很有趣的。

② 请参考阿德勒(Adler),在 1905 年的《维也纳研究》中和派夏克(Préchac)给《法国大学丛书》的版本所写的导言,第 LVI—LXIII 页。该段落在狄奥·卡西乌斯的作品中占的是第 LV 卷的第 14—21 章。

③ 我们因此得出了一个温和制度的观念,在这一观念当中温和是对绝对主义的纠正;参看狄奥·卡西乌斯,LVI,43。

些反叛时所使用的人道主义的方式;"国父"在这一颂辞中甚至变成"人民之父"①。

我们找到了一些关于奥古斯都的继任者们的类似的迹象,这些迹象或多或少得到过证明的,但得到证明的往往比没有得到得证明的要少②。

最引人注目的继任者之一是尼禄,他没有留下任何能说明他是一位仁慈君王的东西——一点都没有!可是历史学家们却提醒说他让人们看到了希望。苏维托尼乌斯就是这样写道(在10,1):"为了更全面地展现他的性格,他宣布将按照奥古斯都的原则来实施统治,并且不放过任何展示他的大度、仁慈甚至柔和(comitatis)的机会。"

事实上,塞内加的论著《论仁慈》是为尼禄而作的。他肯定感觉必须要这么做:如同人们争先恐后地歌颂希腊化这样一个充斥着暴力的时代的君主的 philanthrôpia 一样,塞内加同样也谈论最残暴的皇帝的仁慈。

颂词在此肯定是劝告的借口和补充,并且劝告比表面的赞赏更重要。再说,尼禄担任的这个仁慈的顾问和律师的角色重新出现在了悲剧《渥大维娅》中,塞内加在悲剧中劝说君主要宽厚,要做一位万人敬仰而不是让人畏惧的君王③。总之,我们在

---

① 42:πατέρα δημόσιον 该句指出罗马人所感觉到的感激是以 τοιγαονῦ 开始的!

② 请参考下文,第 414 页随后。

③ 456:Decet timeri Caesarem. —At plus diligi. [——凯撒应该被畏惧。——但更应该被敬爱]。

《论仁慈》中看到了传统上所有与仁慈的颂词相关的主题,可以说是百花齐放。

　　我们很自然也在其中找到了有关利益的论据和这样的观念,即人民之爱是权力的安全的保障:在 I,5;8,6;10,2、II,4;24,1 和 2 中都是如此。讲述奥古斯都和李维的那一段正好说明了这一观念①。但关于安全的论据在该文本中带有一种哲学色彩,因为一些与柏拉图的传统相关联的因素的存在。在这些因素中有关于生活在恐惧之中的僭主是很不幸的这样的观念(I,12;19,5)。这种观念与大夫的角色类似:大夫必须知道什么情况可以治好或什么情况治不好(II,2;7,4);他也必须在不使用暴力的情况下进行诊治(I,5;6,1;17;24,1;25,3)。另一方面,"国父"一词语所包含的观念在这里比别处得到了更加深入细致的分析(I,I3,1;14,1—2;15,3;16,3)②;并且它与各种形式的权威(其中包括主人对奴隶的权威)的调和相关。塞内加也使用希腊人的论据,他想要说我们大家都会犯错(I,6),并且他也是用从亚里士多德那里传下来的关于人的理论,即人是一种能群居的生物,他是为群体的利益而生;因此仁慈在所有的美德之中是最有人类特色的(I,3)并代表一种真正的"人类之爱"(I,11,2)。最后,神的典范经常被提到,而且它给实用的仁慈增加

---

　　① I,9,1—12。塞内加在更后一点的地方特别提到了奥古斯都的行为,认为他的温和要比尼禄(Néron)的温和更多:I,10—11。

　　② 关于这一观念,参看《渥大维》,476 和 488,狄奥·卡西乌斯,LVI,42。

更高雅的一面,我们曾看到这一面出现在希腊化时代的文本中(I,7 和 8)。

《论仁慈》以这样的一些特点成了对直接来自于希腊人有关仁慈的思考的综述。况且,大家都一致承认这种隶属关系①。

但该文本也介绍了一些独特的东西,这些特点有助于更好地确定它与希腊传统的关系。

第一个特点是强调至高无上的权力。塞内加也许视仁慈为一个人皆有之的美德:他的论著在这一方面属于一种伦理,而且我们在《论愤怒》②中找到了它的补充部分。也许他也增加了个体与君主们之间的义务和责任的比较。但这一直是为了强化把仁慈与权力联系在一起的基本特性格:"仁慈不适合世界上任何人,包括君主或储君"(I,3,3)。事实上,它取决于这样的一种可能性,即人都有可能严厉处罚别人或破坏谋物而不用向任何人汇报;"拯救是君主最伟大的地方,并且当这种伟大之处拥有和众神一样的权力时,它最值得我们赞赏"(I,5,7)。还是在这里,高乃依(Corneille)接受了这一观念并在谈论"实践与君主最相称的美德"时使用了塞内加的术语。但这种令人想起"宇宙的主人"的特色③

---

① 因此特劳特·亚当(见前揭书)用 12 页到 18 页的篇幅来简述与希腊的思想有关的资料,塞内加就是从这一思想中获得启发的。

② 《论愤怒》和《论仁慈》(De Clementia)之间的紧密关系在《法国大学丛书》出版的塞内加版本中被罗列了出来,序言 LXXXVIII—XCII。

③ 这一说法的另外一个部分所展现的斯多葛主义方面,"我的主人就是宇宙的主人",也出现在塞内加那里,当他谈论 temperantia 或者当他提起"因自己的胜利凯旋"时(I,21,3).

更多是罗马式的而非希腊式的、是更庄严肃穆的而非仁慈的①。

其次,塞内加非常注意不同时要求各种形式的柔和。他是斯多葛主义者并承认斯多葛主义绝不赞同同情或宽恕(II,5)。他本人也不赞同!他认为没有任何学派比斯多葛学派更仁慈:只是该学派不想,且他本人也不想这种柔和建立在感情或感动之上;而且他坚决把仁慈与同情对立起来。同样他也站出来反对宽恕,如果这种宽恕的目的是为了减少本来应该服完的刑期的话(II,7)。希腊人把柔和与 suggnômè 联系在一起的古老做法因而被中断。柔和在斯多葛主义者那里被理性化了,我们也许可以说是变得生硬了。

最后,我们趁着最后的区分机会可以观察到,仁慈在此几乎是专属的行动,就是实施正义和惩罚或者赦免。根据一些人的看法,正义的这种重要性甚至有可能带来一种演变,这一演变在该论著的写作过程中可能被打上了烙印。

我们将不会在此讨论这种假设,也不会讨论由《论仁慈》的组成所引出的不同问题或不同的假设,但我们可以至少指出这些假设之一,即特劳特·亚当(Traute Adam)②的假设是建立在这一事实基础上的,即论著的第一部分指出皇帝把仁慈置于法律之上,而第二部分则指出他很关注 aequitas 并把仁慈之规则

---

① 它非常紧密地与权力相连,以至于有一些作者似乎故意避免使用该短语:参看塞姆,《塔西佗》,第 414 页。

② 请参考前文,注解①,第 407—408 页。

当作最高之正义规则那样来应用。

或许这两部分之间的区别并没有那么大,再说作者的评价也正确的。实际上,在此出现的犹豫不决与曾经在希腊人身上发现 épieikeia 的那种犹豫很类似。假如塞内加《论仁慈》的第一部分讲"拯救而罔顾法律"(I,5)并且使人想到五世纪 épieikeia 的诞生的话,那么其他的一些文本则在阐述审时度势的艺术,准确说如同四世纪的人们试图调和正义与 suggnômè 的一样:"在某些情况下",塞内加写道,"将仅限于口头警告,而非惩罚,考虑到个体的年龄尚有改过自新的可能;在另外一些情况下,被告人因为被别人错怪而犯法,那就应该下令给他留下性命,因为他掉进了陷阱、他喝得烂醉如泥",等等(II,7,2)。因此回到一种被扩展和被深化的正义的观念的努力是 épieikeia 的概念本身所固有的。

但区别是,这些推理和为了确定这些情况所做的努力在雅典与法院有关:在这里与高法院,即皇帝有关。人们本来期望能从个体那里得到一点更有人性的、更直接的东西。但塞内加想要的仁慈最终只一种理所当然的正义。

从理所当然的利益过渡到理所当然的正义已经是很大的变化。并且从罗马的仁慈到个人的仁慈的演变曾经加速了这种向道德的回归。但是重新找到具有人性意义的柔和,即米南德的柔和,我们必须回到一位希腊人,即普鲁塔克那里。

＊　　＊　　＊

在谈到他并与之一起回到个人的一些学说之前,我们可能超过一点或很多编年的范畴,目的是为了观察到,从那时起就很规范的王权仁慈之典范是为了流芳百世的。

有人有时候会准确地提到这种仁慈。比如像提图斯,因为传统上人们认为这个词就是他所创造,而亚里士多德的一篇传记却把该词归于亚历山大:"有一天我输掉了:我没有给任何人带来好处"[①]。

因此,历史学家们特别谈到了他宽容的优点是很正常的(如奥勒留·维克多,《凯撒略传》10,3)。但赞颂提图斯(Titus)在夺取耶路撒冷所表现出来的仁慈更有特色。当提图斯让人毁坏耶路撒冷的圣堂并把城市夷为平地之时,犹太历史学家约瑟夫(Flavius Joséphe)至少在某些段落中试图为他开脱(《犹太战争史》VI,27,28),目的是为了使他与罗马的某种形象相一致,这种形象对罗马想与别人友好相处的愿望至关重要。他还谈到了

---

① 请参考苏维托尼乌斯,《提图斯传》8 和狄奥·卡西乌斯 LXVI,18(Zona-ras)一另外亚里士多德生平 = 残篇 646 Rose 版,第 409 页。我们将在有关亚里士多德的出版物和评论中找到对这个"对偶句"的分析。以下作品中也可以找到:鲁斯赫纳特(O. Luschnat)的"虚度光阴"(Diem perdidi),见《古典学人》(Philologus)109(1965 年),第 297—299 页。凯比什(J. Kabiersch)的《Philanthrôpia 与朱利安皇帝的思想研究》(Untersuchungen zum Begriff der Philanthrôpia bei dem Kaiser Julian),古典哲学研究,21,威斯巴登,1960 年,附录:第 90—94 页。

罗马的仁慈。他认为提图斯天生良善(Ⅵ,324)。惩罚反抗者与仁慈是不矛盾的：皇帝只是违心地惩罚他们而已[①]。

罗马皇帝图拉真(Trajan)也很可能值得歌颂；事实上，我们在这方面有一个很好例证——以《颂辞》的形式存在，是由小普林尼(Pline)所写。

人们知道，这一题材不应该这么早就消失得无影无踪：五世纪的雄辩术教师们就这一题材留给了后世——经由十二个文本组成的一本文集。这类失传的作品数目众多(而且人们不再为此感到痛心)。在该文集的收集时期有很多类似的文本。我们看到这一时期在君士坦丁堡宫廷里充斥着形形色色的颂词：朱利安写的颂词为人所熟悉；也有一些颂词是讲朱利安本人的：希梅里乌斯和利巴尼乌斯提供了这方面的证据。利巴尼乌斯认为朱利安是 praos 和 ἥμερος，并且还引用了他的宽容(《演说》XVIII,200,1)[②]。尤西比乌斯(Eusèbe)确实也使过这一招：他的《君士坦丁的一生》赞颂了仁爱(Ⅱ,13；Ⅳ,54)并提到了居鲁

[①] 这个在斯维·亚伟兹(Zvi Yavetz)的文本《对提图斯与约瑟夫斯的思考》中被非常清楚地予以了解释和评论，见《希腊、罗马与拜占庭研究》，10(1975年)，第411—432页。还请参看 H. G. 西蒙的《维斯巴芗与提图斯时代铸币的历史解读》(Historische Interpretation zur Reichprägung der Kaiser Vespasian und Titus)，马尔堡，1952年，和盖石(H. Gesche)，"Datierung und Deutung der Clementiae-Moderationi-Dupondien des Tiberius",21(1971年)，第37—80页。

[②] 我们要特别提一下希梅里乌斯，他给君士坦丁堡、朱利安写过颂词；然而我们看到(《演说》7,15)"据荷马所言"，君王必须是 èpios 的，而且不久之后还说君王还应该是 praos 的。曾经有很多类似的著作，但都失传了。关于朱利安和其同时代人的著作，请参考下文，第515—516页。

417

士和亚历山大这两个让人耳熟能详的典范(I,7)。

况且,历史学家们推广的也是这些颂辞,并很乐意谈论帝王们的仁慈。安东尼·庇护(Antoninle Pieux)在《奥古斯都史》中是和善的(mitis)(2,1)。后来,普罗布斯(Probus)因为柔和而在佐纳拉斯的族群史(Zonaras,XII,29,第609页)中被赞颂。罗马最后一名历史学家阿米亚努斯·玛尔塞利努斯(Ammien Marcellin)认为朱利安能用他的宽大(XVI,5,13)减轻人的痛苦并且他会把怀柔之精神置于律例(出处同上,12)之先。阿米亚努斯还提醒我们说,瓦伦提尼安(Valentinien)知道珍惜臣民之爱(XXVII,9)。

那时的书信、演讲和讲道中涉及的都是相同的主题:如利巴尼乌斯在与狄奥多西(Théodose)说话时夸他 èpios[柔和]、philanthrôpos[仁爱]和 praos[温和]!(XXX,2);他宣称很欣赏他的 praotès[温柔](XLV,1);并且他要他继续他对安提奥克(Antioche)人给予关爱(XX,16)。圣约翰·赫里索斯托姆(Saint Jean Chrysostome)在论及同一个狄奥多西和同样的安提奥克人时,把君主们的光荣置于 ἡμερότης 之中(hom. 21)并指出狄奥多西善于原谅并取悦他人;在古希腊柔和的人文主义传统中,他甚至说过"当我们自己是人的时候"我们没有"针对人"的愤怒(Dübner 出版,I,第558页)。

这些证据有两个不同的层次的涵义。首先,这两个层次证明柔和已经变成了君王的主要的美德之一——确切说因为君王可能是严厉之人。人们赞颂这种或有或无的美德,因为人们需要它。人们赞颂它是为了得到它。人们赞颂它是因为虽然绝对权力令人生畏，但可能被软化。这样的颂词因此不一定是有根据的。有一些可能是具有挖苦讽刺意味的，如《帕拉提纳文选》VII,592中的短文，它讲的是查斯丁尼(Justinien)在一次执行死刑时所表现出的"菩萨心肠"。非常清楚的，语言经常表达的只是一种愿望而非一种事实。

但另一方面，这种从一世纪到五世纪不断地被确认的愿望体现了在价值和批判方面一种真正的演变。在这一点上，虚假的颂扬与真实的赞颂都一样都能揭示出很多东西。

事实上，这种演变得到了铭文的佐证。并且铭文的优点就是可以让我们离开宫廷和颂词而到罗马帝国的日常生活中去。

然而从一世纪开始并一直到四世纪和五世纪，有关柔和的词汇在其中传播得越来越广。也许那时有大量的文本出现，但柔和的进步与铭文的适量增加是无法比拟的。

这种词汇有时用来形容某位皇帝的美德。例如，这正是哈德良(Hadrien)的情况：在一个已经残缺不全的铭文中的形容词"èpios"似乎被用在了他的身上，该铭文是在描述阿凯亚人授予他的荣誉(Insc. Olympie, 57, 1. 18)的情况；或者这也正是狄奥多西的情况：在《帕拉提纳诗选》(XVI,65)中，君王被视为第二个太阳并叫做"温柔的心"(2: ἠπιόθυμε)。但最经常谈及的是一位执政官，地方领主，人们给他也像给皇帝一样赋予了同样的美德。但这种词汇也用来形容一般人：男人、女人、青少年。这一事实因而证明古希腊思想所包含的价值最后渗透到了日常生活与批判之中了。或许,放弃大的责任的人们能轻易地展现他们群生性和人性之美。或许,风俗习惯慢慢变了。总而言之,我们获得证据是不可辩驳的。

我们在此就不强调 philanthrôpia 和 philanthrôpa 了,因为我们已经看过它们的传播和过度的使用情况。然而我们会继续遇到它们:这就是贝尔(Bell)的一篇有关罗马治下的埃及的文章所表述的东西。该文不仅在对罗斯托夫采夫的断言进行细分,而且带来了一个相当重要的纸莎草纸清单,在这一清单当中 philanthrôpia 在克劳狄乌斯、哈德良、亚历山大·塞维尔(Sévère)时期——并且更远,拜占庭时期包括在内的时期①——一直受到追捧。

培勒梯耶(A. Pelletier)神父的最新文章从另一方面指出了这种 philanthrôpia 在男女死者的墓志铭中得到了佐证②。

但特别是 M. 路易·罗伯特曾多次在帝国时期的铭文中注意到了柔和的痕迹:我们将要参照他在《希腊史》③的不同卷本中出版的评注。我们会借用很多这些评注中的说明;况且,这正是其他一些人在处理这些问题时所做过的④。但我们还必须补

---

① 请参考前面,第 338—339 页。这种 philanthrôpia 可能有一种情感色彩,如在这个与尼禄时期在波俄提亚(Béotie)被敬重的埃帕密浓达(Epaminondas)的情况一样,因为他不想把任何人从他的 philanthrôpia 中排除出(《希腊铭文集成》VII,2712,1,75)。Philanthrôpos 与 épieikôs 相连:《小亚细亚遗址》VI,114(罗伯特,《卡利亚》II,第 177 页)。

② 有关的是上文引用过的文本,注解 3,第 5 页。

③ IV,第 15—18 页;XI—XII,第 550—552 页;XIII,第 222—224 页。

④ 帕纳戈普洛斯(C. Panagopoulos),"普鲁塔克《道德论集》中的词汇与思想",贝桑松大学,《古代历史对话录》,2,1977 年,第 197—235 页。

充的是，M.路易·罗伯特非常慷慨地在这一主题上给我们提供了不同的补充材料。我们为此在这里对他表示诚挚的感谢。多亏了这些说明，我们在此所勾勒出的概况虽然不完整但至少可以让大家看到这一主题的出现频率以及用来专门表述它的词语的变化情况。

从此以后，praos 一词以及其他一些与之意义相近的词的使用便公开指的是柔和。

因此，一个人在阿莫戈斯岛（Amorgos）和在公元后三世纪因为他的正直①和 praotès（《希腊铭文集成》XII,7,240）而被赞扬。其他的一些人，根据从前的一个比较，把 praotès 和 épieikeia 组合在一起：正如在《古小亚细亚遗址》，VIII,524 中，或者还在阿佛洛狄西亚城，参见出版在《希腊研究杂志》，1906 年，第 77 期中的铭文。另外一个在阿佛洛狄西亚城中的人物的优点同样是 praotès 和 épieikeia，这两个意义此次是由抽象之物来表示（《希腊铭文全集》，2787 和 2788）的。一名叫做艾吉亚蕾斯（Aigialè）的年轻女人似乎也对大家很温柔，如果我们对希腊原文没有理解的话②。另外一个人，在接近公元后二世纪之初以同样的方式在帕加马看到自己因在私生活中显得仁慈并节制（《希腊铭文集成》罗马 4,504）而被赞扬。并且梅加拉（Mégare）的一位年轻人稍后收到了一个漂亮的、由颂辞编制的王冠，因为

---

① 该词是 κοσμιότης;，参看更下面。
② 《小亚细亚遗址》VIII,407,7—8：我们只看到 pro……。

他"仁慈、善良并深得大家的爱戴"[1]，并且"大家之间也很谦恭礼让"（《希腊铭文集成》VII，115—117；凯贝尔462）。在公元后六世纪，人们在《帕拉提纳文选》（VII，606 = 皮克485）[2]的一篇漂亮的文本开头重新找到了形容词praos。

如果说praos于几个世纪中在亚细亚和希腊如此多地被再现的话，那么与praotès经常一起使用的épieikeia（或者，正如铭文所描写的那样，épeikeia）也是存在的。况且，这种存在不是很有依据，因为其词义经常与正义的词义接近，但不同文学文本中所表现出的细小差异使得它更有趣味。因此我们可以举几个例子予以说明：普利埃内（Priène）的一个铭文从公元前一世纪起就赞颂一个人，此人曾经就是遵照épieikôs的精神来行使职权的（I.普利埃内，119，1.13）。另外一个人因为体验过épieikôs而被赞扬：这一次涉及的是坎帕尼亚（Campanie）的铭文（《希腊铭文集成》XIV，758）[3]。另外一个人物因他的一般美德和épieikeia而被泛希腊主义议会所赞扬（《东方希腊铭文选》，504）。这个词重新出现在爱琴海各地：人们发现它要么单独出现（如《希腊铭文集成》XII，7，53 中的阿克兴（Arcésiné）和公元后三世纪以及《希腊铭文集成》XII，7，402，12 中的艾吉亚蕾斯和二世纪），它要么与"端正"相搭配，如同praotès那样（出处同

---

① 前两个形容词翻译的是(15)πρηΰν [χ]αὶ γλυχ[ύθ]υμον。

② πρηΰς, ἐλευθεθερίην ἐπειμένος, ἡδὺς ἰδέσθαι。

③ 《希腊铭文集成》XII，3，874 的修复是最不确定的。

上，408，8）。但人们在帕加马（皮克1700；凯贝尔333）或在曼提内亚（《希腊铭文集成》V第二版，268；《希腊铭文集》第三版783，12）[1]找到了相对应的词。如人们所能期待的那样，épieikeia也与正义一起搭配——这并不意味着二者就是一模一样的[2]。

但最突出的特点是，用来指柔和最具有感情的那些词以铭文的语言形式迅速传播开来。除了几乎是官方的三个措辞，我们在这里了解它们的历史，铭文语言重新找回了荷马用词èpios，这个词似乎许久以来被丢弃在了雅典人的文本中。在罗马时代，它似乎表面上又变成了日常语言；人们看到的要么是它的简单形式，要么是它的复合形式。在此之前，这些形式都是非常罕见的[3]。

于是，它就这样出现在了戈提那（Gortyne）的一首讽刺短诗当中，路易·罗伯特在《希腊史》IV，第14—16页中评论过这首短诗。该短诗说的是一位行政长官，他"对廉正的法官很仁慈，但对不公正的法官非常苛刻"[4]。它还出现在菲利普波利斯，即

---

[1] 公元前一世纪末或公元一世纪初。

[2] 该词也被当作专有名词：正是从公元前一世纪起在萨索斯为了向艾皮耶（Épié）表示敬意而颁布的政令的情况（参看撒勒威亚（F. Salviat），《D. C. H.》，1959年，第362—397页）。

[3] 米哈伊洛夫（Mihailov）III，2，1689；《总集》第三版，880，35。说的是一位官差和这样的事情，即不是用蛮横无理和暴力，而是用 [διϰα]ιοσύνη 和 ἐπιειϰίία 来管理居民。

[4] 《克里特岛铭文》，IV，325。

现在的保加利亚的一个铭文中①。它又出现在埃及,在那里年轻的萨拉皮翁(Sarapion)24 岁英年早逝了,但他被描绘成非常仁慈之人,因为他对所有事柔和,并且对人温和②。人们在空间上较远的地方,即在罗马找到了一个墓志铭,其内容是赞颂一位既仁慈又可爱的年轻死者(《希腊铭文集成》XIV,1549,10:温和,看上去高贵,善良,精明。有时甚至会发生这样的事情,即人们求助于一位有权势的人时,他们会把他当作一个仁慈的人和一个强人来看待:公元后四世纪在忒格亚(Tégée)就是这样(《希腊铭文集成》V,153)③。

对想到荷马把奥德修斯比喻成"如父亲般仁慈"的说法和想到这种说法曾经在关于君主制度的论著中所经历的辉煌的人更值得提到的情形是,铭文有时很明显地把君王或执政官的柔和与父亲对自己孩子的仁慈相提并论。因此在佛里吉亚的多里莱亚(Dorylée),赞扬一个人物美德的墓志铭中写道,他是"一位仁慈的公民,如父亲对自己的孩子一般";然而,从当时的社会背景看,这应该指的是他伸张正义的方式④。同在皮西迪亚国(Pisidie)的特梅索斯城(Termessos),一位高官颁发了一个名誉政令,人们用了一连串词来形容和赞美他——这些词超越了法语本身

---

① 米哈伊洛夫 III,1023,皮克 726。该文两次形容词 ήδύς。

② 贝尔南(E. Bernand),《希腊-罗马的埃及格律铭文》,第 79 期(皮克 854)。

③ 请参考,还是在阿克兴,《希腊铭文集成》XII,7,52,5:ἡμεῖν ἤπιος πᾶσι。ἠπιότητα 在米提林(《希腊铭文集成》XII 2,261,35)的修复是可能的但不确定。

④ *Jahreschefte*,1913 年,Beibl. 72。

的表达能力："正直、乐善好施、心地善良、温文尔雅，对每个人一直都像慈父一样！"①

除了 èpios 的所有这些用法之外，我们还遇到了一个复合词 ἠπιόφρων，意思是"仁慈的感情"：它出现在泰莱塞奈城(Trézène)的一个铭文(《希腊通讯报告》，1900，206，第 XVIII 期)②中与另外一个词 μείλιχος 组合使用。或者人们找到了同样意义的复合词 ἠπιόθυμος。这一词在比提尼亚的哈德良时期被使用过，用来形容一位非常正直而可爱的女士(《纸莎草纸学与铭文学杂志》，27，1977)；它在接近五世纪或者六世纪的巴勒斯坦也被看到过，用于描写一位神甫(《希腊铭文补编》，VIII，243)③。

除过这种重新流行起来的 èpios 以外，我们看到所有可能的和可想得到的同义词都突然出现了。

有时是 ἥμερος，就像在底比斯附近找到的讽刺短诗一样，这一短诗写于三或四世纪(Kaibel 版 l502)。这可能也是形容词

---

① *Tit. As. Min.* III, 127。

② 我们也遇到了该词作为阿斯克勒庇俄斯(Asclépios)的称号，在一个至少写于公元三世纪的颂歌里看到的：《希腊铭文集成》II 第二版，4533。实际上，韦海赫(O. Weinreich)已经指出过阿斯克勒庇俄斯和他的家人是很温和的，*Ausgewählte Schriften* I(1907—1921 年)，第 295 页；他引用在铭文或文学文本中了不同的 phitanthrôpos 的阿斯克勒庇俄斯的例证(也可能使用了 praos)。L. 罗伯特也评论过这种作用。《学者日记》，1973 年，注解 120，第 192 页。请参考前文，第 37—39，和第 516—517 页。

③ 请看在前面引用过的与狄奥多西有关的文本，第 268 也，和在注解 4 中引用过韦海赫的研究。

προσηνής 所表达的亲切的性格,如在阿佛洛狄西亚城所发现的(路易·罗伯特,《希腊史》,IV,第 133 也)。或者这还可能是热情好客的性格,如在保加利亚的阿波罗尼亚的这位大人物(Apollonia Pontica)就是如是。他不但在公众生活与私人关系中表现出这种品质,而且他对所有那些来找他办事的人都显得很和蔼并很愿意为他们服务[①]。但在这一方面最常见的形容词是 μείλιχος。我们已经在此引用的铭文中遇见过它,它要么与 praos 相连,要么与 èpios 相连,或者还与相同 èpios 相连,但以复合词的形式。这个词因此变得很常见;并且我们也许能举出很多例子,至少就讽刺短诗而言。皮克(Peek)的集录为色雷斯(246)、奥斯提亚(403,3)、罗马(1429,4)、梅加拉(1903,1)、锡罗斯(2030,17)提供了这方面的例子。

最后,我们在这些思想观念方面要注意的是,铭文如文学篇章一样开始重视形容词 φιλόστοργος 所表达的"有爱心的"特点了。至少女人们是这样。凯贝尔(Kaibel)的选择证明伊姆布罗斯岛和忒涅多斯岛上居民有这种情况,因为他们在年轻女子对父母的态度中找到了这种品质(151,16)。另外,希泽克(Cyzique)地区也有这种情况,在这那里妻子对丈夫就是如此(244,

---

① 米哈伊洛夫 I,390;参看杜蒙-豪莫勒(Dumont-Homolle),《合集》,第 454 页,111d;我们将在 L.罗伯特那里找到其他的一些例子(《东方希腊铭文选》,329,26),"关于第一次在卡利亚旅行的报告",*American Journal of Arch.*,1935 年,第 336 页,在其中我们也会找到关于同义词 εὐεντενκτός 的一些说明;请看也《铭文学报》,1935 年,第 312 期里的对一个 Tauride 的评论。

6),并且塞瓦斯托波尔地区也出现了相同的美德(403,6)①。

但链条的另外一头,并且特别是涉及到人和行政官员时,柔和就变成了一些感情色彩不怎么强烈的词语并与知道尊重他人的公民的平静的美德相结合。我们在此引用的铭文中已经两次遇到了"端正"或者 κοσμιότης。良好的秩序、平静和各得其所——所有这一切此后便进入了人们津津乐道的优点之中。我们在《小亚细亚遗址》,VIII,的第 407、412b、414、472、473、480、490、499a 和 b② 中找到了众多的例子。两个系列的说明最后汇合在了一首颂辞中,这篇颂辞可能让普鲁塔克很喜欢,并且它主要是说,我们所谈论的人物,无论男人或者女人,都没有让任何人不愉快③。

我们在这里所列的有关柔和不同意义的清单并不完整,但却清楚地展现了柔和以各种不同、有细微差异的形式茁壮成长的过程。这一罗列证明这种充分的成长不只是阿谀逢迎的政治伎俩:在大家都讲希腊语的地方,从罗马到比提尼亚、从巴尔干

---

① 关于普鲁塔克笔下的这个形容词,参看下文,第 435—436 页。再说,我们在希腊化时代就遇见过它:上文,第 349—350 页。也请参考第 192—194 页。

② *T. A. M.* II,406,19 和皮克 1504。我们将把 αἰδήμων 和 αἰδημόνως 的使用单独或者与在这里引用的词进行比较:L. 罗伯特,《安纳托利亚研究》,89,注解 1 和《希腊史》III,163,注解 3。关于这些品质,请看 L. 罗伯特在费拉特里(N. Firatli)书中的注解,《希腊罗马时代的拜占庭墓碑》,伊斯坦布尔法语学院图书馆,XV,1964 年,第 160—162 页。我们还可以给这个清单里面加上表达"淡定"意义的那个单词,它从公元前四世纪起就是一种温和的美德:参看下文引述的与克里特岛的兽医有关的文本。

③ 《希腊铭文集成》II/III 第三版,13098;皮克 931(艾留西斯)或《希腊铭文集成》II/III 第三版",5673;皮克 2016,3;参看斯克亚达斯(Skiadas),' ΕΠΙ ΤΥΜΒΩ,1967 年,第 7 页。

到埃及,用来指柔和的词语都被接受了;而且这些词语所指的品质被四处传扬和推广。人们也可以在文学文本中找到对柔和的颂扬,它们颂扬的人物既不是君主也不是官员[①];并且世俗的或者基督教的思想家们也赋予了柔和非常重要的地位——我们将看到这一点。

事实上,不用去看道德学家们的意见,在这些措辞的相同使用中已经存在两个相当罕见事实,这些事实证明对柔和的颂扬已经变得是多么的正常了,而且变得司空见惯了。

首先要在与日常谈话的礼貌用语中使用柔和。人们很乐意地对一位高级词法官宣称说欣赏、期待、赞赏他的“柔和”;有时这甚至变成了一种头衔。正如“宽大的阁下”(Clementia tua)是一种对戴克里先(Dioclétien)或君士坦丁[②]的尊称,因此圣巴西尔(Basile)在跟他的通信者讲话时称他们为“善良的大人”或者”仁慈的大人”,甚至“柔和的大人”[③]。

---

① 根据菲劳斯特莱特(Philostrate)(*Vit*. *soph*., II, 17),诡辩学家培林特的鲁福斯(Rufus de Périnthe)是:πραότητος χρηματίστης。

② 请参考 M. P. 查尔斯沃思,“罗马皇帝的精湛技艺”,*Proc*. *Of the British Acad*., 23(1937 年),第 73 和 127 页。

③ “仁慈”一点没有这样被证明:参看兹里亚库斯(H. Zilliacus), Societas Sc. Fennica, *Comment*. *Human*. *Litterarum*, XV(1950 年), 3,第 73—74 页。相反,对一个笔友使用“仁慈”这样的称呼是很普遍的事;因此,用 praotès 的,参见巴西尔,第 15 或第 73 封信;利巴尼乌斯,第 100 封信;与 μερότης 一起,拿先斯的格里高利(Grégoire de Nazianze),第 104、143、146、156 封信(参看罗伯特,《希腊史》XIII,第 222 页,注解 1)。Mansuetudo[怜悯]在西马库斯(Symmaque)和安布罗修(Ambroise)那里是一个正式的头衔。

另一方面,路易·罗伯特找到了另外一个事实,也非常有代表性:由于柔和被经常挂在嘴边,人们最终希望强化这些表面上很单调的措辞,并且我们看到以特别的方式谈论一个人"确实"仁慈而淡定①。这个人是一名克里特岛的兽医,而且这一事实给这一例子赋予了一种质朴的味道,让我们远离了帝王以及他们的仁慈。人们喜欢皇帝的宽容所产生的效果,但人们也喜欢自己身上的和大家身上的柔和。

*　*　*

从此柔和便成了闻名世界的一个特征,这一世界不再是希腊世界,而是希腊罗马的世界。

拉丁文词 barbarus 的使用正说明了意义在一种从此以后属于共有文明内的传播②。于是在普劳图斯(Plaute)那里,这个词指的是拉丁语,与希腊语相反,它在西塞罗著作中指罗马与希腊的不同人民。西塞罗在给兄弟的一封信中称非洲人、西班牙人、高卢人为"野蛮粗鲁"的民族(27);而且他在其他地方把牺牲人类的习惯视为野蛮的习惯(*Pro Fonteio*,21)。事实上,罗马正是通过拒绝这种野蛮的行为似乎把古希腊人的特权算到了自己的

---

① *I. Cret.* II,第 100 页,第 8 期。

② 请参考佛莱伯格(G. Freyburger),"barbarus 一词在西塞罗作品中的意义和演变",《桑戈尔合集》,1977 年,第 141—152 页。我们的一些例子就是从该文中选出来的。

账上,这种特权使他们与野蛮人相对立。西塞罗在《论国家》I,37,58 中思忖罗穆卢斯是否统治着野蛮人时写道:"如果像希腊人说的那样,每一个人要么是希腊人要么是野蛮人,我担心他统治过野蛮人;但假如野蛮人的说法不被应用于语言而是应用于风俗的话,那么我认为罗马人和古希腊人都远非"野蛮人"①。

无论如何,"希腊罗马"文明使这种传统延续了几个世纪;并且看到公元后三世纪的一封很感人的信,贝尔引用过这封信,该信说的是一个不想让别人看成是"无心"之人的辩解,信中写道:"兄弟们,你们认为我是个野蛮人,一名没人性的埃及人:ἀνάθρωπος②"。

这个希腊语词使人想到了米南德和罗马的 humanitas,它娓娓动听地说明了新理想的茁壮成长。

这一茁壮成长就这样反映在了讽刺短诗以及名誉政令中,它在文学文本中也留下了自己成长的足迹。柔和变成了文学文

---

① 变化开始在一些用语中,如摩罗西亚君主皮洛士(Pyrrhus)的用语中开始酝酿,他惊讶地看到在战场上排得整整齐齐的罗马军队并说道"这些野蛮人的井然有序在他看来一点也不野蛮"(普鲁塔克,《希腊罗马名人传》,5,6 =《皮洛士》,17,7);这里所看到的是严密的纪律,而别处所发生的则是温和的良俗。

② 《奥斯西林库斯纸莎草纸集》(P. Oxy.)1681。我们将把它与 P.Oxy 298 和 237 放在一起比较,在其中允许父亲重新要回自己已经出嫁的女儿的一条法律被废除并因为它的 ἀπανθρωπίαε 的特性而被排除。H. I. 贝尔收集了 ἀνάθρωπος 一词的六个其他的例子,这些例子都是罗马时期的。也请参考 A. 培勒梯耶,《马塞尔-西蒙合集》,第 38 页。关于文学文本中的这个词,请参看,有关普鲁塔克,第 434 页;关于文明的人民特有的,但特别是希腊特有的一种温和这种观念,参看下文,第 484—485 页。

本思考、分析和评论的对象。最出色的例子是普鲁塔克。普鲁塔克的作品后于被引用的一些铭文,但早于其中的很多,因为这些铭文所使用的词语是普鲁塔克的惯用语。并且正是他在柔和漫长的成熟过程的最后阶段赋予了它最重要的地位。我们在此已经考察了这一过程的不同阶段。可是,我们不可能忽略这样的事实,即在铭文学的证据不断增加的时期,基督教和世俗的作者们与其他人一样,在普鲁塔克之后依然依靠的是这种柔和带来的好名声。

这就是我们把普鲁塔克作为这本书最后两章论述对象的原因,并且我们把异教徒与基督徒之间的冲突放在结尾来讨论。但我们不要忘了在此引用的这些铭文:它们在两种情况中其实是作为彼此的对立面、回应和最后的肯定。

第十六章
普鲁塔克与英雄们的柔和

我们在接近辉煌的希腊文学的最后阶段发现普鲁塔克把有关柔和的概念推到了巅峰。这一概念在他的作品中俯拾皆是；它不仅支配着一切，而且像希腊的一个重要的生活理想形象一样光芒四射。

柔和词汇在他的作品中比在任何一名作家的作品中都要丰富和全面。Praos 和同一族类的词语在其中被使用过不下一百次；Epieikès 也被大量使用；philanthrôpos 被用得少一点，但其被使用的例证少说也有五十多处。

于是这些词促使了一些研究的出现，这些研究试图想确定它们的意义。黑尔策(R. Hirzel)1912 出版的关于普鲁塔克的书已经用了一整章来讨论"philanthropie"；更新一点的有马丁(H. Martin)对《希腊罗马名人传》中对 praotès 的概念和在次年对 philanthrôpia [①]

[①] 黑尔泽勒，《普鲁塔克(古人的遗产)》，IV)，莱比锡，1912 年：（转下页注）

的概念进行了深入的分析。但是,这些研究在试图界定这些概念的确切内容时实际上做得最好的地方是把它们的丰富性和灵活性呈现了出来。因此,马丁在总结他关于 philanthrôpia 的文本时承认它是文明人和有修养之人的最高尚的美德:"它会以适合这样一个人的任何方式被表现出来,它可能是和蔼、谦恭、大度、善良、仁慈,等等。"[①]。同样,对于 praotès,他指出它涵盖物质领域和道德领域,它具有精神的特性并参与法则的制定等。简言之,这两个概念在普鲁塔克的思想中很清楚地覆盖了更广泛的领域。

或许我们应该补充说,普鲁塔克往这些定义柔和特点的词汇中添加了一些其他的词,并且他重新使用了我们本书中描述的各个不同历史阶段所使用的词。

荷马使用的词在古典时代末早已完全过时,但却重新出现在普鲁塔克的作品中,正如我们看到它重现于斐洛德谟的一条语录中或于一些铭文中一样。Èpios 在《路奇乌斯·艾米利乌斯·保卢斯传》,39 中是按照其基本意义被使用的:据说路奇乌

(接上页注)第四章 = 第 23—32 页。马丁,《普鲁塔克作品中关于"praotès"的概念》,见 *Gr. Rom. and Ryz. St.*,3(1960 年),第 65—73 页;《普鲁塔克作品中关于"philanthrôpia"的概念》,见 *Am. J. of Philotogy*,1961 年,第 164—175 页。我们也可以引用 C.帕纳戈普洛斯的最新研究,"普鲁塔克的《道德论集》的词汇与思想",贝桑松大学,《古代历史对话录》3,1977 年,第 197—235 页;这一研究试图与铭文进行比较;它一个个地仔细观察"显贵"的理想的十二个主要的优点;柔和就出现在这些优点之中(第 216—222 页)。

① 见前揭书,第 174 页(我们的翻译)。

斯·艾米利乌斯·保卢斯一生当中一直对人都很和善,"好像他们是自己的朋友和亲戚一样"。Èpios 在《拉科尼亚箴言录》(182a)中几乎就是 praos 的同义词:据说安提奥克在老年时期很宽厚和大度地看待事情。我们多次在《道德论集》中找到 èpios①。我们也在《希腊罗马名人传》和《道德论集》中找到荷马的另外一个带有情感意义和实际意义的词 μείλιχος:这个词就这样在《老加图传》中与 praos 相关联(5)。

曾经出现在米南德作品中有关人性之美的概念也同样出现在普鲁塔克的作品中。无论如何,缺少人性是一种缺陷,形容词 ἀνάθρωπος 所表达的东西从此以后遍布于每个作家的作品中②。因此我们在《狄翁传》(7,5)中看到不近人情的性格与 philanthrôpia 的对立③;《道德论集》多次使用迂回的说法"不是没有人性"④。普鲁塔克是不是对一切与人类整体性有关的东西相当敏感,以至于,据我们所知,第一个使用了美丽的动词 συνανθρωπέω,"一起为人"⑤?

普鲁塔克最终向这些直到此处我们追踪过历史的词中增加

---

① *De tranq. an.*,468c;*De Cohib. ira*,457c;在这一章,关于一些被缩写的参考书名,我们保留了它们的拉丁语的名称。

② 例如哈利卡纳苏的狄奥尼修斯 6,81 或阿比安,VII,5,28 页。

③ 还请看《阿尔喀比亚德传》,8,6;《苏拉传》,30,6;《庞培传》,10,4;《小加图传》,5,3。

④ *De aud. poetis*,27c;*De Adul.*,54e;*Quaesi. Conv.* IX,745d;*De soll. an.*,972d;关于单独的副词:*De cup. div.*,525e 和参看 *Quaest. Conv.*,746e。

⑤ *Praec. ger.*,823b;亚里士多德和泰奥弗拉斯特斯曾经使用过另外一个更谦虚的词。

了很多其他一些绝对不是他创造的词。这些词虽然不是所他创造，但他匆忙地接受了它们并且不管它们是单独或与我们所见到过的词一起使用，它们都是用来表达柔和的。

这些词首先是一些指人的好性格的词，例如 εὔκολος：这个词使人想到米南德和"古怪人"的缺陷，但它在普鲁塔克作品中的使用是相当普遍的①。好性格与亲切是分不开的：人们直到这里一直讲忠心，但普鲁塔克也非常愿意使用像 εὐμενὴς 或 ἵλεως②这样的词。愉快在普鲁塔克笔下如同 praotès 一样都是，"泰然"的③人的美德！并且不要忘记意思为很容易与他人合作的词语，如 κοινος κοινωνικός，普鲁塔克轻易地把它与 philanthrôpos 相关联④，或者意思为容易接近的词，如 εὐπσσήορος；有机会的时候会定性 philanthrôpia⑤。他也用这个与品达一样古老词来指亲切，即 πορσηνή⑥。特别是，他还是用 praos 的同义词，我们已经在罗马时期的几个例子中遇到过

---

① 在 De cohib . ira，462a 和 c（与 praos 或 praotès 连在一起）；463d；De puer . educ . ，13d；De tranq . an . ，468e（lieàpraos）；Adux . ，608d（与 praotès 一起使用）。同样，参见《加尔巴传》，3，2。

② 请看《福基翁传》，10，7；De aud . ，44e；De adut . ，69a；参看 De San . 132d。参看 Anvitios . ，499b；参看 De San . ，125c；Antoine ，83，6。

③ 我们就是这样在 De frat . Am . ，48 中翻译该词的，在该书里普鲁塔克收集了：πράως καìι λαρῶς。在《凯撒传》4—8 中，该词与 philanthrôpos 相关；同样在《德摩斯梯尼传》22—4 中也一样。

④ 请参看《福基翁传》，10，7；An seni . ，796e。

⑤ Cons . ad Apoll . ，120a。它在 Praec . ger . . . ，823a 被与 ἵλαρς 放在一起。

⑥ 请参看，ἵλαορς 放在一起：De tranq . an . ，473e；与 philanthrôpos 放在一起：《福基翁传》，5，1。

这个词,但它已经在德摩斯梯尼和伊索克拉底的著作中很常见了,而且他本身的意思是"被驯服的":ἥμερος;。我们在普鲁塔克的作品中遇到它之时,它要么与 praos 相连[如同在《庞培传》,33,2 或者《阿基斯传》(Agis),21,5)],要么与 philanthrôpos 相连(如同在比较《吕库古-努马比较传记》,1,8—10①),要么就单独一个②。

普鲁塔克也喜欢更有情感的、更类似于心地善良一类的词语:εὐγνώμων 这个词和其族类的词语不仅很经常地和 philanthrôpos 一起使用③,而且它们还被单独使用④;φιλόφρων 这个词和其族类的词语不仅已经更个人化和更热情⑤,而且 φιλόσπτοργος 这个美丽的词语意思为"富有感情的":色诺芬已经使用该词,而且它在变成基督教词汇的一个重要的词语之前不停地传播。普鲁塔克不仅把它用于像梭伦和伯里克利这样的伟大的人身上,也把它用于普通老百姓的家庭生活中⑥。

最后普鲁塔克还使用另外一种词汇:我们不讲偶然有的一些词,因为这些词虽然描写柔和但却没有指名道姓地说出来或

---

① 同样 *De soll. an*,964a。

② 请参考 *De Alex. s. virt...*,332d;*Sap. conv.*,152e;在《卡米卢斯传》中,11,3,该词与 χρησπός 相连。

③ 《克里奥梅尼传》,24,8;《德米特里乌斯传》5,4;17,1;《马赛鲁斯》,20,1;《伯里克利传》,30,3;还请参看 φιλοφρνως;和《庞培传》,31,7。

④ 《庞培传》,65,3。

⑤ 《庞培传》,31,7;《凯撒传》,4,4;或者与 praos 相连,《克拉苏传》,30,2。

⑥ 《梭伦传》,7,3;《伯里克利传》,I,1;*Adux.*,609e。还请参考 *De virt. m*,451e。

者没有穷尽它的不同方面①。我们在普鲁塔克的著作中遇到的一些词更具有哲学性并给柔和提供了一种对应词汇，通过学派之间的辩论使之流行：比如，痛苦的缺位、忍受痛苦的能力、在反应中的节制②。这些词特别在《道德论集》中常见，而且他们通常与 praotès③ 相结合。

我们最后也许能把所有与柔和相反的词语加到这一清单中去——其中包括普鲁塔克所不喜欢的"孤僻"的性格（《论友爱》，479c），或者在其作品中出现过一次的 ἀφιλάνθρωπος，这个词指的缺少善良④。我们也许还能把所有指过度柔和的词语加进去，如柔弱或软弱——这还没有讲与柔和有亲缘关系的概念，如同情或原谅，这些思想一直伴随着柔和。

这一清单似乎有点令人不快，但却很有说服力。它相当精确地证明了与柔相关的所有传统、一切用来指柔和的词语、全部的构想它的方式从某种程度上说汇集于普鲁塔克的作品之

---

① 这是这样一些词的情况，如 εὐδιάλλαχτος；《凯撒传》，54，3—4）或 χειροήθης（"顺服的"），在 Conj. Praec. 中与 praos 相连，138b 或 De cohib. ira，453b；同样对《庞培传》，1，4）。

② 关于这最后一个有点像学校术语的，参看下一章，第 299 页。该词在重新出现在阿比安那里，VIII，8，52。

③ 请参考 De aud. poet.，37a；De adul.，57e；还参看 De inim. ut.，86c。关于 ἀνεξιχαχία：De cohib. ira，459c 并且与 praotès 相连，De inim. ut 90e。关于 μετριοπάθεια：与 praos 一起，De cohib. ira，458c（在其中 suggnômè 也被列入）；《论友爱》，489c；Ad Colotem，1119c。

④ Non posse……，1098d：该词突然出现在形容词的一个列表中，这些形容词都是以一个否定的阿尔法字母开始的。名词出现在被认为是亚里士多德所写的漫步学派的论著，即《善恶论》1251b3 中，这也是很不寻常的。

中:有关柔和的形式可以说应有尽有。

况且,这么多的词语之间并没有非常严格的界限。更确切说有一种堆砌的效果,这些措辞通过大量的累积而得到了彼此强化的作用,就如同柔和的不同方面得以互相补充并互相渗透一样。我们将看到,从前面几页中所展现的词汇来看,不同的词经常来加入到传统的形容词 praos 和 philanthrôpos 之中。我们也许能补充的是,这两个形容词不但也被组合在一起使用,而且也和它们的近义词 épieikès 一起使用。但要把两类一起出现的不同的组合相遇的所有状况都罗列出来是徒劳无益的,最常出现的组合似乎是两个主干词 praos 与 philanthrôpos 的组合;如果每个词与 épieikès 的组合使用为一个总数的话,那么其实两个总数应该是比较接近。我们将在 H.马丁的文本注解中找到《希腊罗马名人传》中出现的这些组合的例子,但这一有限范围所提供的例子远没有穷尽清单上的内容①。

更重要的是观察到意思为"仁慈"或"柔和"的词语经常与指美德的词一起使用。马丁特别列出了 praos 与指正义、节制和良好秩序的词语的相似之处和 philanthrôpos 与指正义或善良的词语(χρηστότης)的相似之处。最后这个词能被合理地

---

① 关于 praos 和 philanlhrôpos 的组合(或相应的名词或副词),我们可以补充的是,例如:《亚历山大传》,58,8;《阿塔克塞克西斯传》,30,1;《克拉苏传》,30,2;和 *Cons. ad Ap.*,120a;*De Atex. s. virt...*,332c—d;*De cohib. ira*,464d。这些还不算那些词被拉近但却没有直接被联结的段落,如 *De soll. an* 959 f 或者 *Fabius Max.*,17,7。

译成"善良"这一事实本身表明它接近了柔和。他还列举了一些例子,在这些例子中柔和竟然与平等结盟。我们也许能给这些成对的词语中增添更多他所引用的例子,并且我们还可以补充很多段落,从《希腊罗马名人传》或从《道德论集》中选出来的例子。我们也许能挑出一些其他的相当重要的对偶词,这些词把柔和与节制联结在一起:metriotès 或节制的概念在《梭伦传》,29,3 中与 Épieikeia 相连,在《小加图传》,29,4 中与 philanthrôpia 相关,并在《论德性的阶段》(*De professu in virtu*),77b 中与 praotès 连用。最后,praos 与 philosophos[①] 的组合构成一种对这样一种事实的认可:柔和在普鲁塔克那里等同于最高形式的智慧。

这种等同很自然地让他重拾了人们之前在柏拉图那里遇到的意义,即当柏拉图在谈到智者的柔和时所使用的意义:智者善于 praôs 地,也就是说泰然地忍受厄运。普鲁塔克也没有错过使用包含这种意思的短语:这一短语有一次把对他来说非常珍贵的柔和与一种堪称是斯多葛主义者的心灵的坚定联结在了一起。因此人们在他的作品多次看到过柔和一词[②]。

但更重要的是要观察到他善于把其他各种不同传统与柏拉图的传统相联。这些不同的传统指的是在雅典演说家们那

---

① 《老加图传》,24,10;*De tranq. an.*,468a.

② *De aud. poet.*,35d;*De adul.*,57c;*De frat. am.*,484ab;《伯里克利传》,34,1;《老加图传》,24,10;《庞培传》,60,8,该短语与 εὐκόλως 或 μετρίως φέρειν 交替(*De puer. educ.*,13d;《庞培传》,15,4)。

里被描述的传统并且是在柔和中看到一种民主美德的传统。普鲁塔克把这种等同应用在了人身上：他称"人民的朋友"（dèmotikos）或"民主的"人为举止亲切而简单的人；而且他把这个词与 philanthrôpia 放在一起。因此我们在阿格西劳斯身上发现了一种"质朴和仁慈"，也就是说"简单而随和"的性格（I,5）；或者克里奥梅尼从来不讲王权的那种排场和奢靡，他会仁爱地（philanthrôpos）倾听人们的声音，以至于人们"被他的亲民的举止所感动"（13,3）；或者客蒙（Cimon）在吃饭时与卢库卢斯（Lucullus）相反，他在餐桌上是"民主而慷慨"的（《客蒙-卢库卢斯的比较传记》，I,5；philanthrôpos）。同样，在《七贤宴》（148d）中年轻审慎的克利奥布吕内（Cléoboulinè-Eumètis）用她的正直和慷慨使自己的父亲对臣民更仁慈并更愿意做人民的朋友"：这一次，dèmolikos 与 praos 被一起使用。反之，一个像科里奥兰努斯那样的粗暴之人似乎让人"无法忍受、粗俗而傲慢"；然而"傲慢"这个词在此有希腊语"寡头"的意思（I,3—4）①。

因为普鲁塔克记住了另外一种对演说家们来说非常珍贵的等价，并且接受了一种雅典的或更泛希腊的柔和的存在，所以这种词的组合实际上一点都不会让人感到吃惊。我们将在下一章要在此接触的这种观念②也呈现为具有揭示作用的词语的组

---

① 相反，意思为"慷慨的"philanthrôpia 可以与"光明磊落的性格"组合《拉科尼箴言集》（*Reg. apophth.*,172b）。

② 请参考下文，第482—485页。

合,这些词组把形容词"希腊的"(hellénique)与形容词 praos 或者 philanthrôpos① 结合在一起。

柔和在普鲁塔克作品中的这种特殊身份解释了这一概念在历史陈述和道德思考中所扮演的角色。

尽管道德思考是那些历史陈述的基础,但从对《希腊罗马名人传》的考察开始显得更自然:《名人传》事实上可以被当作在前面的章节中讨论过的历史作品和更个体化的作品之间的过渡,在个人的作品中的分析也占更大的比重。

*　　*　　*

普鲁塔克在《希腊罗马名人传》中给柔和的位置如此重要,以至于没有一篇传记中没有它的影子。我们找到了柔和在其中不那么重要的传记,并且通常所使用的用来指柔和的词语并没有在其中被看到,但这种情况是非常罕见的。吕山德和苏拉的传记属于这种情况,但从比较中我们看出吕山德比苏拉以"更仁慈与更合法的方式"改变了政制(2,1);而且我们在比较了他们对城邦的态度之后把"节欲与节制"奖颁发给了吕山德(5,5 和6)。在其他各处[除了奥东(Othon)的传记,他在3,1 中说要"忘记进攻"]柔和均已这样或那样的方式出现。它甚至非常清楚地

① 关于第一组,请参考《马赛鲁斯传》,3,6,关于第二组请参考《斐洛波门传》,8,1,或《吕山德传》,27,7。

441

出现在一些段落中,普鲁塔克从这些段落中,也就是说从希腊与罗马人的英雄们的最终比较中总结出了一些基本特点。他在比较梭伦和普布利科拉、阿尔喀比亚德和科里奥兰努斯、克里奥梅尼和格拉古兄弟时只满足于简短或者间接的暗示;只有在比较德米特里乌斯和安东尼时他没有谈论柔和。因此柔和似乎变成了批判一个人的重要标准。

这意味着柔和变得越来越重要。这也意味着仁慈不再为罗马所特有。平等对待希腊人和罗马人的普鲁塔克没有任何理由偏向于罗马的仁慈:因此他比狄奥多罗斯更明确地给仁慈这一概念赋予了普遍性。

最后他通过超越直到这里一直占统治地位的实用水准而扩大了温柔的意义。可是他并不是无意间这样做的:相反,每当有机会出现时,尤其是在战争领域,他都坚持要指明征服者或结盟者实施怀柔政策的好处。因此在他的作品中很容易收集到说明这一原则的例子。

这就是阿里斯提德,他客气而友善地对待盟友并促使客蒙表现得"既随和又亲切";预料的结果达到了:"由此,不知不觉地,在不需要重装步兵、战船、骑士的情况下,只是因为运用了良策和外交手段,他就从拉凯戴孟人(Lacédemoniens)那里夺取了盟主权。事实上,希腊人通过阿里斯提德的正义和客蒙的节制已经对雅典人有好感,而帕萨尼亚斯的贪欲和严厉使前者更爱后者"(《阿里斯提德传》,23,1)。既然在此涉及到客蒙,那么不用说,我们在客蒙的生活中又找到了这个清晰的观念:客蒙"柔和(praôs)地接待那些被帕萨尼亚斯伤害过的人们,并且在他们看来他表现得很有人性(philanthrôpos),不知不觉地在希腊获得了盟主权,但一点都未曾使用武力,而是用他的话语和性格所产生的效果"(《客蒙传》,6,2)。同样的想法对亚历山大来说也有价值,因为他以同样的方式让别人归顺了他:他善待了一名使节,于是这名使节"非常欣赏他的宽厚(praotès)和仁慈"(philanthrôpia),并问他需要他们怎么做才能成为他的朋友;事情如开始的那样完美地结束了(《亚历山大传》,58,7—8)。后来还有阿拉托斯的"雅典式的和慷慨的"政策使得他提高了居住在希腊伯罗奔尼撒半岛上的人在邦联中地位并增强了他们的力量(《斐洛波门传》,8,1)①。

在这些希腊人当中,我们可以弗拉米尼努斯为例,因为他的节制同样让他获得了一些人的归顺:"这种节制的效果很快就显现了出来。因为,他们一到希腊北部的色萨利(Thessalie),许多城邦都倒向他们。"(《弗拉米尼努斯传》,5,4,请参考6,2)②事实上,假如希腊没有在弗拉米尼努斯身上发现一个友好而和平并擅长以柔和示人的首领的话(2,5:praotès),那么它不会那么顺利地接受罗马的统治。稍后,对卢库卢斯来说也是一样的:"正义与无私是一个仁慈与有修养之人的标志,而且卢库卢斯是通过这些修养而非诉诸武力来征服野蛮人的。"(《卢库卢斯传》,

① 还请参考柔和对待整个伯罗奔尼撒的阿基斯(《阿基斯传》,14,3)
② 关于这一肯定,参看下文,第451—452页。

29,6)将近同一时期,塞托里乌斯对被征服是很宽容的(《塞托里乌斯传》,6,7—8);他慷慨地给野蛮人送了很多礼物(14,1);因此很多人准备为他而死。至于庞培,提格拉涅斯在得知他的性格"仁慈而宽容"(ἥμερον 和 praon)之后才接受了罗马驻军并投降(《庞培传》,33,2)①。

从一般的政治路线到行为方式的和蔼可亲,柔和从各方面看都是有利可图的。很显然,那些深谙此道的人们可以利用柔和达到自己的目的。况且,普鲁塔克曾经指出过这样的做法。对马赛鲁斯来说,似乎出于本能的柔和与矫揉造作的柔和相辅相成:"他除了天生有人性之外(philanthrôpos)",他还善于用花言巧语来赢得人们的信任②(《马赛鲁斯传》,10,6)。斯巴达君主克里奥梅尼或许也认为这两种柔和是难分伯仲的,因为他听从了麦加洛城的一个人的建议,即不要毁坏城池,"而是要让城池中到处都是朋友和忠诚而可靠的盟友"(《克里奥梅尼传》,24,4):首先,他对这种有关柔和的论述很敏感③,但柔和中所包含的利益算计部分被斐洛波门道了出来:"他控告克里奥梅尼不是

---

①　我们可以给其中加入马赛鲁斯的例子:邦迪乌斯(Bandius)很支持汉尼拔,因为后者曾待他很好;他归顺罗马人是因为马赛鲁斯的和蔼可亲:"从此之后,邦迪乌斯变成了马赛鲁斯的非常忠诚的战友和伙伴"(《马赛鲁斯传》,10—11)。

②　文本说:"野心勃勃的性格";但是 φιλότιμον 一词不应该被理解成贬义。

③　波利比乌斯在谈论克里奥梅尼对麦加洛城(Mégalopolis)的最重要的温和时并没有把它归功于他的一个同胞;斐洛波门在这里所做的诠释在现实中应该对波利比乌斯的批判产生了影响。普鲁塔克在此与历史学家菲拉克斯(Phylarque)看法一致(参看波利比乌斯,II,61,4)。

打算归还城市,而是想俘获公民的心"(24,8)①。不管怎样,算计单独存在并和任何真正的柔和都没有关系,比如,当帕提亚贵族苏莱纳(Suréna)把获得自由的囚徒派到敌人的阵营并让他们大肆宣传他未来的仁慈以扰乱敌人的军心(《克拉苏传》,30,2),或者当安提奥克许诺仁爱地(philanthrôpos)地对待银盾兵,假如人们把欧梅尼乌斯交给他(《欧梅尼乌斯传》,17,2)。

但特别是在内部,经过精打细算的柔和是很普遍的;它不可能再把保卫集体利益当作借口。普鲁塔克非常清醒地揭露了这种倾向。古典时代的雅典曾经历过一种试图取悦别人的政治所带来的危险:那些几乎扮演的是官方的角色的"顾客们"针对罗马的阴谋的存在和内战的不断加重给打开了通往这种危险之路;praotès 和 philanthrôpia 在罗马变成了被指定的武力。

有时,也许没有任何算计的介入。正义一旦得到伸张,小加图就"表现得和蔼可而仁爱",他的慷慨最终拯救了他并使他与穆雷纳(Muréna)言归于好(《小加图传》,21,10 和 28,3)。同样,客蒙忠厚老实(praotès)的行为或者努马(Numa)的美德使得他们颇受尊重而没有人怀疑他们心里有自己的盘算②。但这些难能可贵的情况不总是能变成现实的。许多才俊因缺少一点蛊惑

---

① 我们找到了一个对等的缓和语气的措辞,当对梅尼乌斯的温和很敏感的马其顿人看到自己受到安提奥克的警告:"不是因为你们的亲切他才让他们走的,而是因为……"(《欧梅尼乌斯传》,9,11—12)。

② 《客蒙传》,5,5—6;《莱库古斯-努马比较传记》I,8;在客蒙的情况中,可是往里加入了一种阿里斯提德的算计。

人心的宣传而功败垂成——如尼西亚斯(Nicias)[①]，他不太易于交往，或者加图，他没有多少好话或 philanthrôpos。关于他，普鲁塔克说"他不允许自己的朋友们使用能取悦人群和获得人心的伎俩。因此他在候选中落败了"。

因此人们第一步要做的是要恰如其分地运用柔和(如同伊索克拉底在说到提摩太乌斯时所希望的那样)。有一些人在这方面取得了很大的成功。阿格西劳斯就有制服自己的对手的艺术：他设法在某项任务中让他们的弱点暴露出来，然后再支持他们。他就这样把"敌人变成了他的朋友并让他们离不开自己，以至于没有人可以抵挡住他的威力"(《阿格西劳斯传》,20,6)。至于僭主庇西特拉图(Pisistrate)，他"在会话中表现得既有魅力又可爱，且对他的敌人仁慈(épieikès)而谦逊"。梭伦很清楚他是假心假意的，因为他并不拥有这些品质(《梭伦传》,29,3—4)。在普鲁塔克的作品中，凯撒的仁慈就是典型的假仁慈。也许，他不至于完全否定凯撒的仁慈之真实性。他列举了凯撒对多米提乌斯·阿埃诺巴布斯(Domitius Ahénobarbus)、对于布鲁特斯(Brutus)、对他发现在埃及流浪的庞培及其家人(Pompéiens)的慷慨大方的态度(《凯撒传》,34,6—8;46,4;48,3—4)，但他也知道仁慈也是一种宣传武器。

他说凯撒就喀提林(Catilina)背叛一事做过一次非常宽容的长篇演讲；并且元老院也随着他的脚步把姿态放到最低，但他

---

① 请看《尼西亚斯》,11,2;《小加图》50,2,参看 49,6。

的目的是为了鼓励和支持有利于自己的混乱。因此加图抗议说："当你支持那些蛊惑人心的意见和说那些甜言蜜语时,你推翻了共和政体……"(《小加图传》22—23)①。普鲁塔克说,西塞罗是一位对凯撒的微笑持怀疑态度的人,就像他不相信大海表面的平静一样;他同时"看透了这种亲切和愉快掩盖下的令人生畏的凶残本性"(《凯撒传》,4,8)。

这些甜蜜的友爱证实了那时所流行的品性和对这一品性所带来的益处之意识。另一方面,人们觉得这些友爱在普鲁塔克那里比在别处表达得更为清晰,这一事实从他的角度看包括一种被提高的道德要求。确切说,因为他赞赏真正的柔和,因此他也知道如何伪造柔和。

但他的特点是,他不只拘泥于这些好处,并不仅把柔和看成获得权力的一种方法。普鲁塔克不是记述罗马伟大历史的历史学家,而是一名道德学家。因此柔和对他而言最珍贵的地方首先在它本身。他在不担心实际效果的情况下经常只指出与仁慈的行为相关的欣赏或声誉。他这样说:伯里克利的节制和柔和让他去世后得到了人们的缅怀(《伯里克利传》,39),路奇乌斯·艾米利乌斯·保卢斯的仁慈把一群心怀敬意的人吸引到了他的葬礼上(《路奇乌斯·艾米利乌斯·保卢斯传》39,9),斯奇皮奥的仁慈使他得到人们的赞慕(《弗拉米尼努斯传》,21,1—6),对

---

① 加图善于见机使出经过精心打算的温和,但这是为了国家的利益;因此是为了避免分发谷物而引起的一场骚乱(《小加图传》,26,1)。

正义的关心和柔和让西塞罗比其他任何一个执政官都受人爱戴（《西塞罗传》，6，1），凯撒的和蔼可亲的举止赢得了公众巨大的好感（《凯撒传》，4，4），小加图对麦特鲁斯（Métellus）的善良与节制受到赞赏（《小加图传》，29，4），克里奥梅尼令人赏心悦目和光明正大的举止让大家陶醉并征服了每个人（《克里奥梅尼传》，13，3），弗拉米尼努斯的柔和让他获得了一种"巨大的影响力"，这种影响力化成了人们对他的敬意。我们在所有这一切当中看到，普鲁塔克考虑更多的是弘扬美德而不是它在实际的成功中所扮演的角色。显而易见，他在《希腊罗马名人传》中对柔和的回顾受到他自己《伯里克利传》所表达过的思想的启迪：由美德支配的行动在了解这些美德的人们的身上产生一种竞争意识和热情，这种意识和热情会促使他们去效仿这些行动"（《伯里克利传》，1，4）。

正是因为这个理由他才喜欢一有可能就指出笔下人物们的柔和，而不管它以什么样的形式出现。

*　　*　　*

这并不意味着普鲁塔克歪曲史料，以便从中找出一些有教化作用但不太可信的虚构故事来。我们已经有机会看到他会对佯装的仁慈产生怀疑，而且他在使用一些用来说明这种美德的残篇时，他并不是心悦诚服，不像在其他很多历史学家那里（亚历山大对大流士的妻子和母亲的仁慈也许能作为这方面的证据)。实际上,当他在自己的原始材料中找到出柔的这些特点时①,他只满足于列举他们。我们注意到,他有时好像更看重一种版本而不是另外一个版本,其理由是前者包含某个有关柔和的更漂亮的例子。

一两个例子就足以说明他的这种偏心。

伯里克利很少恭维普通老百姓,而且与他们对立,以至于人们给他起了个绰号叫"奥林匹亚斯";另一方面,他离群索居,并且他的名字总是与伯罗奔尼撒战争之前不久发生的那些镇压有干系。所以从表面上看,伯里克利并非是一个仁慈与善良之辈。况且,普鲁塔克毫不犹豫地在他的原始材料中收集了一些对该人物非常不利的文本,这些文本严厉抨击了他在发动战争中扮演的角色——而修昔底德在谈到他时却不带任何敌意。尽管如此,普鲁塔克眼里的伯里克利是柔和的。他柔和、正直并能耐心忍受百姓所做的蠢事(2,5);他的步态甚至都是轻柔的(5);因为埃尔皮尼丝(Elpinice),他对客蒙变得很柔和(10,6);他对希腊的城邦很柔和(20,1);他在打仗时也很柔和,因为他镇静自若,不会被敌人的进攻搞得心神不宁(34,1)。直到这里,他与修昔底德的区别也主要是形式上的差异。但当人们等到伯里克利的死亡和最后的评价时,一切都变了。事实上,伯里克利在死亡的那一刻说出了很多善言,让他惊讶的是,人们对他的功绩如数家

---

① 努马、斯奇皮奥和菲利普二世的柔和存在于波利比乌斯的作品中:我们在普鲁塔克著作又找到了一些同样的迹象:《努马传》,6,3;《弗拉米尼努斯传》,21,2;《德摩斯梯尼传》,22,4。

珍,但却忘了最美和最大的功绩:"那就是,他接着说,没有任何雅典人因为我的错误而哭泣。"(38,4)然而,这类话既不在修昔底德的作品中,更不在其他任何抨击伯里克利的作者们的著作中,但它却变成了普鲁塔克著作中批判政治人物的重要因素①。修昔底德赞颂统帅的睿智,而普鲁塔克只看他到先天所固有的良善,这句话就是证据:"这样的一个人的优点就这样被欣赏,不仅是因为他百忙之中和在被暴力与仇恨的包围之中一直保持的节制(épieikeia)和柔和(praotès),而且还因为这种感情的高尚,这种高尚被看成是他生命中最绚丽的一笔,即他从来没有被欲望和愤怒冲昏头脑,尽管他有强大的力量并且从来没有把任何敌人当作是不可能和好的对手来看待。至于这个外号'奥林匹亚斯',一件事情就足以去除它的令人不快之处并展示它的得体之处,这就是它恰好被用在了一个手握权力但却宅心仁厚、生活纯洁的人的身上"(39,1—2)。伯里克利的这个词显然不是普鲁塔克创造的,但很清楚,在普鲁塔克把它当成真的来接受并赋予它这种重要性之时,他在某种意义上说改变了他关于人的形象:对他而言,才智在良善面前不值一提②。

---

①　普鲁塔克在《道德论集》543c 中也引用过它。该词还在朱利安的作品中:《欧塞比娅颂辞》,18。

②　同样。我们惊讶地看到,"根据色诺芬"所言,克莱阿科斯在战争中露出一张慈爱和 philanthrôpos 的脸(*De adul*.,69a):色诺芬说,他的阴沉的神情看起来泰然自若,他严厉害的样子看起来很自信! 直到在这样一些情况中,在其中普鲁塔克非常注意他的来源,如同在阿尔喀比亚德与米洛斯的夫人的趣事中一样(《阿尔喀比亚德传》,16,6;参看伪安多基德斯,IV,22),他往其中加了 philanthrôpia 一词……

如果我们仔细端详一下罗马人弗拉米尼努斯(显然,普鲁塔克非常欣赏他,因为他曾经是希腊的一名解放者),我们就会看到一种类似的导向,这一导向有时有点牵强①。毫无疑问,弗拉米尼努斯那时曾经试图诱惑古希腊人,但普鲁塔克却不停地强调他的柔和。他谈论他高雅的秉性、他在做事时使用说服的方法与柔和的习惯(2,5);他谈论他和善的神情(philanthrôpos,5,7);他明确指出大家的心被他所征服;他回忆说他友善地迎接底比斯人(6,2:philanthrôpos);他还说他通过自己柔和的性格(17,1:épieikeia)唤起了全体古希腊人带来的友爱。确切说,他在希腊的成功正是基于此。至于他最终对汉尼拔的冷漠,这是众所周知的,因为他晚年时不但人发生了一些变化,而且他的雄心也被坏人利用(20,2—7)。所有这一切是确定无疑的,没有任何虚构的成分。相反,李维反对城邦因弗拉米尼努斯的仁慈而投入其怀抱的做法,他的爱国主义情怀可是家喻户晓的②。普鲁塔克确实被他对柔和的欣赏而吸引。

我们中其他一些情况中重新找到了历史学家和传记作家之间的一样的区别。就这样,普鲁塔克描绘出了有关马赛鲁斯之柔和的最美图画;他甚至到了对埃那(Enna)所发生的那些残忍

---

① 弗拉米尼努斯的温和的原则已经在波利比乌斯和狄奥多罗斯那里被暗示过:参看前文,第377—378和389—390页。
② 《弗拉米尼努斯传》,5,7和6,1;参看李维XXXII,18,4—9。请看R.佛拉斯里耶尔,在《法国大学丛书》的出版说明,第161页,他列举了其他的一些对这一相同意义的歪曲的例子。

事件和其他一些类似的事件充耳不闻的地步,他宽恕这些事件的理由是伊索克拉底在五世纪关于雅典人大屠杀所使用过的论据,并且他说这是反抗者的错①!然而罗马人李维没有一点这样的宽恕,因为他要为自己的同胞辩护②。

因此,普鲁塔克承认性格中的柔和在他眼里能变成一种真正的真理之标准。于是他对吕库古君主(Lycurgue)表现出一种令人惊讶的盲信,这一盲信促使他接受了吕库古的历史存在。他试图排除一切与他在道德领域所持的观念相异的意见:"当我根据吕库古的宽厚(praotès)和在其他一切事情上的正义来判断他的性格时,并且当我看到神也为他提供了有利的证明之时,我不认为斯巴达式的克里普提(cryptie)那样让人恐怖的制度是他所建立的。"(《吕库古传》,28,13)③

可是,由于普鲁塔克对这种柔和的偏好,他可能歪曲了这些历史进行(并且我们也许能加长这些被歪曲的历史的清单④)。比起这些临时的歪曲来,我们更对他做事的灵活感到惊讶,他正

---

① 《马赛鲁斯》,20,1—2,与伊索克拉底相近,《泛雅典集会辞》,101。

② XXIV,39,9;李维在描写了屠杀之后谈到了或是因为恶,或是因为必要的惩罚;他指出,马赛鲁斯没有就此表现出任何不快,并且结果是把迦太基的很多人民拉近。在佩洛波皮斯(Pélopidas)和马赛鲁斯的比较中(1,3),普鲁塔克不再淡化马赛鲁斯的残酷。他在斐洛波门和弗拉米尼努斯的比较中对弗拉米尼努斯也一样,1,4。

③ 请参考《莱库古斯-努马比较传记》,1,10。

④ 如若阿塔克塞克西斯出现在英雄们当中,也许是因为他的柔和,他才能位列其中(参看 I,1;2,1;4;30,1 和 5);然而普鲁塔克强调过很多次的柔和似乎相当值得商榷。

是带着这种灵活性才会承认在最不同人的生命中和在人的各种各样的行为表现中都存在着柔和或者展现柔和的一个理由。如若温柔不存在于政治领域，它就有可能存在于私人领域；假如缺少它的话，那么这可能是一种演变的结果或者代表着一个例外；最后，假如确实碰到一种无法确定的行为或一个食古不化的人，普鲁塔克还可以通过对照来让人想起其他一些名人的柔和，或者他甚至可以以个人名义介入，以表达一种惋惜并确定一个最好的典范。

这种丰富性和多样性造成的结果是，我们不可能把《希腊罗马名人传》关于名人的全部的思想都整理出来。但我们至少可以根据一些例子对这些思想有个基本的了解。

首先，既然两个特殊的情况刚被从历史的角度列举了出来，我们已经可以看到，到这些名人们都是两人一组被介绍的，并且他们身上所具有的特点，即柔和在各自的传记中有增无减。

如若伯里克利被认为是仁慈的，那么费边·马可西穆斯（Fabius Maximus）在这一方面就不如他了。可是这种品质在普鲁塔克看来正好代表了他们的共同点和把他们放到一起的理由：他写道，他们"以自己的全部美德，特别以自己的柔和与正义"（《伯里克利传》，2，5）而相似。虽然当费边·马可西穆斯似乎在这一方面令人失望之时，普鲁塔克还是找到了描写他柔和的机会。人们会害怕费边·马可西穆斯发怒吗？这是因为人们认为"不再心平气和"（9，1：praotès）的他一旦被激怒就会变得严厉而毫不容情。再者，他善于自我控制：当大家近乎绝望之时，他却"泰然(praos)而神态自若地"穿过城市并"用柔和的声音跟人们说话"(17,7:philanthrôpos)。这种带有英雄主义色彩的泰然绝对和伯里克利所指出的对他人的关心不同,但它属于相同的道德标准。确实,当费边·马可西穆斯没有这些道德标准时,普鲁塔克就趁机讲述其他的人柔和,如此以来,他的文本中便充斥着对柔和的描述:他提到过马赛鲁斯并讲述了他的温和与仁慈(22,8),或者他提到了克拉苏和他温和的性格(25,4)。

同样,弗拉米尼努斯在斐洛波门还有一个与他很相似的人:古希腊人解放之英雄和希腊抵抗运动的英雄,他们两个都为一个崇高的理想奋斗。这位古希腊人在此并非两个人中最仁慈者;普鲁塔克指出了他的缺点:与埃帕密浓达相比,他们有很多相同的品质,但他同时缺少某些品质;缺少那些品质呢?——确切说,他缺的是"柔和、严肃和人情味"(3,1)。也许斐洛波门将会安详地辞世,他"温柔地"看着使者并庆幸自己知道一些人逃脱了。但在他生命的剩余时光里,他经常表现得很刚毅而非柔和。那么普鲁塔克会因此而指出他的劣势吗?不!相反,在他于两个英雄之间做的比较中,他认为斐洛波门更具优势:"提图斯(=弗拉米尼努斯)对古希腊人的宽容和富有人性的行为证明了他的慷慨,但斐洛波门的行为更慷慨,他为了保卫自由而坚决同罗马人展开斗争;由于取悦需要我们的人要比通过反对强势者的意图而阻碍他们更容易"(3,4)。斐洛波门高贵的事业排除了弗拉米尼努斯使用的方法:这一高贵让他面对死亡时泰然自若,而我们已经看到弗拉米尼努斯却在衰老来临时让自己迷失在了惶恐之中。每个人有自己展现"柔和"的方式!

倾向因此是清晰的,而且意图是非常清楚的。然而这里涉及的远远不是例外的情况。事实上,我们可以按照顺序来看这些两两对照的名人们的生活——至少最初的一些人的生活,我们会轻易地看到选择的丰富性和导向的永久性。

忒修斯和罗穆卢斯代表很久以前的名人,他们的日常行为鲜为人知。但是忒修斯已经在伊索克拉底的著作中被描述为一个节制之人,正是他的这种节制才使大家都对他很忠诚,并且这种节制得以在雅典的"柔和"中继续存在(《海伦颂》,37):当然,普鲁塔克把它变成了忒修斯的重要特点;并且在提到忒修斯的已经变成奴隶和贱民庇护所的陵墓时,他写道:"理由是忒修斯以弱者的保护者和辩护者的身份行事,他人道地接受他们的祈求"(36,4:philanthrôpos)。那么罗穆卢斯呢?普鲁塔克清楚地承认他与忒修斯相反,因为他改变了君主制,不是像忒修斯改成民主政治,而是改成了僭政①。可是我们不要相信他的情况全部是负面的:罗穆卢斯和雷穆斯(Rémus)两个兄弟从年轻时候就开始考虑保护被压迫者免受暴力的伤害(《罗穆卢斯》,6,5);对权力的掌控经验使罗穆卢斯获得了盛气凌人的资本并使他像专制君主那样我行我素(26)②。因此他和忒修斯一样,他们的

---

① 在他们之间的比较中,普鲁塔克承认在两个情况中都有缺点:实际上,不一定要通过强化权威来拯救之。但忒修斯的缺点来自于"宽厚"和"人性"(épieikeia 和 philanthrôpia),而与之相反的缺点则来自于自私与严厉。

② 再说,柔和介入到了这一传记中;但那是努米多尔(Numitor)的传记(7,5)。

举止中并无柔和，而且他们也并不忠实于这种理想，他们有的只是良好而慷慨的意愿。

我们可以三言两语把吕库古和努马带过：前者已经讲过，而后者擅长用自己的亲切和魅力征服人民；至于他的思想，一般而言是"仁慈而有人性的"（《吕库古-努马比较传记》，I，8—9）。梭伦和普布利科拉（Publicola）也是很久之前的名人。但对梭伦来说，事情很简单。普鲁塔克回想说，梭伦以自己的善行减少自己的财产（梭伦，2，1），他在不显得柔弱的情况下善于把力量与正义相结合（15，1），他也拒绝僭政并在不信任庇西特拉图的同时试图"让他变得仁慈"。公开行动中的节制是柔和的形式之一。这种节制与普布利科拉有着密切的关系。普鲁塔克说普布利科拉的外号的意思是"让人民感到很光荣"（《普布利科拉传》，10，9，请参考1，1）。他的行为也是如此：普鲁塔克说，人们之所以求助于他是因为"他的和气与善良"，是因为人们知道他对所有找他的人有求必应并且他的家门永远为那些想跟他说句话或想找他帮忙的最卑贱者敞开（4，5）；然而这些普布利科拉美德被普鲁塔克加进了一句话，这句话非常适合用在哈利卡纳苏的狄奥尼修斯（Denys d'Halicarnasse）身上[①]。总之，他的生活变成了对梭伦理想的追求：他没有让执政官变得"对公民们和蔼和仁慈"吗？（《梭伦-普布利科拉比较传记》，2，1）。他逝世后得到了大

_____

① 请参考 R.佛拉斯里耶尔，《法国大学丛书》的出版说明，第55页和相关处；参见哈利卡纳苏的狄奥尼修斯，v，7。

家的沉痛哀悼,并且他有过幸福的一生,就像梭伦有关泰洛斯所说的那样的幸福人生(1,5)。

提米斯托克利和卡米卢斯提供了一些更耐人寻味的情况。与其说柔和是提米斯托克利的行为,倒不如说柔和更是阿里斯提德的行为:普鲁塔克承认这一点,但这种比较依然是一种提及柔和的方式(《提米斯托克利传》,3,3)①。卡米卢斯也因为其他的一些美德而引人注目:可是普鲁塔克找到理由说,他的节制使得他在行使权力时不会引起贪欲(I,4),或者他看到胜利所带来的诸多麻烦而伤心(5,请参考10)。与罗穆卢斯一样,卡米卢斯随着功成名就而变得傲慢无礼(7,1);普鲁塔克承认卡米卢斯很难忍受自己的悲伤,或动辄就恼羞成怒,他为此还责备了他,但同时提醒说,他"从本质上讲还是温而和善良的"(11,3)。

阿尔喀比亚德和科里奥兰努斯更值得怀疑:阿尔喀比亚德的《传记》讲述的是其他人对他的柔和,不管是苏格拉底(1,3)的柔和或雅典人的柔和(16,4)。至于科里奥兰努斯,普鲁塔克承认他不但性格粗鲁(1,3—4),而且恣意放纵(15,4),甚至当他在不幸中表现得很坚强时,普鲁塔克却明确指出"这并非是他的反省或柔和的性格在他身上所产生的效果:他没有耐心忍受发生在他身上的变故,但他为愤怒所苦……"(21,1),最后,科里奥兰

---

① 该《传记》也指出,提米斯托克利的荣誉,即使他死后,也让他与波斯王的 philanthrôpia 旗鼓相当,尽管他并不想为后者所用。再一次,其他人的柔和并没有消失,即使主角所表露出来的柔和很少。

努斯烦躁而愤怒地回应了一些理性的要求(30,7)。因此,他离柔和还很远,而且这是普鲁塔克本人承认的。于是,在这种极端情况下该怎么做呢?普鲁塔克的做法是本人亲自出马来提出这种柔和的价值,因为光靠事实是很难说清其真正意义的。他写道,沉着与柔和(praon)"是政治人物的重要品质并且是通过理性和教育来传授给他的。他(科里奥兰努斯)也不懂得要不惜一切代价避免粗鲁——正如柏拉图所言,粗鲁是孤独的伙伴,当我们试图操控公共事务与人时,并且必须要具备一种能耐心忍受经常被人嘲讽和辱骂的美德。"(15,4)因此坏的例子也可以用来阐明一次良好的教训:在这种情况下,仅仅需要传记作者来重新恢复柔和的光彩。

普鲁塔克将对老加图使用相同的办法。后者不但有一种与众不同的心灵力量,而且也有一种特别的粗犷和严厉。因而,普鲁塔克,就像对斐洛波门那样,也谈论到一次悲伤的事件,但老加图作为哲人能泰然地(praôs)忍受之(24,10)。普鲁塔克也提到了其他一些名人的柔和:加图很欣赏苏格拉底一直对坏脾气的妻子的忍让与温柔(20,3)。最后,如同对科里奥兰努斯一样,普鲁塔克以他个人的名义出面干预。他谴责了加图对自己奴隶的态度并在一篇著名的文本中写道:"就连无理性的动物都有善举与礼让,它们来自于一颗慷慨的心,如来自于一个不会干涸的源泉一样。具有善良禀赋的人会喂养自己那些年老力衰的马儿,他不仅会照料小狗,而且也会照料那些年迈的狗"。最后,他在更后一点的地方明确指出,习惯了对奴隶仁慈宽容之后,人就会越来越有人情味①。

这个例子很好地说明了在这些缺少柔和的名人们的生活中是有柔和存在的。在关于科里奥兰努斯时，这个例子也被引用，它就这样打断了直到这里一直被遵守的顺序。况且，我们也许可以用它轻而易举地结束上述观察，因为观察的方法似乎已经无懈可击，而且柔和也都一直存在。但用两个普鲁塔克过多评论的例子来收官就等于给这种存在一个非常错误的概念。因此，为了重现《希腊罗马名人传》中的主调，我们最好还是要补充一对名人的生平。

事实上，提摩利昂和路奇乌斯·艾米利乌斯·保卢斯本身就可以成为典范。我们从引言中就得知提摩利昂的"性格极其柔和(praos)，除了他对僭主和恶人的刻骨仇恨之外"(3,4)。并且我们将在会在结论中重复说"他在对付野蛮人和僭主时表现得既足智多谋又勇敢无畏，但对古希腊人和他们的盟友则表现得直率而柔和(praotès)"(37,5)。或许他有点过于柔和！事实上，在与路奇乌斯·艾米利乌斯·保卢斯的比较之后的结论是：一直担心被误解的人往往有着温柔而细腻的性格，但缺乏做大事的魄力(2,11—12)。至于路奇乌斯·艾米利乌斯·保卢斯本人，尽管他不想通过"展现自己随和的性格和对下属的柔和"(3,6)来赢得权力，但他却变成了一位真正的对希腊人柔和的典范，他访问他们城邦的目的是为了重新创造光荣和乐善好施的形

---

① 5,2和5：请看下文，第479—480页。

象,(28,1:philanthrôpos),他抚慰人们,送给他们麦子和食油。他的人情味也在对待珀修斯方面表现得淋漓尽致(37,2)。由于他生前为人慷慨大度,在他辞世后有很多人参加了他的葬礼,人们悲痛欲绝(39,9)。最后,他勇敢地经受住了失去自己小孩所遭受的打击,正是这种勇气与自我控制力才使得他变得非常仁慈并使得他比提摩利昂"更完美无瑕"(《提摩利昂-路奇乌斯·艾米利乌斯·保卢斯比较传记》2,10)。

当然,我们也许可以继续我们的考察①。我们前面已经这样做了。但普鲁塔克所开创的这种不厌其烦地四处追踪柔和的做法本身使得对这种考察的陈述变得冗长拖沓。再说,这种做法有可能提供的仅是一种单一的批判,而这一批判并非完全是普鲁塔克真实意图的反映。实际上,他所赞颂的柔和的形式是多种多样的,他成功阐明这些形式或让它们得到重视所使用的方法也是多种多样的。为了说明这一点,我们将在这里补充几个例子,这些例子在时间上要晚于前面的例子,但它们表明,当普鲁塔克在丰富的资源中研读名人们的性格与行为方式时,他所描述的柔和也就变得更具体、更清晰、更生动。

我们要说的就是格拉古兄弟:提比略·格拉古,他外表温文

---

① 请看按顺序阅读《名人传》的剩余部分:《佩洛披达斯传》,26,2和8,《马赛鲁斯传》1,2—3;3—7,《佩洛披达斯-马赛鲁斯比较传记》,1,3和3,2。《阿里斯提德传》,23,1;《老加图传》,20,3;24,10和前面,第289页。《客蒙传》3,1;3,3;5,5;《卢库卢斯传》18,9;29,6;32,6;《客蒙传》《卢库卢斯传》1,5。再请看《阿格希劳斯传》2,2和14,1;《阿基斯传》,20,5和21,4;《克里奥梅尼传》,1,4;2,6;13,3;32,5,等等。

尔雅、平静大方,其性格审慎而温良,其话语中充满善意,或者盖厄斯·格拉古,他性格随和,但头脑不太冷静,需要一个拿着长笛的奴隶负责提醒他要保持仁慈的样子①。我们也打算提及格拉古和他谦恭的举止:没有如此默默无闻或卑微的罗马人,以至于人们跟他打招呼时就直呼其名(3,5);并且他助人为乐的精神弥补了他所犯过的很多错误②。我们还想提及布鲁图斯(Brutus)和他对被征服者的仁慈(26,2;30,6)。有人告诉我们说没有任何人讨厌他,甚至他的敌人,因为他极其仁慈……(30,6)但这种生动而逼真的柔和的最好的例子也许是庞培,因为人们好像看到了活生生的他,并且他的柔和很少有像政治人物或军事首领那样的仁慈。

他有时也会是后者那样的仁慈。并且与西塞罗在著名的《支持曼尼利亚法》(*Pro lege Manilia*)中一样,作为军事首领的庞培非常有人性,以至于人们不知道敌人在跟他打仗时是否更害怕他的优点或当他们被征服之后是否更欣赏他的柔和(42)。同样普鲁塔克转述说,他的柔和与仁慈的声誉让提格拉涅斯归顺了他(33,2);并且他没有忘记说庞培很尊重米特拉达第(Mith-

————————

① 关于提比略(Tiberius)请看,2,2;2,5;11,5,关于凯厄斯(Caius)则看:5,4。长笛的轶事在《提比略·格拉古传》(*Tiberius Gracchus*),2,6中,非常有名;它出现在《道德论集》中,但也出现在西塞罗或瓦莱尔·马克西姆的作品中。提比略·格拉古的传记也包含一位法官的柔和,即穆奇乌斯·司凯沃拉(Mucius Scaévola)(19,4)。

② 在他的传记中也出现了他的同事路泰提乌斯·卡图卢斯(Lutatius Catulus)的柔和(13,1)和斯巴达克斯的柔和(8,2)!

ridate)的嫔妃们(36,3)——这让人想到了先由亚历山大后由斯奇皮奥所指明的在一些相同情况中的美德。

但他所刻画的庞培的形象绝不限于对一个传统的老生常谈予以建设性的说明。

首先,当庞培的人性达不到《希腊罗马名人传》中所推崇的理想的高度时,普鲁塔克便会持保留态度。在第 10 章,我们发现庞培在人性化对待城邦方面有些例外;我们也发现他以"不人道的"方式藐视卡本城(Carbon)的灾难,至少给人的印象是那样的。最后,普鲁塔克在引述可靠的来源,即凯撒的朋友欧比乌斯(Oppius)的同时,并且在指明我们可以怀疑其真伪的全部的理由的同时,他指出了另外一个在强行处理昆图斯·瓦勒里乌斯(Quintus Valerius)时的"无人性"的表现。这些诚实的评说①让出现在其他地方的颂词获得了可信度。它们也说明庞培达不到普鲁塔克所期待的英雄标准。

但是庞培本人在其他方面的性格是非常好的,普鲁塔克打算让人们喜欢他的这种性格。庞培不但光明磊落而且平易近人(I,4)。他的相貌已经很讨人喜欢:他在没有开口之前就让人产生了好感,因为他可亲的样子中透着尊严和仁厚(2,1:philanthrôpos)。这种和蔼可亲每时每刻表现在传记中。如果说在他一份遗嘱中被遗忘并对此感到很失望,但他知道以节制

---

① 还有其他很多与庞培的保守行为相关的例子:16,5—7;23,1—6、30,6,8、38,4 和特别是 52 的结尾和后面的段落。

和政治智慧忍受之(15,4)。他不是一个爱记仇的、无事生非的人;如果说他的力量威震四方的话,那么"他的美德和宽厚(praotès)也不可被小觑。正是这一点使他的朋友和熟人有恃无恐,瞒着他做了很多错事:他很自然就没有被敦促阻止或惩罚那些恶行,并且跟他打交道的人都觉得他会甘情愿地(eukolôs)忍受他们的贪婪或冷酷"(39,6)。为了避免人们妒忌自己宠臣那些过于无拘无束的举止,他会"任由他无理地对待自己而不生气"(40,6)。他也懂得"默默地忍受"(60,8)偶然的一次嘲讽;他之所以看错了凯撒,就是因为他的友爱使他产生了信任。庞培因为所有这些行为而受人爱戴;并且普鲁塔克实际上在内战爆发时就注意到了在这一点:"甚至直到这些危机爆发后,庞培看起来仍然让人羡慕,因为人们很喜欢他:事实上,虽然可能有很多人不满他搞的这一套,但没有人仇视他。有人还观察到,那些因为热爱自由而离开的人要比那些因为不能决定放弃庞培而离开的人要少。"(61,7)①

因此这种热心肠是人的一种品质,这种品质和君主或谋求君主之位的人们的仁慈是大相径庭的。并且人们看到,假如被普鲁塔克所提及的柔和在某些情况下效法于政治典范,如伊索克拉底所描绘的那些典范,或者甚至被提升到直面死亡的智者的柔和的高度,如柏拉图所描述的那样,但它有时也酷似《居鲁

---

① 请参考 R.佛拉斯里耶尔,在《法国大学丛书》出版的说明,第148—149页。

士的教育》中出于友爱而邀请吃晚饭的那种简单而具体的对人的关心。普鲁塔克在这些典范之中根据情况而进行选择；并且它们的组合本身有一种前面任何作者都不拥有的一个优点——也就是说心理分析非常细腻。

这种多样化本身也标志着一种持久不变的倾向，即尽可能地四处寻找柔和的影响。并且这也相当清楚地指出一种严密的道德体系支配着这一持续的寻觅。实际上，《希腊罗马名人传》仅仅是对一种形成于《道德论集》中的学说的阐述。至少从表面上看，如果《希腊罗马名人传》是那些曾颂扬过仁慈的历史作品的延续的话，那么《道德论集》则为它们提供了一个坚实的基础，这一基础在经过很长时间的销声匿迹之后重新出现在了哲学家们分析之中，从亚里士多德以来，这些哲人们在道德标准中给了柔和一个还称得上重要的位置。

第十七章
普鲁塔克与智者们的柔和

让人相信柔和只限于政治领域中并以具有不同特点的仁慈的形式表现出来,这对于拉丁思想来说是非常不公正的。实际上,关于希腊化时代的哲学学说,我们已经在此遇到了西塞罗对人类之爱的精辟分析;并且这一主题好几次出现在了他的作品中,尤其是出现在了他的书信或《论至善与至恶》中。关于罗马的法律的柔和,他甚至指出一名雅典人对于雅典律法和它们的柔和所怀有的自豪感(《支持拉比里乌斯》,10)。同样,塞内加在其他一些论著而不只是在《论仁慈》中谈论过泰然或者慷慨。从波利比乌斯开始形成的一种思想史不再仅仅是希腊的了。从表面上看是这样的状况,另外还要考虑一种可能性,即一篇拉丁文本在两个希腊作者之间所起的中介作用。

可是,必须划定一个范围的做法迫使我们不得随意地做出某种区分。普鲁塔克的《道德论集》类似一个永不枯竭的关于柔和的大宝库,其中的财富可以被拿来作为辩词。因此拉丁语作者的作品,尤其是塞内加的作品只有在与《道德论集》对进行照时才会被提及,而且是作为比较的基础被提及。

所以,柔和在普鲁塔克那里不像是他通过学说上的继承而得到的一个"现成的"概念,而是深植于其人格和性格之中的一种价值。

事实上,他的作品给人的印象是,这是一部既充满温情又有独特思想的作品,这一思想明确承认温情在人身上的存在,并且它着实也是该部作品的亮点之一。

这与《希腊罗马名人传》似乎如出一辙,因为我们看到普鲁塔克在《伯里克利传》的开头就谈到了一种"爱与友爱的自然感情";为了指称这一感情,他使用了亚里士多德的一个词:φιλητικόν,意为倾向于爱,并与另外一个经常出现在他自己作品中的一个词φιλόστοργον组合使用,这一次的意思是趋向于钟爱。他还在《梭伦传》(7,3)中说:"事实上,于我们的心灵中存有一种情感之习性:它是为爱而生";这种倾向在更后一点的地方叫 φιλόστοργον①,就像在《伯里克利传》中一样。

这样的一些爱的宣示却没有流露出任何斯多葛主义的腔调。但支配这些宣示的学说为柔和开辟了道路,如同为这种天

---

① φιλόστοργον 已经在色诺芬的作品中出现过,在其中它是温和君主的象征:如阿格希劳斯(《阿格希劳斯》,8,1)或者居鲁士(《居鲁士的教育》,I,3,2)。关于它在爱比克泰德和马克·奥勒留的作品中的存在,请参看我们的第 214 和 306 页。还请参考第 229 页。要注意的是,圣保罗把这种温和变成了基督教美德,即爱我们的邻居如爱我们的兄弟(《罗马书》,XII,10)。

然温情的直接后果之一开辟了道路一样。

　　这一结果显然在家庭关系中找到了一个特殊的领域。并且这就是普鲁塔克关于父母对子女的爱(《给妻子的安慰信》,《论对后代的爱》①)或者对兄弟之爱(《论同胞之爱》)的不同论著所阐明的东西。所有这些论著都歌颂一种形式的 φιλοστοργία,结果就是一种形式的柔和。

　　普鲁塔克父母般的温情在他写给妻子的安慰信中被淋漓尽致地被表达了出来,但他所描述的自己女儿身上的品质也意味深长;由于普鲁塔克甚至带着一种甜美的温情来回忆他女儿的温柔:"不可思议的是她天生温柔善良,她努力想让人知道她爱那些爱她的人并想方设法让他们高兴"②,不停地给其他人送自己有的那些小孩子的宝贝玩意(608d)③。小姑娘身上这种出于本能的温情与她的家人对待他人的谦虚态度如出一辙,因为他们更多的是为别人着想④;他们对女仆们很宽容(609c),在表达悲伤时很有节制,并且他们不会拒绝别人的友善、陪伴和热情好

_____

　　① 　这一论著特别研究的了动物对它们后代的爱,但它也把人作为研究目标。或许应该给清单里加上《致阿波罗尼乌斯的安慰信》,尽管人们经常认为它是假的;但请参看汉尼(J. Hani)在自己论著出版中的辩解,巴黎,任克林西克出版社,1972 年。

　　② 　阿米约的翻译,稍微做了修正。尽管塞内加也在写给马西亚(Marcia)的安慰中赞颂友爱所带来的温馨与愉悦(5),但在任何安慰中都找不到与该安慰旗鼓相当个的段落。

　　③ 　请参考《致阿波罗尼乌斯的安慰信》120a,在其中年轻的死者爱他的父母、亲人和智慧,总之,他是 philanthrôpos 的。

　　④ 　请参考 609c:φιλανθρωπίας。

客(610a；philanthrôpos)。因此，父亲般的温情即使在残酷的战争年代也始终伴随着对他人的关怀。

至于兄弟们，他们对普鲁塔克来说也是很自然地团结一心，就像五个手指那样缺一不可。他们的友爱是一种形式，是"让我们受欢迎并让我们寻找社会关系与友情、教育我们重视荣誉、培养传统文化并保留它，因为，除非妨碍天性，我们的生活当中不可能没有朋友和社会关系"①所具有的形式；这种友爱因此是最自然的友爱之一。况且它是亲朋好友们快乐的源泉。因此它必须用相互的宽容来加以保留，也就是说通过柔和加以保留。人们谦虚(praôs)而心平气和地向一位兄弟让步(484a—b)；人们对一位兄弟表示充满人情味的关怀(487b；philanthrôpos)；人们心甘情愿地在他面前表现得谦逊；人们敬重他，就像加图敬重他的兄弟那样：他"很听他的话，对他很亲切(praotès)，而且不多嘴"(487c)。在有芥蒂的情况下必须立刻和好；假如我们不在亲朋之中使用"柔和(praotès)与耐心，即节制之子"(489c)的话，那么大自然就枉然赋予我们这些品质了。因此，必须学会请求原谅和原谅别人。同样兄弟应该平息姊娌间的怨愤(491d)。特别是不要轻信闲言碎语，要善于看轻自己的优点而接受对方的优点，并且要忍受他的缺点。兄弟间的情谊被认为是很珍贵的，其特点也被描述得最具体。我们或许应该提醒大家，普鲁塔克在这

---

① 《同胞之爱》，479c。"孤独"的概念是有 μονοτρόους；参看第 XVI 章，第278 页。

一论著中两次提到了泰奥弗拉斯特斯,这使我们想到了漫步学派,因为漫步学派所扮演的角色对我们来说是很重要的;但这一论著的主题其实最具有个人色彩:它很显然是普鲁塔克生活经验的总结与延伸。

同样的温情对配偶是很有益处的——并且我们知道,普鲁塔克非常认真地描述过夫妻之爱。一种同样非常珍贵的感情让朋友之间互助友爱:即使朋友犯错也从来不责怪他们(《论奉承者与朋友》,69b—c)。

渐渐地,人们对亲人怀有的友爱变成了对自己同类的友爱:《致阿波罗尼乌斯的安慰信》中讲述的年轻人首先爱自己的父母,然后爱自己的亲戚和朋友,总之一句话,他爱人类①。这就是我们在斯多葛主义者那里遇到的普世之爱——但充满温情。

一般而言,与他人的关系应该反映出一样的温情;并且这种温情应该渗透到了政治之中②,因为"关心群体、爱人(philanthrôpos)、热爱国家、关心他人并有真正的公民意识"的人确实正在从事政治活动,即使他没有正式的职务(《如果一位

---

① 希腊语原词考虑到了这种同时性;文本的后续部分明确指出了这种温情的扩散:年轻人对他的同辈人和熟人充满了友爱、对他们的长辈尊敬有加、对外国人和本国公民非常友善、对大家都很礼让—因为他们可爱和亲切的样子而受到大家的喜欢。我们在这一颂辞中的一些用语非常像我们曾经引用过的墓志铭中的一些话(前面,第270页)。

② 我们也在教育中重新找到了它:论著《论儿童教育》可能不是真实的,但其中对宽容的强调确实非常出色的;父母们应该记得自己也曾经年轻过,所以他们应该容忍自己孩子的错误,而不应该恼羞成怒;他们也应该,如医生所为,把praotès与责备的苦涩混为一体(13d)。

469

老人家……》,796e)。同样的态度应该在整个社会生活中成为主流。这就是为什么人们感到很奇怪,因为普鲁塔克写了很多短小精悍的论文来不厌其烦地描述那些让人恼火的小毛病:粗鲁、自吹自擂、喋喋不休、恬不知耻、贪欲等等①。这些分析很自然让人联想到了泰奥弗拉斯特斯所描绘的那些形象。另外,它们讨论的也都是对他人的关心和如何表现得平易近人以及如何才能真正地有人性。

这种如此珍贵的 praotès 也存在于哲学关系中,这并不让人感到意外。但普鲁塔克觉得 praotès 甚至比纯粹的智力品质更让人赞叹,因为这些品质只会让人喜爱逻各斯(logos)和认知(《为何皮提亚不再用诗句来表达神谕》,395a)。

所有这一切来自于同一灵感;普鲁塔克在描述这些充满柔和与友爱关系的同时也好像在描述自己。

但柔和除了是先天的友爱的表达之外,它还是一种义务。父母与孩子之间、夫妻之间、朋友之间和同胞之间的这些联系使一种特殊的柔和成为必要,但即使这样,柔和也必须被维护、被推崇、被学习。最后,它应该在人与人之间都如是。

因此普鲁塔克重拾了在他之前已被论述过的主题,这些主题讲的是如何压制愤怒与厌恶。其中有两部著作说的就是这种情况,塞内加写过类似的两本著作:《如何控制愤怒》和《论平

①　关于柔和与节制的概念有好几次出现于其中:《论好奇心》,522d,《论假羞耻》,529a。

静》。

　　一切可以想象得到的、能防止读者们发怒并能平息他们愤怒的方法对普鲁塔克来说都是可行的：一开始就要压住火气、用微笑冲散怒火、退出人群、阅读一些有益身心健康的文本，等等。总之，整部论著在这里也许都能被作为一首歌颂柔和的颂辞来引用。该篇讲的是如何让人变得 praos 并服从理性，但不会出现懒惰与懈怠；因为这种柔和"像松过的土地一样提供了一个平整而松软的场所，很适合平复先前的狂怒与尖酸刻薄"(453b)。它还试图说明如何让生气的人变得"温顺、平和、不急不躁和冷静理性"(453c)。这需要很长时间的磨砺，因为生气的时候人会不屑那些"温柔而甜美"的话语(454b)。普鲁塔克引用了一些的著名例子来说明如何节制自己(457e节；458c)。事实上，愤怒是一种最可恶的情感(455d)。对奴隶最好使用宽容，以冒着宽容可能会对他们产生消极影响的危险；否则尖刻和狂怒也会伤害到人们自己(459c)；打人从来就不是什么好事(459c—d)。对待妻子和自己朋友们的原则都是一样的：我们必须和蔼可亲、坦诚仁慈(461a)。我们必须"热情地接待朋友，要面带微笑，态度要亲切，不要愁眉苦脸，也不要让下人们噤若寒蝉"(461d—e)。在家里遇到麻烦事的时候，我们要尽量保持平静，因为平静可以帮助你做到以上几点(462a)。这样，人就会避免养成坏性格(462c：duskolia)并能以灵活的态度来消除他人的愤怒(462c—e)。总之，这里存在着一种对于自己和对于他人的义务，由于"这种亲切、这种柔和、这种人性对于周围亲近的人和对于拥有它们的人同样都有利、友好、有欢乐"①。

诚然，在这种对愤怒的否定中，并不是一切都是独创的；通过与比较塞内加的《论愤怒》的比较就足以证明这一点。可是，尽管从一到另外一部论著一般论点和某些例子经常是雷同的，但普鲁塔克比塞内加每次都更强调柔和、善良、群体性，这是不容置疑的事实：况且，他不满足于否定愤怒，他要树立一个与之相反的典范。这种区别甚至出现在了与塞内加最类似的一些段落之中。

因此塞内加和普鲁塔克在谈论控制愤怒时都提到了苏格拉底的做法(455abIII，13，3)，但塞内加说苏格拉底是通过降低嗓门并尽量长话短说，而普鲁塔克则增加了一个比较，而且他特别讲到苏格拉底是通过了一张"微笑"的脸和"柔和"的目光(pra-oleron)来化解愤怒的情绪。塞内加和普鲁塔克也都说过愤怒会让人变得丑陋无比(455fII，35，1—2)，但塞内加只是一笔带过，而普鲁塔克则和颜悦色地说他很难受得了将来有一天被他的朋友们、他的妻子或女儿们看到他发怒的样子；对他人的敬重增强了这一论据的分量。塞内加和普鲁塔克提了一个方案，这就是给自己树一面镜子(456aII，36，1—3)，但普鲁塔克更强调个人的修养："如果……，我就不会生气"。塞内加和普鲁塔克都讲述阿加托克利斯的故事：他因相貌丑陋而受到侮辱，但后来对嘲

---

① 这些段落中都包括 praotès(还请看 453d)、épieikeia(还请看 460 ef)、eu-noia(还请看 460 ef)、eukalia(还请看 463d)。我们找到同一个词 ἤπιος：457c。

笑过他那些人进行了报复（458fIII，22，4—5），但塞内加让人回答他说，他非常高兴能在自己的阵营里看到西勒努斯（Silène），而普鲁塔克用带有一种揶揄的谦恭说："而我还为自己以相貌堂堂呢！"。然后，当嘲笑者沦为奴隶之时，塞内加让人告诉他说，他觉得给这些爱嚼舌头的人找一个主人是好事，如果他们还敢再嘲笑他，普鲁塔克将会告诉他们的主人：文雅甚至在这种有点残酷的事情中都有表现。况且，一个相同或类似的轶事又出现在了王权的用语之中，并伴有这一个观念，即阿加托克利斯很柔和（praos）且微笑着表达了自己的意见（176f）。塞内加和普鲁塔克斥责那些因为一名奴隶的错误过度愤怒的人们（461bII，25，4），但塞内加只限于谴责这种态度并以要求鞭笞人们拷问自己的灵魂而结束，而普鲁塔克不但没有理会这种粗暴，他反而提到了那种和蔼可亲、简单质朴和令人愉悦的形象，因为这种和蔼能让你们"仁慈地对待家仆、妻子和朋友"。塞内加和普鲁塔克不喜欢在饭桌上发火的人（461cII，25，1），普鲁塔克补还充道，饭桌上莫名的火气是端给"朋友和自己的一盘不太可口的菜，即愤怒"；对他人的关怀再一次修正了斯多葛主义者塞内加的严厉教条①。

因此，无论是塞内加还是斯多葛主义者都非普鲁塔克的唯一的源泉，远非如是。我们应该看到，泰奥弗拉斯特斯曾经写过

---

① 再说，塞内加提供了众多残忍的例子（III，17—23）：在他让人害怕的地方普鲁塔克却在展示柔和的魅力。

有关愤怒①的文本，而且普鲁塔克在他的源泉中引用了罗得岛的希耶罗，他以前属于漫步学派②。

至于论著《论平静》，它描写的是人控制愤怒之后所带来的后果。它简述了相同的观点。它讲到要坦然接受财富给我们带来的东西(467a)，要团结起来一致反对那些无聊的让人寝食难安的"诽谤、愤怒、欲望、封闭、恶意的嫉妒"(488b)。它宣称："如果你尽可能表现得仁慈而谦让，那么你就会觉得更幸福，其他人的坏脾气和邪恶的行为就不会影响你的心情"③。它赞扬人们在做生意时的柔和④，他们"习惯了灵活而有分寸地达成交易"(468e)。它所确定的理想在于"维持现状而不批评之，用感激之心记住过去，满怀希望不急不躁奔向未来"(477f)⑤。

因此这就是智者的 praotès，是被柏拉图所认可的，并在此期间被人性化，于是它变得很亲切、易于交往、笑容可掬；而且

----

① 塞内加批判在 I,12,3 中批判了他，因为他没有严厉地对待愤怒。这就是他在论著一开始就责怪亚里士多德和漫步学派的地方。

② 请参考 454f，在其中他整理出了很多细节上的分歧。关于该论著与这些学说的关系，参看特别是波伦兹，"关于普鲁塔克的作品 περὶ ἀοργησίας"，《赫尔墨斯》，31(1896 年)，第 321 页随后。另外为了全面了解，请还参考最新的作品，巴布(D. Babut)，《普鲁塔克与斯多葛主义》，第 94—97 页；也请看下文，第 475—477 页。

③ 468c，有 ἤπιος 这个词。

④ εὐκολώτατος……καὶ πραότατος.

⑤ 与《论对愤怒的控制》提及了苏格拉底的柔和一样，《论平静》喜欢提及一个叫斯蒂彭(Stilpon)的苏格拉底派哲学家的柔和(468a)。他讲的是一位斯多葛主义者的"哲学的温和"吗？

它从此以后把谦恭的优雅与最高目标的高贵融为一体。该论著的这些论点可能应该与帕奈提乌斯有关系,并且除了帕奈提乌斯,还与斯多葛主义者,即希俄斯岛(Chios)的阿里斯通(Ariston)或者与伊壁鸠鲁主义者的文本有关系;这一问题被辩论过,但答案并不确定①。但普鲁塔克从中得到的东西确实是个人的观点;而且柔和概念本身也许可能曾经是他自己的:事实上,我们在以前的任何证据中都没有遇到过它,尽管这些证据确实鲜有②。

不管怎样,通过把《给妻子的安慰信》和两部刚与塞内加类似的作品一起研究过的论著的总体比较中清楚地出现了一种范围上的区别。普鲁塔克喜欢谈论日常生活、朋友们、用餐以及每天鸡毛蒜皮的小事,而塞内加更强调智者面对大的灾难、死亡、流放或毁灭时的态度。另一方面,普鲁塔克推荐一些日常小练习,在这些练习中微笑总有它的位置,塞内加则要求更多的英雄主义气概并看重赞赏自我反省的心灵。况且,他毫不犹豫地承认,尽管斯多葛主义者不排除"善良与柔和",但他们避免"软绵绵和苍白无力"的举止并很少关心可爱之态度。他们想尽可能快的达到顶点,尽管道路是陡峭而崎岖的③。一般而言,塞内加

――――――――――

① 请参考《法国大学丛书》出版说明的一个简述,第91—93页,以及巴布著作中对问题的深入分析,见前揭书,第97—102页。

② 总之,普鲁塔克在468d中不等于是斯多葛主义者,当后者批评对不幸者的怜悯时;看看巴布,见前揭书,第100页。

③ 《论智者的坚韧》(De constantia sapientis),I。

讲坚韧与坚定要多于讲柔和①。并且人很难摆脱这样的感觉，即普鲁塔克从共有的传统出发，通过给柔和赋予的地位与斯多葛主义和塞内加分道扬镳。他认为柔和是希腊最典型的特征②：他的作品与其对等的拉丁语作品的对比似乎完全印证了他的说法。

再说，他们两者的对立实际上其学说上的分歧造成的，这种分歧不仅出现在我们一直到现在一直在提及的论著之中，而且也存在于一般性的论著之中，如《道德论集》或其他一些关于美德的论著，而且也存在于一些论述一些道德观规范的较短小的著作之中。

如斯多葛主义者一样，普鲁塔克意欲让理性压倒感情。但前者想彻底消除感情以达到无欲心境(apatheia)，而普鲁塔克更忠实于亚里士多德的传统，他认为灭绝感情是不可能的并且他仅希望感情能得到控制。这就是人性化的特征，是他的理想和他所推荐的方法。

难道他没有在论著《论美德的进程》中说过，真正的无欲心境是伟大而神圣的事情，但美德的进程表面上看起来似乎包含

----

① 他有时使用一些相似的词—但是每个词都很罕见。例如 mansuetudo（《论仁慈》，II,1）、lenitas（同上 II,3；参看《论愤怒》，III,22,1）；humanitas（《论仁慈》，III,3），patientia 等等。或者还有形容词 benignus（《论仁慈》，II,3）、mitis（《论愤怒》II,34,2）、dulcis（《论平静》,7,1）、facilis（同上，14,1）。我们甚至有时还看到 humani 和 dulces（《论愤怒》,III,8,5）。

② 请参考下文，第483—485页。

着激情中的某种宽容和柔和吗？[①] 难道他没有多次说过人们不可能彻底消除不好的激情吗？[②] 难道他没有在论著《道德论集》443c中明确指出，理性不想完全熄灭激情（况且这既是不可能的，也是不希望的），而是给它一种限制和秩序吗？理性使伦理美德产生，这些美德是"激情之间的一种理性的平衡"。难道他没有在稍后的地方把美德摧毁和消除不了的而只能予以整理和管控的激情当作行动的一种工具来谈论吗（44d）？[③] 这种态度可能与像斐罗[④]那样的传统有关系，它与塞内加的态度截然不同。人们只需要看一看塞内加《论愤怒》中固执地支持必须根除愤怒而不是使之变得仁慈就知道他们之间的区别；或者只需要看一看在《论智者的坚韧》（De constantia）的开头他对非斯多葛主义哲学所表现出的轻蔑就足够了，这些哲学派别选择的是一些能被接受的道路。

相反，普鲁塔克相信理性与激情从来都是相辅相成的。因此他行事不是很粗暴并且他更重视心里的感觉。他不像斯多葛

---

① 83e。巴布（第 322 页，注解 1）指出了与《普布利科拉》，6，5 的相似性，普鲁塔克在其中说，这种追求无欲心境的完德不是人的自然本性里的东西，而真的有可能是神性之物。关于短语 πραότης παθῶν，请参看《论读诗的方式》，37b。

② 《政治信条》，800b；帕布，第 322 页比较了《斐洛波门》，9，6—7，还更清晰："不可能彻底消除……他以避免……开始"。

③ 请参考巴布，这一论著的评论版由美文出版社出版。我们在此借用了它的翻译。

④ 请参考阿尔纳戴（Arnaldez）在鹿（Cerf）出版社的斐罗版本的导言，第10 页："最终的目的不是消除激情，而是为了取得心灵中各种力量之间的平衡"。

主义者那样接受人类关系是基于互利互惠的观点,他承认友爱的角色——这既是对其他人表达柔和一个论据,又是人的天性的一个证据。

所以,学说上的分歧与普鲁塔克那样的人的天然倾向有密切关系并给这些倾向提供了一个清晰的思考的支点。

这就解释了柔和在《道德论集》中被特别推广的原因——推广涉及到了它的整个应用领域和理论地位。

它的那些应用领域不仅涵盖了我们的全部生活,而且它在我们的生活中经常扮演着决定性的角色。

例如,论著《论敌人的用处》明确指出,我们的敌人使我们学会更好地控制自己。这就是苏格拉底在克姗提佩的陪伴中所受到的教益。并且一般而言,我们遇到的敌意是我们展现自己的praotès 的机会(90ef)。论著《论美德的进程》也推荐 épieikeia 和praotès(80b—c;请参考 78b)。同样《政治格言》是另外一部诠释柔和与同情心的著作:善人首先是平易近人和热情好客之人;他的家门永远为那些有需要的人们开着,并且他不仅要把对别人的关心落实到他的行动中,而且也要分享他人的苦与乐并敬重每个人,还要和"大多数人站在一起"①。况且,他要和善地为人们提供建议并会调解他们之间的矛盾,以使他们重归于好(823a节)。甚至论著《论神的正义的期限》成了一个提醒人们的机会,

_____

① 普鲁塔克说 συνανθρωπεῖν:请参看上一章,第 433—434 页。

478

即在愤怒之时切勿严罚，而且 praotès 位列神的美德之中(551c)①。

最后，根据普鲁塔克所言，柔和的义务扩展到了我们与动物的关系，这是与斯多葛主义者的另外一个区别：他不相信动物们既无理性②也无感情。（他提醒说海豚甚至是"人类的朋友"③）。事实上，这种学说上的分歧在这里还是与一种自发的感情相连；因为显而易见，普鲁塔克喜欢动物。因此他倾向于要求别人要对动物友善，并且他还喜欢引用一些类似的善良行为作为例证。这还不算他顺便重新用了毕达哥拉斯的观点，这一观点认为对动物的 praotès 或许能培养人的 philanthrôpia(959f)④。

这种短暂的回顾绝非面面俱到，由于对普鲁塔克来说，什么都可以作为谈论柔和的话题。诗人们教我们耐心地忍受命运给我们带来的厄运（《读懂诗人们的方式》，35d）；热水澡有助于放松身心从而宽恕冒犯你的人（《健康格言》，131c）；婚礼上的歌曲会让夫妇彼此之间温和相待(praoi)（《夫妻格言》，138bc）；新笑话可以让我们喜笑颜开(épieikes)（《桌边谈话》，712d）；德摩斯梯尼和埃斯基涅的骂战是令人痛心的（《政治格言》，810c 节）。比较谨慎的做法是用复数来表达，以便看起来不会是在自吹自

---

① 普鲁塔克在这里引用的阿契塔(Archytas)的例子也出现在了西塞罗的作品中，《论国家》38，60。

② 关于这方面的论战，请参看巴布，同前揭书，第54—67页。

③ 《关于动物的理性》，984c，请参看神圣的动物(983f)。

④ 请参看前面，第457—459页。

撂:épieikes 和 philanthrôpon 这两个字都是复数;并且要尽量避免伤害别人(《政治格言》,816d);使用冒犯人的词语一直都是错误的做法(《关于希罗多德的狡黠》,855b),等等。因为我们的生活中无时无刻不存在着柔和,所以一切皆有可能。

柔和的这一应用领域的神奇扩展让人们已经预见到了,柔和在普鲁塔克作品中会变成一种重要的美德。人们记得柔和费了九牛二虎之力才在亚里士多德那里获得了美德的地位,但并没有把自己变成伟大的美德之一,但普鲁塔克却跨出了这一步。

我们已经注意到,在上一章所做的词汇研究中以及在很多引用的例子当中,柔和被经常与 χρηστότης(它既指诚实,现在也指善良)联系在一起,或者与正义①联系在一起。例如,当普鲁塔克引述君主(《努马》,20,4)的"正义与柔和"时,我们感觉到这是两种类似的、互补的美德。同样,当他说罗马人因西塞罗的"虔诚、公道、柔和"而给了他很高荣誉(《西塞罗》,6,1)之时,人们认为公道(即这里所说的"正义")是一种美德,我们可以在正常情况下认为它与柔和很接近。有时柔和似乎超过了正义,就像当人们在论著《反驳克罗特斯》(1108b—c)中读到的:"快乐的生活就是心怀友爱、智慧与正义的集体生活"。最后,我们不能忽略柔和在论著《论运气或亚历山大的德性》,332c 中美德所扮演的角色:普鲁塔克在思忖,亚历山大的成功是否靠的是运气或是否这些成功揭示了"很多勇气与正义、智慧与柔和,并伴有节

① 请参考前面,第 437—439 页。

制与判断"。勇气、正义、智慧(或 sôphrosunè)在传统的四德中曾经是最稳定的三德:柔和是后来加进去的并与前三德不相上下,所以这对它而言是一个很大的提升。

因此普鲁塔克后来很快就说,我们不能把每个行动都归因于这样的被单独看待的特殊美德并断言这个是勇气、那个是慷慨(philanthrôpia)、或者那个是节制:斯多葛主义学说认为,每一个行为似乎都是不同美德共同作用的结果,因为这一学说肯定美德的共性。事实上,亚历山大集战士的品质与慷慨(philanthrôpon)、柔和(praon)与勇气于一身:他大度而有组织能力,他头脑冷静而不轻易冲动,他心存爱和睿智,他身心很放松但却无丝毫懈怠,他从未停止过顽强奋斗。因此柔和不仅是主要的美德之一,它还加入其他美德之中以平衡、调和它们并让它们变得更有人情味。正如阿米约(Amyot)的精妙翻译所说:"谁是那个把节日融入战争、把远征融入游戏中的人?谁把酒神祭司们的喜悦气氛、婚礼、许墨奈俄斯的婚礼歌曲融入了对城市的包围与战功之中?谁已不再是那些做坏事的人们的敌人了,也不再对那些痛苦的人和蔼可亲了吗?谁已不再对战士们刻薄,也不再对乞援者公正了吗?"亚历山大这样的做法就像君主的做法一样,更确切说就像哲学家一样,"因为一切都包括在这一做法中"——柔和变成了其他美德的制衡力量并赋予了它们和谐与完美。

这种柔和——它显然在很多情况下与没有痛苦(alupia)相关——因此在普鲁塔克那里赢得了崇高的地位;而它的地位被

清楚无误地确定了下来。

况且我们可以观察到,他把有关柔和的主题集中在一切对他而言很珍贵的东西的周围。我们看到称赞大人物的柔和。我们看到它赞扬一般老百姓生活的各个方面的温柔。但是最典型的是我看到了他坚持要把这些主题与双重的,即道德与政治的理想联系在一起。

在道德层面上,我们观察到了有关苏格拉底的情况。柏拉图曾经描述过一位在哲学对话中充满柔和的苏格拉底:普鲁塔克笔下的苏格拉底则在其一生当中都表现出这种柔和。他对阿尔喀比亚德(《阿尔喀比亚德》,1,3)亲切而友善;他懂得隐藏、压制自己的愤怒(《对愤怒的控制》,455a);他忍受克珊提佩(《敌人的用处》,90e)并耐心回答她所造成的全部灾祸的缘由(《对愤怒的控制》,461d);他对那些蛮横无理的人并不大发雷霆,就像他对踢了他一蹶子的驴子不生气一样(《论儿童教育》,10c);他询问人的方式使得他像在做研究一样(《柏拉图的问题》999f)。他坦然而缓慢地喝下了毒药,没有颤抖,没有大惊失色(《如若恶毒的行为是不幸的缘由》,499b)。并且他在《反驳克罗特斯》中被当作第一个柔和与优雅的例子来引用,即哲学家们所能表现出优雅与柔和(1108b)①。

因此苏格拉底是柔和最伟大的代表人物:作为这种重要价值

---

① 在此引用的特征之一或许是不真实的,但是无论如何,所有特征都在普鲁塔克的思想中。

的见证人,普鲁塔克在《对愤怒的控制》,458c 中谈到愤怒时说:"你可以推翻、毁灭、屠杀,但扶植、拯救、饶恕和信赖才是柔和(praotès)、原谅和节制的本质,才是卡米卢斯、梅特卢斯(Metellus)、阿里斯提德和苏格拉底所为;扑向对手并咬他是蚂蚁和耗子的天性。"[①]这就是政治:关于柔和的论断让苏格拉底的名扬四方。

苏格拉底的柔和显然与我们在普鲁塔克作品中遇到的那一组词有异曲同工之妙,因为普鲁塔克也说某人"很仁慈而豁达"[②]。

同样在政治层面上,柔和是雅典的典型特征。普鲁塔克在此重拾了四世纪和五世纪的古老的传统。他也留下了一篇描写雅典人性格特征的文本,该文本有点像阿里斯托芬一样把雅典人描述为很容易动怒但又很容易被同情打动的人;并且他比五世纪走得更远,因为他还加了这样的一个观点,即希腊人民"对自己执政者而言都是很可怕的,但对他们的敌人来说却是很慷慨的(philanthrôpos)"[③]。因此他很乐意像伊索克拉底那样准确描述这种 philanthrôpia 是如何通过雅典收到或发现的财产而变成了对不同人民的恩赐:普鲁塔克写道:"雅典很骄傲在希腊分发粮食的种子、教那些不懂的人们用泉水灌溉农田和如何生火。"[④]

---

① 《法国大学丛书》的翻译,稍微经过修改。
② 请参考前一章,第 439—440 页。
③ 《政治信条》,799d。
④ 客蒙,10,7:最后这些恩赐证明来源不在苏格拉底出。

在雅典之外,另外一种观念也非常重要,它也和五世纪传统相关。这种观念认为,柔和也是希腊的典型特征。因此我们在普鲁塔克的著作中很容易就找到 praos 或 philanthrôpos 与形容词"希腊的"经常一起使用,这很能说明问题。雅典在希腊世界开辟了通往文明的道路,希腊进而把这种文明推向世界。正是在这种意义上,五世纪的雅典人说雅典要么是希腊的一部活生生的教材,要么是"希腊的希腊"。

野蛮人很少能懂得柔和的观念从那以后得到了进一步的强化。并且,当苏拉提到罗马人所避过的各种野蛮的暴力时(XII,62),"野蛮的"一词的这种意义就清楚地出现在了阿比安(Appien)的著作中。

但在普鲁塔克的看来,野蛮的对立面首先是希腊和希腊文化。并且他好像曾经深受这种观念的影响。

阿拉托斯(Aratos)之所以发展阿凯亚并把它变成是一个辐射性的中心,是因为他采用了"希腊式的和慷慨(philanthrôpos)"的政治(《斐洛波门》,8,1)。底比斯人在伯罗奔尼撒战争结束时采取了一些有利于雅典的慷慨举措,普鲁塔克把这些举措叫作"希腊式的 philanthrôpoi"的举措(《吕山德》,27,7)。如果说这样的一些例子讲的也许是对希腊和对希腊友爱的关注行为的话,那么当普鲁塔克告诉我们说罗马人在宗教方面尽可能地表现得"像希腊人那样仁慈"(《马赛鲁斯》,3,6)[1]时,我们就不可

---

① 在有关一个特别残忍和野蛮的行为时这一观点被提及。

以再有任何犹豫不决了。真实情况是,希腊的柔和由于希腊文化而远播海外;普鲁塔克认为,马赛鲁斯之所以具有仁慈的品质,那是因为他非常爱好希腊文学(《马赛鲁斯》,1,3)。他还说过,马赛鲁斯或许认为那时人们对罗马看法的改变应该归功于这种文化:"在异邦人眼里,罗马人骁勇善战,而且在战斗中很凶悍,但他们从来没有表露过任何良善、人性和一般而言的政治美德。马赛鲁斯似乎是第一个告诉希腊人说,罗马人不是他们所想的那样,其实他们是很公正的"(20,1)。当然,这不只是希腊人的一个简单的批判:罗马人并没有等到马赛鲁斯时代才开始展现我们在这里所探讨的美德;普鲁塔克所著《希腊罗马名人传》就证明了这一点。但普鲁塔克本人认为这些美德希腊成份要多于罗马成份。实际上,他在指出努马的想法是"仁慈与有人性的"之后,并且在明确说明"他是把公民们向和平与正义方向引导以便安抚他们暴虐的秉性和冲动"之后,他总结说:"如果必须要把对希洛人的管理(史无前例的残忍和不公正)算在吕库古的账上的话,那么我将承认努马是一位比吕库古更希腊化的立法者……"①古希腊文化与柔和的关系从此以后被承认②。

与哲学家和希腊人相称的"哲学的"柔和,即"希腊式的"柔

---

① 《莱库古斯-努马比较传记》,I,9—10。

② 请参考下文,第 323 页,关于利巴尼乌斯,但已经有苏格拉底,《埃瓦戈拉斯》(Evagoras),50(前文,第 184—185 页)。

和就这样在普鲁塔克的作品中得到了最精彩的诠释。我们从此明白了《希腊罗马名人传》所做的所有努力都是为了抓住一切机会发掘柔和的意义。

我们同时看到,普鲁塔克为了做到这一点而收集并整理了各门各派的观点,这些观点后来渐渐地表现在了希腊思想中,对柔和的意义予以了肯定。我们先是在前面的章节中遇到了民主的柔和:然而我们看到这一主题重新出现在普鲁塔克作品中的几个词语的组合中①;而且随着这种柔和与雅典的柔和结合,我们看到它超越了自己本身的内容,即介绍了这样一个观念:雅典的 philanthrôpia 甚至惠及到了它的敌人。

在这一方面,伊索克拉底曾经于雅典在希腊执行的文明使命中看到了这种柔和的雅典特色:我们看到这一主题重现于普鲁塔克的著作中并被他放大,以至于他把这种柔和与文明本身以及一般而言的希腊混为一谈。

可是,伊索克拉底和色诺芬却发现了柔和对政治家的有用性,也就是说柔和以对臣民的关心或以对被征服者的仁慈的形式出现;其次,这个主题在论希腊化时代的君主制度的论著之中存活了下来并作为一种历史的诠释因素再次出现在波利比乌斯的作品中;然而轮到普鲁塔克时,他在很多同时代的名人传中再提起了这一主题并且超越它,因为实际上它已成了一个自在的典范。

---

① 请参考前一章,第 439—440 页。

柏拉图本人曾经在自己的城邦中就是否接受柔和而举棋不定;相反,他却大赞能经受住考验的智者的泰然和悉心培养弟子的大师的耐心,因为他认为泰然和耐心是柔和的不同形式。然而,我们观察到普鲁塔克乐意强调这种智者的泰然并把它扩展到了苏格拉底的整个一生,柏拉图在后者的教导中看到了这种柔和。

在柏拉图之后,亚里士多德给不同形式的柔和赋予了一种伦理学的地位并视其为一种美德。然而,普鲁塔克不仅把它变成了一种重要美德,而且他经常把它归入斯多葛主义的理想之中,虽然后者在任何方面都没有看重过它。

最后,得到漫步学派真传的米南德赋予了这种柔和一种日常的和活泼可爱的色彩,但同时将它提升到了一种人与人之间的真实的整体性的层次。然而,没有人像普鲁塔克那样来极力美化这些可亲的形象,赋予这些特色个人的方面;而且没有人像他那样论及"人性"、"人类整体"的品行和换位思考的重要性。

在他之前一切被试验过、创造过和发现过的东西就这样全部出现在了他的作品中;这些作品因此变成了柔和这种希腊理想的最后归宿,我们在此见证了这一理想的绽放。并且米南德本人认为柔和是希腊的典型特征。

这一特性证明,在普鲁塔克之后就再也没有人做这方面的研究了。或许我们只适合提醒说,在这两个不同的领域中,普鲁塔克不是唯一赞扬那个时期的柔和与理想的人,而且他也不应该是最后一个这样做的人。有两个同样重要的名字就足以证明这一点。其中一个人重拾了希腊传统最典型的形式和它的最特殊的政治面貌，而另外一个则以最独特和最公正的方式表述了这种传统。

第一个名字就是普罗萨(Pruse)的狄奥或狄奥·赫里索斯托姆，他是普鲁塔克的同代人和《论君主制》中不同演讲的作者。这些论著使用了很多荷马的东西并推崇君王的仁慈统治。狄奥在其中要求君主要仁慈与 philanthrôpos，他要表现得善良和 praos，他要把每一个人当作自己的朋友(I, 20)。狄奥再次使用了君主与父亲这个比喻以及神圣的典范的概念：他在 I, 40 中说，宙斯被尊称为父，因为他关心人类，而且很柔和(praon)[1]。赫拉克勒斯的典型也被重用，他不再仅仅在恶与美，而且也在君主制与僭政之间选择(I, 58—完)。所有这一切确实平淡无奇，但却反而见证了一种不朽的传统[2]。西内修斯应该是跟随了普罗萨的狄奥，而且他不是最后一个追随者。我们也许能补充的是，一样的传统在同一时期在艾里乌斯·阿里斯提德介绍罗马帝国的方式中流行，而且他所带来的和平有点伊索克拉底思想

---

[1] 请参考 IV, 43(关于"人们的牧师")，和 LIII, 11, 12(关于宙斯与君主的父权)。

[2] 我们有时把在狄奥·赫里索斯托姆那里找到的对王权的看法归因于一种罗马政治与斯多葛犬儒主义源泉的混合：请参看 M. 第查尔斯沃思，前面所引用过的文本的注解 41(第 XV 章，注解 1，第 262 页)；那个文本特别指达德利(D. R. Dudley)，《犬儒主义史》，1937 年，第 153—156 页)。在这里进行的研究迫使我们再一次扩大这种诠释。

的影子。

反之,马可·奥勒留(Marc-Auréle)的思想是这样的一种思想:它源于一个自言自语并满腔热情地试图达到善的心灵。

普鲁塔克去世时马可·奥勒留刚出生,他比普鲁塔克更能接受斯多葛主义。但他的斯多葛主义也可能带着柔和的色彩。因此柔和的美德将会在信奉异教时代结束之时被一位君主所赞扬,而这位君主是一位哲学家和智者,他特别关心自己的心灵。

他对柔和的偏好也许让他与置身其中的罗马氛围格格不入,因为他周围的人很少会怀有这类感情。事实上,马可·奥勒留写道,他的导师弗朗托(Fronton)叫他承认罗马贵族们的伪善,因为从某种程度上说他们根本不懂友爱或人类温情(I,11)。事实上,弗朗托给卢齐乌斯·维鲁斯(Lucius Verus)的一封信犹豫地承认罗马人具有友爱的禀赋:"我一生当中很少在罗马发现有这种禀赋的人,这是因为,我们最终也是这样想,这里的人实际上缺少一种难以用罗马语词形容的柔和的东西"①。我们在此合适的做法就是重现这一见证,因为它解释了柔和为何更是希腊的而非罗马的原因,这也是同时代人的看法。至少激起这种仁慈的感情并非是罗马所为。

可是马可·奥勒留承认在那些他觉得欠了人情的人身上有

---

① 该信写于 163 和 166 之间,并在拉美尔(W. Lameere)作品中被引用,"马克·奥勒留皇帝",《布鲁塞尔自由大学学报》,1975 年第 4 期:关于这一点请看注解 22 和 23。

这种柔和。他在自己的参事阿波罗尼乌斯身上看到刚柔并济的状况，他没有一点负面情绪（I，8）。他的养父安东尼（Antonin）也集宽厚与坚毅于一身。但在一流传更广的颂辞中，我们看到他以"在一切场合主张的人格平等、以同情、以泰然自若和仁慈谦虚"而与众不同（VI，30）。因此马可·奥勒留把这种柔和立为自己的规矩。据他说，他必须宽容对待错误，因为出错是无意的："你对于大家将会更柔和（praos）。"（VII，63）①

这种智者的从容与柏拉图已经赋予该词的意义非常接近。但它在自省中极大地丰富自己：马可·奥勒留在这种对意识的审查中不断鼓励自己要压制怒气；并且在其他地方可能只是对柔和有利而简单的辩护的东西却变成了为做到柔和而付出的有意识的努力。他写道，我们必须告知人们他们的误解。假如我们无法说服他们，那么请记住"正是为此，你才被给予了亲善"（IX，11）。诸神们自己是宽容的：我们自己能做到吗？并且"假如你坚持向最暴力的人展示你的亲切的一面，那他会把你怎么样呢？并且假如有机会的时候，你温和地（praôs）警告他；假如你在他对你实施侵害的那一刻镇静自若地告诉他他的错误……"（XI，18）恼怒并不是勇气的象征，但宽厚和柔和则是勇敢的表现②。因此马可·奥勒留本人对愤怒，哪怕是最合理的

_____

① 请参考 VII，22 和 VIII，47，在其中这种倾向应该在死亡的时候重新出现。

② XI，18，21：文本说 praon 和 ἥμερον 这两种品质不仅更有人性，而且更刚毅。

愤怒都相当地警惕的:对于那些挡住他向善之路的人们,他不仅保留对他们的看法而且还会采取一种坚定的但宽厚的行为(XI,9:praotès)。并且他在这一点上许下了诺言:"他会恨我吗?那是他的事情!而我将会一如既往地亲切而善意地对待每个人"(XI,13)。确实,这在他离世之前一直都未改变过,我们应该坦然地面对而不是责怪那些不理解我们的人:"要忠实于你自己的性格,保留你对他们的友爱、亲切和客气。"(X,36)[①]

马可·奥勒留这位贤达的离世让我们有点想起了苏格拉底之死,但这种对敌人保持善意的思想已经预示了基督教的诞生。

并且事实是,早在普鲁塔克和马可·奥勒留之前,另外一个生命的理想已然诞生了——一个他们不知道的理想,但它不久之后就渗透到了希腊世界,甚至它的所有机构中;因此我们不能只停留在如此丰富多彩的柔和的希腊形象上;我们接下来还要看一看希腊的一些最终变化,至少以结束语的名义,我们要看看这种柔和先在罗马然后在拜占庭的世界里变成了什么样子,因为在这一世界中,最后的世俗的柔和与基督教的柔和发生了激烈的对抗。

---

① 请参考第 XII 卷最后的一些句子。术语 ῐλεως 最初经常指神特有的亲切,似乎对马克·奥勒留非常重要:参看 VIII,47。相反,Philanthrôpos 这个词是用来指神性的。

结束语：世俗之柔和与基督教之仁爱

I. 基督教革命

"基督教的爱德，是被上帝之爱赋予生命的博爱（phi-lanthropie）"

费内龙主教，《市俗政府随笔》，18。

相对于希腊的柔和理想而言，基督教进行了一次真正的革命。不是因为基督教与这种理想背道而驰，而是因为它似乎远远超越了前者，以至于基督教使之首先看起来狭隘而平庸。

基督教的新颖性并不存在于把这些道德标准与一位好上帝的概念联系在一起的做法当中。自柏拉图以来的古代思想家们就倾向于在道德方面寻找对上帝的模仿。斯多葛主义者为这种习惯的传扬可以说是鞠躬尽瘁。对他们而言，理智（intellect）即神；并且用于表达人类宗教感情的克里安塞斯的祈祷让人类的智慧依赖于我们的创造者上帝①。

　　因此很久以来,人们就把柔和与善良的观念与神的善良视为一体。人们难道没有追溯到荷马所描述的众神之父宙斯,以寻找对自己的臣民像父亲一样的君主的典范吗? 毕达哥拉斯的关于君主制度的论著讲述过君主——父亲和对上帝的模仿;并且受斯多葛主义思想影响的观念应该依然存活于普鲁塔克的作品中②。况且这一观念也在拉丁语文本中被表述——如小普林尼,他的《颂辞》在皇帝的身上看到了宙斯的形象(80)。并且这一观念并不是没有出现在古物上,因为我们在贝内文托(Bénévent)的拱门上可以看到众神之父伸出手以便把他的权力给图拉真③。事实上,君主们的地球不是按照宇宙的样子做的吗?

　　可是,正是在一篇受犹太人启发的文本《阿里斯提德书信》中人们才非常清晰地看到这样的观点,即君主的善行只是对上帝的善行、宽容、善良、仁慈的模仿。也还是在这封信中最早出现了对上帝之爱或 agapè 的描述④。

---

　　① 请参考高弗斯迪耶尔,《三倍伟大的赫尔墨斯的启示 II》,第 270—340 页。

　　② 关于普鲁塔克,请看已经被引用过的巴布的是,《普鲁塔克和斯多葛主义》,巴黎,1969 年,第 486—487 页[使用了第二个《柏拉图的问题》和《论苏格拉底的守护神》(De genio Socratis)]。

　　③ 请参考查尔斯沃思,在前面引用过的文本的第 117 页,第 262 页和注解 1。

　　④ 请参考前文,第 333—334 页。我们可以提请注意,上帝对人类的爱他的宽容已经出现在了《智慧书》(11,23—24;12,19—20;参看 1,6 和 7,23)中。培勒梯耶写道("希腊化的犹太作家们的 philanthrôpia",《马塞尔-西蒙合集》,1978年,第 41—42 页)与该词的后来的基督教词源的意思相比,它在其中有一种并不常用和不太有个性的意思:这就是"仁厚精神"和非"人类之爱"。根据我们在那时的希腊文本所看到的东西,这种发现并不让人感到意外。

可是该文也与犹太传统和《旧约》息息相关,而《新约》是在《旧约》基础上诞生的。然而,从柔和的观点看,《旧约》的希腊诸版本隐藏着不少让人惊异之处。因为假如 philanthrôpia 在其中相对而言很罕见并且是后来才被使用的(一共 14 个例子,其中几个在《马加比四书》(Macchabées)中直接用希腊语书写)①,praos 和它的同族词语在其中的出现频率是相当高的②,但它们在其中有一种出人意料的意思。事实上,被译成 praos 这个希伯来词的意思是"穷苦的"、"卑微的";并且它在其他的一些段落中被翻译成 ταπεινός③。

这种意义上的差异在斯皮克神父(G. Spicq)的一个文本中

---

① 同样,讲 épieikeia 和 èpiotès 的《以斯帖记》(Esther)3—13b 段纯粹是被加进去的希腊的东西。并且它讲的是君主对自己臣民的温和,就好像经常在希腊文本中所做的那样。我们发现 épieikeia 有相似的用法(总共 14 个):这些用法几乎全部是后来的,而且全部指的是君主的品性(撒母耳、摩西、薛西斯、奥古斯都,等)。

② 28 个例子(11 名词 s 和 17 形容词 s).

③ 请参考弗里德里希(G. Friedrich);《新约的神学词典》(Theologisches Wörterbuch zum Neuen Testament)(在关于与旧约有关的部分的注解中。关于 ταπεινός 的同义词,参看以赛亚(Isaïe),26,6 和便西拉智训(Ecclésiastique),10,14。关于谦卑的意思,参看斐罗内科(Philonenko),"谦卑而简朴的大卫",C. R. Acad. des Inscriptions,1977 年,第 539 页,注解 14。耶路撒冷大学希伯来语和希腊语教授博森先生(H. Bosen)给我们发来了一个详细的研究,这一研究在这一点上注意到了圣经中的希伯来语与犹太教主持主持仪式的会众领袖的希伯来之间的一种意义变化。第一个意思可能是"谦卑",第二个意思"柔和"很可能是后来才有的,也许是受到了阿拉米语的影响,并且翻译者们可能脑海里确实有一种形式的柔和,这种柔就是该词所表达的。另外,praos 那时与一种形式的柔和对应,而这种柔和则与卑躬屈膝有关,这一点也不是它的正常的意义。希伯来语不知不觉地从卑躬屈膝到柔和,而希腊的柔和更多的是与君主的温和相关。

被做过仔细的评析,该文本是用来描述《圣经》中柔和与善良的概念的①。如果我们仔细思考一下,这种差异是可以理解的。因为一点都不冒犯他人并还要强压怒火以忍受别人的冒犯的柔和从某种意义上说与谦卑无异。对抗或愤怒是自傲的表现并包含一种社会优越感。相反,praos 在犹太人的世界中指的是善良的穷人,他没有自我保护能力,他顺从一切并且上帝会补偿他或者甚至为他报仇。可是,我们必须认识到这种意义不是希腊语 praos 所具有的意义。在希腊世界中这个词从来就没有指过一个社会阶层;它从来就没有被和穷人或苦难者联系在一起过;况且讲求自我控制的古希腊人从来就没有推崇过谦卑,甚至在道德领域也没有——他们最多也只是要求要谦虚。因此在对《旧约》的翻译过程中的意义的逐渐转变令人难以置信地阐明了两种社会和两种道德观的差异——就像经常在这里被引用的 H. 波尔克斯坦的书中所研究的那样。

该词的这一意思如此特殊,以至于无论如何都解释了,至少部分地解释了为什么犹太人在一世纪或二世纪的文本中,甚至当他们谈论柔和时,都避免用 praos 这个词。除了一个令人怀疑的例子之外②,我们在与上帝相关的《旧约》中没有看到过这个词③。

---

① "厚道、仁厚、柔和、温和",《圣经杂志》54(1947 年),第 321—339 页。作者主要想分清楚这些词的意思:χρηστός、πραΰς、ἤπιος、ἐπιείκεια。

② 说的是圣诗 18,36。

③ 相反,《旧约》中的大部分例子与神有关系,正如斯皮克(C. Spick)的文本所指出的那样。

《阿里斯提德的书信》虽然讲过那么多君主的柔和,但它没有使用该词来指这种柔和。并且这种缺失依然体现在亚历山大城的斐罗的词汇中,尽管程度没有那么严重。

事实上,犹太-基督教思想还要等几个世纪才会开始赞扬真正意义上的柔和并发现其真正的意义,即 praos 的希腊语意义。

斐罗已经走上了这条道路。作为饱学希腊文学的犹太人,他很乐意赞颂神的良善,他毫不犹豫地叫这种良善为 philanthrôpia①。上帝是"美德之友、诚实之友并且也是人类之友"[《论上帝之作》(*De Opificio*)],81)。他"用仁厚和对人类的爱"来看待天地万物(《论天使》,99)。他毫不保留地行善,(《论上帝之作》,23)。他守护着每一个人,给罪犯改过自新的机会;而且"他这样做的同时也不会违背他行善的天性,这一天性的左膀右臂就是美德和对人类的爱"(《论预言》,15)②。

另一方面,据上帝所言,曾经作为人而生活过的摩西、亚伯拉罕或约瑟夫都具有这种美德③。再说,众所周知 philanthrôpia 位列斐罗在《论美德》中解释过的四德之一。它甚至是被评论得

① 请参考沃尔福森(H. A. Wolfson), *Philo*, 2(剑桥,1947年),第 218—223 页。

② 请还参考《论亚伯拉罕》,137;《论摩西的一生》I,198;《论美德》,77,和哈达斯-勒贝尔(M. Hadas-Lebel),《论预言》的版,导言,第 100—101 页和注解 2,第 230 页。

③ 哈达斯-勒贝尔夫人(见前揭书),参考《论摩西的一生》II,9;《论美德》,51 随后;《论亚伯拉罕》137;《论约瑟夫》,94。Philanthrôpia 在《论亚伯拉罕》中与同情相连,208。还请参考勒德欧(Le Déaut)的文本(在第 9 页被引用过),第 286—288 页。

最详细的美德［在科恩-温德兰（Cohn-Wendland）］的出版中就有四页多的）：里面讲到了很多慷慨的举措，主要是柔和，甚至是针对奴隶或动物或敌人的柔和。与希腊化时代的理想，特别与斯多葛主义的学说非常一致，斐罗在其中指明了友爱的意义，从家人扩展到亲戚，从兄弟扩展到双亲，进而致扩展到了所有人。

更重要的是，柔和在斐罗著作中以 praotès 的形式露出了端倪。它以这种形式出现，一次被归于上帝，好几次被归于摩西[1]。因此这一意义已经接近正常意义。可是我们注意到，在该词的使用方面还存在某种谨慎小心，因为斐罗很少使用 praos 和 praotès（根据莱斯康索引，分别是例证 10 和 4），而他经常使用的是 ἥμερος 和 ἡμερότης（分别是例证 74 和 22，动词不算在内）[2]。Praos 通常进入希腊传统的词汇的不同组合，这些组合在斐罗著作里也同样存在[3]。然而这个词在《旧约》中很少被发现，其中只有 5 个完全是外围的和不怎么有价值的例证。

因此斐罗确实把犹太思想朝希腊的意义和柔和的意义方向上引导过，这是毋庸置疑的。

---

① 《论摩西的一生》，II，279。

② 因此，该词比 philanlhrôpos 有更多的例子支持（50 名词例和形容词 30 例）。斐罗有时也用 ἥπιος 或 ἡπιότης（3 个例子）。

③ 我们在莱斯康索引中找到了一些与 philanthrôpia 或 épieikeia 一起搭配使用的例子。关于 philanthrôpia 的论著经常使用 ἥμερος 或相应的名词：例如 81、134、108、116、121；在这里提到的前面两个例子中，斐罗加了 épieikes。《论摩西的一生》，II，279，组成 πραότατος καὶ ἡμερότατος；斐罗把这一组概念与愤怒相对立。

但基督教出现在了他用希腊理想来诠释《旧约》的时代。这样以来，一场完整的道德革命发生了，因为可以化身为人的原则本身赋予了上帝的良善和他的宽容一种全新的内容。

事实上，这是通过一种爱的行为对基督化身为人的解释。上帝本来可以粗暴地对待人类，但他派了自己的儿子来说服人类。并且他的善是如此之博大，以至于这个儿子被变成了人。在这种爱之上还要加上基督之受难，他为人类而受苦。从此，神的善便成了一种最伟大和无私的善。

这种善不再是善，而是爱；而且 philanthrôpia 这一术语在《新约》中所占的位置非常有限，而与它出现在一起的词 agapè[爱]的意义要更为丰富①。

这种对每个人的爱如此强大，以至于它很自然地变成了提供给人类的规则和典范。事实上，一条戒律曰：“你要全心全意地用你整个灵魂和思想去爱上帝，你的上帝”；第二条戒律补充道：“你要爱你的邻居，就像爱你自己”（《马太福音》，22，36—40；《马可福音》，12，28—32）。

更重要的是，这种对邻居的爱不是我们对自己亲人的感情经过思考之后的扩展，它对人人、对卑微者、对悲伤者②、陌生者

————————

① Philanthrôpia 未出现在《福音书》之中。该词在《新约》中出现过三次：《提多书》，3，4，《使徒行传》，27，3，以及 28，2；在这两个最后的例子中，其意思是热情好客之意。

② 关于穷人，我们依然在《旧约》的思想范围之内，上面以及提到过。怜悯于是变成了我们的字眼“施舍”。

都有价值。落入强盗手中的那个人的"邻舍"是怜悯他的人(《路加福音》,10,29节)。

　　这种爱自然地包含原谅。如同希腊的 philanthrôpia 让位于 agapé 一样,希腊的 suggnômè 干脆就让位给了被重新启用的 ἄφεσις。这首先是神的宽恕:"我实在地告诉你们,世人一切的罪和一切的亵渎的话会被原谅,但任何亵读圣灵的将永远得不到宽恕。"(《马可福音》,3,28—29)确切说,基督受难的目的是为了消除罪孽:"因为这是我立约的血,为多人流出来,使罪得赦。"(《马太福音》,26,28)模仿神的宽恕,而且为了能与之相匹配,人类也必须原谅:"你们饶恕人的过犯,你们的天父也必饶恕你们的过犯。"(《马太福音》,6,14;《马可福音》,11,25—26)同样,"你们不要论断人,免得你们被论断"(《马太福音》,7,1);或者还有,在"登山宝训"中,"怜恤人的人有福了,因为他们必蒙怜恤。"(《马太福音》,5,7)[1]我们离异教徒的合乎情理的"理解"还远,这一理解仅仅伪装成正义而出现。况且,我们可以想到对通奸女子所给予的宽恕:"你们当中没有罪孽的那个人向她投去一块石头吧"。这种宽恕的扩展也许对某些异教徒而言构成了最后的希望[2],但它对其他一些异教徒而言则是丑恶之源;并且朱利安皇帝就很粗略地诠释了这种感觉,因为他在《凯撒传》当中把

---

[1]　还请看《马太福音》,17,4。

[2]　根据佐西梅(Zosime)所言,君士坦丁在弑子和弑妻之后笃信基督教,因为它是唯一原谅如此十恶不赦罪行的宗教(II,29,门德尔松出版,第85页)。

基督置于荒淫的对立面：他占有这个位子，因为他让荒淫者变得纯洁(38)。

最后柔和也得到了一个新位置。有一首圣诗使用了 praos 这个词说道："怜恤人的人将继承土地。"(36(37),11)这一用语在"登山宝训"中变成了第三个（或第二个）真福。我们是不是应该这样理解，即这些怜恤人的人指的是卑微者吗？《旧约》的意义暗示了这样的看法①；并且这些怜恤人的人被与穷人和受苦者放在一起。但在无法在这里展开一场已大大超出我们能力的讨论的情况下，我们很清楚这涉及的是一种内心倾向。上面刚提到的那首圣诗的前几句说不要嫉妒别人、既不要生气也不要表现出愤怒：这与希腊文的意义非常接近。这在"登山宝训"中更接近希腊文的意思；神父们在评论"宝训"时将会把谦卑与耐心这两种概念混在一起。无论如何，"宝训"的接续部分清楚地确认了这是一种美德，并且是柔和："只是我告诉你们，不要与人作对。有人打你的右脸，连左脸也给他打吧②。有人想要告你，要拿走你的里衣，连外衣也给他拿去吧……只是我告诉你们要爱你们的仇敌。为那逼迫你们的人祷告……"(《马太福音》,5,39)

------

① 我们在《马太福音》那里找到它两个，首先被用在了基督身上并与谦卑(11,29)联系在一起，其次是在告诉锡安居民的话语中："这就是你的君主，他很温和地朝你走来并骑上了一头驴"(21,5)，这一段话一字不漏地用了扎卡里亚(Zacharie)的话,9,9并也指向谦卑。除了这三段，我们还在使徒书简中遇到一次形容词和十一次名词。

② 圣巴西尔故意把这种教训特意与普鲁塔克所赞扬的苏格拉底的态度拉在一起。

＊　＊　＊

因此福音书所讲的这些仁爱的伟大原则处于一种与异教徒的道德观没有任何共同点的层次上。这些原则要求更多,而且是从另外一种角度提出这些要求。可是我们看到它们在实际中可能与我们在这里研究过的、与善良和柔和相关的异教的某些箴言巧合。

事实上,人们很快注意到了一种对照与比较。希腊神父们要么在思想方面要让希腊人改变,要么他们自己被希腊文化所滋养,所以他们倾向于重新使用希腊文化所青睐的旧的措辞,并满足于给它们赋予一种新意义。并且基督教思想渐渐开始谈论philanthrôpia、suggnômè 和 praotès,完全和异教徒们所做的一样。

第一次比较似乎从圣保罗时期就开始了[①]。"外邦人的使徒",注重赢得人心并愿意谈论上帝的善和基督教社会规则的柔和的义务。据他所言,基督就是温柔(praotès)和和平(Épieikeia)(《哥林多后书》,X,1)典范本身。人类应该在这方面模仿他。圣保罗于是在《提摩太后书》(2,24)中写道:"上帝的

----

① 圣保罗似乎特别被引导而歌颂柔和;我们可以在他之外引用圣·皮埃尔的第一封使徒书简,3,4和15,以及圣·雅克的书简,I,21和3,13;但是这些文本事实上对我们在这里的研究帮助不大。

仆人不应该有争吵；相反他应该对大家 èpios，应该能胜任教育并具很大的耐心①；他应该 praotès 地纠正对手们，以希望上帝会给他们改过自新的机会，从而达到对真理的认知"。旧词 èpios 在这里被重新使用这一事实是很有特色的。它没有出现在《福音书》中。然而人们却在《帖撒罗尼迦前书》(2,6—7)中发现了它，在其中保罗讲述自己作为福音传播者的行为："我们作为基督的使徒，虽然可以叫人尊重，却没有向你们或别人求荣耀。只在你们中间存心温柔，如同母亲乳养自己的孩子。我们既是这样爱你们，不但愿意将神的福音给你们，连自己的性命也愿意给你们，因为你们是我们所疼爱的……"

这就是被基督之爱所照耀的苏格拉底的柔和。或如斯皮克神父在论及圣保罗关于 praos 用法时所言："圣保罗的柔情也许保留着《旧约》特有的宗教和卑微色彩，但增加了希腊世俗事物的宽厚"②。

这种仁厚，圣保罗在他的使徒书信中——以及在《加拉太书》(5,22 和 6,1)、《以弗所书》(4,2)或给《歌罗西书》(3,12)中——介绍过多次；这最后一封书信说："有一副仁慈、善良、谦卑、柔软、耐心的心肠。互相忍受吧……"同样的理想，也

---

① ἀνεξίκακος 一词与 praos 一起在尼斯的格里高利 (Grégoire de Nysse) 的关于第二个真福的讲道中出现 (米聂，第 1212 栏)。

② 见前揭书，第 329 页，请参考上文："在大多数情况下在独立于 LXX 中的语言的同时，它们 (praos 在圣保罗中) 的用法也具有希腊柔和那样的细微差别"。

是福音书的理想,但在希腊柔和中有共鸣,仍然带着它所有的力量,但此次与神的善相关并出现在《提多书》(Tite)3,1—3中:"提醒他们服从法官和权威、服从并准备好随时参加正义的行动、不要说任何人的坏话、要爱好和平而谦逊(épieikeis)并要对于每一个人……充满柔情(praotès)。当我们的救世主上帝的善和他对每一个人的爱(philanthrôpia)非常明显之时,他拯救了我们,不是由于我们所可能做的正义事业,而是因为他的仁慈……"在这里依然叫 philanthrôpia 的神的善是福音之善,但被推荐给人类的柔和只会比希腊praotès 的理想走得更远。

实际上,这种融合很快就在希腊神父那里变得更紧密,因为他们经常重拾 philanthrôpia 和 praotès 这一双重理想,给直到那时只是一个纯粹的人类理想的东西增加了一项宗教内容。

如果稍微翻一下朗培(Lampe)的《教会希腊语词典》①,我们就会看到大量在异教理想推动下产生的词语。不仅philanthrôpia 和所有的同一族类的措辞光荣回归,而且对它们的参照就占据了字典的两栏(philanthrôpia 59 例、philanthrôpos 25 例),但 praos 和 praotès 在其中是带着非常多的参照(分别为 26 和 35 例)出现的,而且具有柔和与宽容意义的 épieikeia 在其中至少被相同数量的用法证实。甚至 èpiotès 也悄然地回来了(名词有 4 例、副词 2 例)。我们在这里不是要来研究所有这些

---

① 《教会希腊语词典》(A patristic Greek Lexicon),牛津,1961 年。

用法,也不是要给每个作者的思想盖棺定论。我们只想知道这些不同的美德有时被归于上帝或基督①,在人身上会受到赞扬、并被认为很讨上帝的欢心。此外,随着时间的推移,对这些美德的强调似乎不断向前发展,并且我们看到从一个世纪到另外一个世纪取得了明显的进步②。

我们从二世纪末的亚历山大城的克雷芒那里开始就遇到了这些美德,他似乎生于雅典的一个异教徒家庭并曾接受过很好的文学和哲学教育。在他的作品中,philanthrôpia 的概念所扮演的角色和他的古典文化在这一方面所产生的影响在格朗维勒·唐雷(Glanville Downey)的精彩的文本里被讲述得一清二楚,可是这个文本基本上是用来研究这一概念在四世纪的发展情况的③。作者指出,该词在克雷芒笔下既指上帝对人之爱,也指人与人之间的爱,后者对人来说构成至善至美之特点之一。"真知者",也就是说完美的基督徒,为人正直且喜欢分享:他是philanthrôpos(《杂篇》,VII,19,1,第 14,4)。同样圣保罗"爱人类"同时也爱上帝(出处同上,53,5,第 40,2)。更重要的是,这种 philanthrôpia 接着还会带来一切柔和与亲切的东西。人们就这样看到,附属于 philanthrôpia 的 ἡμερότης 为与上帝比肩做出

---

① Philanthrôpia 在三分之一的情况中是神的 Philanthrôpia。

② 在这里的研究只能是粗略的;这一特点也是我力所不能及的。在这里请允许我感谢巴黎索尔邦大学的阿尔勒(Harl)女士,她的友善至少帮在这一领域迈出了第一步。

③ "公元后四世纪宗教与治国策略中的 Philanthrôpia",《历史论》,4(1955年),第 199—208 页。

了贡献(出处同上 13,4,第 10,26—27),而 praotès 只是在《谁是那个被救赎的富人》中①出现于美德之列。

但是,假如我们这样重新找到希腊语中古老的 philanthrôpia 的扈从的话,那么,只要我们稍微注意克雷芒作品中该词的不同用法,我们很快就会看到它在其中有些细微的差别,即它带有同情和基督教学说特有的神之爱的意思②。这一点在一部写给希腊异教徒的著作中特别明显,如《劝道集》(Protreptique)。我们在 I,6,2 中看到:"上帝有同情之心,他不但教育、劝告、警告、拯救、保护,而且还答应补偿我们的顺从,另外还让我们上天堂";不久克雷芒写道(3):"你们的手中所握就是所许之物,它就是这种 philanthrôpia,拿走你们那份恩泽吧"。这里所指的正是一种新的、独一无二的 philanthrôpia。同样我们在 IX,85,2 中读到:"因为上帝是 philanthrôpos,他呼吁所有人要认识真理的内在,圣灵是他所派。"我们还在 X,91,2—3 看到:"为了躲避牢狱之灾,你们不会逃向从天而降的同情吗?因为如果处在伟大的 philanthrôpia 中的上帝喜爱人类的话,那么他就会像鸟妈妈那

---

① 请看,该论著,3,第 162 页,4,或者 18,1,第 171 页,9 和 34,2,第 182 页,26。有关 praos 其他的一些褒义的用法,请看残篇 44,第 222 页,13,在其中说的是一个温和而慷慨之人,以及 57,第 226 页,25,在其中讲的以鸽子形象出现的圣灵。从总体上看,克雷芒使用差不多同等数量的词来指柔和:他用了 praos 同族的 18 个例词、ἥμερος 同族的 19 个例词和 5 个与 épieikès 相关的例词(与 philanlhrôpos 相关的有 75 个)。

② 唐雷让为了 philanthrôpia 和 agapè 之间的平衡二让人们注意到了"克雷芒"(25—33)讲道 XII 所具有的重要性;但这一讲道的作者和日期均不详。

样,当她的小宝贝从鸟巢中掉落时,她会奋力地飞向他……上帝如慈父般寻找自己的造物、抓住坠落中的他、追逐野兽并重新接纳自己的小家伙,同时鼓励他再飞回鸟巢……"这种philanthrôpia就是爱①。并且克雷芒在稍后的地方称上帝为父亲:"这位真心爱我们的仁慈的父亲(Ⅹ,94,1)……"philanthrôpia曾经被公元前五世纪的古希腊人用来特指神对人类之亲切,因此它非常清楚地想继续传播这种古老的角色,但给个该角色赋予了一种更热情和更强大的形式。在基督教的philanthrôpia看来,异教的众神不是philathrôpoi的;而且克雷芒喜欢强调这一看法,当他在同一论著中写道:"您的菲波斯(Phoibos)喜欢礼物,但不喜欢人类。"(Ⅲ,43,3)②

但特别是在四世纪,希腊的柔和似乎充斥于基督教教堂。我们可以通过研究这一方面的三部内容极其丰富的作品来佐证这一点。这三部作品是圣巴西尔、尼斯的格里高利和圣约翰·赫里索斯托姆的作品,他们三个人均出生于320和345③年之

---

① 关于异教的其他的一些词在重新使用时也是被赋予了新意,因此克雷芒谈论神的忠心(Ⅹ,110,1)。

② 还请看由唐雷引用的那些段落,特别是《杂篇》Ⅶ(3),19(第14,4斯泰林(Stählin)出版)和Ⅶ(9),53,5(第40,2)。还请参看《杂篇》Ⅱ(18),85,1(第157页,24)和87,2(第159页,6),与praotès一起。

③ 我们将找到关于philanthrôpia的参考文本,这些文本指在上文中被引用的唐雷的文本中借用的奥利金(Origène)、凯撒利亚的尤西比乌斯(Eusuède de Césarée)或阿塔那修(Athanase)的文本。拿先斯的格里高利也提供了一些有用的线索:他与圣巴西尔知识上的姻亲关系就足以说明这一点。我们可以提醒说,在书简10,9中,他歌颂一位词法官身上的坚定与柔和并存的品质。

间。我们由此看到,对在前面一章中由铭文所揭示出的柔和的强调也存在于同一时期的基督教和异教的文学文本中。

我们将特别关注圣巴西尔作品中的那些书函:它们将有利于我们看到一种日常道德的存在。甚至一次简单的观察①就可以估量 philanthrôpia 和柔和这些古老观念的恢复程度。

我们已经可以从表面上看到,希腊的柔和是一种非常出名的美德,因为确切说,我们在这些信件中找出了像"大善人"、"仁慈者"、甚至"柔和君"这样的用语②。

另一方面,我们在这些信里还发现了基督教的最高价值与柔和的最一般的美德经常被放在一起混用。

上帝对人类的大爱呈现于其中。当圣巴西尔邀请信徒们重视以前的仁慈或 agapé③ 并首先给他们讲授"上帝之爱和对邻居之爱"时(第9封信,1)④,他有时会称这种神之爱为 philanthrôpia ⑤。

同样,对罪孽的懊悔和宽恕也在里面(第46封,5)占有重要位置。作者甚至把懊悔与宽恕夹杂于一些论宗教的文本中,他这样写道:"轮到上帝擦拭懊悔者的眼泪,上帝信守自己所有说过的话。他没有撒谎,当他说:"若你们的罪孽是鲜红色,我将把它们洗得雪白;若它们是猩红色,我将把他们弄得像羊毛一样

---

① 我们在此仅限于精读前 100 封信,因为所涉及的确实不是什么学说。
② 请参看上文,第 428—429 页。
③ 请看信件 65,1.28 和 70,1.1 和 2。
④ 请参看这篇不是很可信的文本,它说:(书简 43,1.5):μισύμενος ἀγάπα。
⑤ 书简 5,2 和书简 26,1.8。

白"。伟大的心灵医师随时准备治愈你的疾患。这些是他的言语;这张嘴正是柔和与拯救之泉①:"身体健硕者不需要医生,需要医生者则是病人。我来不是来叫正直的人们,而是叫有罪者进行忏悔。"(书信46,6)

但同时,除了对这种彻底和纯粹的基督教宽恕的赞扬之外,圣巴西尔也知道欣赏他那些采用希腊传统的柔和方式的通信者们的更有人情味的柔和。有时,颂词可能赞扬的是一些正式的关系,在这些关系中基督教的一面并不那么重要。因此圣巴西尔意欲安抚卡利斯泰尼斯(Callisthene),他就恭维他说:"那些有点不懂礼节的人们如果感觉到你的 praotès 所产生的强大效果的话,那他们一定会非常后悔对像你这样的人做出伤天害理的事情";并且他要求他确认自己有希望得到的遗产和"大家关于你的节制与 praotès 的众口一词的证据"(第73封,1和3)。还有,他在写信给一位"慷慨大度的伯爵"时说:"在我们写下来之前,你的 philanthrôpia……就被他们学去了,因为你平日是那么仁慈并且这种仁慈是大自然为了大家的福祉而赋予你的秉性";并且他还谈到过要歌颂伯爵的 praotès(第15封信)。但颂词经常也更具个人色彩。因此当圣巴西尔讲述他对那位曾经给他洗过礼的并被人控告为忘恩负义的人的欣赏时说道:"与他交往是我最大的快乐,因为我注意到他简朴、高雅和大度的性格以及其他的一些特征:他宅心仁厚(praon)、与众不同、安分守己、

---

① 这里柔和的意思是愉快(agrément)。

轻松活泼和带点严肃的蔼可亲"。他在稍后的地方还谈到了他的 praotès 与 épieikeia(第51封,1和2)。最后,人们期望这种柔和能成为法律的捍卫者们所应有的品质,就像对圣保罗那样,但这里更清晰地说的是教育者所特有的柔和,并且这个教育者必须通过他本人的例子让人们喜欢他所代表的理想。这种与坚毅相连的柔和出现在了第69封信(第39行)中。第81封信给大主教举荐了一位神甫,他是"被上帝选中的,是专为服务上帝而生,是那些遇到他的人们的崇拜对象并用 praotès 来教化对手。"(第39行)①

因此圣巴西尔首先从世俗的文学中找出柔和与节制的例子(《致年轻人》,7),我们对此并不感到奇怪。事实上,他在这些文本中承认存在着"一种美德的草图"(出处同上,10,第2行)。世俗的道德和基督教的道德通过柔和与善而相汇;词汇相似性让这种相汇格外引人注目,即使这些词语的概念所包含的意义和具有的特点事实上经常是有差别的。

我们可以补充说的是,礼拜仪式的演变证实了这种相似性;而且人们至少就 philanthrôpia 指出它是如何受到从世俗的希腊拿来过来的词汇的浸润的②。

更清晰的是,我们在同一时期的两名伟大的基督作家的作

----

① 《马太福音》V,44 随后的规则被巴西尔以另外一种形式加以引用,这种与马修不同的形式是使用了短语 πράως ἀνέχεσθαι(《致年轻人》,VII,37)。

② 请参考唐雷的文本,第 205 页随后。

品中找到这些不同的被转化和被搬移过来的概念，其中一个作者便是圣巴西尔的兄弟，也就是格里高利。

毫无疑问，philanthrôpia 到了他那里已经很流行，而且永远与神之爱水乳交融。

Philanthrôpia 是上帝独有的特征。它解释了上帝化为人身（《教理问答》，15，2 和 20）的缘由。它支配着我们的一生（《圣玛克兰传》，20，1。7 节）。事实上，这种上帝之爱呼唤人之爱，它变成充满情的欲望：《圣玛克兰传》，22，谈论的是 ἔρως 和 ἐραστής。因此 philanthrôpia 确实重新变成了上帝对人类之爱，但他的友爱特色与曾经归于普罗米修斯或宙斯的动机不再有任何关系了。

另一方面，到了格里高利这里，praotès 也变得很时兴，因为在格里高利评述的第二个真福中它是一种基本的美德。他在论证《马太福音》的文本时试图定义这种能带来永福的 praotès。他在其中看到了一种对把人带向愤怒、盲目和嫉妒的恶感的拒绝；相反，praotès 会让人产生"爱并热爱和平"[米聂（Migne，1213c）]。Praotès 不知道什么叫冒犯，它与谦卑合为一体（1217d）：格里高利就这样明确说了从希伯来语翻译成希腊语所揭示出的关系，但他重新找到了希腊词语的使用中所包含的那部分美德①。

---

　　① 　这种关系在《新约》中是通过对两个系列的词语经常地拉近来表现的（《马太福音》，11，29；《以弗所书》，4，2；歌罗西书，3，12），格里高利为这一拉近辩解，但并没有混淆两者——在《旧约》中被赋予 praos 的词语允许这种混淆。

这再一次成就了一个更深而志向更高远的 praotès。

圣约翰·赫里索斯托姆也认为 philanthrôpia 和 praotès 具有双重倾向。

他从父爱的角度来歌颂上帝对人类之爱；他还并要求人们把这种爱想象得无比强大（《论天意》）。他赞颂同情与原谅，但他的说道也时常以 praotès 为参照。这在他眼里是一种特别讨上帝欢心的美德[《约翰福音讲道集》(hom. in Joan.) 61,1 = 米聂(Migne) 59, 第 395 栏, 在其中它与 épieikeia 相连]。它被基督所讲授（《马可福音讲道集》(hom. in Math.) VII, 14[《论窄门》(De angusta Porta) = 米聂 51, 第 47 栏]。它建立了心灵的和平（《创世记讲道集》(hom. in Gen.) 34,1 = 米聂 53, 第 313 栏)。

因此，当人们看到这部短论著《论柔和》是会认为是他写的，即使说这种看法是以讹传讹，我们对此并不感到惊讶。实际上，这个文本也许能作为对这一概念研究的完美结局，因为它把 praotès 和其近义词善良或宽厚看得比任何东西都重要。根据作者(他经常引用保罗)所言，对穷人的关怀出自于柔和并且柔和通向 philanthrôpia。这种柔和也许来自上帝，但它也像是世俗世界中的无愤怒和无嫉妒；事实上，它是基督徒身上一切美德中的最伟大的一种美德(米聂 63, 第 553 栏)。

正如大家所看到的一样，我们没有必要在这里再增加例子和引语了，因为我们另外一本书里随处都是引用。于是我们可以认为，从一世纪到四世纪，希腊神父们渐渐重新找到了曾经由世俗的人文主义推向流行的词语和它们的意义，并且他们满足于给这些词赋予一个新意义,即一个无限强大和非常严格的意义。

说真的,这种迅速发展不可能让人感到意外。甚至独立于从那以后把每种道德都与唯一的上帝之爱挂钩的基督教对于世俗的道德所具有的优越感和原则上的优势:它不自封于因这种优越感而制定的标准之中;它不适合于城邦,甚至不适合于世俗的生活。和在公元前四世纪与城邦的决裂曾经有利于一种更灵活、更人性化、更具有友爱精神、更适宜于个体而不适宜于公民的道德的飞速发展一样,这种无国界的宗教完成的与国家坚决分离使得一种新的理想破壳而出,无论是实际的习俗、公共利益或者是严格正义都不再阻拦这一理想的实现。这种宗教就是基督教。

基督教至少一开始是处于国家的边缘地带,因此它的目的可能是拒绝一切明哲与谨慎。

II. 世俗的回应

表面上看,这种与真心的爱、真心的原谅、带着谦卑与温情的真正的耐心的对照应该就这样标明了希腊的柔和的范围。从某种意义上说,它是这样做了。并且我们在这种看法的基础上停止对希腊人的这种柔和的悠长历史的考察并非是不明智的,这是他们在自己的生活与思想领域中尽力而为所创造的奇迹。

可是过于粗略的简化会让人觉得基督教是接着异教而出现

的,好像它们之间的转化一夜之间就完成了。

实际上,我们在上一章讲过的普鲁塔克的创作要后于斐罗、圣保罗。影响过他的思潮在很大程度上解释了希腊神父们强调philanthrôpia与柔和的原因,我们在此短暂提到过这种强调。

但普鲁塔克也非最后一位作者,远非如此!我们已经指明他的同代人普罗萨的狄奥在其《论君主制的演讲》中重拾了君主如父的观念,他不但一心想让自己臣民过上好日子,而且还模仿宙斯。如果我们对柔和主题做一次整体回顾的话,那么我们就应该回到朱利安和后来的希腊历史学家们。尽管这样的回顾在这里是不可行的,但在回顾了四世纪一些基督教作家之后,那些与这些作家遥相呼应的声音就很难被悄然忽略了。因为这个目睹圣巴西尔、圣格里高利和圣约翰·赫里索斯托姆赞扬philanthrôpia和基督教柔和的四世纪也是泰米斯修、利巴尼乌斯和朱利安皇帝依然热情赞颂世俗的philanthrôpia与柔和的世纪。

毫无疑问,异教徒与基督徒在这一方面有过一次真正的竞争。朱利安也毫不掩饰这一点。他在第89b封信中(305b)建议人们提防(异教徒)神甫们的"仁慈的"性格和他们要赋予平民们的同情心,因为他们中的一些人在这一方面的缺陷"使加利利的不信教者产生了投入到慈善事业中的想法;而且他们巩固了自己所做的事情中最糟糕的部分,因为他们很擅长做表面文本,以吸引别人的眼球"。或许,这种公开和激烈的竞争是希腊世界柔与善的理想的发扬光大的最好证明,在这种竞争中异教徒与基督徒彼此所要求得到的是相同的价值。

这种竞争的效果稍许改变了彼此的观念。也许异教徒的善良与柔和与基督教的善良与柔和并非一模一样。很多非常好的研究致力于确定它们之间的区别[①],甚至想指明它们或多或少会有较大的道德影响力。但与继承自异教希腊的教诲促使一定数量的希腊语词和观念进入基督教一样,基督教学说存在也导致了这样的结果,即异教思想在与古典传统范畴保持一致的同时给相同的价值赋予了一种夹杂着宗教精神的、更崇高的道德意义。

思想范畴的持久出现在这样的事实中,即这一思考首先是政治层面上的,因为从伊索克拉底以来一直如此。它甚至比在普鲁塔克著作中更政治化。我们拥有的作品把柔和主要视为王权的一种美德。况且他们这些作品都是在君主身边完成的。

因此泰米斯修(Thémistius)在给帝王们进谏时也使用philanthrôpia[②]。他在演讲 I 中宣称 philanthrôpia 是君主们特有

---

① 按照时间顺序,最重要的三个研究是:唐雷,"公元后四世纪宗教与治国策略中的 Philanthrôpia",《历史论》4,(1955 年),第 199—208 年;约尔根·凯比什(Jurgen Kabiersch),《Philanthrôpia 与朱利安皇帝的思想研究》,《古典哲学研究》,21,威斯巴登,1960 年,96 页(不仅只局限于朱利安皇帝)和劳伦斯-J. 戴利(Lawrence J. Daly),"泰米斯修的 Philanthrôpia 概念",《拜占庭》,45(1975 年),第 22—40 页。也请看凯比什的说明,特别是阿尔勒(M. Harl),在《教会史杂志》,III—IV(1961 年),第 378—380 页。

② 该词出现在演讲 I(给康斯坦斯)、演讲 VI(给瓦伦迪尼安和狄奥多西)和演讲 XIX(给大狄奥多西)中。

的美德,而其他的一切美德都附属于它①(Ⅰ,5c)。同样,praotès
不适合用在一个无权无势的人身上,而是要用在一个强人身上。
来自于一位君主的慷慨是更有用,如来自于他的愤怒更危险一
样。宽容本身是君主的行为:事实上,法官只是应用法律,而君
主则是活的法律②;并且他为对法律的漠视提供庇护(XIX,
228a)。因此人们会看到皇帝甚至可以宽恕那些犯错的人们
(229d):只有他才可以把正义与仁慈结合起来③。在这一切当
中人们离柔和-谦卑还很远;相反,王权的宽容得到了很大的
扩展。

正如伊索克拉底所言,这种被举荐给君主的行为会得到回
报。仁慈的君主将受到爱戴(Ⅰ,10c—d);然而人民的忠心是比
害怕更有效的保障。因为忠心可以挖掉任何严厉的措施都无法
根除的坏心眼(XIX,231d;XXXIV,62)。这样的一些论据在传
统的为仁慈辩护的说辞中是最纯正的。况且,泰米斯修不失时
机地重拾了从那以后很通用的荷马的话:只有君主才可以"如父
亲般仁慈"(Ⅰ,17a)

看起来有点新意的东西是这一观念的持久存在,即通过这
样的一种行为,君主或皇帝达到效仿上帝的目的。这里当然指
的是异教的上帝,即被荷马称为"人类与众神之父"的宙斯④、选

① Ⅰ,5c;Ⅰ,10c-d;XI,147a。

② 这一短语可以追溯到希腊化时代的文本。

③ Ⅰ,12c 节;IX,126d-127a。

④ VI,77d;XIX,233a。关于该观念,请参看前面,第 492 页。

择以和平和仁慈以及对人类友好的方式行事的宙斯(VI,78c),他的所有外号都让人联想到了善良与保护①。皇帝凭他的权力与上帝有些相同之处:唯有和上帝一起,皇帝才可以赐予生命(XIX,229b)。另一方面,皇帝凭他的善也可以与上帝比肩。皮提亚犹豫不决地在吕库古(Lycurgue)身上看到神的影子:这就是 praotès、正义、同情,并且,在这些美德中,只有 philanthrôpia 才可以让君主变得像神一样(XIX226d;229a—b);然而吕库古曾因表现得 praos 和善良而拯救了斯巴达②。但是,假如这对一个小城邦来说是真的话,那么一个统治着海洋和陆地并那么柔和、从容、沉稳,以至于会拯救那些曾经冒犯过自己的人的人怎么就不可能更真实呢(227a—b)? 因此像上帝一样,皇帝将被称为"救世主"、"异邦人的庇佑者"和"乞援者的保护人"(XV,193d—194a)。

于是,权威与善成了不可分割的整体。它们在上帝身上合二为一了:它们也存在于皇帝身上;并且上帝与皇帝行为的同一性使得君王为上帝所青睐(I,9a)。

这种权威与善之间的关系在泰米斯修作品中被皇帝的一种无所不能的政治理论所完善,这种全能在他看来已经越界③。

---

① 同上,79d。他引用了 μειλίχιος、φίλιος、ξένιος、ἱκέσιος、πολιεύς、σωτήρ,并把一切与 philanthrôpia 挂钩。

② 普鲁塔克已经讲过莱库古斯的 praotès:请参考第 452—453 页。泰米斯修所暗指的神谕是在希罗多德著作中(I,65)并被刻在了德尔斐(Delphes)。

③ 上文引述过的唐雷和戴利的研究非常强调这一特征。

他在第 X 封信的 131d 节中把居鲁士、亚历山大或奥古斯都的仁慈或善良与那个不仅只在自己的臣民面前展现这些美德之人的仁慈或善良相对立:皇帝只有在饶恕了野蛮人之后才能被视为大家的皇帝①。泰米斯修或许在此考虑到了那些有点到处针对帝国的威胁,但无论如何,这符合他的学说逻辑,因为他把无限的善良与无疆界的帝国联系在一起,并且更巧妙地拉近了皇帝的柔和与神的柔和。我们还看到,假如基督徒有时把皇帝当作地球的管理者,那么异教徒泰米斯修也把君主视为第二位上帝;确切说,正是这一善良的理想使得他做出了这么大胆的纠正。

不管怎样,我们可以肯定的是,这样一门学说在确实从异教中汲取了灵感的同时也从基督教中获得了不止一种特性——要么通过对宗教的不间断的参照,要么通过普世价值。

利巴尼乌斯支持同样的理想②。他甚至把它引入到了宗教之中;并且路易·罗伯特在他将阿斯克勒庇俄斯(Asclèpios)歌颂为 philanthrôpos 之神的方式中找到了个人崇拜的特点——一位神最初在某些方面与基督教不无关系的神③。相反,利巴尼乌斯没有像泰米斯修那样把这种理想的政治效果夸耀得那么

---

① 根据一个从那时起很经典的框架,泰米斯修把 philanthrôpia 描写成亲近的人们之间的关系的逐渐扩大(VI,76c—d)。他之所以一谈到了野蛮人和所有人,是因为他一点也不是根据后来普世的友爱,这种友爱在基督教中一开始就被当作原则而提出。

② 请看演说 III,29,XI,155 和 XI,243。

③ 请参考《学者日记》,1973 年,第 122 页和注解 120。

大。从某种意义上说,他与之前的希腊传统很相似①。况且,我们在第 XV 篇演讲中看到,他又使用了论据,即 philanthrôpia 是一种杰出的希腊美德;作为统治希腊人的希腊人,朱利安自己应该是躬身实践过 philanthrôpia(25)。因此利巴尼乌斯和泰米斯修一样都没有极力推广。他也说,在希腊人当中,雅典人比其他人更多地实践过这种美德,因为他们一直保护任何遭遇不幸的人(36—39):从伊索克拉底到普鲁塔克的传统在这里被全面恢复了。

这两种潮流汇聚在了朱利安作品中。

像利巴尼乌斯一样,朱利安在 philanthrôpia 中看到的是罗马人和希腊人,特别是雅典人的特征(《反驳加利利》,116a)。所以他在《厌胡者》(Misopogon),18(348b—c)写道,雅典人是所有人中最爱荣誉和最够朋友之人:"其实我注意到雅典人是希腊人中最慷慨和最有人性的人,尽管我发现这些品质在全体希腊人身上早已存在"。热情好客也是一样。

但这种希腊美德也是一种自在之美德,如同在泰米斯修那里一样,它与一种宗教理想相关。朱利安在为王权的 philanthrôpia 的辩护中实际上讲到了仿效上帝②,或自己获得了上帝那样让人觉得亲切的感觉;因为正如第 89b 封信(289)所明确说明的那

---

① 在上文引述过的戴利的文本中区别被过分强调,也许甚至被硬性认定。

② 例如,在对康斯坦斯的颂扬中,对王权的柔和的分析谈到了"模仿人类身上的神性的本质"(39);同样,III,38:"明君以最大的努力效仿神祇……"

样,上帝自然是爱人(philanthrôpos)的并因此会亲切对待那些也是 philanthrôpos 的人们。如同在斯多葛主义和基督教传统中那样,朱利安也重拾了人与人之间的友爱观念:"每个人皆为他人之亲人",他在同一封信(291d)中写道;而且他用明显受基督教影响的词语总结说,我们不可以拒绝与我们的邻居分享(292d)①。

这种异教传统与基督教影响的混合存在于他所推崇的仁爱的内容之中。

如同在异教传统中和在泰米斯修的作品中一样,philanthrôpia 对朱利安而言代表一种纯正的王权美德。不管怎样,他只肯承认只有君主们身上才存在这种美德或者只希望这种美德只有皇帝们才有。他在写给君王康斯坦斯的颂词中坚决这样做了(I,7,11,15,26,31,32,34;III,1,7,19,28,等等);可是他后来的态度却比较谨慎(V,3)。相反,当涉及到他的女保护人欧塞比娅皇后时(II,2,5,8,等等),他的态度马上不再有任何保留。再说,在这些不同的论著中,他引述了昔日君主们的柔或善的特点,一个接一个地提到了奥德修斯、居鲁士、亚历山大,还有迦太基的征服者罗马人。他把这种王权的善变成了他的政府计划②。这

---

① 尽管思想与术语类似,但这种人类的"亲缘关系"很自然地有别于基督教的原则上完全是宗教性质的友爱。

② 不管这是朱利安最推崇的品质,但它却出现在了一封为书简中,即所谓的朱利安给巴西尔的信(巴西尔信函,40),它是这样开头的:"正是通过表现出从儿时就习以为常的泰然和人性,我直到目前才让天下苍生服从我的权威"。

519

是"首先"要培养的美德。他在《厌胡者》，38(365d)中宣称："由此我们在政府内部把柔和与节制的结合视为优点"。他已经在第三篇讲演(副标题为《论君主制》)中写道，在他的看来"柔和(praon)、善良、人性(philanthrôpon)适合这样的一位君主：他一点都不应该喜欢惩罚，而是对自己的臣民所遭受的苦难感到痛心，不管苦难是何种原因造成的"(37)。

正如在最后这个例子中一样，描述君王的这种philanthrôpia的背景经常与古老的仁慈观念密不可分。并且当朱利安在第89b封信中区别这种美德所可能具有的不同形式时，他把节制，也就是说仁慈放在了惩罚的第一位[1]。

对朱利安歌颂最多的就是这种仁慈。这种仁慈对他来说，正与它初相一样，是正义的柔化[2]。并且对古典传统的忠诚表现在这一事实之中，即朱利安为了论述这一忠诚而重新找到了一些常用词——比基督徒使用的词汇更普通，而且更直接地与政治生活相关：他每个时刻都在讲 praotès、épieikeia、suggnômè[3]。

人们稍微看一眼最初的两部论著就足以承认这种传统，它甚至都渗透到了词语的选择之中。因此，与居鲁士相反，康斯坦斯之父有一个比自己优秀的儿子：一个更柔和的儿子(I,7)；

---

① 书简所区分的两个方面形成了凯比什的研究框架。

② 请参考 III,38。

③ 我们经常每隔几行就会看到不同的词：第 89b 封信就提供了这样的一个例子。朱利安在其中也使用；复合词 ἀπάνθρωπος；在同一时期，我们看到一些作者重新使用了在普鲁塔克著作中见到的词：ἀφιλάνθρωπος；利巴尼乌斯，《演说》51,10；两个词在拜占庭的时期的作品中被保留了下来。

康斯坦斯知道有限度地服从父亲,但"柔和而有人性"地指挥其他人(11)。他"人性"地对待那些能"仁慈"对待被流放回来的人的人们。他在取得胜利时宽宏大量(31);他知道"取消惩罚中严厉的部分并仁慈而大度地对待手下败将"①(39)。最后朱利安激动地看到:"你是多么柔和(praos)、多么宽容(philanthrôpos)地对待他的朋友们(希尔瓦努斯的朋友们)中的那些人,他们没有能被证实犯有同谋罪";并且他宣称这就是带着公正、正义与智慧行动②。对臣民的仁慈、对被征服者的仁慈,在此被描写的 philanthrôpia 与 praotès 中被合为一体,因为词汇在被使用的过程中不停地让把它们放在一起。

再者,我们在对欧塞比娅皇后的颂词种看到,这种仁慈的源泉存在于一种更广泛的柔和之中。因为欧塞比娅在一切事情上都表现出了柔和。甚至她的声音都是"温柔而甜美的,像蜜一样"(14)。至于她"对丈夫的温情和她的超凡脱俗",这是她性格使然。朱利安极力歌颂这种性格,大书特书她的智慧、温柔、谨慎、人性、公道、大度以及她的其他美德"(8)。因此在她的周围形成了一种完美的气氛。对皇帝的侄儿来说,皇帝有可能也成为了这种非常熟悉的柔和的一部分,荷马的老字

---

① 我们在最后的这些例子中看出来了与普鲁塔克喜欢在自己著作中把描述善良与柔和的词语放在一起使用的癖好一样的做法。我们在别处找到了 εὐσεβῶς καὶ φιλανθρώπως(1,34);πραύτητος(II,2);当不是三个字为一组时:如 II,8: πρᾶον…καὶ χρηστόν καὶ εὐγνώμονα 或者 19 ἐπιείκειαν καὶ σωφροσύνη καὶ φρόνησιν。

② 同样请参考 III,1,7,28,34。

"èpios"指的(12)正是这种柔和。后来,欧塞比娅善于"利用君王天生的温柔、善良和宽厚的气质,引导他进一步顺从自己的天性;她就这样让天平向宽恕倾斜。因此人们很难找到唯一一种或对或错的、或轻或重的惩罚来用在这位皇后身上"。从普鲁塔克以来,再也没有过论著能像朱利安的这些论著一样极力赞颂英雄们的柔和。

因此在他眼里,这涉及的是有关君主们的品质的一个重要标准。在这些被他在《凯撒们》中放在一起进行比较的君主中间,他把涅尔瓦皇帝(Nerva)描述成"非常和善(praotatos)并非常诚实可靠之人";至于凯撒,他与胜利之后比较柔和(praotèta)的亚历山大有一比:"我原谅了我的敌人";并且他讲自己对赫尔维蒂人(Helvètes)很"人道"。相反,西勒努斯责备凯撒不懂得赢得其同胞的友爱(32)。图拉真本人夸口说对自己臣民最仁慈(28:praotatos),但对敌人则非常凶狠。最后马可·奥勒留解释说他的理想是为尽可能多的人做好事(34)。

但这种"做好事"的观念已经导致了朱利安在第89b封信中所赋予 philanthrôpia 的第二种词义的出现,也就是说大度(libéralité)的出现。

做好事属于古典传统;朱利安一有机会就忙不迭地引述康斯坦斯的宽宏大量,或者从前亚历山大对他的朋友(I,35)的宽宏大量。"捐赠"是一种有名的制度。但是为穷人做好事是一种明显受到基督教影响的观念。然而这正是朱利安所打算的:他谈论救助有需要的人(第89b封,289c)或帮助弱者(III,31);并且这也是他的同时代人对他的一个重要评价①。异教传统从来没有从这个角度来看问题。

相反，人们经常注意到，朱利安并没有完全彻底地照搬基督教的仁慈：在他身上还存在着一种纯希腊和异教的正义。他并没有说给这些穷人施舍②。他确实说过，甚至应该给敌人、囚犯施舍且应该给人而不是给某一类人施舍。但他也说应该更多地给善人、给 épieikeis 的人施舍③——这是一种希腊观念，而至少从其本质上看不是一种基督教的观念。

这种比较与区分在这里确实让人着迷。并且我们明白，一个重要的研究领域就这样向研究者们敞开了，这是在公元后四世纪中基督教与异教之间的那些交流不停涉足的一个领域。在这里勾勒出来的草图中，我们要牢记两个基本的观念。一个是 philanthrôpia 和 praotès 对这两个系列的作者们的重要性本身——接受并确认直到那时一直在演变的意义的重要性。第二个重要性是通过战斗与论战所建立起来的一个道德自由区，异教徒和基督徒在这个区域中互相影响着彼此，这种影响的结果应该是给我们西方文明留下的一个形象，这一形象是希腊之古老理想的重复与挪移。

---

① 请参考阿米亚努斯·玛尔塞利努斯，XXV，4，15。

② 请参考凯比什，见前揭书，第 67 页。人们注意到朱利安让穷人先于主人而行。

③ 第 89b 封信，290d 页随后。

该形象依然在接下来的几个世纪的历史中保留着某种真实性：尽管有一些遗漏，但这样被重复和挪移的希腊的柔和传统不断地出现于拜占庭时期的文本中。

围绕皇帝，一种双重的传统让人们接受这样的看法：皇帝不仅都是罗马仁慈的继承者，这一仁慈被如此巧妙地与君主的权威结合在一起，而且还是基督教柔和的继承者，因为君主应该仿效上帝。因此当人们看到 philanthrôpia 的传统继续充斥于官方的文本时并不会感到意外。恒格（M. Hunger）在自己的一个重要研究中指出，这种上帝与皇帝共有的美德时常在文本中被提到①。该研究者特别引用了《礼仪宝典》②、"王权"演讲，如狄奥多罗斯·梅托齐特斯（Théodore Métochite）的演讲和由从查斯丁尼（Justinien）开始的帝王们的短篇故事（Novelles）组成的官方的文本。Praotès 虽然显得更不易被察觉，但我们依然可以看得到它的表现。人们后来在给皇帝的演讲中看到了它。因此，尼撒的狄奥多罗斯（Théodore de Nicée）在跟罗曼二世（959—963）讲话时叫他"非常仁慈的主

①　"Philanthrôpia，一个希腊的新创词"，*Anzeiger Oster . Akadt . d . Wissen-schaften*（历史哲学），100（1963 年），第 1 页随后。

②　正式的喝彩谈到"模仿神的 philanthrôpia"；作者指 II,78、II,123,28、II,85、II,173,7。

人"①。同样的与说服和善的美德相结合的柔和是约翰·毛洛普斯(Jean Mauropous)在 1047② 年所赞颂的优点之一。珀赛劳斯(Psellos)在同一时期探讨过类似的一些观念。

同时,praotès 在宗教文本中续存了下来。对它的歌颂构成了拜占庭僧侣文学的一个常见主题。例如,它是约翰·克里马库斯(Jean Climaque)的梯子的第二十四"级"的主题③。另外,它还出现在精神性文学中:新派神学家西迈翁(*Symèon*)很多次提到过它④。从此以后它成了拜占庭神秘主义不可分割的一部分。

这些不同文本有力地证明了一种幸运,因为这种幸运使得这两个词后来被保留在了当代希腊语之中。但它们通过彼此之间的对照也表明了普鲁塔克所达到的巅峰明确标志着旅行的结束。

希腊的柔和本质上是一种和善、容忍和宽容之美德。把它放在一名专制君主的身上或放在修道院的神秘之中无异于毁掉了它最恢弘之处并抹杀了它的特色以及其"人性"的一面。

事实上,如果在一个绝对精神世界里允诺爱与柔和确实是基督教的力量之一的话,那么相信尘世间的人只能通过自己的

---

① 我们把这些信息,就像后面的信息一样,归于我们的同事吉贝尔·达格龙(Gilbert Dagron)的友爱。关于这个文本,请参看达鲁泽(Darrouzès)出版,《十世纪的拜占庭的书简作家》,第 302 页(第 35 号)。

② 请参考拉加德(Lagarde)出版,第 186 号,第 8 页随后。

③ Περὶ ἁπλότητος καὶ πραότητος καὶ ἀκακίας καὶ πονηρίας。

④ 《圣歌》,41,78—79 诗句;请参看 2,诗句 50、22、184、46、18、47、16。

文明与道德文化来努力表现这一丝柔和与和蔼也是古希腊经典文化的力量之一。

我们无需再重复,古希腊人虽然没有持之以恒地实践这些美德,但他们至少一直锲而不舍地追求过它们。我们试图诠释的这一概念的历史之连续性表明,对带着优柔寡断和不同样态的柔和的追求就其原则本身而言对古希腊文化是多么的不可或缺。从某种意义上说,并与野蛮相对而言,柔和决定了古希腊文化的精神。因而它还能让人们更重视这种文化所蕴藏的价值。

"轻与重"文丛（已出）

图书在版编目(CIP)数据

古希腊思想中的柔和 /(法)雅克利娜·德·罗米伊著;陈元译.
--上海:华东师范大学出版社,2016.10
("轻与重"文丛)

ISBN 978 - 7 - 5675 - 5731 - 4

Ⅰ.①古… Ⅱ.①雅…②陈… Ⅲ.①思想史—研究—古希腊 Ⅳ.①B502

中国版本图书馆 CIP 数据核字(2016)第 233351 号

华东师范大学出版社六点分社

企划人 倪为国

轻与重文丛
古希腊思想中的柔和

主　　编　姜丹丹　何乏笔
著　　者　(法)雅克利娜·德·罗米伊
译　　者　陈　元
责任编辑　高建红
封面设计　姚　荣

出版发行　华东师范大学出版社
社　　址　上海市中山北路 3663 号　邮编　200062
网　　址　www.ecnupress.com.cn
电　　话　021 - 60821666　行政传真　021 - 62572105
客服电话　021 - 62865537
门市(邮购)电话　021 - 62869887
地　　址　上海市中山北路 3663 号华东师范大学校内先锋路口
网　　店　http://hdsdcbs.tmall.com

印 刷 者　上海中华商务联合印刷有限公司
开　　本　787×1092　1/32
印　　张　18
字　　数　310 千字
版　　次　2016 年 10 月第 1 版
印　　次　2016 年 10 月第 1 次
书　　号　ISBN 978 - 7 - 5675 - 5731 - 4/K · 473
定　　价　68.00 元

出 版 人　王　焰

(如发现本版图书有印订质量问题,请寄回本社客服中心调换或电话 021 - 62865537 联系)